韓國漢文要籍叢刊　上海古籍出版社

晦齋集校注

韓國古典翻譯院企劃
〔朝鮮〕李彥迪 著
〔韓〕趙順姬 標點
蘇　岑 校注

## 圖書在版編目(CIP)數據

晦齋集校注 /(朝鮮)李彥迪著;(韓)趙順姬標點;蘇岑校注.—上海:上海古籍出版社,2016.11
(韓國漢文要籍叢刊)
ISBN 978-7-5325-8262-4

Ⅰ.①晦… Ⅱ.①李… ②趙… ③蘇… Ⅲ.①古籍—注釋—朝鮮 Ⅳ.①Z131.2

中國版本圖書館CIP數據核字(2016)第244799號

韓國漢文要籍叢刊
### 晦齋集校注
韓國古典翻譯院企劃
[朝鮮]李彥迪 著
[韓]趙順姬 標點
蘇岑 校注

上海世紀出版股份有限公司 出版
上海古籍出版社
(上海瑞金二路272號 郵政編碼200020)
　(1)網址:www.guji.com.cn
　(2)E-mail:guji1@guji.com.cn
　(3)易文網網址:www.ewen.co
上海世紀出版股份有限公司發行中心發行經銷
上海中華商務聯合印刷有限公司印刷
開本710×1000　1/16　印張41　插頁6　字數569,000
2016年11月第1版　2016年11月第1次印刷
印數:1—1,500
ISBN 978-7-5325-8262-4
B·971　定價:168.00元
如有質量問題,請與承印公司聯繫

## 晦齋先生文集卷之一

### 古今詩

#### 西征詩

正德歲甲戌余寓嶠秋七月卜吉將西征日惟二十一
再拜辭萱闈依依不忍別薄暮抵前縣燈殘孤館寂
欹枕耿不寐共談唯僕豎迢迢天明上馬行四顧秋山碧
沙頭兒白衣一壺臨漢酌酊面酡欲分袂東方朝日出
馬背因瞪魔忽覺礪峴谷院樓夢兪猶朝炊煙一抹
日晏永陽路客倚朱闌舍馬上雙清蒲眼秋江色
坐談者誰方昌良與潤石徘徊一回首家山天際邈

書影

韓國國立中央博物館
藏《晦齋先生文集》

獨樂堂

玉山書院

# 出版説明

韓國古典翻譯院(http://www.itkc.or.kr)是由韓國政府出資成立的專門機構,通過收集、整理、翻譯韓國古典文獻,來構築韓國學研究的基礎,并繼承和發揚韓國傳統文化。上海古籍出版社與韓國古典翻譯院爲共享中、韓文化交流成果,2010年雙方簽署了協議,建立了友好的合作關係,將在共同出版韓國古代典籍和互相派遣人員進行學術交流方面展開合作。

在上述合作協議的基礎上,爲開啓中、韓學術交流的溝通之門,韓國古典翻譯院的兩位研究員先後於2011年和2012年進入上海古籍出版社,研習古代漢文典籍的整理。在此期間,雙方共同策劃出版一系列韓國古代典籍,陸續由韓國古典翻譯院研究人員整理校注、上海古籍出版社編輯出版。

在即將出版的韓國古代典籍中,此次推出的是16世紀朝鮮時代儒學家晦齋先生李彦迪(1491—1553)的文集《晦齋集》,由韓國古典翻譯院研究員趙順姬女士標點,西北大學文學院蘇岑先生校注整理。該書出版後,除面向讀者發行外,還將贈送部分中國大陸的大學圖書館及相關研究機構,希望引起中國學術界對李彦迪生平及學問的興趣,并由此推動晦齋哲學的研究,進而加深國人對韓國思想和文化的關注和了解,最終達到促進中、韓兩國之間文化交流的目的。

上海古籍出版社
2016年11月

# 前　言

## 晦齋先生之生平

　　晦齋先生李氏諱彥迪，1491年生於慶州良佐村，1553年卒於中朝邊境的江界，是朝鮮王朝前期著名的性理學者。字復古，自號晦齋。初名迪，後因朝中有與其同姓名者，朝鮮中宗命加彥字，在31歲之後始稱彥迪。李彥迪是朝鮮初期純正的朱子學者，這與其同期的著名性理學者徐敬德和曹植皆有差異，從其號與朱子號晦庵的類似上，就能看出其對朱熹的仰慕。晦齋之學對李滉產生了較大影響，是李滉學派的先驅學者之一。

　　李彥迪系出驪州，是高麗時鄉貢進士李世貞之後。曾祖父時遷居慶州良佐村。曾祖父名李崇禮，祖父名李壽會，曾爲訓鍊院參軍。父親名李蕃，成均生員、贈左贊成，母親是貞敬夫人孫氏，鷄川君孫昭之女。

　　李彥迪十歲時，父李蕃去世，李母忍痛將其送至舅氏孫仲暾處求學。李彥迪英悟出人，天資近道，不唯通經史，習時文不勞而早成。18歲時，與夫人朴氏成婚；23歲，中生員試；24歲別舉朴世熹榜登第，從此開始了自己的仕宦生涯。時主考官金慕齋見其策，稱讚其爲"王佐才也"。及第後，權知校書館副正字，曾擔任慶州地方鄉校的教官。28歲時，爲著作，祖父李壽會去世，先生承重，居憂制甚謹。此後歷任弘文館博士、侍講院說書、吏曹佐郎、同縣監、司憲府持平、吏曹正郎等職務。39歲時由成均館司成，出爲密陽府使。臨民御史，極有條法，吏戢民懷。

41歲時,擔任司諫院司諫。當時朝中有人欲引用金安老,用以羽翼東宫。倡其説者是正言蔡無擇,大司憲沈彦光等隨聲和附,舉朝靡然,只有李彦迪一人言其不可,遂被降官爲司藝。後又遭彈劾,罷歸田里,在故鄉紫玉山建獨樂堂,致力于學問。

47歲時,弄權的金安老敗死,中宗思先生忠直,召爲弘文館副校理。轉校理、應教,除議政府檢詳、兵曹參知等職。48歲時,擔任全州府尹,歲中一境大治。公雖爲養乞外,憂國之心未嘗一日而忘。中宗因災異求言,李彦迪上《一綱十目疏》,所言格君心,措時務,啓沃謀謨,極其忠讜,受到中宗獎歎,命傳示東宫及外朝。50歲時歷禮曹參判、成均館大司成、司憲府大司憲,同年以從第李通的兒子李應仁爲後。其後,又歷任議政府左贊成等職。

仁宗即位,李彦迪再受重用,但可惜仁宗在位不足一年,即因病去世,其異母弟明宗即位。在此過程中,仁宗舅尹任和明宗舅尹元衡二人勢成水火。明宗即位後,尹元衡一派掌權,發動了乙巳士禍,清除尹任一派的勢力。乙巳士禍時,李彦迪掌管判義禁府事,參與了忠順堂上對尹任一派的審判。當時明宗暴怒,無人敢言,只有李彦迪直言:"人臣之義,當專於所事。當彼時專心於大行大王者,豈宜深罪?且舉事當顯明,不然,恐士林多罹禍。"反對加罪尹任等。結果尹任等雖被處死,但李彦迪仍然因參加審判而被封衛社功臣。後世學者對李彦迪如此立身處事看法不一,尤其是李珥及其弟子,肯定當時激烈反對尹元衡一派的權橃,而對李彦迪的消極應對頗有不滿和責難。但李滉弟子柳成龍則極力爲李彦迪辯護,認爲他的所作所爲是忍辱負重,比權橃的作爲更值得肯定。

57歲時,發生了良才驛壁書事件,有匿名之人在良才驛牆壁上張貼告示,内容爲明宗母文定王后和李芑勾結亂政,國家將亡。尹元衡一派抓住此機,一舉剷除了尹任一派的殘餘勢力。李彦迪亦未幸免,被流放中朝邊境,鴨緑江畔之江界府。即使身在窮厄,李彦迪仍能講學著書,不輟其功,未明而起,乾乾夕惕,完成了《奉先雜儀》《求仁録》《進修八規》《大學章句補遺》《續或問》,以及未及成書的《中庸九經衍義》等大量著作。嘉靖癸丑十一月(1553),以疾終,享年六十三歲。第二年春,返櫬于慶州。十一月,埋葬在興海郡南達田里禱陰山其父李番墓側。

李彦迪爲人安重端詳,雅有高趣,常常默然終日,人們常不能窺測他的所思所想。在朝廷時,論建施爲,正大光明,其言論風旨,固足以備勸講而補袞職。至於斥姦邪,定危疑,直前無畏,尤令人敬。其深厚修養,已至寵辱不驚之程度。

李彦迪父早亡,母子情深,侍母極孝,但因輾轉仕途,長期無法在母身邊,爲此李彦迪極其痛苦。在他的詩歌中,有大量作品是來表達因爲官而不能盡孝之痛苦心情,抒發自己對於老母無盡的愧疚,"白雲""斑衣戲彩"等關於思念父母的典故一再出現在他的筆下。他還屢次上書辭官,以母老母病爲由想要歸隱故鄉慶州,或任外職,其繾綣之情甚爲感人。所謂"愛敬兼至,温清瀹瀡,亦無不盡,而祭先之禮,務極其誠"。同時,他與弟弟李彦适的感情亦極爲深篤,在詩歌中也多有表現。

李彦迪天資近道,能在俗學之外,知有所謂的爲己之學而欲求之,講明體履,用力於致知誠意之地。二十七歲時作《五箴》,三十歲又作《立箴》,所言都是古聖賢切要之旨,對於操存省察,懲窒遷改,實際踐行,而不是只有空言。流配江界府時,他在几案間上書寫自誡之辭曰:"吾日三省吾身,事天有未盡歟?爲君親有未誠歟?持心有未正歟?"足見其修養之功。

退溪李滉爲李彦迪撰寫行狀,極力稱讚李彦迪的學問道德:"我東國古被仁賢之化,而其學無傳焉。麗氏之末以及本朝,非無豪傑之士有志此道而世亦以此名歸之者。然考之當時,則率未盡明誠之實;稱之後世,則又罔有淵源之徵,使後之學者,無所尋逐,以至于今泯泯也。若吾先生無授受之處而自奮於斯學,闇然日章而德符於行,炳然筆出而言垂于後者,求之東方,殆鮮有其倫矣。"可謂善言也。

1572年鄉人在獨樂堂下建書院,第二年賜匾額"玉山書院"。

1574年,宣祖遣禮曹正郎南以俊祭祀家廟,祭文中稱李彥迪"間世挺生,元精毓秀。天資暗合于道,勇往不待師承;聖人可學而能,力踐必由序進。觀其終始獨得之妙,最在明誠兩進之功。繼濂、洛、考亭之遺傳,遇中、仁、明廟之盛際,庶幾乎禮樂期致萬歲大平",又稱"惟《進修八規》之書及推衍九經之義,反覆數千百語,悉出愛君憂國之誠;首尾二十餘篇,皆爲妙道精義之發。至如《雜儀》《補遺》諸説,無非牖世立教之謨。論道德則無愧於古人,語事功則可質於往聖"。給李彥迪的學問道德以極高評價,並將其和金宏弼、趙光祖、鄭汝昌、李滉一起配享文廟,世稱"五賢",是朝鮮儒者所能獲得的最高榮譽。

## 李彥迪之學問

一、太極論争

李彥迪和曹漢輔展開的太極論争是其學術中重要的一部分,李滉極其讚賞,他稱:"獨得之妙,最在於《與曹忘機漢輔論無極太極書》四五篇也。其書之言,闡吾道之本源,闢異端之邪説,貫精微,徹上下,粹然一出於正,深玩其義,莫非有宋諸儒之緒餘,而其得於考亭者爲尤多也。"這次論争,又稱無極太極論争,兩人的見解差異是圍繞對周敦頤《太極圖説》的理解不同所引發的。李彥迪站在正統性理學的立場,而曹漢輔則更多地吸收了佛老的思想。實際上,朱熹和陸九淵的鵝湖之會亦討論過這個問題,其二人第四次鵝湖之會中討論的第三個問題即關於周敦頤的《太極圖説》,涉及的問題如《太極圖説》的作者、"無極而太極"中無極之用語是否必要、"極"的含義、《太極圖説》起源何處等。李彥迪和曹漢輔的論争可謂處在朱、陸二人的延長綫上。李彥迪主要繼承了朱熹對《太極圖説》的理解,大量引用了朱子《太極圖説解》中的説法,並因而指出曹漢輔的説法本之於周敦頤的學説,批評它過於高遠,近佛家之説。李彥迪的説法繼承、捍衛和發展了程朱對這一問題的看法和立場,對於確立程朱理學在朝鮮的正統地位,有積極意義。

二、《大學章句》改定

李彥迪思想中另一個值得矚目的是他通過《大學章句補遺》和《續大學或問》,實現了對朱子《大學章句》思想的繼承和發展,提出了自己的獨特見解。這些著述,以儒家功夫論爲出發點、格物致知爲改正的中心,具有重要意義。

《大學》出自《禮記》,二程和朱熹都認爲《大學》順序有誤,内容有闕,遂編纂了《大學》改定本。特別是朱熹,他不僅把原先認爲顛倒的順序重新排定,而且對於格物致知部分,以程頤的解釋爲基礎,重新補充了134字的《格物補亡章》。但李彥迪卻遵從程頤《古本大學》無闕文、僅順序有誤的見解。因此李彥迪把《大學》經文第一章的"知止而後有定,定而後能靜,靜而後能安,安而後能慮,慮而後能得"和"物有本末,事有終始,知所先後則近道矣"移到後面,作爲格物致知傳第四章,用"此謂知之至也"把兩節聯繫了起來。李彥迪把《大學章句》傳文第四章的"子曰:聽訟吾猶人也,必也使無訟乎!無情者不得盡其辭,大畏民志,此謂知本"一節移到經文第一章的最後。此外,李彥迪按照朱熹《大學或問》的形式,自問自答,討論了許多重要問題,編成《續大學或問》一書。《大學章句補遺》和《續大學或問》中李彥迪的思考,具有相當的獨創性,後日正祖表彰《大學章句補遺》,稱讚他善於學朱。

三、格君和民本地經世論

朝鮮學者認爲儒家修養的目的即在於修己治人,對於君主來說尤其如此。因此,李彥迪說:"帝王之學,窮理正心而已。"他認爲雖然政務繁忙,管理百姓衆多,但作爲這些事務的出發點,君主的首要任務仍是窮理正心。在《一綱十目疏》中,將正君心作爲治理國家的大本:"何謂一綱?人主之心術是也。庶政之繁,萬民之衆,而其理亂休戚之幾,未有不本於人主之心者。故人主之心正,則萬事理,人心順,而和氣至;人主之心不正,則萬事乖,人心拂,而戾氣應,此理之必然也。"在《進修八規》中又說:"蓋人君位億兆之上,理萬幾之政,其心廓然大公,儼然至正,如日中天,照臨萬物,無所偏蔽,然後發號施令,任賢退邪,皆合於理,而朝廷以正,百官萬民皆得其正矣。如或有一毫私邪之蔽,而所存所發,少有差失,則大本已不正矣,又何以正朝廷,正百官,以及四方萬民乎?譬如表端而影直,源濁而流污,其理有必然者。古之聖帝明王,傳授之際,丁寧告戒,未嘗不以心法爲先者,正爲是也。"

李彦迪致力於正君心的努力,實際上正是爲了百姓。民本思想是儒家的根本思想之一,修己治人的效果,則在於端正民心,爲民造福。故而李彦迪認爲人心、君心、天心是三位一體,其中關鍵則在於正君心,因此他説:"人君心事之合天與否,何以驗之?驗於人心而可知矣。君心大公至正,好惡取捨,當於義理而協乎群情,則必合於天心矣;如或不爾,而有違於道,則拂人之心矣,何以合天意乎?天之心即人之心,人心得則天意得矣。"

## 《晦齋先生文集》的刊刻與版本

現存《晦齋集》的版本基本都屬於1574年李滉手校本系統,現簡述如下。

1574年刊本:初刊本刊行於1574年,由李滉以李彦迪孫李浚所提供的家藏稿爲底本,手自讎校,經過一年多時間,完成校勘工作,並附上自己撰寫的《晦齋先生行狀》。在當時慶州府尹李齊閔和慶尚道觀察使盧禛的大力支持下,鳩材募工開板,刊行於世。共10卷4册,本集10卷,又有世系圖、年譜和附録,半頁11行,行20字。前有盧守慎撰寫《晦齋文集序》,後附有李滉《晦齋先生行狀》、奇大升《晦齋先生神道碑銘》、柳希春和許曄分别撰寫的《晦齋集跋》,以及盧守慎撰寫的《晦齋年譜》等。本書全秩現已不存,高麗大學圖書館藏有一版書,卷一至卷八爲半頁11行,行20字;卷九至卷十爲半頁10行,行20字,很有可能是初版和其他版本的混合。

1575年乙亥刊本:本書韓國國立中央圖書館有藏,其後刊記不存,但其版式和奎章閣所藏疑似初刊本後半部的版式完全一致,而疑似初刊本的末尾刊記爲"皇明萬曆三年歲在乙亥春慶州府開刊"。萬曆三年即1575年,故確定爲1575年刊本。本版亦10卷4册,半頁10行,行20字,其餘收文等情況同1574年版。

1600年庚子刊本:本書爲宣祖年間慶州刊本。共14卷5册,半頁11行,行20字,版末有"萬曆庚子月城重刊"字樣刊記,月城即慶州別稱,萬曆庚子即1600年。本書和之前刊本的最大不同,是增加了別集4卷,這4卷是之前未被收入的逸文。

1624年甲子刊本:共13卷5册,每頁10行,行20字,卷末有"甲子正月玉山書院重刊"字樣的刊記,甲子即1624年。本版書將原本附錄文末的柳希春和許曄的跋文、世系圖和年譜分別置於盧序之後、正文之前,且編排了目錄,並在目錄之後附有考異。同時將別集卷一以拾遺的形式置於本集卷四中,將別集卷二至卷四編排爲卷十一至卷十三,第一次形成了《晦齋集》13卷本的模樣,且第十一卷比別集第二卷多收入了《訓導金君墓碑銘》《參奉崔君墓碣銘》《孺人金氏墓碣銘》3篇文章。且卷末的附錄中,在《晦齋先生行狀》和《晦齋先生神道碑銘》之後,新收入李恒福《晦齋李先生墓誌》、許曄《玉山書院記》、朴承任《江界府祠廟記》、柳成龍《恭書御札答館學諸生疏後》四篇文章。本書成均館大學尊經閣有藏。

1631年辛未刊本:共13卷5册,每頁10行,行20字,卷末有"崇禎四年四月玉山書院重刊"字樣的刊記,崇禎四年即1631年。本版書13卷的編排沿襲1624年刊本,只是將柳希春和許曄的跋文、世系圖、年譜重新置於正文之後,且删除了目錄,將考異分置於各卷相關文字之後,只保留了盧序,同時第十一卷比1600年刊本別集卷二多收入《訓導金君墓碑銘》一文,卻比1624年刊本少收入《參奉崔君墓碣銘》《孺人金氏墓碣銘》兩篇文章。首爾大學奎章閣有藏,《韓國文集叢刊》第二十四輯影印收錄。

正祖年間補刻本:13卷5册,每頁10行,行20字,具體刊刻年代不詳,年譜補加到崇禎甲申後百五十一年甲寅,即1794年,則當完成於本年之後,當在正祖年間。其他編排情況同1624年刊本,只是把世系圖、年譜、附錄等作爲全書的第一册。成均館大學尊經閣、高麗大學圖書館有藏。

1926年刊本:玉山書院刊行,年譜增補到1864年,由李鶴九進行了重新校訂,13卷5册,半頁10行,行20字,其他情況與正祖年間刊本相同,只是刪除了世系圖。

## 本書的校勘和注釋

此次校勘整理以《韓國文集叢刊》第二十四輯(韓國古典翻譯院出版)影印1631年玉山書院刊本《晦齋集》爲底本,校以其他四種代表性的版本,即1575年乙亥本、1600年庚子本、1624年甲子本和正祖年間刊本。1574年刊本未曾傳世,高麗大學所藏的疑似本前後版式不一,顯然是一拼湊本,但亦有參考價值,校勘時亦會參考。底本之内容或有明顯錯誤,即據他本及相關文集之内容改正。底本中所附校文,列於"考異"下,一并歸入校語中。

將《晦齋集》所載作品與其他文集所載作品互校時,其他文集即以韓國古典翻譯院所刊行《韓國文集叢刊》所收版本爲準。另外,本書於人名、地名、書名、典故和其他疑難處,略加注釋。

本書由韓國古典翻譯院趙順姬研究員標點,由西北大學文學院蘇岑校勘及注釋,校勘及注釋時參考了韓國古典翻譯院出版的韓語譯本《晦齋集》。

# 目　　録

前言 ............................................................................ 1

晦齋先生集序 ............................................................ 1
晦齋先生集卷之一 .................................................... 7
　古今詩 .................................................................... 9
　　西征詩 ................................................................ 9
　　山堂病起 .......................................................... 20
　　次孫生員叔卿韻 .............................................. 21
　　金莊寺踏青 ...................................................... 23
　　烏川路上 .......................................................... 24
　　次朱文公《武夷五曲》韻 .............................. 25
　　病中覽《言行錄·朱文公傳》 ...................... 26
　　勸學者 .............................................................. 26
　　柏栗寺, 贈韓進士子沽 .................................. 27
　　甘浦舟中, 贈韓子沽 ...................................... 28
　　小峰臺 .............................................................. 29
　　記夢 .................................................................. 29
　　向定慧寺, 吟錄即景 ...................................... 30
　　閑居即事 .......................................................... 32
　　山堂即事 .......................................................... 33
　　山中即事 .......................................................... 33
　　折芍藥 .............................................................. 34
　　泛葵溪流 .......................................................... 35

| 贈堯卿 | 36 |
| 次曹容叟韻 | 37 |
| 戲次容叟韻 | 37 |
| 孤松 | 38 |
| 上洛路上即事 | 38 |
| 踰嶺 | 39 |
| 水回村 | 39 |
| 無極驛路上 | 40 |
| 山中即景 | 41 |
| 山窗即景 | 42 |
| 夢覺有感 | 42 |
| 山中久雨 | 43 |
| 山中即事 | 43 |
| 喜晴 | 44 |
| 感興 | 44 |
| 夏日即事 | 45 |
| 聽秋蟲 | 45 |
| 辛巳秋西征吟 | 46 |
| 九日無菊 | 51 |
| 崖山懷古 | 51 |
| 下灘 | 52 |
| 晚興 | 53 |
| 夜興 | 53 |
| 舟中即事,示柳子晉 | 54 |
| 舟中奉別子晉 | 54 |
| 溪邊秣馬即事 | 55 |
| 到鳥嶺寄舍弟 | 55 |
| 舟中即事 | 56 |
| 竹山客館,次板上徐相公剛中韻 | 56 |
| 宿比安小樓 | 57 |

李吉甫江亭,次子晉韻 ……………………………… 58
　　次諸年兄韻 …………………………………………… 58
　　義興客館有懷,次板上韻 …………………………… 60
　　龍安驛曉發 …………………………………………… 61
　　踰嶺五吟 ……………………………………………… 62
　　孤山野 ………………………………………………… 63
　　次曹容叟韻 …………………………………………… 64
　　定慧寺話別 …………………………………………… 65
　　舟中謾興 ……………………………………………… 66
　　望柏栗寺有懷 ………………………………………… 66
　　雪中寄山中友人 ……………………………………… 67
　　山中書示友人 ………………………………………… 67
　　次清道清德樓韻,示主人李使君煥 ………………… 68
　　慶山客館,次徐剛中韻 ……………………………… 69
　　直薇垣 ………………………………………………… 69
　　寄舍弟子容 …………………………………………… 70

## 晦齋先生集卷之二 ………………………………………… 73

### 律詩、絶句 ………………………………………………… 75

　　登前峰觀望 …………………………………………… 75
　　明遠樓送崔判官煥歸尚州 …………………………… 76
　　遊佛國寺,次佔畢齋韻 ……………………………… 76
　　澄心臺即景 …………………………………………… 77
　　次魚子游壁上韻 ……………………………………… 78
　　謝金戚丈山中見訪 …………………………………… 79
　　贈友人 ………………………………………………… 79
　　復用賢字韻,別寓遠送之懷 ………………………… 80
　　山中次友人韻 ………………………………………… 81
　　新雪 …………………………………………………… 81
　　早春遊山 ……………………………………………… 82
　　次南士渾韻 …………………………………………… 83

次金彥叔韻ㆍㆍㆍㆍㆍㆍㆍㆍㆍㆍㆍㆍㆍㆍ84
江上贈同遊諸君ㆍㆍㆍㆍㆍㆍㆍㆍㆍㆍㆍ85
山中贈別ㆍㆍㆍㆍㆍㆍㆍㆍㆍㆍㆍㆍㆍㆍㆍ85
重陽後一日,臨溪對酌ㆍㆍㆍㆍㆍㆍㆍㆍ87
挽鄉友ㆍㆍㆍㆍㆍㆍㆍㆍㆍㆍㆍㆍㆍㆍㆍㆍ87
偶吟ㆍㆍㆍㆍㆍㆍㆍㆍㆍㆍㆍㆍㆍㆍㆍㆍㆍ88
壽母生辰,次友人韻ㆍㆍㆍㆍㆍㆍㆍㆍㆍ89
醉成,謝殷佐開筵勝境見邀ㆍㆍㆍㆍㆍ89
次殷佐韻ㆍㆍㆍㆍㆍㆍㆍㆍㆍㆍㆍㆍㆍㆍㆍ90
病起登詠歸亭ㆍㆍㆍㆍㆍㆍㆍㆍㆍㆍㆍㆍ91
山堂聞琴ㆍㆍㆍㆍㆍㆍㆍㆍㆍㆍㆍㆍㆍㆍㆍ91
次翰林學士王先生《哭文丞相》韻ㆍ92
挽戚丈金訓導ㆍㆍㆍㆍㆍㆍㆍㆍㆍㆍㆍㆍ94
挽南進士世豪ㆍㆍㆍㆍㆍㆍㆍㆍㆍㆍㆍㆍ96
山亭即景ㆍㆍㆍㆍㆍㆍㆍㆍㆍㆍㆍㆍㆍㆍㆍ96
川上敬次朱先生韻,示同遊諸子ㆍㆍ97
初夏野興ㆍㆍㆍㆍㆍㆍㆍㆍㆍㆍㆍㆍㆍㆍㆍ98
林居即事ㆍㆍㆍㆍㆍㆍㆍㆍㆍㆍㆍㆍㆍㆍㆍ98
哭金兵使振卿鐸ㆍㆍㆍㆍㆍㆍㆍㆍㆍㆍㆍ99
秋日登高望遠,憶亡友金振卿ㆍㆍㆍ100
山行即景ㆍㆍㆍㆍㆍㆍㆍㆍㆍㆍㆍㆍㆍㆍ101
柏栗寺,謝友人乘雪夜訪ㆍㆍㆍㆍㆍ101
林居十五詠ㆍㆍㆍㆍㆍㆍㆍㆍㆍㆍㆍㆍ102
　早春ㆍㆍㆍㆍㆍㆍㆍㆍㆍㆍㆍㆍㆍㆍㆍ102
　暮春ㆍㆍㆍㆍㆍㆍㆍㆍㆍㆍㆍㆍㆍㆍㆍ103
　初夏ㆍㆍㆍㆍㆍㆍㆍㆍㆍㆍㆍㆍㆍㆍㆍ103
　秋聲ㆍㆍㆍㆍㆍㆍㆍㆍㆍㆍㆍㆍㆍㆍㆍ103
　冬初ㆍㆍㆍㆍㆍㆍㆍㆍㆍㆍㆍㆍㆍㆍㆍ104
　悶旱ㆍㆍㆍㆍㆍㆍㆍㆍㆍㆍㆍㆍㆍㆍㆍ104
　喜雨ㆍㆍㆍㆍㆍㆍㆍㆍㆍㆍㆍㆍㆍㆍㆍ105

# 目　録

　　感物 ............................................. 105
　　無爲 ............................................. 105
　　觀物 ............................................. 106
　　溪亭 ............................................. 106
　　獨樂 ............................................. 107
　　觀心 ............................................. 107
　　存養 ............................................. 107
　　秋葵 ............................................. 108
送李進士向洛 ....................................... 108
病中書懷,寄曹容叟 ................................ 109
樂天 ................................................. 110
兄山江上 ............................................ 111
江上對酌,偶吟示座中諸君 ........................ 112
記夢 ................................................. 113
偶吟,寄容叟 ....................................... 114
曲江倅宋君天章設壽酌,以書見邀,有疾未赴,書一絶
　　以謝 ............................................. 114
謝宋天章臨慰壽席 .................................. 115
奉次李府尹宴族親韻 ................................ 115
送李府尹親老辭職還鄉 ............................. 116
知非吟 .............................................. 119
謝宋天章惠松蕈海鮮 ................................ 120
天章來訪山齋,僕適出不遇,詩以爲謝 ............ 120
遊密谷寺 ............................................ 121
野亭對酌 ............................................ 121
山中喜晴,呈府尹李公棐仲 ........................ 122
挽徐訓導适 ......................................... 122
又 .................................................... 123
齋庵,次過客壁上韻 ................................ 124
齋舍,次友人韻 .................................... 124

| | |
|---|---|
| 到浩然家 | 125 |
| 次大鵬韻 | 125 |
| 山中別李學録圖南 | 126 |
| 奉送許府尹敬之還洛 | 126 |
| 足聯句 | 127 |

## 晦齋先生集卷之三

### 律詩、絶句 ... 131

| | |
|---|---|
| 丁酉冬,上洛贈鄉友 | 131 |
| 玉堂入直,次宋眉叟韻 | 132 |
| 舟中即事 | 133 |
| 題迎喜院 | 135 |
| 寄舍弟子容 | 136 |
| 寄子容 | 137 |
| 題陽智東軒,呈主人權使君 | 137 |
| 竹山路上 | 138 |
| 驪州路,寄舍弟 | 139 |
| 龍安驛早發 | 140 |
| 先君諱日,在洛寄舍弟 | 140 |
| 夢見亡姪元慶 | 141 |
| 次寄舍弟 | 142 |
| 次李進士定之韻 | 143 |
| 謝李仲卿送櫻桃酒餠 | 144 |
| 送權景遇以千秋使赴燕京 | 145 |
| 龍安郵館別舍弟 | 147 |
| 在洛寄舍弟 | 147 |
| 寄舍弟 | 149 |
| 次舍弟韻 | 149 |
| 贈別舍弟 | 150 |
| 客中,次舍弟韻 | 151 |
| 登水回村松巖 | 152 |

| | |
|---|---|
| 溪邊送別 | 153 |
| 洛中得舍弟書 | 153 |
| 設壽酌,次舍弟韻 | 154 |
| 踏青 | 155 |
| 暮春遊山 | 155 |
| 春日登亭 | 156 |
| 贈別舍弟 | 156 |
| 聞慶客館,次舍弟韻 | 157 |
| 次聞慶小軒國卿韻 | 157 |
| 中原,訪長吉不遇 | 158 |
| 舟中即景 | 159 |
| 贈舍弟 | 160 |
| 寄舍弟 | 161 |
| 次澄心軒韻 | 161 |
| 嶺南樓,宴日本使臣受竺東堂,書以贈別 | 162 |
| 次盈德東軒韻 | 163 |
| 又 | 164 |
| 踰泣嶺 | 164 |
| 次都事泣嶺韻 | 165 |
| 次都事韻 | 166 |
| 又 | 167 |
| 書李知事愛日堂 | 167 |
| 次《北川早春》韻 | 168 |
| 次一善東軒韻 | 169 |
| 白場寺,吟得二律,録呈眉叟求和 | 170 |
| 敬次惠韻 | 171 |
| 遊白場寺,又得尋字,録奉眉叟使軒 | 173 |
| 敬次 | 173 |
| 奉呈嶺南方伯行軒,求和教 | 174 |
| 奉次 | 174 |
| 再和眉叟韻 | 175 |

更步前韻,寄眉叟 175
次蠹石小軒韻 177
次浣紗樓韻 177
次青溪堂韻 178
奉呈晦齋道契 178
奉次惠韻 179
固城溪邊 180
舟中謾興 181
次河東東軒韻 181
送亨伯歸省 182
送李都事拜持平赴召 183
贈別亨伯 184
山中次子容韻 185
挽金府尹 186
次子容韻 188
歲暮吟 188
乙巳春二月,輿疾將赴中宗山陵之會,中路病重停行,留永州客館,遇先君諱日,主人爲設奠具,而氣困未得行禮,揮涕書示主人 189
次舍弟韻 190
送仁甫出按關北 190
仁宗挽章 191
在山堂寄舍弟 192
丁未元朝有感 193
書鏡吟 194
丁未重陽,舍弟請設壽酌,書示二絶 194

## 晦齋先生集卷之四 197

### 西遷錄 律詩、絶句 199

郵館,別孫熙遠 199
上林郵館,次舍弟韻 200
獺川次舍弟韻 201

| | |
|---|---|
| 碧蹄郵舍書 | 202 |
| 登鳳山嶺 | 203 |
| 江城書示姪敬伯 | 204 |
| 至日得古句,足成一律,寓懷 | 205 |
| 至日不寐 | 206 |
| 次敬伯路中韻 | 207 |
| 旅窗聞笛 | 209 |
| 中宗諱日泣書 | 209 |
| 夢驚悲痛 | 210 |
| 夢省萱闈,欲供旨味忽覺,不勝悲痛 | 210 |
| 聞敬伯彈琴 | 211 |
| 哭同年趙子實 | 212 |
| 夢覺悲慟 | 213 |
| 除日得古句,足成一律,書示敬伯 | 213 |
| 得舍弟子容書 | 214 |
| 早春書悶 | 215 |
| 夢罷悲痛 | 215 |
| 次舍弟韻 | 216 |
| 夢驚 | 216 |
| 先公諱日,書示敬伯 | 217 |
| 次舍弟韻 | 217 |
| 春晚遣悶 | 218 |
| 次仁風樓韻 | 219 |
| 端午日書懷 | 219 |
| 次樓韻 | 220 |
| 國諱日泣書 | 220 |
| 次金教授留別韻 | 221 |
| 見月寄舍弟 | 222 |
| 夢見慈顔,忽憶少時《山樓》絶句,録以寓無涯之痛 | 223 |
| 誠敬吟 | 224 |

別舍弟子容還鄉　　　　　　　　224
　　送韓兼善之任碧潼　　　　　　　227
　　送張國卿之任義州　　　　　　　227
　　又　　　　　　　　　　　　　　228
**拾遺　五言律詩**　　　　　　　　230
　　到鳥嶺吟寄舍弟　　　　　　　　230
　　又　　　　　　　　　　　　　　230
　　奉呈李府尹　　　　　　　　　　231
　　又　　　　　　　　　　　　　　232
　　病中送許南仲赴燕京　　　　　　233
**七言律詩**　　　　　　　　　　　235
　　次忘機堂韻　　　　　　　　　　235
　　送玉堂金正字義貞　　　　　　　238
　　挽曹府尹　　　　　　　　　　　239
　　送李季雅按嶺南　　　　　　　　240
　　挽李訓導族丈　　　　　　　　　241
　　次比安樓上韻　　　　　　　　　242
　　次東軒韻　　　　　　　　　　　242
**七言絕句**　　　　　　　　　　　244
　　奉送府尹許敬之還洛　　　　　　244
　　登詠歸亭　　　　　　　　　　　245
　　次龍宮樓上韻　　　　　　　　　245
　　次韻贈別　　　　　　　　　　　246
**五言排律**　　　　　　　　　　　247
　　松堂挽詞　　　　　　　　　　　247
**晦齋先生集卷之五**　　　　　　　249
**賦**　　　　　　　　　　　　　　251
　　問津賦　　　　　　　　　　　　251
　　鞭賈賦　　　　　　　　　　　　254
　　利口覆邦家賦　　　　　　　　　257

## 雜著 … 260
  書忘齋忘機堂無極太極説後 … 260
  答忘機堂第一書 … 265
  答忘機堂第二書 … 274
  答忘機堂第三書 … 277
  答忘機堂第四書 … 283
  送元典翰繼蔡序 … 286
  伊尹五就湯論 … 292

## 晦齋先生集卷之六 … 299
## 箴銘 … 301
  元朝五箴 … 301
   其一　畏天箴 … 301
   其二　養心箴 … 302
   其三　敬身箴 … 303
   其四　改過箴 … 304
   其五　篤志箴 … 305
  立箴 … 306
  自新箴 … 308
  定靜銘 … 308
  無絃琴銘 … 309
  知耻銘 … 309

## 記 … 311
  海月樓記 … 311

## 祭文 … 314
  改葬先府君祭文 … 314
  祭姪元慶文 … 315
  祭金府尹文 … 316
  祭先妣孫夫人文 … 319
  祭亡弟子容文 … 321

行狀 　　　　　　　　　　　　　　　325
　仁宗大王行狀　　　　　　　　　325
碑銘 　　　　　　　　　　　　　　334
　先祖考贈資憲大夫、吏曹判書兼知義禁府事李府君墓
　　碑銘　　　　　　　　　　　　334
　先祖妣贈貞夫人李氏墓誌銘　　　335
　先妣貞敬夫人孫氏墓碣銘　　　　336

## 晦齋先生集卷之七　　　　　　　339
疏 　　　　　　　　　　　　　　　341
　一綱十目疏　　　　　　　　　　341

## 晦齋先生集卷之八　　　　　　　385
疏 　　　　　　　　　　　　　　　387
　進修八規　　　　　　　　　　　387
　附獻《進修八規》疏　　　　　　412

## 晦齋先生集卷之九　　　　　　　417
箋 　　　　　　　　　　　　　　　419
　辭謝箋　　　　　　　　　　　　419
　謝恩箋　　　　　　　　　　　　421
狀劄 　　　　　　　　　　　　　　424
　陳情乞養狀　　　　　　　　　　424
　再陳乞養狀　　　　　　　　　　425
　乙巳正月十八日辭狀　　　　　　427
　正月二十四日辭狀　　　　　　　429
　閏正月十七日辭狀　　　　　　　430
　閏正月二十三日劄子　　　　　　431
　三月初八日辭狀　　　　　　　　433

## 晦齋先生集卷之十　　　　　　　435
狀劄 　　　　　　　　　　　　　　437
　丙午春劄子　　　　　　　　　　437
　三月呈辭上劄子　　　　　　　　444

四月辭職狀　　　　　　　　　　445
　　五月十一日再度辭狀　　　　　　447
　　六月十九日三度辭狀　　　　　　448
　　不宜垂簾劄子　　　　　　　　　450
晦齋先生集卷之十一　　　　　　　　453
　拾遺　序、傳、祭文、碑銘、墓碣　455
　　《大學章句補遺》序　　　　　　455
　　《中庸九經衍義》序　　　　　　457
　　《求仁錄》序　　　　　　　　　462
　　《奉先雜儀》序　　　　　　　　463
　　沙伐國傳　　　　　　　　　　　464
　　祭孫四宰文　　　　　　　　　　467
　　祭金慕齋文　　　　　　　　　　469
　　孫夫人諱日祝文　　　　　　　　471
　　告家廟文　　　　　　　　　　　472
　　夫人洪氏墓碑銘　　　　　　　　473
　　夫人崔氏墓碑銘　　　　　　　　474
　　忠義衛孫君墓碣文　　　　　　　475
　　訓導金君墓碑銘　　　　　　　　476
　　參奉崔君墓碣銘　　　　　　　　478
　　孺人金氏墓碣銘　　　　　　　　480
晦齋先生集卷之十二　　　　　　　　481
　拾遺　疏　　　　　　　　　　　　483
　　弘文館上疏　　　　　　　　　　483
晦齋先生集卷之十三　　　　　　　　505
　拾遺　狀、劄、啓　　　　　　　　507
　　辛丑（1541）季夏十六日呈辭　　507
　　壬寅（1542）九月呈辭　　　　　508
　　甲辰（1544）秋七月呈辭　　　　509
　　甲辰（1544）秋九月呈辭　　　　511

13

甲辰(1544)十一月呈辭 ... 513

甲辰(1544)十一月待罪狀 ... 514

乙巳(1545)閏正月待罪狀 ... 515

乙巳(1545)十二月呈辭 ... 516

侍講院劄子 ... 517

兩司劄子 ... 520

司憲府劄子 ... 522

乙巳(1545)秋劄子 ... 525

乙巳秋劄子 ... 528

政府書啓十條 ... 530

乙巳秋議啓 ... 533

**晦齋集跋** ... 536

**晦齋集跋** ... 538

**世系圖** ... 540

**晦齋先生年譜** ... 542

**文元公晦齋先生年譜後叙** ... 578

**晦齋先生集附錄** ... 579

  晦齋李先生行狀 ... 581

  有明朝鮮國故行崇政大夫、議政府左贊成、贈大匡輔國崇禄大夫、議政府領議政、兼領經筵弘文館藝文館春秋館觀象監事、文元公晦齋李先生神道碑銘并序 ... 596

  晦齋李先生墓誌 ... 604

  玉山書院記 ... 616

  江界府祠廟記 ... 618

  恭書御札答館學諸生疏後 ... 622

# 晦齋先生集序

孟子曰："學問之道，無他，求其放心而已矣。"[一]若吾文元公晦齋先生，其真所謂學問者哉！先生之學，專用心於内，基於誠意而發於致知，故事皆有實而明無不燭。以之爲親，盡其孝；與弟，盡其友；事君，盡其忠；遇士，盡其愛。至於御下蒞民，處患臨亂，莫不一本其所存而曲當其所應。非務於心學，其孰能與此？成仁知之德[二]，立繼開之業[三]，吾三韓[四]有人焉爾。

予嘗在辛丑年間，以書爲贄而禮焉，望儼即温[五]，親承謦欬[六]，竊窺其有方寸之學[七]，遂將《程氏附注》書[八]，叩疑不已。仍請存心之要，久之，先生指其掌曰："有物於此，握則破，不握則亡。"退而省乎心，粗覺其爲忘助[九]之異名，而尤喜其親切而有味也。既而，先師灘叟先生[一〇]與先生論喜怒哀樂未發[一一]，爲予道其詳，予又竊自欺曰："此子貢所以不可得而聞也！"[一二]

嗚呼已矣！自予入海[一三]，先生出塞[一四]，歲才七周而塞訃至海，追懷悼惜，每中夜潸然，至恨冥頑獨久於世也。暨聖上始初清明，誤首蒙恩，復侍經幄[一五]，感念今昔之不暇，而面受聖旨，讎正先生集[一六]，爲之慨然而讀曰："真布帛菽粟矣乎！"[一七]其詩和平易直，其文明白縝密，書札訂辨之切，疏劄規箴之深,與夫當消長危疑之際,言論風旨,無非出於誠而濟以明者,比昔所見聞,鮮有不合。然後益驗先生之心未嘗一日而放也。蓋此心既收,專一虛靜,則道理昭著,自然流出,有若是者,焉可誣哉?仍念孟子指出此竅[一八],爲已明矣。若予者不知反求,而曰:"如此爲俗學,如此爲異學,而如此爲儒者之學。"實先生罪人也,亦可哀已。

先生之孫浚[一九],袖板本四帙,踵門而告曰:"按使盧公禛[二〇]、府尹李公齊閔[二一],協議壽梓[二二],屬大人爲序,是用不遠千里,奉以爲請。"予既卒業,重自慨然曰:"盛矣哉,二公之心也!即予何敢有言於其間,而亦有不得而辭者。顧先生集朝夕印頒,而《奉先雜儀》《九經衍義》《求仁錄》之要法,《大學章句補遺》之卓見,又皆不見於此帙,則奚必此序爲?"浚曰:"官字用鑄,一印便已[二三],豈若此本在吾州,可以永傳無墜者?且將繼而刊焉,其無所爲嫌。"遂書所感以歸之,以見三韓心學惟先生有之云。

萬曆甲戌(1574)孟陽既望[二四],芝嶺後學盧守慎謹序[二五]。

【注釋】

〔一〕孟子句:見《孟子·告子上》。
〔二〕知仁之德:知,又寫作智,知和仁是兩種重要的品德,語出《中庸》:"知仁勇三者,天下之達德也。"
〔三〕繼開之業:指繼往開來的功業,語出朱熹《朱子全書·周子書》:"所以繼往聖,開來學,而大有功於斯世也。"
〔四〕三韓:指歷史上朝鮮半島南部的馬韓、辰韓、弁辰(亦稱"弁韓")之地,後亦指由其發展而來的高句麗、新羅和百濟,故因以指代朝鮮。

〔五〕望儼即溫:形容一個人看上去很莊重嚴肅,接觸之後很親切溫和。語出《論語·子張第十九》:"子夏曰:君子有三變:望之儼然,即之也溫,聽其言也厲。"

〔六〕謦咳:亦作"謦欬"。指咳嗽。亦借指談笑,談吐。《莊子·徐無鬼》:"夫逃虛空者,藜藋柱乎鼪鼬之逕,踉位其空,聞人足音跫然而喜矣,又況乎昆弟親戚之謦欬其側者乎?"

〔七〕方寸之學:指心學。方寸,指心。心處胸中方寸間,故稱。葛洪《抱朴子·嘉遯》:"方寸之心,制之在我,不可放之於流遁也。"賈島《易水懷古》詩:"我歎方寸心,誰論一時事。"

〔八〕《程氏附注》書:指明代程敏政在真德秀原注基礎上補充注釋而成的《心經附注》。

〔九〕忘助:是"勿忘勿助"的縮寫,語出《孟子·公孫丑上》,指在修養浩然之氣的時候,專心修養即可,但不能對修養的結果過於期待,既要存心又不能勉强執著,後來成爲陽明心學的重要修養方法。這裏的意思是説平時要以存心爲念,但不能人爲用力,必須從内心自然流露而出。

〔一〇〕灘叟先生:指李延慶(1484—1548)。字長吉,號灘叟,又號龍灘子,謚號貞孝。廣州人。中宗十四年(1519)中賢良科,歷任弘文館校理等職,屬於趙光祖一派的人物,己卯士禍後辭官歸隱,教育後學。李滉稱讚他:"色和言溫,胸襟灑然,人樂親附,而使人麤心邪念,自爾消化。其爲學,擺脱俗陋,玩心高明。"盧守慎是他的弟子兼女婿。

〔一一〕喜怒哀樂未發:《中庸》:"喜怒哀樂之未發謂之中,發而皆中節謂之和。"喜怒哀樂之未發已發和性情的關係,是性理學家討論的一個重要問題。

〔一二〕子貢:孔子弟子,復姓端木,名賜,字子貢,孔門十哲之一,以言語聞名,善於雄辯。《論語·公冶長》:"子貢曰:夫子之文章,可得而聞也;夫子之言性與天道,不可得而聞也。"

3

此處盧守慎以子貢自比,言自己未能親耳聆聽到李彦迪關於喜怒哀樂未發的議論。

〔一三〕自予入海:盧守慎乙巳士禍之時,被罷免吏曹佐郎之職,明宗二年(1547)流配順天,同年9月受良才驛壁書事件牽連,移配珍島,在珍島度過了19年的流放生活。這裏的入海即指流配珍島。

〔一四〕先生出塞:李彦迪1547年受良才驛壁書事件牽連,被暫時安置在江界,1553年在江界去世。

〔一五〕經幄:即經筵,漢唐以來帝王爲講論經史而特設的御前講席。宋代始稱經筵,置講官以翰林學士或其他官員充任或兼任。元、明、清三代沿襲此制,而明代尤爲重視。除皇帝外,太子出閣後,亦有講筵之設。朝鮮早在高麗時期就設置了經筵,制度大多沿襲中朝,朝鮮朝時期經筵講義更爲頻繁。盧守慎於1567年宣祖即位後,從流配地放還,任弘文館校理兼經筵官,出入經筵。

〔一六〕讎正:校讎文字,訂正訛誤。宣祖三年(1570),宣祖下命把李彦迪的著述、行狀等呈進弘文館,刊刻頒行。根據《宣祖實録》3年5月16日的記載,盧守慎當時身爲經筵官,負責文集和相關資料的校勘任務。

〔一七〕布帛菽粟:泛指糧食。指生活必需品。比喻極平常而又不可缺少的東西。《宋史·程頤傳》:"其言之旨,若布帛菽粟然,知德者尤尊崇之。"帛,絲織品;菽,豆類;粟,小米。

〔一八〕窾:比喻事情的關鍵或要害。

〔一九〕先生之孫浚:指李彦迪的孫子李浚(1540—1623),字清源,號求庵。天性孝誠,在壬辰倭亂中向朝廷獻納米穀,官至清道郡守。爲官清廉謹慎,愛恤百姓,頗有善政。有文集《求庵遺稿》傳世。

〔二〇〕盧公禛:盧禛(1518—1578),本貫豐川,字子膺,號玉溪、則庵。1555年任知禮縣監,有治聲,獲選清白吏,與奇大升、盧守慎、金麟厚等人以道義相交游。著作有《玉溪文集》傳世,死後謚號文孝。其1571年以母年老任外職,歷任慶尚道觀察使等職,此處按使即指此。

〔二一〕李公齊閔:李齊閔(1528—1608),本貫全州,字景闇,號西潤,出身朝鮮王室,是孝寧大君李補的玄孫,宜城君李宷的曾孫。1558年式年文科丙科中第,後歷任多職,官至大司憲,在壬辰倭亂中有重要功勞。1571年任慶州府尹,此處的府尹即指此。

〔二二〕壽梓:即授梓,指交付雕版,刊印發行。陸完學《〈長安客話〉序》:"入刑曹有《南刑記事》《方言采聽集》,相繼授梓,而《客話》其一斑也。"

〔二三〕官字用鑄,一印便已:朝鮮時代,金屬活字印刷發達,但活字主要掌握在官方手裏,而且活字排版印刷一本書之後,又會打亂排印其他書,不像雕版,板木雕好之後,可以一直印刷。

〔二四〕萬曆:明神宗朱翊鈞的年號(1573—1619),明朝使用此年號共48年。萬曆甲戌年即萬曆二年,公元1574年。孟陽既望:孟陽指農曆正月,望日即農曆每月的十五日。孟陽既望即指農曆的正月十五。

〔二五〕芝嶺後學盧守慎:盧守慎(1515—1590),朝鮮中期的著名文臣和學者,光州人,字寡悔,號穌齋,又號伊齋、暗室、茹峰老人等,與湖陰鄭士龍、芝川黃廷彧號稱"湖穌芝",是當時學習宋詩風的海東江西詩派的代表人物。盧守慎精通詩文和書法,強調敬一的修養功夫,主張道心未發人心已發說,同時對陽明學也有很深的研究,受到了當時朱子學者的攻擊。他初期主張朱子學說,其後閱讀了羅欽順的《困知記》,改變了以前的看法,開始主張道心未發人心已發說,著作有《穌齋集》傳世,死後謚文懿,後改爲文簡。芝嶺,即紫芝嶺。盧守慎故鄉爲慶尚北道尚州,別稱"商山"。秦末商山四皓隱居商山,曾作《紫芝歌》,故盧守慎稱自己故鄉爲"芝嶺"。《穌齋集》卷五《贈姜監司》中有"鄉關紫芝嶺,聚集大槐山"句,句下小注曰"鄉同商山,故使芝嶺",可證。

# 晦齋先生集

卷之一

# 古今詩

## 西　征　詩[一]

　　正德歲甲戌[二],序屬秋七月。卜吉將西征,日惟二十一。再拜辭萱闈[三],依依不忍別。薄暮抵前縣,燈殘孤館寂。攲枕耿不寐[四],共談唯畎畝[五]。天明上馬行,四顧秋山碧。沙頭見白衣[六],一壺臨溪酌。面酡欲分袂[七],東方朝日出。馬背困睡魔,忽窮礪峴谷[八]。院樓薄夷猶[九],朝炊煙一抹。

【注釋】
〔一〕西征詩:1514年,24歲的李彥迪在前往漢陽參加別試的途中創作的135韻、270句的五言古詩。據《晦齋集》中《文元公晦齋先生年譜》的記載,李彥迪7月21日從位於慶州府的家中出發,途經永川、新寧、義城、雙溪、尚州、咸昌、烏嶺、忠州等地,8月初到達漢陽,詩中歌詠了沿途的所見所感。當時李彥迪已經科舉中第,權知校書館副正字。
〔二〕正德歲甲戌:正德是明朝第十位皇帝明武宗朱厚照(1491—1521)的年號,明朝使用這個年號一共16年,即1506年至1521年。正德九年即甲戌年,公元1514年。
〔三〕萱闈:亦作"萱幃",猶萱堂,代指母親。陳維崧《沁園春·題袁孝子重其負母看花圖》詞:"衣著斑斕,躬爲痀僂,負得萱闈出北堂。"

〔四〕欹枕句：欹，通"倚"，斜倚，斜靠的意思。欹枕指斜靠著枕頭。耿，耿耿的縮寫，心中掛懷，煩躁不安的樣子。《詩·邶風·柏舟》："耿耿不寐，如有隱憂。"《楚辭·遠遊》："夜耿耿而不寐兮，魂熒熒而至曙。"洪興祖補注："耿耿，不安也。"

〔五〕曔适：指李彦迪的表弟孫曔（1492—1529）和弟弟李彦适（1494—1553）。孫曔，慶州人，字如晦，父親是李彦迪的舅舅月城君孫仲暾。曾任職忠義衛顯信校尉，38歲離世。李彦迪撰寫了孫曔的墓碣文和孫母的墓誌銘。李彦适，字子容，號聾齋，以學生的身份，被薦舉擔任慶基殿參奉，松蘿道察訪，後辭官代兄侍奉母親，致力於學術。

〔六〕沙頭：沙灘邊，沙洲邊。庾信《春賦》："樹下流杯客，沙頭渡水人。"白衣：使用了東晉王弘遣白衣使送酒酌陶潛的故事。南朝宋檀道鸞《續晉陽秋·恭帝》："王弘爲江州刺史，陶潛九月九日無酒，於宅邊東籬下菊叢中摘盈把，坐其側。未幾，望見一白衣人至，乃刺史王弘送酒也。即便就酌而後歸。"後因以爲重陽故事。亦用作朋友贈酒或飲酒、詠菊等典故。

〔七〕酡：飲酒後脸色變紅，將醉。

〔八〕礦峴：根據《韓國近代邑誌》的記載，在慶州府安康邑西三十里的地方，位於和永川的交界處。

〔九〕夷猶：亦作"夷由"。猶豫，徘徊不前。《楚辭·九歌·湘君》："君不行兮夷猶。"王逸注："夷猶，猶豫也。"

　　日晏永陽路〔一〇〕，客倚朱闌曲。舍馬上雙清〔一一〕，滿眼秋江色。坐談者誰子？昌良與潤石〔一二〕。徘徊一回首，家山天際邈。吉甫在鬢舍〔一三〕，暮投西樓宿。舉酒聊相酬，琴聲斷復續。困來曉夢酣，睡起窗日赤。朝行二十里，歇鞍川巖側。曹叟〔一四〕適後至，下馬語未卒。同行午又分，重會期來夕。

**【注釋】**

〔一〇〕永陽：慶尚北道永川的別稱。

〔一一〕雙清：指雙清堂，在永川郡客舍西邊的樓閣。《新增東國輿地勝覽·永川郡》："雙清堂在明遠樓西。"

〔一二〕昌良：不詳。潤石：當指金潤石，生卒年未詳，朝鮮中期文臣，字仲晬，曾祖父是戊午士禍時中心人物之一的金馹孫的丈人金尾孫，祖父金孝友，父金欽組。1510年時位列式年試3等第6位，1528年在式年試中以乙科第7名文科及第。

〔一三〕吉甫：李吉甫，似爲和李彥迪交遊的人物。除《晦齋集》卷一記載的《李吉甫江亭次子晉韻》以外，沒有相關記載。似爲永川鄉校教官。黌舍：校舍。亦借指學校。《宋書·臧燾徐廣傅隆傳贊》："藝重當時，所居一旦成市，黌舍暫啓，著録或至萬人。"

〔一四〕曹叟：即曹弘度，號容叟。生卒年未詳。昌寧人，父親是著名學者忘機堂曹漢輔。

　　憩飯向聞韶〔一五〕，山路何幽鬱〔一六〕？十里不逢人，野雉鳴角角〔一七〕。炎蒸谷無風，徑險馬頻蹶〔一八〕。炭堤日西沈〔一九〕，村路天昏黑。主人引余入，坐語寒暄畢。夜卧共團欒〔二〇〕，晨炊又早發。山行得谿澗，水清且石潔。稅馬溪柳陰，褰衣坐濯足。清風水面來，爽氣清肌骨。卓午抵雙溪〔二一〕，小軒頗幽闃〔二二〕。

**【注釋】**

〔一五〕聞韶：慶尚北道義城郡的古號。

〔一六〕幽鬱：草木茂盛的樣子。唐儲光羲《舟中別武金壇》詩：

"秋荷尚幽鬱,暮鳥復翩翩。"
〔一七〕角角:象聲詞。唐韓愈《此日足可惜贈張籍》詩:"百里不逢人,角角雄雉鳴。"
〔一八〕蹶:跌倒。
〔一九〕炭堤:《新增東國輿地勝覽·義城縣》:"炭池在縣南三十里。"炭堤,炭池的堤岸。
〔二〇〕團欒:團聚。孟郊《惜苦》詩:"可惜大雅旨,意此小團欒。"張養浩《普天樂》曲:"山妻稚子,團欒笑語,其樂無涯。"
〔二一〕雙溪:指雙溪驛。位于慶尚道比安縣東的驛站。處在發源於義城縣並川,流經比安縣尚州,匯入洛東江的雙溪附近。
〔二二〕幽闃:静寂。王禹偁《黄州新建小竹樓記》:"遠吞山光,平挹江瀨,幽闃遼夐,不可具狀。"

須友友不至,彷徨坐復立。夜静群動息,卧看天宇闊。夢罷月高上,遥聞雞喔喔。促行登前途,四面星寥落。煙霞帶翠微,江山更奇絶。水山無舟楫,道由尚之洛〔二三〕。行行忽到頭,洛水秋正緑〔二四〕。登樓快開襟,眼底乾坤豁。客有共憑闌,姓裴家在漆〔二五〕。容叟亦自南,邂逅如有約。

【注釋】
〔二三〕尚之洛:指尚州的洛東江。
〔二四〕洛水:指洛東江。
〔二五〕漆:指慶尚北道漆谷郡。

長嘯更徙倚,清飆來習習〔二六〕。少年客遊此〔二七〕,題柱字不滅。江山宛如昨,俯仰成今昔。中流擊楫渡,午日方炎赫〔二八〕。暮投洛郵亭,曉發天已白。曠野入望中,赤地少稼穡〔二九〕。田家幾勤悴,可憐秋無穫。燮理者何人〔三〇〕,無乃有所缺。云何召天災,饑饉連歲酷。道過咸昌界〔三一〕,忽看孤山兀〔三二〕。

【注釋】

〔二六〕清飈:亦作"清飇",猶清風。成公綏《嘯賦》:"南箕動於穹蒼,清飇振乎喬木。"
〔二七〕少年句:李彥迪少年失怙,向舅父孫仲暾受學,孫仲暾1506年擔任尚州牧使以後,李彥迪也跟隨他來到尚州研磨學問,此處的少年客遊此就是指此事而言。
〔二八〕炎赫:熾熱。《後漢書·質帝紀》:"自春涉夏,大旱炎赫,憂心京京。"
〔二九〕稼穡:這裏指農作物,莊稼。《詩·大雅·桑柔》:"降此蟊賊,稼穡卒痒。"
〔三〇〕燮理:協和治理。《書·周官》:"立太師、太傅、太保,茲惟三公,論道經邦,燮理陰陽。"孔傳:"和理陰陽。"
〔三一〕咸昌:咸昌縣,今慶尚北道尚州市咸昌面。
〔三二〕孤山:指慶尚北道尚州市咸昌邑胎封里的胎封山。據《新增東國輿地勝覽·慶尚道·咸昌縣》,慶尚道咸昌縣東九里有山名孤山,如平地湧出,像島一樣。

　　旅館一徘徊,惻然起感憶。去年向南秋,偕轡姜與朴〔三三〕。今年余又過,姜已成異物。笑談如隔晨,令人更悽切。唐橋院樓上〔三四〕,有僧施丹艧〔三五〕。自言起此宇,積累歲逾八。人或編士卒,被堅曝霜雪。我生世無累,竊愧空食粟。欲構行旅庇,敢效螻蟻力。余聞默自歎,一身處蓬蓽〔三六〕。

## 【注釋】

〔三三〕姜與朴：姜姓和朴姓之人，人物不詳。
〔三四〕唐橋院：朝鮮時代咸昌縣的驛站，位於慶尚北道尚州市咸昌邑允直里和慶尚北道聞慶市茅田洞附近。《新增東國輿地勝覽·咸昌縣》："唐橋，在縣北六里。《新羅古記》：'蘇定方既討麗濟，又謀伐新羅，留屯于此。金庾信知其謀，饗唐兵醉而皆坑之，後人因名唐橋。'""唐橋院在唐橋旁。"
〔三五〕丹雘：可供塗飾的紅色顏料。《書·梓材》："若作梓材，既勤樸斲，惟其塗丹雘。"孔穎達疏："雘是彩色之名，有青色者，有朱色者。"
〔三六〕蓬蓽："蓬門蓽戶"的省語，指窮人家用茅草和樹木搭建的簡陋房屋。葛洪《〈抱朴子·內篇〉自序》："藜藿有八珍之甘，而蓬蓽有藻棁之樂也。"

經濟負大志，不能效絲忽〔三七〕。天地直一蠹，於世竟何益？卻愧一僧力，猶能功利博。有樓是幽谷，快登避暑溽。棟宇多題名，盡是南中傑。黃昏設小酌，孤燭輝畫閣。夜深客夢涼，隔窗蟲語咽。黎明與曹別，山盤路紆屈。清晨谷吐雲，靉靆遮山腹〔三八〕。峽水逫驚湍，聒亂山欲裂。

## 【注釋】

〔三七〕絲忽：猶絲毫。形容極小或極少。曾鞏《乞出知潁州狀》："今還朝以來，甫及數月，未有絲忽自效之勤，而輒以私誠上陳。"
〔三八〕靉靆：即靉靆，雲彩很厚的樣子。

崎嶇上危棧，豎髮臨不測。山腰有古壘，不知何代設。憶昔三韓秋，分裂多戰伐。干戈爛不收，生民盡魚肉。邇來大平久,戰壁埋榛棘。前行數十里,谷口秀松柏。道左得孝碑,姓名具官爵。感歎立斯須,沈吟更躑躅〔三九〕。參天見鳥嶺〔四〇〕,石崖如新削。巉巖路百轉,谷谷溪流聒。

【注釋】
〔三九〕躑躅:徘徊不進貌。《樂府詩集·雜曲歌辭十三·焦仲卿妻》:"躑躅青驄馬,流蘇金鏤鞍。"
〔四〇〕鳥嶺:位於慶尚北島聞慶市和忠清北道槐山郡之間的山岡,高達1 017米,從慶州到漢城,必過此嶺。

　　立馬最高巔,擡眸極南北。長安邈日下,白雲天一壁〔四一〕。定省曠幾許,關山千里隔〔四二〕。下嶺八九里,川净茂林木。坐石仍盥洗,碧嶂含朝旭。午出獐項口,一帶流碧玉。上有千仞壁,壁頭有小刹。巖石危欲墜,惕然驅馬疾〔四三〕。日斜獺水頭〔四四〕,草屋僅容膝〔四五〕。輾轉夜似年,四壁寒蛩唧。

【注釋】
〔四一〕白雲:喻思親。《舊唐書·狄仁傑傳》:"其親在河陽別業,仁傑赴并州,登太行山,南望見白雲孤飛,謂左右曰:'吾親所居,在此雲下。'瞻望佇立久之,雲移乃行。"
〔四二〕定省:《禮記·曲禮上》:"凡爲人子之禮,冬温而夏清,昏定而晨省。"鄭玄注:"定,安其牀衽也;省,問其安否何如。"後因稱子女早晚向親長問安爲"定省"。
〔四三〕惕然:惶恐貌。《晏子春秋·雜上九》:"景公探雀鷇,鷇弱,反之。晏子聞之,不待時而入見景公,公汗出惕然。"劉向《説苑·尊賢》:"諸侯舉兵以伐齊,齊王聞之,惕然而恐。"

〔四四〕獺水：指獺川。《新增東國輿地勝覽·忠清道·忠州牧》："達川，或名德川，或名獺川，在州西八里，源出報恩縣之俗離山頂。"

〔四五〕草屋：指獺川附近的丹月驛。《新增東國輿地勝覽·忠清道·忠州牧》："丹月驛，古丹月部曲之地，在州南十里，驛南有溪月樓。"

　　清曉渡前灘，極目山萬疊。金烏踴碧空，紫錦散寥廓。忠西四十里〔四六〕，古院有彌勒〔四七〕。屹立繚垣墻，身長數十尺。自從吾道衰，佛法入中國。流漫惑人遠，舉世趨寂滅〔四八〕。我朝崇丘軻〔四九〕，異端猶不息。黃金塑神像，處處藏巖穴。誰復大道左，公然立胡質？釋氏尚未謝，不應有此佛。

**【注釋】**

〔四六〕忠：指忠州。

〔四七〕古院：當爲彌勒院，《新增東國輿地勝覽·忠清道·忠州牧》："彌勒院在州西五十里，一名廣修。"彌勒：彌勒佛，佛教信奉的神靈之一。

〔四八〕寂滅：佛教語。"涅槃"的意譯。指超脱生死的理想境界。《無量壽經》卷上："超出世間，深樂寂滅。"

〔四九〕丘軻：指儒家的孔子和孟子，孔子名丘，孟子名軻。

　　孰有胡穎志〔五〇〕，赫然加斧鑕〔五一〕？羸駒走且僵，到得荒山驛。夢魂繞桑梓，宛見慈顏戚。眠食今何如？撫枕空惻惻。信馬天昧爽〔五二〕，乃八月初吉。出入山澗路，淒風吹鬢髮。道過忠清道〔五三〕，邑歷仁智邑〔五四〕。山根有古院，沿路多茅屋。荒殘生理拙，邀客利升合。安得百萬斛，大畀家家給〔五五〕？

**【校記】**

〔斧鑕〕鑕,底本、乙亥本和庚子本作"礩",甲子本和正祖本作"鑕",從詩義來看,當以後者爲正,據甲子本和正祖本改。

**【注釋】**

〔五〇〕胡穎:南宋官吏。據《宋史·胡穎傳》記載:"性不喜邪佞,尤惡言神異,所至毀淫祠數千區,以正風俗。"

〔五一〕斧鑕:斧子與鐵鑕,古代刑具。行刑時置人於鑕上,以斧砍之。《晏子春秋·問下十一》:"寡君之事畢矣,嬰無斧鑕之罪,請辭而行。"

〔五二〕昧爽:拂曉,黎明。

〔五三〕忠清道:忠清南道和北道的合稱。

〔五四〕仁智邑:指陽智縣和龍仁縣,都在漢陽附近。

〔五五〕畀:給與。

鷄鳴馬蹄響,滿天星斗列。須臾曙色分,晃蕩秋天末。四山煙霧收,一路車馬遝。舉頭望北極,白日臨咫尺。風雲浩無際,九萬期奮翼〔五六〕。天高懷抱遠,路長馬力竭。京城忽入眼,五雲繞閶闔〔五七〕。漢水萬古流〔五八〕,三角如列戟〔五九〕。龍盤鬱佳氣,形勝真天作。丹闕九天開,金城四門闢。

**【注釋】**

〔五六〕九萬:極言高。《逍遙遊》:"鵬之徙於南冥也,水擊三千里,摶扶搖而上者九萬里,去以六月息者也。"

〔五七〕閶闔:指宮殿。杜甫《八哀詩·故秘書少監武功蘇公源明》:"晨趨閶闔內,足踏宿昔跡。"仇兆鰲注:"天上有閶闔殿,故人間帝殿,亦名閶闔。"

〔五八〕漢水:即漢江,流經漢陽的大河。

〔五九〕三角:三角山,即今日的北漢山,位於首爾北邊到京畿道高陽市一帶,有白雲臺、萬景臺和仁壽峰三座高峰,故又名三角山。

　　紫極拱堯舜[六〇],廊廟登夔契[六一]。一代文物新,百年興禮樂。蒼海搜明珠[六二],冀北空汗血[六三]。士有來山林,詩書抱素業。韋布談道義[六四],齟齬無所適[六五]。君門鬱九重,無路可通籍。生平志不苟,所希惟聖哲。韞櫝聊自珍[六六],泣璞愧三刖[六七]。千駟有不顧[六八],一芥那苟得[六九]？行藏隨遇安,出處由我決。

【注釋】

〔六〇〕堯舜:上古帝王唐堯和虞舜。

〔六一〕夔契:亦作"夔卨"。帝舜二賢臣之名。夔典樂,契爲司徒。蘇轍《西掖告詞·富弼贈太師》:"慶曆之盛,朝多偉人,維范與富,才業名位,實相先後,海内稱誦,見於聲詩,比之夔契。"

〔六二〕蒼海句:指尋找隱藏在草野中的人才。語出《新唐書·狄仁傑傳》:"狄仁傑字懷英,並州太原人。爲兒時,門人有被害者,吏就詰,衆爭辨對,仁傑誦書不置,吏讓之,答曰:'黄卷中方與聖賢對,何暇偶俗吏語耶？'舉明經,調汴州參軍。爲吏誣訴,黜陟使閻立本召訊,異其才,謝曰:'仲尼稱觀過知仁,君可謂滄海遺珠矣。'薦授并州法曹參軍。"

〔六三〕冀北句:比喻將人才網羅殆盡。韓愈《送温處士赴河陽軍序》:"伯樂一過冀北之野,而馬群遂空。"

〔六四〕韋布:韋帶布衣。古指未仕者或平民的寒素服裝。借指寒素之士,平民。辛文房《唐才子傳·錢起》:"王公不覺其大,韋布不覺其小。"

〔六五〕齟齬:上下齒不相對應,比喻不相投合,抵觸。韓愈《答竇秀才書》：“又不通時事，而與世多齟齬。”

〔六六〕韞櫝：藏在櫃子裏；珍藏，收藏。《論語·子罕》：“有美玉於斯，韞匵而藏諸？求善賈而沽諸？”何晏集解引馬融曰：“韞，藏也；匵，匱也，謂藏諸匱中。沽，賣也。得善賈寧肯賣之邪。”比喻懷才珍藏，待價而沽。

〔六七〕泣璞句：此處使用了楚卞和獻和氏璧遭刖足的典故，見《韓非子·和氏》。

〔六八〕千駟句：千駟，四千匹馬，言馬多。《論語·季氏》：“齊景公有馬千駟，死之日，民無德而稱焉。”何晏集解：“孔曰：‘千駟，四千匹。’”南朝宋劉義慶《世說新語·言語》：“雖有竊秦之爵，千駟之富，不足貴也。”後用千駟形容極富貴。

〔六九〕一芥句：這句是說就算是極其微末的東西，如果不符合道義的要求，也不能拿取。典出《孟子·萬章上》：“非其義也，非其道也，一介不以與人，一介不以取諸人。”

　　騎驢客京華[七〇]，恥隨肥馬迹[七一]。閉門閱書史，窗戶新涼入。古人雖已遠，遺訓猶在目。開卷想其人，我心實先獲[七二]。順天病在己，富貴非所急。

【注釋】

〔七〇〕騎驢句：指以貧賤的身份客居在首都漢陽。杜甫《奉贈韋左丞丈二十二韻》：“騎驢十三載，旅食京華春。”

〔七一〕恥隨句：指以跟隨在富人後面搖尾乞憐爲恥。杜甫《奉贈韋左丞丈二十二韻》：“朝叩富兒門，暮隨肥馬塵。”金克己《古風》：“恥隨肥馬塵，擁鼻不敢唾。”

〔七二〕我心實先獲：實指別人已經提前說出了我的想法。《詩經·邶風·綠衣》：“我思古人，實獲我心。”

# 山堂病起〔一〕

　　平生志業在窮經,不是區區爲利名。明善誠身希孔孟〔二〕,治心存道慕朱程〔三〕。達而濟世憑忠義,窮且還山養性靈〔四〕。豈料屈蟠多不快〔五〕,夜深推枕倚前楹。

【注釋】

〔一〕山堂病起:李彦迪1514年別試及第後返回慶州良佐里時所作。他科舉及第後官知校書館副正字,暫回慶州,同年被任命爲慶州州學的教官。
〔二〕明善誠身:《禮記·中庸》:"誠身有道,不明乎善,不誠乎身矣。"孔穎達疏:"言明乎善行,始能至誠乎身。"孔孟:指孔子和孟子。
〔三〕朱程:指朱子和程頤,這兩人是性理學的代表人物,故也用程朱之學指代理學,而治心和存道則是理學最重要的觀點之一。
〔四〕達而二句:儒家講求"達則兼濟天下,窮則獨善其身"。
〔五〕屈蟠:盤曲。這裏形容受到委屈和壓抑,不能得遂心願。賈思勰《齊民要術·桃》引漢衛宏《漢舊儀》:"東海之内度朔山上有桃屈蟠三千里。"

古　今　詩

# 次孫生員叔卿韻乙亥(1515,中宗十年)秋[一]

　　高懷超宇宙,浪迹泊江村。卜地山爲郭,誅茅席作門。蒼松擁後嶺,翠竹被前原。秋隴收禾黍,春郊散羲豚。范憂千里遠[二],回樂一瓢存[三]。隨分生涯足,因時出處分。窮亨那足介,得喪不須云。夙志惟忠孝,平生非飽温。蘇因姑養退[四],韓且爲貧奔[五]。會見囊中脱[六],何煩堂下言[七]？疏頑堪野逸,邂逅竊君恩。雖切北辰拱[八],卻思東海蹲[九]。飛塵要路暗,驚浪宦津飜。世並趨名急,人誰見溺援？同行齊馬轡,相訪抵雲根[一〇]。把酒山將晚,臨風髯屢掀。伊周經世術[一一],鄒魯在天文[一二]。論討時雖異,吟哦志尚軒。不成甦旱雨[一三],空負獻君暄[一四]。勳業頻開鏡[一五],詩書幾役魂。江頭瞻落日,籬底對殘樽。紫陌阻軒冕[一六],青山作弟昆。乾坤喜疏散,塵土厭囂喧。入面春深暖,開襟意轉憝。寒星山上點,綠霧洞邊屯。從此頻來訪,醉歸乘月昏。

【注釋】

〔一〕次孫生員叔卿韻：本詩是李彦迪1515年25歲時所作,本年李彦迪任慶州州學教官。孫叔卿是李彦迪的舅舅孫叔暾,孫叔暾字叔卿,號忘齋,父親孫昭,生卒年不詳,1489年賢良科進士試及第,中宗時曾上《斥佛疏》。見《韓國近代邑誌》第8册,慶尚道2,328頁和384頁的記載。

〔二〕范憂句：范仲淹《岳陽樓記》："居廟堂之高則憂其民,處江湖之遠則憂其君。是進亦憂,退亦憂。然則何時而樂耶?其必曰'先天下之憂而憂,後天下之樂而樂'乎?"范,指范仲淹,字希文,北宋名臣。

〔三〕回樂句:《論語·雍也》:"一簞食,一瓢飲,在陋巷,人不堪其憂,回也不改其樂。"回,指顏回,孔子的弟子之一,爲人謙遜好學,以德行著稱。顏回是性理學家喜愛的儒家人物,所謂"顏子所樂何事",是性理學家喜歡討論的問題。

〔四〕蘇因句:《宋史·蘇轍列傳》記載:"授商州軍事推官。時父洵被命修《禮書》,兄軾簽書鳳翔判官。轍乞養親京師。三年,軾還,轍爲大名推官。"蘇,指蘇轍,字子由,北宋著名學者和文學家,與父蘇洵、兄蘇軾合稱三蘇,父子三人都以文學見長,都位列唐宋古文八大家之一。蘇轍以養親爲名,辭卻了官職,這裏引用這個典故的目的在於李彥迪也是以奉養母親爲由辭官。

〔五〕韓且句:韓愈《答崔立之書》:"及年二十時,苦家貧,衣食不足,謀於所親,然後知仕之不唯爲人耳。乃來京師,見有舉進士者,人多貴之。仆誠樂之,就求其術。"韓,指韓愈,字退之,唐代著名文學家。韓愈年輕時因爲家貧,爲生計而奔走往來於親友權貴之門,後來甚至還寫有《送窮文》。這裏李彥迪用來説明他的出仕也是因爲家貧造成的。

〔六〕會見句:指毛遂自荐,脱穎而出的故事。《史記·平原君虞卿列傳》:"使遂早得處囊中,乃穎脱而出,非特其末見而已。"這裏來指代李彥迪的才能顯現出來,出人頭地。

〔七〕何煩句:典出《左傳·昭二十八年》:"昔叔向適鄭,鬷蔑惡,欲觀叔向,從使之收器者而往,立於堂下,一言而善。叔向將飲酒,聞之曰:'必鬷明也。'下執其手以上。"

〔八〕北辰:北極星。亦代指帝都,此處指漢陽。《論語·爲政》:"子曰:'爲政以德,譬如北辰,居其所而衆星共之。'"杜甫《追酬故高蜀州人日見寄》詩:"遥拱北辰纏寇盜,欲傾東海洗乾坤。"

〔九〕東海蹲：指在東海邊隱居。
〔一〇〕雲根：道院僧寺。爲雲遊僧道歇腳之處，故稱。南朝宋謝靈運《山居賦》："愒曾臺兮陟雲根，坐澗下兮越風穴。"唐司空圖《上陌梯寺懷舊僧》詩之一："雲根禪客居，皆説舊吾廬。"
〔一一〕伊周：指伊尹和周公。
〔一二〕鄒魯：指孔子和孟子。鄒和魯分别是孟子和孔子的故鄉。
〔一三〕不成甦旱雨：指没有爲國家建立偉大的業績。《書經·説命上》記載高宗任用傅説："若歲大旱，用汝作霖雨。"
〔一四〕空負句：指没能向君王敬獻忠心。《列子·楊朱》："昔者宋國有田夫，常衣緼黂，僅以過冬。暨春東作，自曝於日，不知天下之有廣廈隩室，綿纊狐貉。顧謂其妻曰：'負日之暄，人莫知者。以獻吾君，將有重賞。'"後遂以"負暄"爲向君王敬獻忠心的典實。
〔一五〕勳業句：年歲漸老，功業無成，憂慮焦急之意。杜甫《江上》："勳業頻看鏡。"
〔一六〕紫陌：指京師郊野的道路。劉禹錫《元和十一年自朗州召至京戲贈看花諸君子》詩："紫陌紅塵拂面來，無人不道看花回。"軒冕：古時大夫以上官員的車乘和冕服。借指國君或顯貴者。《管子·輕重甲》："故軒冕立於朝，爵禄不隨，臣不爲忠。"

# 金莊寺踏青 丙子(1516,中宗十一年)〔一〕

川原遠近綠初勻，滿目依然古國春。玉笛聲中千古恨，莫教吹向踏青人。

【注釋】
〔一〕金莊寺踏青：以下9題10首詩都是李彦迪1516年26歲時的作品，當時他身爲慶州州學教官。金莊寺應是位於慶州附近的寺廟，相關記載不詳。踏青，清明節前後郊野遊覽的習俗。舊時並以清明節爲踏青節。孟浩然《大堤行》："歲歲春草生，踏青二三月。"

# 烏川路上〔一〕

揮鞭發海隅〔二〕，擡眼極平蕪〔三〕。新綠千山遍，殘紅一點無。樂時渾物我〔四〕，探勝歷江湖。安得携知己，臨流倒百壺？

【注釋】
〔一〕烏川：慶尚北道迎日邑的古號。
〔二〕海隅：亦作"海嵎"。海角，海邊。常指僻遠的地方。
〔三〕平蕪：草木叢生的平曠原野。江淹《去故鄉賦》："窮陰匝海，平蕪帶天。"
〔四〕渾物我：物我合一，物我兩忘，道家追求的一種理想人生境界。《莊子·齊物論》："昔者莊周夢爲胡蝶，栩栩然胡蝶也，自喻適志與，不知周也。俄然覺，則蘧蘧然周也。不知周之夢爲胡蝶與，胡蝶之夢爲周與？"

古今詩

# 次朱文公《武夷五曲》韻[一]

欽把遺經得味深[二],探真從古有山林。峨洋絃上無人會[三],獨撫胸中太古心[四]。

【注釋】

〔一〕《武夷五曲》:淳熙十年(1183),朱熹在九曲溪五曲之大隱屏峰下,構築武夷精舍,在這裏講學、著述、吟詩、論文。在大自然的擁抱中研理、講學,寫下了不少歌詠武夷山水的詩篇。《武夷五曲》就是朱熹歌詠五夷山水的《五夷棹歌》10首中的第6首。《五夷棹歌》原名《淳熙甲辰中春,精舍閒居,戲作五夷棹歌十首,呈諸同遊者,相與一笑》,見《晦庵集》卷九,第6首原文如下:"五曲山高雲氣深,長時煙雨暗平林。林間有客無人識,欸乃聲中萬古心。"

〔二〕遺經:指古代留傳下來的經書。韓愈《寄盧仝》:"《春秋》三傳束高閣,獨抱遺經究終始。"

〔三〕峨洋:本用以形容音樂高亢奔放,後亦用以形容歡樂之態。語本《列子·湯問》:"伯牙善鼓琴,鍾子期善聽。伯牙鼓琴,志在高山,鍾子期曰:'善哉!峨峨兮若泰山。'志在流水,鍾子期曰:'善哉!洋洋兮若江河。'"這裏使用這個典故,表示沒有能與自己共同論學的知己。

〔四〕太古心:指遠古仁心。太古,遠古,上古。

## 病中覽《言行録·朱文公傳》[一]

病起幽軒雨後天,手携黄卷對前賢[二]。吾年屈指猶云富,其奈身多疾病纏。自歎多病不能致力於聖賢事業,故及之。

【注釋】
〔一〕《言行録·朱文公傳》:《言行録》即《宋代名臣言行録》,是匯集宋代名臣的言行編纂而成,包括前集十卷、後集十四卷、續集八卷、別集二六卷、外集十七卷。其中前集和後集由朱熹編纂完成,剩下的部分由宋代李幼武補遺完成。朱熹的傳記收録在外集第十二卷中。
〔二〕黄卷:書籍。晉葛洪《抱朴子·疾謬》:"雜碎故事,蓋是窮巷諸生,章句之士,吟詠而向枯簡,匍匐以守黄卷者所宜識。"楊明照校箋:"古人寫書用紙,以黄蘗汁染之防蠹,故稱書爲黄卷。"

## 勸　學　者

爲學應須學聖人,聖功元是本彝倫[一]。數篇格語真繩墨[二],熟講精通可律身。

## 【注釋】

〔一〕彝倫：常理，常道。《書·洪範》："王乃言曰：'嗚呼，箕子！惟天陰騭下民，相協厥居，我不知其彝倫攸叙。'"蔡沉集傳："彝，常也；倫，理也。"顧炎武《日知録·彝倫》："彝倫者，天地人之常道……不止孟子之言人倫而已。能盡其性，以至能盡人之性，盡物之性，則可以贊天地之化育，而彝倫叙矣。"

〔二〕繩墨：原指木工畫直綫用的工具，後比喻規矩、准則。張衡《思玄賦》："竦餘身而順止兮，遵繩墨而不跌。"

# 柏栗寺〔一〕，贈韓進士子沾〔二〕

苔逕憐曾踏，松闌憶舊憑。碧山如有待〔三〕，青眼更無憎〔四〕。草樹千年國，襟懷一夜燈。海臺秋更好〔五〕，携酒又同登。時有觀海之約，故及之。

## 【注釋】

〔一〕柏栗寺：是位於慶州府北東川洞金剛山上的一座寺廟，據説始建於新羅時代。

〔二〕韓進士子沾：即韓偉，谷山人，號仙隱，平節公韓翁的後孫，父親是端宗時期的司正韓淑老。據《韓國近代邑誌》第八册《慶尚道2》的記載，韓偉世祖時進士及第，那麼他比李彦迪至少年長40歲。作此詩時，年僅20多歲的李彦迪和60多歲的韓偉交遊酬唱，多少有些不太合理。

〔三〕碧山句：意思是説大好河山好像在等待我的到來。杜甫

《後遊》:"江山如有待,花柳更無私。"碧山,青山。
〔四〕青眼句:這裏是說見到志趣相投的朋友,彼此互相尊重。眼睛平視則見黑眼珠,上視則見白眼珠,此謂之"青白眼"。語出《世説新語·簡傲》"嵇康與吕安善"劉孝標注引《晉百官名》:"嵇喜字公穆,歷揚州刺史,康兄也。阮籍遭喪,往弔之。籍能爲青白眼,見凡俗之士,以白眼對之。及喜往,籍不哭,見其白眼,喜不懌而退。康聞之,乃齎酒挾琴而造之,遂相與善。"後因以"青白眼"表示對人的尊敬和輕視兩種截然不同的態度。
〔五〕海臺:指慶尚北道浦項市南區長鬐面地區的小峰臺。洪道長《柳下集·小峰臺》題下小注:"小峰臺在長鬐縣南僅十里許。石壁陡峙,前臨大海,蒼松離立其上。蓋絶境也。"

# 甘浦〔一〕舟中,贈韓子沽

一聲長笛海門秋,杯酒臨分段段愁。渭樹江雲苦相阻〔二〕,天涯此日幸同舟。

【注釋】
〔一〕甘浦:位於慶州甘浦邑的浦口。
〔二〕渭樹句:意指想念而無法相見。渭樹江雲,比喻對遠方友人的思念。杜甫《春日憶李白》:"渭北春天樹,江東日暮雲。何時一尊酒,重與細論文。"

古今詩

# 小　峰　臺〔一〕

地角東窮碧海頭,乾坤何處有三丘〔二〕。塵寰卑隘吾無意,欲駕秋風泛魯桴〔三〕。

【注釋】
〔一〕小峰臺：現在浦項市南區長鬐面海岸上的小島。過去島上有瞭望臺,附近風光秀麗,是遠近聞名的景點。現在這裏樹有李彥迪此詩的詩碑。
〔二〕三丘：指蓬萊、方丈、瀛洲三座仙山。《後漢書·張衡傳》："過少皞之窮野兮,問三丘乎句芒。"李賢注："三丘,東海中三山也,謂蓬萊、方丈、瀛洲。"
〔三〕欲駕句：《論語·公冶長》記載孔子之言曰："道不行,乘桴浮于海。"這句話的意思是說自己不再留戀塵世,想要學習孔子,乘船去海外。


記夢 夢有人以暗黮事疑我,既覺怳然,遂書二絶。〔一〕

殘燈中夜照肝脾,屋漏雖幽肯自欺〔二〕！枉被人疑渾不動,此心應有鬼神知。

【注釋】
〔一〕暗黮：又作黤黮,昏暗不明。《楚辭·九辯》："彼日月之照明兮,尚黯黮而有瑕。"
〔二〕屋漏句:意思是説心中光明磊落,没有不可對人言的隱私,不會自我欺騙。屋漏,古代室內西北隅施設小帳,安藏神主,爲人所不見的地方稱作"屋漏"。《詩·大雅·抑》:"相在爾室,尚不愧於屋漏。"毛傳:"西北隅謂之屋漏。"鄭玄箋:"屋,小帳也;漏,隱也。"後即用以泛指屋之深暗處。

　　一心虛静自無爲,萬變交前孰得移。雖處至嫌猶不惑,夢魂聊與展禽期〔三〕。

【注釋】
〔三〕夢魂句:意思是説不論別人如何誣陷和懷疑,自己都要像柳下惠一樣絶不動摇,堂堂正正地行動。展禽,指柳下惠,春秋時期魯國人。柳下惠直道事人事君,不因他人的影響而改變自己的原則,《孟子·公孫丑上》記載:"柳下惠不羞汙君,不卑小官;進不隱賢,必以其道;遺佚而不怨,厄窮而不憫。故曰:'爾爲爾,我爲我,雖袒裼裸裎於我側,爾焉能浼我哉?'故由由然與之偕而不自失焉,援而止之而止。援而止之而止者,是亦不屑去已。"


## 向定慧寺,吟録即景丁丑(1517,中宗十二年)〔一〕

　　四月二十日,乘雨入山谷。青郊馬蹄輕,認我幽意決。詩書萬古懷,泉石生平適。此去俱遂意,快如凌雲鵠。沈吟富收拾,刮眼揮鞭數。沿途麥浪浮,滿頃新苗緑。農夫壟上歌,牧童牛背笛。幽鳥濕猶啼,山色晴更碧。角角野雉鳴,翩翩飛燕疾。青山如有待,百物皆自得。行行轉杳窱,谷水聲聒聒。雲煙浩不收,去逕迷南北。鶯啼何處樹?鐘動知有刹。斜穿茂樹下,忽見有古塔。踏破青苔逕,下馬沙門入。雲林窈窕深,軒窗瀟灑闊。小髡或走藏〔二〕,老髡皆舊識。升階坐禪房,洒然怡神骨。空庭有何物,一朵開紅藥。壁上有故題,憶曾來栖迹。一去落塵籠,幾年悲猿鶴〔三〕。今來訪舊隱,溪山動喜色。綠池莫辭洗,吾耳久絶俗〔四〕。夜來各就枕,團欒雜今昔。潦倒十年懷,寒燈空照壁。清晨夢自醒,耳邊聞蜀魄〔五〕。讀書不終卷,東西窗已白。開軒對碧山,百鳥啼深峽。自此幽興多,塵寰已迥隔。行當拾瑤草,微逕緣深壑。東溪水似藍,溪邊有盤石。濯纓仍坐石,垂竿也不惡。同來有同志,字隣名汝弼。期壽昨已到,欣然共詩榻。來尋又有約,曰濟與适益〔六〕。雖無紅粉携,可擬東山樂〔七〕。蒼生莫有意,一卧期三十〔八〕。天地一疏散,物外閑歲月。會將登絶頂〔九〕,倒盡山中熟〔一〇〕。茲遊不可泯,翠壁千萬尺。

【注釋】

〔一〕向定慧寺,吟録即景:以下10題14首詩是李彦迪1517年(中宗十二年)所作。定慧寺,又稱净惠寺,位於慶州市安康邑玉山里的寺廟。據傳,始建於新羅宣德王時,今不存。舊址留有净惠寺址十三層石塔,爲韓國國寶第40號。李彦迪的獨樂堂距定慧寺僅300餘米,他與寺僧往來交流,於獨樂堂中增設房二間,命爲養真庵,專門招待寺僧。

〔二〕小髡:指小和尚。髡,剃髮。

〔三〕悲猿鶴:《北山移文》:"蕙帳空兮夜鶴怨,山人去兮曉

〔四〕緑池句：用"洗耳"典表示自己厭惡聽到污濁的話語。皇甫謐《高士傳·許由》："堯讓天下於許由……由於是遁耕於中嶽潁水之陽，箕山之下，終身無經天下色。堯又召爲九州長，由不欲聞之，洗耳於潁水濱。"文瑩《玉壺清話》卷十："李建勳嘗畜一玉磬，尺餘，以沉香節安柄，叩之，聲極清越。客有談及猥俗之語者，則擊玉磬數聲於耳。客或問之，對曰：'聊代洗耳。'"

〔五〕蜀魄：亦作蜀魂，代指杜鵑鳥。相傳蜀主名杜宇，號望帝，死化爲鵑。春月晝夜悲鳴，蜀人聞之，曰："我望帝魂也。"故稱。李商隱《燕台詩·春》："蜀魂寂寞有伴未？幾夜瘴花開木棉。"

〔六〕按：此處所提到的汝弼、期壽、濟，皆不詳其人。适，指李彦迪的弟弟李彦适，益，指李彦迪的妹夫李師益。

〔七〕東山樂：指東晉謝安隱居東山，載酒携妓的風流之樂。《晉書·謝安傳》載，謝安早年曾辭官隱居會稽之東山，經朝廷屢次徵聘，方從東山復出，官至司徒要職，成爲東晉重臣。又，臨安、金陵亦有東山，也曾是謝安遊憩之地。後因以"東山"爲典，指隱居或遊憩之地。

〔八〕一卧句：高適《人日寄杜二拾遺》："一卧東山三十春，誰知書劍老風塵。"

〔九〕會將句：杜甫《望岳》："會當凌絶頂，一覽衆山小。"

〔一〇〕山中熟：指酒。陶淵明《問來使》："歸去來山中，山中酒應熟。"

# 閑居即事

種松已作千株擁，移竹今年始數根。四面皆山遮眼界,卜居元是遠囂喧〔一〕。

【注釋】

〔一〕卜居:擇地居住。杜甫《寄題江外草堂》詩:"嗜酒愛風竹,卜居必林泉。"

雲斂山開欲曉天,半春清景正悠然。鍾鳴馳逐終何益,自幸年來臥石泉〔二〕。

【注釋】

〔二〕臥石泉:代指隱居。石泉,指隱居之地。

## 山 堂 即 事

禪房高枕穩,山色曉窗多。林底幽禽語,風中輕燕斜。翠巖留宿霧,深峽鎖朝霞。誰識此中趣,閑雲嶺上過。

## 山 中 即 事

雨後山中石澗喧,沈吟竟日獨憑軒。平生最厭紛囂地〔一〕,唯此溪聲耳不煩。

【注釋】
〔一〕紛嚚：紛亂喧嚚。唐順之《祭孫南野太僕文》："余厭紛嚚，公耽恬寂。"

　　臥對前山月色新，天教是夕慰幽人。沈疴忽去神魂爽[二]，胸次都無一點塵[三]。

【注釋】
〔二〕沈疴：亦作沉疴，指久治不愈的病。
〔三〕胸次句：胸無點塵，指胸懷開闊，光明磊落。

　　幽鳥聲中午夢闌，臥看巖上白雲閑。年來世事渾無意，吾眼猶宜對碧山[四]。

【注釋】
〔四〕吾眼句：意指自己對大自然感到親切，喜愛隱居。碧山，青山。


## 折　芍　藥[一]

　　易枯胡地顏，長怨漢恩薄。滿面憶歸愁，無心理鬢綠[二]。

【注釋】
〔一〕折芍藥：從內容來看，這是一首歌詠昭君的詩。
〔二〕鬢綠：即綠鬢，指烏黑而有光澤的鬢髮。形容年輕美貌。

梁吴均《和蕭洗馬子顯古意詩》之三："緑鬢愁中改,紅顔啼裏滅。"

# 泛葵溪流〔一〕

向日丹心鬢欲秋,朝朝垂淚滿顏愁。如何忽作英州去〔二〕,萬里風波一葉舟。

【注釋】

〔一〕泛葵溪流:共二首詩。第一首是歌詠宋代忠臣唐介忠節的詩。唐介(1010—1069),宋神宗宰相,字子方,江陵人。爲人忠正廉明,任殿中侍御史時因反對授予國戚張堯佐四使之職,並提議罷免文彥博宰相,被宋仁宗貶到英州任英州別駕。唐介因此名聲大振,被稱爲真御史。見《宋史·唐介傳》。第二首爲描寫西施之詩。
〔二〕英州:今廣東英德。

西子當年一入吴,春風秋月醉姑蘇〔三〕。豈知國破無歸處,愁把紅顏泛五湖〔四〕。

【注釋】

〔三〕姑蘇:即今蘇州市。此處當指姑蘇臺。姑蘇臺,亦作"姑胥臺",臺名,在姑蘇山上,相傳爲吴王夫差所築以納西施,日日淫樂於此。
〔四〕五湖:古代吴越地區的湖泊,説法不一,亦有人認爲指太湖。根據傳説,春秋末越國大夫范蠡,輔佐越王勾踐,滅亡吴國,功成身退,乘輕舟與西施隱於五湖,傳爲美談。後因以"五湖"指隱遁之所。

# 贈 堯 卿〔一〕

分炙僧家久未歸〔二〕,不堪晨夕戀慈闈〔三〕。喜君匹馬勤相訪,山路雲深更險巇〔四〕。

【注釋】

〔一〕堯卿:或爲孫世熙。孫世熙,字堯卿,1495年中生員試三等,本貫密陽。其他不詳。
〔二〕分炙:使用了宋太祖灼艾分痛的故事,比喻兄弟友愛之情。《宋史·太祖紀》:"太宗嘗病亟,帝往視之,親爲灼艾。太宗覺痛,帝亦取艾自炙。"僧家:指佛寺。
〔三〕慈闈:亦作"慈幃",亦作"慈帷",舊時母親的代稱。張孝祥《減字木蘭花·黃堅叟母夫人》詞:"慈闈生日,見説今年年九十。"
〔四〕險巇:亦作"險戲",崎嶇險惡。《楚辭·東方朔〈七諫·怨世〉》:"何周道之平易兮,然蕪穢而險戲。"王逸注:"險戲,猶言傾危也。"

## 次曹容叟韻〔一〕

霧捲山青晚雨餘，逍遙俯仰弄鳶魚〔二〕。莫言林下孤清興，幽鳥閑雲約共棲。

【注釋】
〔一〕曹容叟：即曹弘度。曹弘度的祖父是忘機堂曹漢輔，與李彥迪的舅舅孫叔暾和李彥迪圍繞"太極無極"有學術爭論。
〔二〕鳶魚：《詩·大雅·旱麓》："鳶飛戾天，魚躍於淵。"孔穎達疏："其上則鳶鳥得飛至於天以遊翔，其下則魚皆跳躍於淵中而喜樂，是道被飛潛，萬物得所，化之明察故也。"後以"鳶飛魚躍"謂萬物各得其所。李彥迪詩文中多次提到"鳶魚"，皆指從大自然中探索體會其中蘊含的天道。

## 戲次容叟韻

寓物無非養我心，休將幻語驚高深。欲觀靜裏能生動，月滿空山浪撫琴。

# 孤　　松

群木鬱相遮，孤松挺自誇。煙霞秘幹質，雨露長枝柯。千尺心應直，九泉根不斜〔一〕。棟樑雖有待，斤斧奈相加。不似巖邊老，含姿歲暮多〔二〕。

【注釋】

〔一〕九泉：指地下極深處。晉潘岳《西征賦》："貫三光而洞九泉，曾未足以喻其高下也。"
〔二〕不似二句：指被砍伐而作爲棟樑的松樹，不像在巖邊生長到老的松樹那樣，能享受更多自由自在的老年時光。

# 上洛路上即事戊寅(1518，中宗十三年)秋〔一〕

大塊之中萬象藏〔二〕，廓然悠久更無疆。江河山岳長流峙，日月星辰互隱彰。古往今來觀世變，春生秋殺見天常。箇中何物能爲此，一本昭昭獨主張〔三〕。

【注釋】

〔一〕上洛路上即事：以下4題7首是李彦迪1518年28歲時北上漢城時所作。此時李彦迪任正八品弘文館著作。
〔二〕大塊：大自然，大地。《莊子·齊物論》："夫大塊噫氣，其名爲風。"成玄英疏："大塊者，造物之名，亦自然之稱也。"

李白《春夜宴從弟桃李園序》："陽春召我以煙景,大塊假我以文章。"
〔三〕一本:即"一本萬殊"的一本,指道的本體,宇宙的自然原理。自然萬象,但本於同一根源。

## 踰　　嶺〔一〕

客行踰嶺下山陰,喜聽深林幽鳥音。宦路奔忙違素志,無端喚起故園心〔二〕。

【注釋】
〔一〕嶺:指鳥嶺。
〔二〕故園心:思鄉之心。杜甫《秋興八首》："叢菊兩開他日淚,孤舟一繫故園心。"

一帶煙嵐遮碧山,千巖松檜肅蒼顏。關山休道問關甚,觸處秋風興未闌。

## 水　回　村〔一〕

水回巖上數株松,爲布清陰候客到。我欲上遊發仙興,傲看其下人間路。吁嗟有志不能酬,心在清空身下土。

【注釋】
〔一〕水回村:現在忠州市水安堡面水回里,朝鮮時代屬忠清道延豐縣管轄。

谷路間關響馬蹄〔二〕,石泉嗚咽清人耳。兩邊絕壁過千尋,時聽悲蟬紅樹裏。

【注釋】
〔二〕間關:形容旅途的艱辛、崎嶇、輾轉。

# 無極驛路上〔一〕

桑鄉邈在天南極〔二〕,回首千山更萬山。遊子多違四方志,何時歸去拜慈顔〔三〕?

【注釋】
〔一〕無極驛:《新增東國輿地勝覽·京畿道·陰竹縣》:"無極驛,在縣南三十里。"
〔二〕桑鄉:指故鄉。古時常在家屋旁栽種桑樹和梓樹,後人用"桑梓"比喻故鄉。《詩·小雅·小弁》:"維桑與梓,必恭敬止。"朱熹集傳:"桑、梓二木,古者五畝之宅,樹之牆下,以遺子孫給蠶食、具器用者也……桑梓父母所植。"
〔三〕慈顔:慈祥和藹的容顔,多代指母親。

風月煙霞是我鄉,那知塵土污衣裳?紛紛道路驅馳迫,回首長空意渺茫。

## 山中即景〔一〕辛巳初夏,在三聖庵。〔二〕

平明紅日出東方,客在翠微開竹房。雙燕飄揚正得意,孤鶯睍睆亦乘陽〔三〕。蒼茫海岳乾端露〔四〕,漂蕩風雲雨意忙。游目偶然窮上下,坐看萬物自洋洋。

**【注釋】**

〔一〕山中即景:李彥迪1521年31歲身在慶州時所作。李彥迪1518年12月當祖父李壽會喪,返回慶州服三年喪。1520年12月脫喪,但直到1521年8月升任校書館博士才離開慶州。

〔二〕三聖庵:似爲慶州市安康邑三聖山上的寺庵。

〔三〕睍睆:形容鳥色美好或鳥聲清和圓轉貌。《詩·邶風·凱風》:"睍睆黃鳥,載好其音。"毛傳:"睍睆,好貌。"朱熹集傳:"睍睆,清和圓轉之意。"

〔四〕乾端:指天地顯示的征兆。韓愈《南海神廟碑》:"穿龜長魚,踴躍後先。乾端坤倪,軒豁呈露。"元好問《閑閑公墓銘》:"大夜而旦,大夢而寤。乾端坤倪,軒豁呈露。致知力行,開物成務。"

## 山窗即景

清曉衣冠静坐,峰頭日出窗明。默言皆是存養,吟詠無非性情。

## 夢覺有感

常思理欲互相勝,幽獨危微倍戰兢〔一〕。一念差來便禽獸,惕然驚起對青燈。

【注釋】

〔一〕幽獨:寂静孤獨,默然自守。屈原《楚辭·九章·涉江》:"哀吾生之無樂兮,幽獨處乎山中。"危微:《虞書》:"人心惟危,道心惟微。"

長誦《虞書》十六字〔二〕,一毫人欲便思除。工夫尚覺多滲漏,知有神明故警余。

【注釋】

〔二〕《虞書》十六字:《尚書·虞書·大禹謨》:"人心惟危,道心惟微;惟精惟一,允執厥中。"性理學家認爲這是儒學的十六字心傳。

## 山　中　久　雨

　　身在青山第一峰,朝朝默坐向天東。鶯啼谷口藏何處?雲滿軒前翠幾重。霖雨浹旬沉病骨[一],林泉半月逭塵籠[二]。何時霧盡蒼旻露[三],依舊晴窗曉日紅?

【注釋】
〔一〕浹旬:一旬,十天。
〔二〕逭:逃避。塵籠:塵世的羈束。
〔三〕蒼旻:蒼天。陶潛《感士不遇賦》:"蒼旻遐緬,人事無已。"

## 山　中　即　事

　　清晨梳罷快憑闌,細雨隨風滿碧山。野遠青煙橫一抹,林深幽鳥語千般[一]。忘機與物聊同樂,安分於時獨自閑。乘興渺然迷出處[二],卻疑身誤出人寰。

【注釋】
〔一〕千般:多種多樣。王維《聽百舌鳥》:"入春解作千般語,拂曙能先百鳥啼。"

〔二〕乘興句：杜甫《題張氏隱居》："乘興杳然迷出處，對君疑是泛虛舟。"

## 喜　　晴

霧盡山依舊，雲收天自如。奇觀森莫數，真象豁無餘。一妙看消長，玄機感卷舒〔一〕。昏明要不遠，人孰反求諸〔二〕？

【注釋】

〔一〕一妙、玄機：皆指天道。這句話是説從自然現象的變化中觀察天道運行之理。
〔二〕昏明：愚昧和明智。《左傳·襄公二十七年》："聖人以興，亂人以廢，廢興、存亡、昏明之術，皆兵之由也。"反求諸：指求諸自身。

## 感　　興

萬象紛然不可窮，一天於穆總牢籠〔一〕。雲行雨施神功博，魚躍鳶飛妙用通〔二〕。雖曰有形兼有迹，本來無始又無終。沈吟默契乾坤理，獨立蒼茫俯仰中。

【注釋】

〔一〕於穆：《詩·周頌·維天之命》："維天之命，於穆不已。"《中庸章句》引此句，朱熹注："於，嘆辭；穆，深遠也。"此處是對自然之道的讚美。

〔二〕魚躍鳶飛：語出《詩·大雅·旱麓》："鳶飛戾天，魚躍於淵。"毛傳："言上下察也。"孔穎達疏："毛以爲大王、王季德教明察，著於上下。其上則鳶鳥得飛至於天以遊翔，其下則魚皆跳躍於淵中而喜樂。"後以"魚躍鳶飛"謂世間生物任性而動，自得其樂。

## 夏 日 即 事

羲皇身世北窗涼〔一〕，簾捲虛堂夏日長。緑樹陰中鶯喚友，紫荆花下蝶尋芳。

【注釋】

〔一〕羲皇句：羲皇，指伏羲氏。古人想像羲皇之世其民皆恬靜閑適，故隱逸之士自稱羲皇上人。陶潛《與子儼等疏》："常言：五六月中，北窗下臥，遇涼風暫至，自謂是羲皇上人。"

## 聽 秋 蟲

百蟲迎暮苦啾啾，皓月揚輝入小樓。莫作西風宋玉恨〔一〕,任看天地自春秋。

【注釋】

〔一〕莫作句:意指不要像宋玉那樣悲愁哀怨。宋玉《九辯》:"悲哉,秋之爲氣也。蕭瑟兮,草木搖落而變衰。"西風,即秋風。在《九辯》中,宋玉借悲秋抒發了自己落拓不遇的悲愁和不平。

## 辛巳(1521,中宗十六年)秋西征吟 戊寅年(1518)丁祖父憂,庚辰(1520)冬服闋。是年秋,除校書博士,赴洛。〔一〕

卜吉西征八月時,辭親赴闕兩堪悲。廬墳愛日無窮意〔二〕,身隔君門已四期。

【注釋】

〔一〕辛巳秋西征吟:李彦迪1521年31歲時北上漢陽途中所作20首七言絶句。李彦迪祖父李壽會1518年去世,李作爲嫡長孫,服三年喪,實服兩年,1520年冬喪滿。第二年秋授校書博士,遂赴漢陽。
〔二〕廬墳:指在親人墳側結廬哀悼紀念。愛日:揚雄《法言·孝至》:"事父母自知不足者,其舜乎!不可得而久者,事親之謂也,孝子愛日。"李軌注:"無須臾懈於心。"後以指兒子供養父母的時日。

六日登程萬里身,北堂臨别淚霑巾〔三〕。長郊不禁長回首，只爲峰頭佇立辰。

【注釋】
〔三〕北堂：指母親的居室。語本《詩·衛風·伯兮》："焉得諼草，言樹之背。"毛傳："背，北堂也。"後亦代指母親。

七日光風眼共青[四]，羈愁別恨客中并。日斜強赴江頭會，秉燭鳴琴劇話情。

【注釋】
〔四〕光風：指光風樓，位於慶州府邑城内。

八日光風飲福開，親交四坐笑談諧。醉中狂興難收檢，日晚僛僛又引臺。

九日將行又被留，憑欄更賞萬山秋。夜來月白軒窗静，嗚咽灘聲攪客愁。

十日朝行與友偕，溪山佳處別筵開。卻憐波面游魚躍，世網那知苦不恢。宿新寧[五]

【注釋】
〔五〕新寧：原爲新羅史丁火縣，757年改爲新寧縣，爲良州所轄臨皋郡（即今之永川）的領縣。朝鮮時代慶州府的屬縣。

十一聞韶訪子剛[六]，居廬三載喜康強。情深欲話平生事，困睡不知秋夜長。宿聞韶村舍

【注釋】
〔六〕聞韶:慶尚道義城的別稱。子剛:生平不詳。

十二盧前酒一瓶,敢將菲薄薦微誠。鄉隣親舊來相送,慘目溪山日欲傾。

十三朝發自聞韶,滿目湖山霽景饒。行到雙溪日亭午〔七〕,閑吟信馬不知勞。宿雙溪

【注釋】
〔七〕雙溪:指雙溪驛。《新增東國輿地勝覽·比安縣》:"雙溪,在縣東十里,義城縣並川之下流,又北流合於南川,至尚州丹密縣入洛東江","雙溪驛,在縣東十里。"亭午:正午,中午。

十四西行忽渡頭,客中懷抱喜登樓。長江列岫無今古,一望悠然憶舊遊。宿尚州〔八〕

【注釋】
〔八〕尚州:朝鮮時代爲尚州牧。

十五間關山谷中,濛濛煙雨暗西東。晚投空館呼郵吏,客裏艱辛不可窮。宿化寧縣〔九〕

【注釋】
〔九〕化寧縣:朝鮮時代尚州牧的屬縣,今慶尚北道尚州市化東面、化西面、化北面一帶。

十六晨行煙霧霏,院樓荒古半欹危。停驂嘯詠

探真趣,冒雨斜穿細路歸。宿報恩[一〇]

【注釋】

[一〇] 報恩:報恩縣,今忠清北道報恩郡報恩邑一帶。

十七新晴雲霧收,凛然天氣欲霜秋。憑高極目千岑外,一片鄉雲碧海頭。宿懷仁[一一]

【注釋】

[一一] 懷仁:懷仁縣,現在的忠清北道報恩郡懷南面、懷北面一帶。

十八岩嶢石徑危[一二],羸驂倦僕不勝疲。行行忽到峰頭盡,天際群岑眼底奇。宿清州[一三]

【注釋】

[一二] 岩嶢:高峻,高聳。
[一三] 清州:即今忠清北道清州市。

十九有懷地盡頭,臨流西望悵夷猶[一四]。日斜卻向長安道,草屋孤村暫借留。時舅氏月城君爲忠清監司[一五],欲往省而遠在內浦,故未果,直向長安。

【注釋】

[一四] 夷猶:猶豫,遲疑。
[一五] 舅氏月城君:指孫仲暾(1463—1529),本貫慶州,字大發,號愚齋,謚號景節。爲雞川君孫昭之子,金宗直門人。1520年任忠清道觀察使,1527年封月城君。

二十黎明酒一杯,主人有意慰羈懷。崎嶇竟日

穿溪澗,煙雨千山鎖不開。宿天安〔一六〕

【注釋】

〔一六〕天安:即今忠清南道北部的天安市。

廿一天安晨發行,廓然區宇屬新晴。關山客久秋將晚,擡眼那堪望玉京。宿竹山〔一七〕

【注釋】

〔一七〕竹山:竹山縣,今京畿道安城市竹山面一帶,北距漢陽百七十里。

廿二平明細徑尋,半輪殘月在天心。日高溪畔炊煙起,回首雲山意轉深。宿龍仁〔一八〕

【注釋】

〔一八〕龍仁:龍仁縣,即今京畿道龍仁市,北距漢陽六十五里。

二十有三曉發仁,斜陽立馬漢江濱。天長地闊愁南望,身別萱庭隔幾晨〔一九〕。

【注釋】

〔一九〕萱庭:同"萱堂"。古時候,母親居屋門前往往種有萱草,人們雅稱母親所居爲萱堂。

身世曾經幾險艱,如今始喜達長安。致君堯舜慚無術,只把平生一片丹。

古　今　詩

## 九日無菊 月課〔一〕

　　欲掇金錢泛酒巵,登高空折未開枝。傾壺漸發愁中笑,滿帽難成醉後奇〔二〕。冷蕊縱能酬晚節,清芬堪嘆負佳期。仍驚物理渾如許,吐馥流芳貴及時。

【注釋】
〔一〕九日無菊：返回漢城後任弘文館博士,月課所作詩。月課,指月課文臣,據《續經國大典·禮典》記載,是對朝中通訓以下弘文館人員的一種考核,由大提學命題試製,試題有策文及詩賦等。
〔二〕滿帽句：《晉書·孟嘉傳》："九月九日,溫燕龍山,僚佐畢集,時佐吏並著戎服,有風至,吹嘉帽墮落,嘉不之覺。"後以"吹帽"爲重九登高雅集的典故。杜牧《九日齊山登高》："塵世難逢開口笑,菊花須插滿頭歸。"

## 崖　山　懷　古〔一〕

　　一點青螺浩渺邊,興亡千古思茫然。北風塵起乾坤破,南極溟翻山岳顛。六尺飄零舟已覆〔二〕,孤忠凛烈節猶全。只今波底無窮恨,化作愁雲鎖海天。

【注釋】
〔 一 〕崖山：即厓山。亦稱厓門山、崖門。在廣東省新會縣南大海中。形勢險要，南宋末張世傑奉帝昺扼守於此。兵敗，陸秀夫負帝昺蹈海死，宋亡。清傅鼎銓《廣信登舟》詩："因風遥向崖山祝，願赴澄波伴宋臣。"錢謙益《贈愚山子序》："有崖山、柴市之忠，而不爲將相；有西臺眢井之節，而不忍稱遺民。"
〔 二 〕六尺飄零：指南宋衛王趙昺，八歲蹈海而亡之事。語出《論語·泰伯》："可以託六尺之孤。"

## 下灘 壬午（1522，中宗十七年）〔一〕

度了群灘免激衝，扁舟穩泛萬波中。順流縱得東風便，更勸毋休擊棹功。

舟行如箭下奔灘，百里雲山一瞥間。見義若能如許勇，死生榮辱處無難。

【注釋】
〔 一 〕下灘：以下5題6首是1522年李彦迪32歲時的作品。從忠州上漢城的途中所作，具體寫作時間等不詳。

## 晚　　興

風定煙消鏡面空,數聲柔櫓夕陽中。卻嫌未快湖山眼[一],迥立船頭數亂峰。

【注釋】
〔一〕卻嫌句：意思是説還没有看夠大好湖山的風景。

## 夜　　興

天宇無塵掛片金,明珠萬點散江心。一聲欸乃蒼茫裏[一],時聽晨鷄叫遠林。

【校記】
[欸乃]底本作"款乃",形近而訛。

【注釋】
〔一〕欸乃：象聲詞。搖櫓聲。元結《欸乃曲》："誰能聽欸乃,欸乃感人情。"題注："棹舡之聲。"柳宗元《漁翁》詩："煙銷日出不見人,欸乃一聲山水緑。"張掄《朝中措》："何事沙邊鷗鷺,一聲欸乃驚飛。"

## 舟中即事，示柳子晉名順源，乃先公同年[一]。同舟數日。

日出天開雲未消，滿江疏雨更蕭蕭。舟行但覺千山轉，灘急無憑兩櫓搖。白鷺沙頭閑點點，烏衣波面謾飄飄。忘機物外須窮勝[二]，身入紅塵隔幾朝。

【注釋】
〔一〕先公同年：李彥迪父親李蕃1495年中司馬試，柳順源亦本年中司馬試。
〔二〕忘機：消除機巧之心。常用以指甘於淡泊，與世無爭。

## 舟中奉別子晉

義分自先人，疏愚愧此身。睽歡悲夙昔，奉袂喜今晨[一]。煙月江天夜，風埃嶺路春。襟懷如一夢，分袖轉傷神。

【注釋】
〔一〕奉袂：即捧袂，相見。

古今詩

## 溪邊秣馬即事

下馬坐溪邊,褰衣步清灘〔一〕。灘淺小石露,激激鳴佩環〔二〕。清飆來水面,灑然神骨寒〔三〕。飄飄若羽化,俯仰雲天寬。仙興浩難收,沈吟坐石端。濯足聊自潔〔四〕,超然謝塵寰。至趣獨自知,日斜猶忘還。

【校記】
〔秣馬〕秣,底本及乙亥本和庚子本作"抹",甲子本和正祖本作"秼",當以"秣"爲正,形近而訛。

【注釋】
〔一〕褰衣:提起衣裳。
〔二〕鳴佩環:形容水聲的清涼激越。柳宗元《小石潭記》:"從小丘西行百二十步,隔篁竹,聞水聲,如鳴珮環,心樂之。"
〔三〕灑然:指清涼爽快。
〔四〕濯足:《滄浪歌》:"滄浪之水清兮,可以濯我纓;滄浪之水濁兮,可以濯我足。"

## 到鳥嶺寄舍弟 癸未(1523,中宗十八年)

天涯乘興費幽吟,秋盡江頭別意深。匹馬十年南北路,三杯千里去留心。蕭蕭落葉龍湫畔〔一〕,慘慘寒雲鳥嶺陰。懷抱此行殊鬱結〔二〕,夢魂頻繞舊園林。

【注釋】
〔一〕龍湫:指位於鳥嶺的龍湫瀑布。
〔二〕鬱結:凝結,蘊結。《莊子·在宥》:"天氣不和,地氣鬱結。"

## 舟中即事

列岫蜿蜒去不留〔一〕,悠然自在水中流。錦屏影裏孤帆暮,綠鏡光邊兩岸秋。雲盡碧空悲一雁,波恬斜日戲群鷗。胸中浩渺無涯興,獨立蒼茫騁遠眸。

【注釋】
〔一〕蜿蜒:屈曲貌。《楚辭·離騷》:"駕八龍之蜿蜒兮,載雲旗之委蛇。"

## 竹山客館,次板上徐相公剛中韻〔一〕
甲申(1526年,中宗十九年)六月,拜仁同縣監,赴任。

乘興南來獨上樓,徘徊北望思悠悠。許歸偏荷君恩重,字牧慚非杜召儔〔二〕。

**【注釋】**

〔一〕次板上徐相公剛中韻:李彦迪1524年34歲時,6月授仁同縣監,於赴任途中所作。據年譜,此時李彦迪爲了奉養母親,主動要求任外職。徐相公剛中,即朝鮮初期的著名文臣徐居正(1420—1488),字剛中,號四佳亭。徐居正原詩《四佳集》中失收。

〔二〕字牧:或爲"牧字"之訛。牧字,治理撫育。《續資治通鑒·元順帝至正十六年》:"士誠以吳民多艱,牧字者非才,悉選而更張之。"杜召:指西漢召信臣和東漢杜詩。他們都曾爲南陽太守,且皆有善政,使人民得以休養生息,安居樂業,故南陽人爲之語曰:"前有召父,後有杜母。"見《漢書·召信臣傳》《後漢書·杜詩傳》。後因以"召父杜母"爲頌揚地方官政績的套語。

天際愁雲入眼浮,憑高幾恨日西流。如今得意登臨處,更有青山擁小樓。


# 宿比安小樓〔一〕

屏山橫野外,遠客宿樓中。梧葉當窗翠,荷花點水紅。蕭蕭疏雨響,艷艷綵雲籠。獨坐沈吟久,悠然見太空。

【注釋】
〔一〕宿比安小樓：此以下2首是1524年仁同縣監任上所作。

## 李吉甫江亭，次子晉韻〔一〕

堪嗟身世落規矩〔二〕，是夕投閑剩賞秋。萬古江山如待我，一帆壺酒訪名區〔三〕。天高星月清人骨，日晚笙歌散客愁。更喜登亭詩眼浩，坐看雲際碧千頭。

【注釋】
〔一〕李吉甫：生平不詳，據本卷《西征詩》所載，似爲永川鄉校的教官。故江亭似也應在永川附近。子晉：和李彦迪父親李蕃同年中司馬試的柳順源。
〔二〕規矩：指禮法。
〔三〕名區：指有名之地，名勝。王中《頭陀寺碑文》："惟此名區，禪慧攸託。倚據崇巖，臨睨通壑。"

## 次諸年兄韻 丙戌(1526，中宗二十一年)初夏，會遊于羊汀。〔一〕

由來嶺表士多名〔二〕，吾榜人稱最得英〔三〕。使節遠臨煙水曲〔四〕，烏山更帶古今情〔五〕。喜看清洛流無盡[六],休羨紅塵醉未醒。勝會十年唯見一,座中誰復繼高聲。

是會也,萍水之歡、弟兄之懷,則於諸公歌詠備矣。至於譔具之麗、探討之奇、江山之勝、景致之真,則蓋未有及焉。故粗述其一二,錄呈望而,兼示諸年兄。望而,即太斗南也。

【注釋】

〔一〕次諸年兄韻:以下3首是李彥迪1526年36歲時的作品,其中前兩首詩是李彥迪記述和司馬試及第者在羊汀聚會之作。李彥迪1513年司馬試及第。參加此次聚會的人除了仁同縣監李彥迪外,還有太斗南(1486—1536)、宋希奎(1494—1558)、曹世虞、朴萱、具嗣宗、鄭嶔、崔世道、柳潤、孫璘等。太斗南時任善山府使,朴萱、崔世道居住在善山,具嗣中居住在義城,孫璘居住在昌寧,鄭嶔居住在仁同,宋希奎和柳潤居住在星州。參考《㗳溪集》卷首及卷二附錄、《㗳溪先生年譜》、《俛仰集》卷六等。羊汀:據推測應在現在九尾市臨沭洞東洛書院附近的洛東江邊,朝鮮時代屬於善山府。宋純的《俛仰集》還收錄了與其同中司馬試的人員名單及簡介。

〔二〕嶺表:即嶺南,鳥嶺以南地區,一般指慶尚道。

〔三〕吾榜:指中宗八年(1513)的司馬試及第者。

〔四〕使節:指善山府使太斗南。太斗南,本貫永順,字望而,號西庵,渤海國王大祚榮的後裔。父親爲太孝貞。太斗南1513年生員進士兩試合格,同年式年文科乙科及第,歷任刑曹佐郎,慶尚道都事,全羅道暗行御史等。此後還曾任南原府使、善山府使等職。1536年任宗薄寺正兼春秋館編修官,爲金安老所惡,出任星州牧使,51歲時卒於任上。

〔五〕烏山:即金烏山。《新增東國興地勝覽·善山都護府》:"高麗時稱南嵩山,以配海州北嵩山,在府南四十三里。西開寧東、仁同北府境,高麗吉再居於此山下。"
〔六〕清洛:指洛東江。

  使君江上譅同年,簫管轟天酒似泉。佳境剩探千古秘,勝遊應駭一時傳。疏星淡月微茫裏,遠岫長林浩渺邊。乘興杳然迷出處,簡中風致敵蘇仙〔七〕。千古秘,指不知巖〔八〕,巖在江頭煙柳邊,甚奇絕。蓋以幽隱,昔人未曾知而得名。

【注釋】
〔七〕蘇仙:指蘇軾。黃庭堅《次韻宋楙宗三月十四日到西池都人盛觀翰林公出遊》:"還作遨頭驚俗眼,風流文物屬蘇仙。"蘇軾遨遊黃州赤壁,作前後《赤壁賦》,李彦迪等人遊不知巖,其風流瀟灑有似蘇軾遊赤壁。
〔八〕不知巖:現在九尾市臨洙洞東洛附近洛東江畔的巖石。後世張顯光在此築不知巖精舍講學。

## 義興客館有懷,次板上韻〔一〕

  困客投空館,徘徊意思清。映軒新竹净,侵砌綠苔生。境僻無人語,林深但鳥聲。一城堪吏隱〔二〕,緣底役虛名?

【注釋】
〔一〕義興:位於慶尚道軍威郡,東至永川新寧縣界四十五里。板:指懸板、詩板。朝鮮時期,亭臺樓閣處,多懸挂名人

古　今　詩

　　詩板。
〔二〕吏隱：謂不以利禄縈心，雖居官而猶如隱者。宋之問《藍田山莊》詩："宦遊非吏隱，心事好幽偏。"


## 龍安驛曉發[一]丁亥(1527年，中宗二十二年)孟春，呈辭向南。

　　十年南北鬢新華，辛苦平生客裏多。角上功名愁道路[二]，枕邊魂夢繞山阿。遲遲紅日雲霞曉，裊裊青煙遠近家。極目天東雲一片，巉巖鳥嶺望中遮。

【注釋】
〔一〕龍安驛曉發：李彦迪1527年1月返回慶州途中所作。根據年譜，李彦迪1526年8月授兵曹正郎，10月轉授吏曹正郎，1527年7月授侍講院文學。因此李彦迪1527年1月辭去吏曹正郎之職返回慶州，7月再授侍講院文學。龍安驛，應爲用安驛之誤。龍安位於和忠清道接壤的全羅道，從首爾下慶州的途中不經過。用安驛本屬陰城，1478年移屬忠州，故李彦迪此時從首爾出發，在忠州用安驛暫留後翻越鳥嶺。但《晦齋集》衆多版本俱作"龍安"，故因無他證，不作校正。
〔二〕角上功名：指微不足道的空名。典出《莊子·則陽》："有國於蝸之左角者曰觸氏，有國於蝸之右角者曰蠻氏，時相與争地而戰，伏屍數萬，逐北旬有五日而後反。"蘇軾《滿庭芳》詞："蝸角虚名，蠅頭微利，算來著甚乾忙。"

晦齋集校注

# 踰嶺五吟〔一〕

疊嶂層巒鎖翠嵐〔二〕,興亡千古獨巖巖〔三〕。青丘萬里今歸一〔四〕,不用雄誇限北南。鳥嶺

【注釋】

〔一〕嶺:指鳥嶺。和前詩一樣,是1527年返回慶州途中翻越鳥嶺時所作。
〔二〕翠嵐:山林中的霧氣。
〔三〕巖巖:高大,高聳。《詩·魯頌·閟宮》:"泰山巖巖,魯邦所詹。"孔穎達疏:"言泰山之高巖巖然,魯之邦境所至也。"
〔四〕青丘:傳説中的海外國名。《吕氏春秋·求人》:"禹東至榑木之地,日出、九津、青羌之野……鳥谷、青丘之鄉,黑齒之國。"《山海經·海外東經》:"青丘國在其北,其狐四足九尾。"郝懿行疏引服虔曰:"青丘國,在海東三百里。"朝鮮亦自稱青丘。

間關幽鳥已春聲〔五〕,窈窕崎嶇信馬行〔六〕。洞裏煙嵐三十六,自慚身世縛塵纓〔七〕。洞府〔八〕

【注釋】

〔五〕窈窕:山水幽深之貌。陶淵明《歸去來兮辭》:"窈窕以尋壑。"
〔六〕間關:象聲詞。形容宛轉的鳥鳴聲。
〔七〕塵纓:比喻塵俗之事。《文選·孔稚珪〈北山移文〉》:"昔聞

投簪逸海岸,今見解蘭縛塵纓。"李周翰注:"塵纓,世事也。"
〔八〕洞府:又稱洞天,道教稱神仙居住的地方。

　　山雪初殘幽澗鳴,磨金戛玉耳偏清〔九〕。十年枉費紅塵走,誰識林泉有宿盟?石澗

【注釋】
〔九〕戛玉:敲擊玉片,形容聲音清脆悦耳。

　　落落亭亭歲月深,托根蒼壁已千尋。人間斤斧何曾到?傲雪凌霜保直心。巖松

　　寒潭幽墨莫窺尋,從古人傳神物潛。霓望三農連歲苦〔一〇〕,興雲幾日作商霖〔一一〕?龍湫〔一二〕

【注釋】
〔一〇〕三農:古謂居住在平地、山區、水澤三類地區的農民。後泛稱農民。《周禮·天官·大宰》:"一曰三農,生九穀。"鄭玄注引鄭司農云:"三農,平地、山、澤也。"
〔一一〕商霖:指降雨,此喻傑出人材。出自《尚書·説命上》商代殷高宗對大臣傅説之言:"若歲大旱,用汝作霖雨。"
〔一二〕龍湫:指位於鳥嶺的龍湫瀑布。位於鳥嶺第一關門和第二關門之間。

# 孤　山　野〔一〕

　　客路風煙嶺外春,閑吟信馬碧溪濱。沙頭鷗鷺

休相訝,我是忘機物外人〔二〕。

**【注釋】**

〔一〕孤山:位於現在慶尚北道尚州市咸昌邑胎封里,是拔地而起的一座山峰,現在稱胎封山。《新增東國輿地勝覽·慶尚道·咸昌縣》:"孤山在縣東九里,大野中望之如島嶼。"

〔二〕忘機:《列子·黄帝》:"海上之人有好漚鳥者,每旦之海上,從漚鳥遊,漚鳥之至者百住而不止。其父曰:'吾聞漚鳥皆從汝遊,汝取來,吾玩之。'明日之海上,漚鳥舞而不下也。"指人無巧詐之心,異類可以親近。後以"鷗鷺忘機"比喻淡泊隱居,不以世事爲懷。

春入江村霽景新,家家桃杏摠精神。天翁有意慳紅紫〔三〕,待我還家對酒樽。

**【注釋】**

〔三〕慳:吝惜。

# 次曹容叟韻〔一〕

平生思晦不思彰,種得松篁擁小堂〔二〕。擬把詩書潛一世,敢將螢爝補三光〔三〕。紅塵十載驚迷路,青眼今朝喜返鄉。珍重故人多厚意,提壺相訪慰衰郎〔四〕。

**【注釋】**

〔一〕次曹容叟韻：1527年返回慶州後所作。曹容叟即曹弘度。

〔二〕松篁：松與竹。

〔三〕三光：日、月、星。班固《白虎通·封公侯》："天有三光日月星,地有三形高下平。"

〔四〕衰郎：李彥迪此時任吏曹正郎,自稱衰郎。

　　久屈高才道未彰,林泉佳處構書堂。聊憑鏡面看雲影,時把杯心弄月光。本體昏明要主一[五],靈機出入戒迷鄉。羨君真樂此中會,堪笑馳名老省郎。

**【注釋】**

〔五〕本體：指本心。主一：即主一無適,專一之意。

# 定慧寺話別[一]

　　一夜雲林魂夢清,重尋碧澗濯塵纓[二]。沈吟坐久忘歸去,山色依依亦有情。

**【注釋】**

〔一〕定慧寺話別：以下3首詩是李彥迪1527年1月辭職返鄉到7月上京任侍講院文學期間所作。定慧寺,即淨惠寺,位於慶尚北道慶州市安康邑玉山里。

〔二〕塵纓：比喻塵俗之事。孔稚珪《北山移文》："昔聞投簪逸海岸,今見解蘭縛塵纓。"李周翰注："塵纓,世事也。"

## 舟中謾興〔一〕

積雨新晴雲霧收,風生波面送輕舟。青山曖曖明殘照〔二〕,白鷺雙雙没遠洲。浩渺一望天共遠,朦朧半夜月同流。鳶魚俯仰無邊興〔三〕,誰識洪流逝不留〔四〕。

【注釋】
〔一〕謾興:謂率意爲詩,並不刻意求工。
〔二〕曖曖:迷蒙隱約貌。陶潛《歸園田居》詩之一:"曖曖遠人村,依依墟裏煙。"
〔三〕鳶魚:《詩・大雅・旱麓》:"鳶飛戾天,魚躍于淵。"後用鳶飛魚躍來形容大自然的勃勃生機。
〔四〕逝不留:《論語・子罕》:"子在川上曰:逝者如斯夫,不舍晝夜。"

## 望柏栗寺有懷〔一〕

蘭若遥看住翠微〔二〕,碧松修竹轉依依。人間有累難超脱,仙賞年來志久違。

【注釋】
〔一〕柏栗寺:《新增東國輿地勝覽・慶州府》:"柏栗寺,在金剛山。"位於今慶尚北道慶州市東川里。
〔二〕蘭若:指佛寺。翠微:指青翠掩映的山腰幽深處。

## 雪中寄山中友人己丑(1529,中宗二十四年)〔一〕

一壺聊寄山中客,獨酌遥知卧月邊。恨無王子剡溪棹〔二〕,共賞千峰雪後天。

【注釋】
〔一〕雪中寄山中友人:本詩及下一首是李彦迪1529年39歲時,秋天赴任密陽府使後所作。根據年譜,李彦迪1528年11月爲奉母,自請外職,出任密陽府使1年。
〔二〕王子:指東晉王徽之,字子猷。剡溪:曹娥江的上遊,在浙江嵊縣南。王徽之居會稽時,雪夜泛舟剡溪,訪戴逵,至其門不入而返。人問其故,則曰:"本乘興而行,興盡而返,何必見戴!"見劉義慶《世説新語·任誕》。

## 山中書示友人

雲盡山空月正明,夢闌禪榻客魂清。静來依舊真源浩〔一〕,悔向紅塵役利名。

【注釋】
〔一〕真源：謂本源、本性。

# 次清道清德樓韻，示主人李使君煥<sup>〔一〕</sup>
庚寅（1530年，中宗二十五年）

綠酒對青眼，紅塵欲白頭。郊平煙十里，樓古月千秋。雲嶺尋無日，萍蓬迹似浮。徘徊慕清德，留詠有孫侯<sup>〔二〕</sup>。約與友人尋雲門山，未果。外曾祖鷄城君，曾歷此郡，有題詠。孫氏世以清白著名，樓名實相符，故及之。

【注釋】
〔一〕次清道清德樓韻，示主人李使君煥：本詩及下一首是李彥迪1530年40歲時所作。李彥迪本年11月21日任司諫院司諫，這些詩應都作於其此前密陽府使任上。清德樓是位於清道客館東面的樓臺，據《新增東國輿地勝覽·清道郡》："清德樓，在客館東，知郡崔安乙建，崔元祐爲記。"李彥迪次韻的清德樓詩是田禄生《壄隱逸稿》卷一所收的《題清德樓》，後世沈孝生、權近、鄭以吾、徐居正都有次韻詩。田禄生原詩如下："廬宇崇岡底，危樓壓上頭。半空有平地，炎夏似涼秋。民力元無借，樓名果不浮。何須論四景，清德説崔侯。"李焕爲當時清道郡守，生平不詳。
〔二〕孫侯：即指李彥迪外曾祖鷄城君，名孫士晟，贈兵曹參判。

古今詩

# 慶山客館,次徐剛中韻〔一〕

簷短宜迎月,山橫礙望江。鳴鳩枝上七,飛燕雨中雙〔二〕。境靜聊觀物,心閑穩倚窗。題詩畫真興,那用筆如杠〔三〕?

**【注釋】**
〔一〕徐剛中:即徐居正(1420—1488),朝鮮前期著名文臣,字剛中,號四佳亭,著述有《四佳集》《東人詩話》等,編纂有《東文選》等。原詩是《四佳集補遺》卷三收錄的《慶山題詠》:"古縣大於斗,使君才似江。賢名曾第一,治化定無雙。山色濃低檻,秋聲細入窗。斯文佳會盛,題詠筆如杠。"
〔二〕飛燕雨中雙:晏幾道《臨江仙》:"落花人獨立,微雨燕雙飛。"
〔三〕筆如杠:比喻傑出的文學才能。歐陽脩《廬山高贈同年劉中允歸南康》:"丈夫壯節似君少,嗟我欲說,安得巨筆如長杠。"

# 直薇垣〔一〕 辛卯(1531,中宗二十六年)春

玉漏丁東報五更〔二〕,枕邊涼月透窗明。關心宗

社安危事,耿耿終宵夢不成。

【注釋】
〔一〕直薇垣:李彦迪 1531 年 41 時所作,此時李彦迪任司諫院司諫,朝鮮時代,司諫院又稱薇垣。直,通"值",值班。薇垣,唐開元元年改稱中書省爲紫微省,簡稱微垣。元代稱行中書省爲薇垣。
〔二〕玉漏:古代計時漏壺的美稱。唐蘇味道《正月十五夜》詩:"金吾不禁夜,玉漏莫相催。"丁東:像聲詞,即叮咚。

## 寄舍弟子容

天南漢北路茫茫〔一〕,旅雁何時更着行。遠别不知官爵好,思歸苦覺歲年長。〔二〕屋頭新竹應森秀,籬底稚松想就荒。一檄動顏猶未遂〔三〕,朝朝腸斷禁城傍。

【注釋】
〔一〕漢北:指漢江以北。
〔二〕按:旅雁三句引自蘇軾《病中聞子由得告不赴商州三首》第一首中的 2 到 4 句,蘇詩如下:"病中聞汝免來商,旅雁何時更著行。遠别不知官爵好,思歸苦覺歲年長。著書多暇真良計,從宦無功謾去鄉。惟有王城最堪隱,萬人如海一身藏。"
〔三〕一檄句:此句用東漢毛義捧檄的典故。東漢人毛義有孝名。張奉去拜訪他,剛好府檄至,要毛義去任守令,毛義拿到檄,表現出高興的樣子,張奉因此看不起他。後來毛義母死,毛義終於不再出去做官,張奉才知道他不過是爲親屈,感歎自己知他不深。見《後漢書》劉平等傳序。後以"捧檄"爲母出仕的典故。

晦齋先生集

卷之二

# 律詩、絕句

登前峰觀望辛卯春,以司諫罷還江鄉。[一]

雲收天際山如洗,雨歇江頭草似茵。景致千般誰獨管,蒼山高處倚閑人。

一抹清煙綠樹村,千層濃霧碧山根。望中奇勝添真興,物外江山亦主恩。

【注釋】

〔一〕登前峰觀望:以下10題15首詩都是李彥迪1531年(中宗二十六年)41歲時所作。此前,李彥迪擔任司諫時,因諫阻金安老的登用被貶爲成均館司藝,緊接著又遭到彈劾罷職。直到1537年爲止,他都隱居在故鄉慶州,致力於學術。《晦齋集》卷二中收錄的詩,是他1531年罷官到1537年重新啓用期間所創作的作品。

## 明遠樓送崔判官換歸尚州[一]

霽景千山晚,危樓二水潯[二]。登臨聊縱目,離合且開襟。五載爲民意,三杯送別心。秋清應赴洛[三],江海詎重尋。

【注釋】
〔一〕明遠樓:位於永川客舍東南方的一座樓台。《東國輿地勝覽·永川郡》記載:"明遠樓,在客舍東南,三面敞豁,下有大川南流。"崔判官換:崔換,生平不詳。從詩題來看,崔換應該是在永川任判官,因事返回故鄉尚州。
〔二〕二水:徐居正《四佳集·明遠樓記》記載:"稱郡曰永,取二水之義。蓋二水發源於母子山,分爲二派,折而南流,抵郡前,合爲一,所以揭號也。"
〔三〕洛:指洛東江。

## 遊佛國寺,次佔畢齋韻[一]

俯仰乾坤大,逍遥雲水重。鳶魚探一妙[二],泉石傲千鍾[三]。殘夜月華吐,清晨嵐翠濃[四]。十年尋舊隱,衰鬢愧鬘鬆。

## 【注釋】

〔一〕佛國寺：位於慶尚道慶州市進峴洞吐含山上。《新增東國輿地勝覽·慶州》："佛國寺在吐含山中。有石橋二，曰青雲，曰白雲，制作極巧。新羅人金大城所創。"佔畢齋：朝鮮朝初期性理學者金宗直的號。金宗直（1431—1492），字季昷、孝盥，號佔畢齋，朝鮮初期士林派的始祖，父親是著名學者金叔滋。金宗直的原詩《佛國寺與世蕃話》爲："爲訪招提境，松間紫翠重。青山半邊雨，落日上方鐘。語與居僧軟，杯隨故意濃。頹然一榻上，相對鬢鬖鬆。"

〔二〕鳶魚：《詩經·旱麓》："鳶飛戾天，魚躍于淵。"《中庸章句》第十二章："詩云：鳶飛戾天，魚躍于淵。言其上下察也。"理學家認爲這種大自然活潑的景象中蘊含了妙理，通過對這種景象的觀察可以把握其中的妙理。

〔三〕泉石：代指自然山水。千鍾：指優厚的俸禄。這句詩的意思是説優游於山水自然之中勝過在朝爲官，獲取豐厚的俸禄。

〔四〕嵐翠：山間的青緑色霧氣。


# 澄心臺即景〔一〕

臺上客忘返，巖邊月幾圓。澗深魚戲鏡，山暝鳥迷煙。物我渾同體，行藏只樂天〔二〕。逍遥寄幽興，心境自悠然。

## 【注釋】

〔一〕澄心臺：李彦迪1532年所建的獨樂堂頂部的大巖石。獨樂堂現在位於慶州市安康邑玉山書院内。
〔二〕行藏句：指出處行藏，隱居或出仕都只順從天道自然。

# 次魚子游壁上韻〔一〕

坐看山光變紫藍，幽棲偏覺一瓢甘〔二〕。逍遥遠涉清真界〔三〕，雲盡天空月印潭。

【注釋】
〔一〕魚子游：即魚得江。魚得江（1470—1550），字子游，本貫咸從，號灌圃堂，又自號渾沌山人。1492 年司馬試及第，1496 年式年文科丙科及第，歷任曲江郡守等外職，1510 年任掌令，1518 年任獻納，1521 年任校理，1529 年任大司諫，1539 年任密陽府使，1549 年任嘉善大夫，後辭隱晉州。著作有《東洲集》和《灌圃詩集》。壁上詩即《灌圃詩集》中所收之《净慧寺灌櫻堂呈橡亭》：“山深應有大伽藍，試識溪流味更甘。不必窮源消永日，石苔敷坐弄澄潭。羨君一夏卧潭臺，坐致遨頭月二回。此舉定兼佳境别，老夫無計更尋來。”
〔二〕一瓢甘：指顔回安貧樂道，《論語·雍也》說他“一簞食，一瓢飲，在陋巷，人不堪其憂，回也不改其樂”。
〔三〕清真界：純真樸素的境界。

孤松相伴倚潭臺，山晚幽禽自去回。勝景人間那有此？怪他遊客不曾來。

## 謝金戚丈嗣山中見訪〔一〕

幽棲樂靜遠塵機〔二〕,澗古林深俗迹稀。半日閑窗陪杖屨,滿山嵐翠亦增輝。

【注釋】
〔一〕金戚丈嗣:即金嗣(1449—1533),本貫水原,字紹元,號楊谿,新羅敬順王的後裔,高祖是高麗末期的功臣金漢眞。金嗣博學多識,人品高邁,不事科舉,安貧樂道。擔任仁同和永川兩地的訓導,門下慕名而來求學的學子衆多。從他的母親出身慶州孫氏一族的情況來看,他和李彦迪在母族這一系上應該有某種關係。李彦迪爲他撰寫了挽詞和墓誌銘。
〔二〕塵機:猶言塵俗的心計與意念。孟浩然《臘月八日於剡縣石城寺禮拜》詩:"願承功德水,從此濯塵機。"

## 贈　友　人

鹵莽無成愧古人〔一〕,半生鶻突走風塵〔二〕。探真賴有林泉勝,不覺清霜染鬢新。

【注釋】
〔一〕鹵莽:即魯莽,粗疏、馬虎的意思。

〔二〕鶻突：亦作"鶻鶟"，不明事理，糊塗。

病生輕惰終離道，心苦提防遠聖賢。那似静中存妙體？從容真樂自天然。

親老何嫌仕爲貧？窮通由命不由人〔三〕。官閑須着鍊丹力，要獻君王壽我民〔四〕。

【注釋】
〔三〕窮通：困厄與顯達。
〔四〕官閑二句：這兩句是説要時刻修養自己對君主的忠心，把忠心獻給君王，有助於君王的統治和造福百姓的生活。

# 復用賢字韻，別寓遠送之懷

強矯多君志業專，潛心經訓慕前賢。虛懷處世要沈晦〔一〕，存道由來貴闇然〔二〕。

【注釋】
〔一〕沈晦：亦作"沉晦"。隱而不露。《朱子語類》卷二九："邦無道能沉晦以免患。"
〔二〕闇然：隱晦深遠，不易爲人所見。《禮記·中庸》："故君子之道，闇然而日章；小人之道，的然而日亡。"鄭玄注："言君子深遠難知，小人淺近易知。"孔穎達疏："言君子以其道德深遠謙退，初視未見，故曰闇然。"

## 山中次友人韻

翠微萬疊深〔一〕,紅日半山陰。對客雲生檻,援琴風滿林。清溪秋欲到,白酒晚相斟。多謝松門訪〔二〕,慇懃細話心。

【注釋】
〔一〕翠微:指青翠掩映的山腰幽深處。亦泛指青山。
〔二〕松門:謂以松爲門或前植松樹的屋門。代指山中的居所。王勃《遊梵宇三覺寺》詩:"蘿幌棲禪影,松門聽梵音。"

## 新　　雪

新雪今朝忽滿地,怳然坐我水精宫〔一〕。柴門誰作剡溪訪〔二〕,獨對前山歲暮松。

【注釋】
〔一〕水精宫:亦作"水晶宫",指以水晶裝飾的宫殿,形容居所之澄澈透亮,故亦指代月宫或水府,這裏形容下雪後,在積雪的映襯下,居所透明澄澈,好像水晶宫。
〔二〕剡溪訪:指剡溪訪戴的典故。《世説新語·任誕》:"王子獻居山陰,夜大雪,眠覺,開室,命酌酒,四望皎然。因起彷徨,詠左思《招隱詩》。忽憶戴安道。時戴在剡,即便夜乘小船就之。經宿方至,造門不前而返。人問其故,王曰:'吾本乘興而行,興盡而返,何必見戴?'"

探道年來養性真,爽然心境絕埃塵。誰知顏巷一簞足〔三〕?雪滿溪山我不貧。

【注釋】

〔三〕誰知句:這句是說自己像顏回一樣安貧樂道。《論語·雍也》中記載顏回:"一簞食,一瓢飲,在陋巷,人不堪其憂,回也不改其樂。"

## 早春遊山 壬辰〔一〕

沿路潺湲聽更新〔二〕,喜看林壑已回春。幽居俯仰探玄化〔三〕,萬紫千紅目擊真〔四〕。

【注釋】

〔一〕早春遊山:以下8題13首詩是李彥迪1532年42歲時所作。本年,李彥迪在慶州紫玉山的豁谷裏建造獨樂堂,專心致力於學問。壬辰,1532年,朝鮮中宗二十七年。
〔二〕潺湲:流水聲。岑參《過緱山王處士黑石穀隱居》詩:"獨有南澗水,潺湲如昔聞。"
〔三〕玄化:指大自然的神妙變化。
〔四〕萬紫句:朱熹《春日》詩:"等閑識得東風面,萬紫千紅總是春。"這句詩和朱熹詩有異曲同工之妙,都是寫自己通過觀察和體會春日風光,實現對道的體認。

曲曲清溪繞石流,尋花問柳興難收。世人不曉林居樂,應笑巖邊卜築幽。

## 次南士渾韻〔一〕

洞天幽遠鎖煙霞〔二〕,相訪知君故意多〔三〕。卻將十載塵寰事〔四〕,話到西巖月半斜。

【注釋】

〔一〕南士渾:即南世豪(?—1532)。南世豪,字士渾,英陽人,1522年司馬試及第。李彥迪在1532年爲他所作挽詞《挽南進士世豪》的附注中指出他是被盜賊殺害。南詩不存。
〔二〕洞天:道教稱神仙的居處,意謂洞中別有天地。後常泛指風景勝地。
〔三〕故意:舊友的情意。杜甫《贈衛八處士》:"十觴亦不醉,感子故意長。"
〔四〕塵寰:亦作"塵闤",人世間。權德輿《送李城門罷官歸嵩陽》詩:"歸去塵寰外,春山桂樹叢。"

已將身世落雲煙,乘興逍遙境外天。敢擬藏巖蘇旱雨?一溪風月最堪憐〔五〕。南詩有"空斂濟川舟楫手"之語,故及之。

## 【注釋】

〔五〕敢擬句：《尚書·説命上》記載殷高宗命令傅説："爰立作相,王置諸其左右。命之曰:'朝夕納誨,以輔台德。若金,用汝作礪;若濟巨川,用汝作舟楫;若歲大旱,用汝作霖雨。'"後用濟川舟楫、大旱霖雨比喻輔佐帝王。南世豪在原詩中以"空斂濟川舟楫手"對李彦迪辭官歸隱感到遺憾,認爲他本能更有一番大作爲,但李彦迪表示自己不敢作大旱霖雨,自己更喜歡鄉間的自然風光。

# 次金彦叔韻〔一〕

杖藜尋壑帶山童,林下蕭然一野翁〔二〕。款款情懷十年舊〔三〕,自多生世與君同。

## 【注釋】

〔一〕金彦叔：即金世良（1502—1571）。金世良,字彦叔,本貫慶州,號昊亭,曾受學於李彦迪。1519年生員試合格,1535年別試及第。歷任成均館校理等職,以及慶尚道都事、鎮海和清道兩郡郡守等外職。金彦叔年譜中記載,李彦迪流配江界,將死之時,金彦叔於夢中見到李彦迪,預感到他將遭不測,痛哭不止。
〔二〕蕭然：蕭灑,悠閑。葛洪《抱朴子·刺驕》："高蹈獨往,蕭然自得。"
〔三〕款款：誠懇,忠實。王安石《次韻酬陸彦回》："款款故情初未愁,飄飄新句總堪傳。"

## 江上贈同遊諸君

　　山爲屏障草爲筵，滿目平郊霽景鮮。試問塵間揮汗走，何如把酒坐江煙[一]？

【注釋】
〔一〕江煙：指江上的雲氣、煙靄。徐彥伯《采蓮曲》："妾家越水邊，搖艇入江煙。"

　　湖山清興浩無邊，又值鶯花四月天[二]。誰喚幽人碧溪畔，一尊留與賞風煙？

【注釋】
〔二〕鶯花四月天：鶯花，鶯啼花開，泛指春日景色。丘遲《與陳伯之書》："暮春三月，江南草長，雜花生樹，群鶯亂飛。"

## 山　中　贈　別

　　夜靜虛堂萬念灰，坐看巖上月徘徊。怡神喜有溪山邃，補袞慚無魏陸才[一]。淵源似海迷涯岸，軒冕如雲任去來[二]。珍重相知只相保，休將襟抱向人開[三]。

【注釋】
〔一〕補袞句：這句話的意思是説自己没有規諫輔佐帝王的才能。補袞,補救規諫帝王的過失。語本《詩·大雅·烝民》:"袞職有闕,維仲山甫補之。"漢阮瑀《爲曹公作書與孫權》:"願仁君及孤,虚心回意,以應《詩》人補袞之歎,而慎《周易》牽復之義。"魏陸,指唐代宰相魏徵和陸贄,二人都以規諫帝王而聞名。
〔二〕軒冕：古時大夫以上官員的車乘和冕服,借指高官厚禄或達官貴人。
〔三〕襟抱：襟懷抱負。崔珏《哭李商隱》:"虚負凌雲萬丈才,一生襟抱未曾開。"

一卧雲林世累輕〔四〕,卜居從此老巖耕。回頭萬象渾無礙,舉目群岑摠有情。日出蒼旻昏霧霽〔五〕,風微碧海怒濤平。清高境界稀塵迹,對榻何時眼更青。

【注釋】
〔四〕雲林：隱居之所。王維《桃源行》:"當時只記入山深,青溪幾度到雲林。"世累：世俗的牽累。嵇康《六言·東方朔至清》詩:"不爲世累所攖,所欲不足無營。"
〔五〕蒼旻：蒼天。

散步雲泉病腳輕,滿山紅樹盡秋聲。盈虚誰識一元妙？榮悴聊觀萬物情〔六〕。真樂便從閑裏得,靈源端向静中明。年來世慮都消遣,只把幽懷寄遠行。

【注釋】
〔六〕盈虚二句：這兩句的意思是説從草木春榮秋謝的盛衰變化中,體會宇宙萬物的運行妙理。盈虚和榮悴指的都是自然界的盛衰變化。

## 重陽後一日，臨溪對酌[一]

九日登高已負期，不妨臨水強傳卮。金錢滿地芳堪摘，錦障橫郊晚更奇。酩酊歸時宜帶月，逍遙樂處且題詩。人間勝景無如此，此日年年玩綠漪[二]。

【注釋】
〔一〕重陽：農曆九月初九日爲重陽節，重陽節有登高賞菊的風俗。重陽後一日爲農曆九月初十日。
〔二〕綠漪：綠色的漣漪，指綠色溪流的波紋。

## 挽 鄉 友

十年遊宦困塵籠[一]，三徑歸來鬢半鬆[二]。里閈蕭然諸老盡[三]，江山依舊與君同。杯樽款款煙橫野，談笑依依月上峰。此會杳茫今已矣，憶君何處更相逢？

【注釋】
〔一〕塵籠：謂塵世的羈束。李棲筠《張公洞》詩："我本道門子，願言出塵籠。"
〔二〕三徑：亦作"三逕"。趙岐《三輔決錄・逃名》："蔣詡歸鄉里，荊棘塞門，舍中有三徑，不出，唯求仲、羊仲從之遊。"後因以"三徑"指歸隱者的家園。陶潛《歸去來辭》:"三徑就荒,松竹猶存。"
〔三〕里閈蕭然:是説故鄉已經荒蕪。里閈,指里門。《後漢書·成武孝侯順傳》:"順與光武同里閈,少相厚。"李賢注:"閈,里門也。"亦可代指鄉里。

## 偶吟 聞朝廷以術業八事,選録朝臣,曰經術、詞章、吏文、漢語、醫術、地理、音律、寫字。〔一〕

種學辛勤鬢欲華〔二〕,生平事業竟如何?十年用力明誠地〔三〕,卻愧無名預八科〔四〕。

【注釋】
〔一〕偶吟:作爲一名性理學者,聽説朝廷將致力道學以實現修身齊家治國的真正學者置諸一旁,卻以八種技藝來選拔人才,有感而作此詩。吏文:指官府文牘。
〔二〕種學:培養學識。方孝孺《種學齋記》:"而鄭君叔度,旨乎韓氏種學之言,以名其齋者歟。"
〔三〕十年句:語出《孟子·離婁上》:"居下位而不獲於上,民不可得而治也。獲於上有道,不信於友,弗獲於上矣;信於友有道,事親弗悦,弗信於友矣;悦親有道,反身不誠,不悦於親矣;誠身有道,不明乎善,不誠其身矣。"明誠,代指心性修養之學。
〔四〕八科:指題目中提到的八種選拔人才的技藝。

## 壽母生辰，次友人韻癸巳〔一〕

堂上慈顏鶴髮垂〔二〕，小軒今日壽筵開。蒼松翠竹千年色，共帶春風入酒杯。

【注釋】

〔一〕次友人韻：以下8題12首詩是李彥迪1533年43歲時所作，此時李仍然隱居於慶州獨樂堂。
〔二〕慈顏：慈祥和藹的容顏，多指母親而言。潘岳《閑居賦》："稱萬壽以獻觴，咸一懼而一喜，壽觴舉，慈顏和。"鶴髮，指白髮。唐劉希夷《代悲白頭翁》："宛轉娥眉能幾時，須臾鶴髮亂如絲。"

## 醉成，謝殷佐開筵勝境見邀鄉老輩亦來預〔一〕

落照明霞映白尊，慇懃携酒送殘春。黃巖綠水渾依舊，素髮蒼顏盡故人。

【注釋】

〔一〕殷佐：未詳爲誰，應該是和李彥迪有交遊的慶州本地人士。以殷佐爲字的人物有尹湯輔，生卒年未詳，1496年進士試及第,生活在大邱和玄風等地,但根據現存資料,没有他和李彦迪交往的記載。

性僻由來愛水山〔二〕,每逢佳處便忘還。開筵勝日知君意〔三〕,細酌聊成半日歡〔四〕。

【注釋】
〔二〕性僻:性情喜好。僻,通"癖"。杜甫《江上值水如海勢聊短述》:"爲人性僻耽佳句,語不驚人死不休。"
〔三〕勝日:指親友相聚或風光美好的日子。
〔四〕聊成:勉强可算是。聊,姑且、勉强、湊合的意思。

# 次殷佐韻

野鳥弄清晨,巖花殿晚春〔一〕。一樽臨碧澗,幽興屬閑人。

【注釋】
〔一〕殿:居後,在後。這句話是説巖花在春天末期開放。

## 病起登詠歸亭〔一〕

　　病起林亭望遠峰,蕭蕭兩鬢又秋風〔二〕。眼中景物隨時換,山下流川浩不窮。

【注釋】

〔一〕詠歸亭：是李彥迪曾經在其中學習過的一間茅屋,位於慶州市李彥迪本家西邊的山中,過去從詠歸亭可以看到流往山下的一條河流。
〔二〕蕭蕭：白髮稀疏的樣子。李綱《摘鬢間白髮有感》詩："蕭蕭不勝梳,擾擾僅盈搦。"

　　雨歇平郊霽景新,雲山滿目慰閑人。人間苦厭多喧競〔三〕,舊隱溪山入夢頻。

【注釋】

〔三〕喧競：喧鬧相爭。顧況《長安寶明府後亭》詩："吏人何蕭蕭,終歲無喧競。"

## 山　堂　聞　琴

　　夜靜憑闌思浩然,峨洋堂上動林泉〔一〕。鯤鵬擊海三千里〔二〕,鸞鳳鳴岐五百年〔三〕。入院清飆來翠竹〔四〕,滿山涼月帶啼鵑。春霜世慮都消遣,斗覺胸襟本體全〔五〕。

【注釋】

〔一〕峨洋:形容音樂高亢奔放,語本《列子·湯問》:"伯牙善鼓琴,鍾子期善聽。伯牙鼓琴,志在高山。鍾子期曰:'善哉!峩峩兮若泰山!'志在流水。鍾子期曰:'善哉!洋洋兮若江河!'"

〔二〕鯤鵬句:語出《莊子·逍遙遊》:"鵬之徙於南冥也,水擊三千里,摶扶搖而上者九萬里,去以六月息者也。"引用這個典故,來形容琴聲的豪放雄壯。

〔三〕鸞鳳句:根據《國語》記載,周王朝初興時,有鳳凰在岐山鳴叫,被視爲周王朝興盛的徵兆。《詩經·卷阿》中也有"鳳凰鳴矣,于彼高崗。梧桐生矣,于彼朝陽"的詩句。這句話是用鸞鳳的鳴叫聲來比喻琴曲的華麗和鏗鏘。岐,指岐山,周王朝的發祥地,位於今陝西境內。

〔四〕清飆:亦作"清飈"、"清飇"。猶清風。晉成公綏《嘯賦》:"南箕動於穹蒼,清飆振乎喬木。"

〔五〕春霜二句:意思是説聽到琴聲,自己心中的俗念如同春霜一樣消失了,自我的本體完全呈露出來。世慮,指世俗的思慮,俗念。斗覺,突然覺得,頓悟。

## 次翰林學士王先生《哭文丞相》韻〔一〕

三百宗祊輸海窟〔二〕,孤忠向北獨何之〔三〕?天昏慷慨扶舟日〔四〕,雲暗從容就市時〔五〕。大節已從衣帶決〔六〕,丹心留取古今知〔七〕。山齋寂寞披青史〔八〕,揮涕聊題弔古詩。

【校記】
[三百宗祊輸海窟]原校考異一作"一點崖山慘浩渺"。　　[留取古今知]原校考異一作"貫日鬼神知"。

【注釋】
〔一〕翰林學士王先生:指王磐(1202—1293)。元初政治家,字文炳,魯山縣人。王磐92歲謝世,贈"端正雅亮佐治功臣太傅",追封"名國公",謚號"文忠"。文丞相:文天祥,字宋瑞,號文山,江西吉水人。宋末狀元。元兵南下,率義軍抗戰,拜右丞相,封信國公。後被俘,解送大都。堅貞不屈,慷慨就義。《哭文丞相》一詩,又作《挽文丞相》,作者有王磐和徐世隆兩說,郎瑛《七修類稿》卷三十載:"《哭文丞相詩》:大元不殺文丞相,君義臣忠兩得之。義似漢王封齒日,忠如蜀將斬顏時。乾坤日月華夷見,嶺海風霜草木知。只恐史官編不盡,老夫和淚寫新詩。此作膾炙人口久矣,但《文山集》與《輟耕錄》作徐世隆,《史鑒》與《風化錄》作王磐,然二人皆元學士,無文集可查,國史傳又不載也。"
〔二〕三百句:指南宋末年,陸秀夫與末帝趙昺在福建崖山與元軍一戰,兵敗後,君臣皆投水而死,南宋徹底滅亡。宗祊,宗廟,家廟。《國語·周語中》:"今將大泯其宗祊,而蔑殺其民人,宜吾不敢服也。"韋昭注:"廟門謂之祊。宗祊,猶宗廟也。"
〔三〕孤忠句:指文天祥被俘虜押送往北京。
〔四〕天昏句:張世傑等在崖山把1 000多條船連接起來對抗元軍,文天祥給他去信,反對投降,勸他力戰到底。
〔五〕雲暗句:文天祥被俘後,寧死不降,至元十九年(1282)十二月初九,在柴市從容就義。
〔六〕大節句:根據《宋史·文天祥傳》記載,文天祥被殺後,他的妻子歐陽氏收拾他的尸體,從他的衣帶中找到贊文曰:"孔曰成仁,孟曰取義。惟其義盡,所以仁至。讀聖賢書,所學何事?而今以後,庶幾無愧。"

〔七〕丹心句:文天祥《過零丁洋》:"人生自古誰無死,留取丹心照汗青。"

〔八〕青史:古代以竹簡記事,故稱史籍爲"青史"。

# 挽戚丈金訓導嗣

山澤猶存廊廟志〔一〕,襟懷聊共野人開〔二〕。垂竿未遇文王獵〔三〕,伴月時傾太白杯〔四〕。種竹成林驚歲晚,栽花滿砌喜春回。莫言事業無傳世,齒德生榮死亦哀〔五〕。

【注釋】

〔一〕廊廟志:擔負朝廷重任的志向,指參政的心願。《晉書·王羲之傳》:"吾素自無廊廟志。"

〔二〕野人:指村野之人,農夫。

〔三〕垂竿句:是説金嗣懷才不遇,没有受到帝王的任用。根據《史記·齊太公世家》記載,太公望垂釣渭水邊,遇到周文王,被任用爲宰相,實現了伐紂興周的一番大業。

〔四〕伴月句:是説金嗣懷才不遇之後,流連詩酒,及時行樂。太白,指唐代詩人李白。李白喜酒又喜月,《月下獨酌》寫道:"舉杯邀明月,對影成三人。月既不解飲,影徒隨我身。暫伴月將影,行樂須及春。"此句化用了《月下獨酌》一詩的意藴。

〔五〕齒德句:這句話的意思是説金嗣雖然没有留下豐功偉業,

但他在年紀和德行上都獲得了世人的尊敬。齒德,指年齡與德行。《孟子·公孫丑下》:"天下有達尊三:爵一,齒一,德一。朝廷莫如爵,鄉黨莫如齒,輔世長民莫如德。"趙岐注:"三者天下之所通尊也。"《論語·子張》中稱讚子張:"其生也榮,其死也哀。"

功業平生萬卷書,煙霞送老一茅廬。琴棋得趣貧無恨,畎畝忘形樂有餘[六]。勳烈縱無垂竹帛,德言猶足範鄉閭。人亡物是增傷悼,喬木依然擁舊居。

【注釋】

〔六〕畎畝:田野,鄉間。

齒德俱尊鄉里敬,陪隨杖履自髫齡[七]。十年從宦頻還往,一榼臨溪幾送迎[八]?故老凋零山獨在,村閭索寞月空明[九]。傷心獨立無窮意,脩竹依依繞舍青。

【校記】

[十年從宦]:宦,底本作"官",乙亥本、庚子本、甲子本、正祖刊本俱作"宦"。從官,一般是指屬官,或君主的近侍、隨從。從宦,即做官。從語義上講,"從宦"顯然更合適。故據其他刊本改。

【注釋】

〔七〕髫齡:指幼年。古時候小孩子不束髮,頭髮垂下來,故稱垂髫。
〔八〕榼:古代盛酒的容器。
〔九〕索寞:荒涼蕭索。

## 挽南進士世豪南爲賊所戕,悶而挽之。〔一〕

獨抱瑶琴少解音〔二〕,感君相訪到雲林。慇懃禪榻一宵夢,冷淡黌齋十載心〔三〕。禍福冥冥天莫詰,幽明慘慘怨空深〔四〕。平生契約終難遂,永訣今朝涕滿襟。

【校記】
〔獨抱瑶琴〕乙亥本、甲子本和正祖本作"獨把瑶琴"。

【注釋】
〔一〕進士南世豪:見前《次南士渾韻》詩注釋。
〔二〕獨抱句:這句是感慨知音難覓。岳飛《小重山》:"欲將心事付瑶琴。知音少,弦斷有誰聽。"
〔三〕黌齋:指書房。黌,古代指學校。
〔四〕幽明:指生與死,陰間和陽間。

## 山亭即景 甲午〔一〕

幽鳥弄春春更靜,游魚吹水水生紋。無心清樂無人會〔二〕,竟日憑軒伴白雲。

【注釋】

〔一〕按：以下8題12首詩是李彥迪1534年44歲所作。

〔二〕清樂：清閑安逸的快樂。吕種玉《言鯖》卷下："蓋天之靳惜清樂，百倍於功名爵禄也。"

## 川上敬次朱先生韻，示同遊諸子〔一〕

滿目湖山霽景新，浩然天地一閑人。蒼波白鳥供真興，更有流鶯唤晚春。

溪畔閑行步步遲，獨憐明月印澄漪。芳洲日暮忘歸去，波面清風細細吹。

【注釋】

〔一〕川上敬次朱先生韻：所次的朱詩爲《朱子詩集》卷九所收的《出山道中口占》"川原紅時一時新，暮雨朝晴更可人。書册埋頭無了日，不如抛卻去尋春"，卷二所收的《曾點》"春服初成麗景遲，步隨流水玩晴漪。微吟緩節歸來晚，一任清風拂面吹"。朱先生，指朱熹。

## 初夏野興

野水潺湲流不盡,幽禽款曲向人啼〔一〕。閑吟閑步仍閑坐,十里江郊日欲西。

【注釋】

〔一〕款曲:殷勤誠摯。

## 林居即事

一卧雲林歲月流,晚來乘興步林丘。石田種豆蒿萊茂〔一〕,碧樹蟬聲已帶秋〔二〕。

【注釋】

〔一〕蒿萊:指野草,雜草。《韓詩外傳》卷一:"原憲居魯,環堵之室,茨以蒿萊。"
〔二〕碧樹句:李商隱《蟬》:"五更疏欲斷,一樹碧無情。"李商隱《柳》:"如何肯到清秋日,已帶斜陽又帶蟬。"

律詩、絕句

# 哭金兵使振卿鐸〔一〕

神交一世似壎箎〔二〕,離合升沈志不移。尊主庇民君有術,樂天知命我何疑?芳春海曲同舟日,炎夏樓頭對月時。此會渺茫今已矣,憶君無復見風儀。

【注釋】

〔一〕金兵使振卿鐸:即金鐸(?—1534)。字振卿,本貫高靈,號量田,1516年生員試合格,1519年式年試文科及第。曾任職司憲府和司諫院,擔任承政院同副承旨、兵曹參知等職。1533年5月到1534年4月任慶尚左道兵馬節度使。據《中宗實録》,金鐸在慶尚道擔任兵馬節度使時,因拒絕金安老的索賄而被解職。

〔二〕壎箎:壎、箎皆古代樂器,二者合奏時聲音相應和。因常以"壎箎"比喻兄弟親密和睦。

磊落英姿照士林,愛民憂國見丹心。清風惠政人咸慕,瑞鳳靈芝世共欽〔三〕。受鉞已愁虛補闕〔四〕,斷絃偏慟失知音〔五〕。他年遊歷伽倻下〔六〕,宿草猶應涕滿襟〔七〕。

【注釋】

〔三〕清風二句:稱讚金鐸爲人清廉,施行惠民的好政策,稱讚他如同瑞鳳和靈芝一樣受人尊敬。瑞鳳靈芝,世所罕見的祥瑞之物。

〔四〕受鉞句:擔憂朝廷上沒有輔佐君王的大臣。受鉞,古代大

〔五〕斷絃句：典出《吕氏春秋·本味》："伯牙善彈琴，鍾子期聽之，即能知其意，鍾子期死，伯牙破琴絶絃，終身不復鼓琴。"
〔六〕伽倻：即伽倻山，位於慶尚道星州郡和陝川郡之間的一座山。《新增東國輿地勝覽·星州·山川》記載："伽倻山在州西南四十八里。"《新增東國輿地勝覽·陝川·山川》記載："伽倻山，一名牛頭山，在治爐縣北三十里，西迤爲月留峰。"金鐸的墓地應該在伽倻附近。
〔七〕宿草：隔年的草，借指墳墓。

# 秋日登高望遠，憶亡友金振卿

　　千里雲山望欲迷，故人遥憶洛江西〔一〕。一生襟抱憑誰説？滿目秋光更慘悽。

【注釋】
〔一〕洛江：指洛東江。

　　去春來訪竹林村，款款情懷酒一樽。別後茫茫消息斷，此生無復叙慇懃。

前段所授：接受天子所授的符節與斧鉞，稱爲"受鉞"。補闕，指匡補君王的缺失。

## 山 行 即 景

馬上長歌《梁甫吟》〔一〕，人間無處可開襟。蒼茫歲暮千山瘦，嗚咽泉鳴一路深。半世崎嶇多涉險，萬方休戚尚關心〔二〕。沿溪日晏通平坦，十里漁村月滿林。

【注釋】
〔一〕梁甫吟：亦作"梁父吟"。樂府楚調曲名。梁甫，即梁父，山名，在泰山下。今傳諸葛亮所作《梁甫吟》辭，乃述春秋齊相晏嬰二桃殺三士事；李白所作辭，則抒寫其抱負不能實現的悲憤。《三國志·諸葛亮傳》："亮躬耕隴畝，好爲《梁父吟》。"《三國演義》第三十七章諸葛亮所作《梁父吟》亦是抒發懷才不遇之感。
〔二〕休戚：喜樂和憂慮。

## 柏栗寺，謝友人乘雪夜訪〔一〕

雪天山夜喜君來，把酒憑闌更快哉。天地中間興無盡，笑他王子到門迴〔二〕。

**【注釋】**

〔一〕柏栗寺：在今慶州市北部金剛山上。《新增東國輿地勝覽·慶州·佛宇》記載："柏栗寺在金剛山,有楠檀像。全思敬《西樓記》:'雞林樓觀之中,柏栗寺樓居其最先,先儒鄭知常董作詩題詠極道其美,創始歲月則不可曉也。殘廢已甚,不與景致相稱。'"

〔二〕王子：指王子猷,東晉人物,名王徽之,字子猷。這裏使用了王子猷雪夜訪戴安道,至戴安道家門前而未進,乘興而去,興盡而返的典故,見《世說新語·任誕》。

日出雲收眼界開,登樓對酌穩談懷。休言騷客淡生活〔三〕,雪滿千峰酒滿杯。

**【注釋】**

〔三〕騷客：指詩人、文人。


# 林居十五詠乙未〔一〕


## 早　春

春入雲林景物新,澗邊桃杏摠精神。芒鞋竹杖從今始〔二〕,臨水登山興更真。

**【注釋】**

〔一〕林居十五詠：以下7題27首詩是李彥迪1535年45歲時所作。特別是這15首詩歌詠在獨樂堂隱居時置身於自然風光的閑適生活,讚美大自然的美好風景,抒發自己的感觸。
〔二〕芒鞋竹杖:古人外出漫遊地常備用具。也指到處漫遊。蘇軾《定風波》:"芒鞋竹杖輕勝馬,誰怕?一簑煙雨任平生。"芒鞋,草鞋;竹杖,用竹子做的手杖。

## 暮　　春

春深山野百花新,獨步閑吟立澗濱。爲問東君何所事?〔三〕紅紅白白自天真。

【注釋】
〔三〕東君:司春之神。王初《立春後作》詩:"東君珂佩響珊珊,青馭多時下九關。方信玉霄千萬里,春風猶未到人間。"

## 初　　夏

又是溪山四月天,一年春事已茫然〔四〕。郊頭獨立空惆悵,回首雲峰縹緲邊〔五〕。

【注釋】
〔四〕春事:特指花事。陳師道《春懷示鄰裏》詩:"屢失南鄰春事約,只今容有未開花?"
〔五〕縹緲:隱隱約約,若有若無的樣子。

## 秋　　聲

月色今宵分外明,憑欄靜聽已秋聲。商音一曲無人會<sup>〔六〕</sup>,鬢上霜毛四五莖。

**【校記】**
［秋聲］原校考異一作"秋懷"。　［四五莖］原校考異一作"已萬莖"。

**【注釋】**
〔六〕商音：五音之一。亦指旋律以商調爲主音的樂聲。其聲悲涼哀怨。陶潛《詠荆軻》："商音更流涕,羽奏壯士驚。"

## 冬　　初

紅葉紛紛已滿庭,階前殘菊尚含馨。山中百物渾衰謝,獨愛寒松歲暮青<sup>〔七〕</sup>。

**【校記】**
［紅葉］原校考異一作"黃葉"。　［百物］原校考異一作"草木"。

**【注釋】**
〔七〕山中句：《論語·子罕》："歲寒,然後知松柏之後凋也。"

## 悶　　旱

農圃年年苦旱天,邇來林下絕鳴泉。野人不識幽人意,燒盡青山作火田<sup>〔八〕</sup>。

**【注釋】**
〔八〕燒盡句：指刀耕火種的原始耕作方式。

## 喜　雨

松櫳一夜雨聲紛[九],客夢初驚卻喜聞。從此青丘無大旱[一〇],幽人端合卧巖雲。

【注釋】
〔九〕松櫳:即松木窗子。
〔一〇〕青丘:朝鮮古稱青丘。

## 感　物

卜築雲泉歲月深[一一],手栽松竹摠成林。煙霞朝暮多新態,唯有青山無古今。

【校記】
［煙霞］原校考異一作"煙嵐"。　　［唯有］原校考異一作"獨愛"。

【注釋】
〔一一〕雲泉:指隱居之地。

## 無　爲

萬物變遷無定態,一身閑適自隨時。年來漸省經營力,長對青山不賦詩[一二]。

【校記】

［無爲］原校考異一作"樂時"。　　［長對］原校考異一作"空對"。

【注釋】

〔一二〕年來二句：李彥迪此時因金安老弄權遭排斥而回到故鄉慶州，致力學問，學問大有長進，修養到了更高一層的境界，不再用力經營，而能委化自然。

## 觀　　物

唐虞事業巍千古〔一三〕，一點浮雲過太虛。蕭灑小軒臨碧澗，澄心竟日玩游魚〔一四〕。

【注釋】

〔一三〕唐虞事業：指上古堯舜的事業。
〔一四〕澄心：使心情清静。《文子·上義》："老子曰：'凡學者能明於天人之分，通於治亂之本，澄心清意以存之，見其終始，反於虛無，可謂達矣。'"呂巖《水龍吟》詞："萬事澄心定意，聚真陽、都歸一處。"

## 溪　　亭〔一五〕

喜聞幽鳥傍林啼，新構茅簷壓小溪。獨酌只邀明月伴，一間聊共白雲棲。

【校記】

［傍林］原校考異一作"傍簷"。　　［茅簷］原校考異一作"山亭"。

【注釋】
〔一五〕溪亭：慶州市安康邑玉山里獨樂堂中的附屬建築，有紫溪從旁流過。

## 獨　　樂

離群誰與共吟壇<sup>〔一六〕</sup>？巖鳥溪魚慣我顏。欲識箇中奇絶處，子規聲裏月窺山<sup>〔一七〕</sup>。

【校記】
［獨樂］原校考異一作"幽居"。

【注釋】
〔一六〕吟壇：詩壇，詩人聚會之處。牟融《過蠡湖》詩："幾度篝簾相對處，無邊詩思到吟壇。"
〔一七〕子規：杜鵑鳥的別稱。翁卷《鄉村四月》："緑遍山原白滿川，子規聲裏雨如煙。"

## 觀　　心

空山中夜整冠襟，一點青燈一片心。本體已從明處驗，真源更向靜中尋。

## 存　　養

山雨蕭蕭夢自醒，忽聞窗外野鷄聲。人間萬慮都消盡，只有靈源一點明<sup>〔一八〕</sup>。

【注釋】
〔一八〕靈源：指心靈。

## 秋　　葵

開到清秋不改英，肯隨蹊逕鬥春榮[一九]！山庭寂寞無人賞，只把丹心向日傾。

【注釋】
〔一九〕蹊逕：即蹊徑，小路。

## 送李進士乙奎向洛[一]

春深回首碧江頭，浩氣聊同大化流[二]。萬物得時皆自樂，一身隨分亦無憂。愛君溫雅才超衆，愧我摧頹鬢滿秋[三]。獨抱瑤琴相識少，別來誰與共尋幽？

【注釋】
〔一〕李進士乙奎：李乙奎（1508—1546），本貫慶州，字文卿，號虎溪，1531年進士試合格，1535年9月狀元及第，歷任刑曹佐郎、承政院校理等職。1537年以謝恩使兼進賀使的書狀官身份，三次隨行出使明朝。虎溪距離李彥迪所處的玉山獨樂堂約有10里路程，李乙奎往來受學於李彥迪。有《虎溪實記》傳世。這首詩是李乙奎1535年3月爲了進入成均館而前往漢城時李彥迪寫給他的。
〔二〕大化：指大自然、宇宙。
〔三〕摧頹：困頓，失意。曹植《浮萍篇》："何意今摧頹，曠若商與參。"

君歸遊泮謁先師，忠敬應須好自持。軒冕如雲道義重，只求心得不求知。

# 病中書懷，寄曹容叟[一]

五載優游只樂天，林泉煙月送殘年。經綸志業終無用[二]，洙泗源流喜有傳[三]。學道未成身欲老，觀書久廢病常纏。何時暑退沈痾去[四]，携酒臨江償夙緣？

【注釋】
〔一〕曹容叟：即曹弘度，號容叟，生卒年未詳。昌寧人，祖父是忘機堂曹漢輔。
〔二〕經綸志業：指治理國家的抱負和事業。
〔三〕洙泗：洙水和泗水。古時二水自今山東省泗水縣北合流而下，至曲阜北，又分爲二水，洙水在北，泗水在南。春秋時屬魯國地。孔子在洙泗之間聚徒講學。《禮記·檀弓上》："吾與女事夫子於洙泗之間。"後因以"洙泗"代稱孔子及儒家。
〔四〕沈痾：久治不愈的病。

雲上於天堪宴樂[五],誰知君子困中亨？人間萬事渾無念,只願秋來病腳輕。

【校記】
[堪宴樂]:堪,甲子本和正祖本作"湛",乙亥本和庚子本同底本。

【注釋】
〔五〕雲上句:這句話是說如果不能出外做出一番大事,就在家中平心靜氣地休養等待即可。《周易·需卦》:"雲上於天需,君子以,飲食宴樂。"此卦象的意思是說雲在天上,還沒有下雨,君子看到此卦象就領悟到可以飲食宴樂,以待時而動。

優游湖海自堪娛,世慮如今似雪爐[六]。待得神清真氣泰,一身還是一唐虞[七]。

【注釋】
〔六〕雪爐:指雪融化。
〔七〕待得二句:意即如果能修養到神清氣泰的境界,就好比是回到了唐虞之世。

# 樂　　天

乘興逍遙展眺遐,暮天雲盡碧山多。茫茫宇宙無終極,俯仰長吟《浩浩歌》[一]。

【校記】

［無終極］原校考異一作"無窮興"。　　［俯仰長吟］原校考異一作"獨立乾坤"。

【注釋】

〔一〕《浩浩歌》：宋代馬存《浩浩歌》詩有"浩浩歌，天地萬物如吾何"之句。浩浩，胸懷開闊坦蕩之意。

# 兄 山 江 上〔一〕

　　湛湛江水本來清，雨歇今朝濁似涇〔二〕。萬古不隨清濁變，巍然江上數峰青〔三〕。

【注釋】

〔一〕兄山江：發源於慶尚南道蔚州郡，流經慶尚北道月城郡、迎日郡等地，有西川、南川和東川三條支流，衝積出了慶州所在的大片平野。
〔二〕涇：指涇河，位於陝西境內，後匯入渭河，涇水濁，渭水清，故匯合處，清濁分明。
〔三〕江上數峰青：錢起《省試湘靈鼓瑟》詩："曲終人不見，江上數峰青。"

# 江上對酌,偶吟示座中諸君

水清沙白浩風煙〔一〕,把酒臨江思渺然。滿座親交俱半百,同遊追憶廿年前。

【注釋】
〔一〕水清沙白:杜甫《登高》:"風急天高猿嘯哀,渚清沙白鳥飛回。"

清江落葉正紛紛,野菊凌霜獨自芬。得趣只應隨分樂,世間醒醉不須分〔二〕。

【注釋】
〔二〕得趣二句:屈原《漁父》:"舉世皆濁我獨清,衆人皆醉我獨醒,是以見放。"這句話是針對屈原的言辭而發,是説自己感到快樂就要及時行樂,不必管他人是醉還是醒。

沙頭歲晚對芳樽,萬類榮枯本一元。入眼雲山俱物外,滿江風月亦君恩。

【校記】
[風月] 乙亥本作"烟月",庚子本和正祖本作"煙月",甲子本同底本。

**記夢** 乙未(1535年,中宗三十年)冬十月十一日,余在山莊,夢入侍便殿,天顔溫粹〔一〕,慰籍頗厚。臨退,余獨進俯伏上前,啓曰:"臣有病母遠在,不得久留朝,行將辭去。"上悵然執手,有眷戀之意。余仍啓曰:"古人云:'靡不有初,鮮克有終。'願殿下慎終如始,則福祚無窮矣。"上怡然嘉納,遂再拜而退。忽覺身臥山房,涼月滿窗,起坐憮然,遂書二絶。

夢入君門侍燕閒,披襟啓沃近天顔〔二〕。覺來依舊空山臥,窗外蕭蕭月色寒。

【校記】
〔遂書二絶〕底本缺"二"字,據乙亥本補。

【注釋】
〔一〕天顔溫粹:指朝鮮中宗的容貌神色溫和純正。
〔二〕啓沃:謂竭誠開導、輔佐君王。《書·説命上》:"啓乃心,沃朕心。"孔穎達疏:"當開汝心所有,以灌沃我心,欲令以彼所見,教己未知故也。"

優游山海樂雖深,晧首猶存報國心。咫尺溫顔獻忠款,感通還自愧商霖〔三〕。

【注釋】
〔三〕商霖:喻傑出宰相之詞。《尚書·説命上》記載殷高宗夢中見到傅説,醒後任用其爲相,"若濟巨川,用汝作舟楫;若歲大旱,用汝作霖雨"。李彦迪雖然也在夢中遇到中宗,但慚愧自己並未能像傅説輔佐殷高宗那樣輔佐中宗。

## 偶吟,寄容叟 丙申(1536年,中宗三十一年)〔一〕

郊頭耀目盡春葩,遙賀吾兄體氣和。萬事人間都幻妄,不妨頻約玩清波。

【注釋】

〔一〕偶吟,寄容叟:以下9題16首詩是李彥迪1536年46歲時的作品。容叟,即曹弘度。

## 曲江倅宋君天章設壽酌,以書見邀,有疾未赴,書一絕以謝〔一〕

開筵遙想壽萱闈〔二〕,一邑爭看戲彩衣〔三〕。病客怯寒空縮首,不堪東望但噓唏。

【注釋】

〔一〕曲江:慶尚道興海郡,古亦號曲江,蓋因郡内有水流名曲江,根據《新增東國輿地勝覽·興海郡·山川》:"曲江,在郡東七里,源出慶州神光縣馬北山,北流過郡北,東流至孤靈山下入海。"宋君天章:即宋希奎(1494—1558)。宋希奎,本貫冶爐,號倻溪散翁,謚號忠肅。1513年進士試合格,1519年別試文科丙科及第,歷任多職,1534年任興海郡守,和隱居玉山的李彦迪互有往來,交情深厚,其後因響應尹任而遭到罷職。1545年復職任大丘都護府使,1547年身爲掌令,上書彈劾尹元衡的專橫而遭流配。從流配地放還後,隱居於高山。著作有《倻溪集》。

〔二〕萱闈:亦作"萱幃",犹萱堂。指母親。

〔三〕戲彩衣:使用了二十四孝中老萊子彩衣娱親的典故。《藝文類聚》卷二十:"老萊子孝養二親,行年七十,嬰兒自娱,著五色采衣,嘗取漿上堂,跌仆,因臥地爲小兒啼,或弄烏鳥於親側。"

## 謝宋天章臨慰壽席

知心那作世人顏?冒雨衝泥不厭艱。春入北堂猶冷落〔一〕,感君相訪助情歡。

【注釋】

〔一〕北堂:指母親的住所。

## 奉次李府尹賢輔宴族親韻〔一〕

只把仁慈撫四封,蒲鞭風化已旁通〔二〕。葭莩爲設同庭宴[三],耄艾争觀十里空[四]。貴賤懸殊元一脈,親疏雖異摠聯宗。祖先餘慶今方見[五],飽德尊前盡感衷。

**【注釋】**

〔一〕李府尹:即李賢輔(1467—1555)。本貫永川,字棐仲,號聾巖,禮安出身,謚號孝節。1498年式年文科及第後走上仕途,在燕山君和中宗時,歷任中央和地方許多官職,也曾擔任慶尚道觀察使和刑曹參判。作爲洪貴達的文人,和李滉、黃俊良有交遊。有《聾巖集》傳世。根據《聾巖集》中附錄的李賢輔年譜,李賢輔1536年擔任慶州府尹時,爲慶州和永川一帶居住的親族舉行了盛大的宴會。其時創作了四韻詩,可惜的是他的文集中失載,具體内容不得而知。

〔二〕蒲鞭:以蒲草爲鞭。常用以表示刑罰寬仁。典出《後漢書·劉寬傳》:"吏人有過,但用蒲鞭罰之,示辱而已,終不加苦。"

〔三〕葭莩:蘆葦裏的薄膜。比喻親戚關係疏遠淡薄。亦用作親戚的代稱。

〔四〕耄艾:指年老的和年少的。耄,古代八十歲稱爲耄。艾,指年少,少艾。

〔五〕餘慶:《易經·坤卦》:"積善之家,必有餘慶。"

## 送李府尹親老辭職還鄉[一]

軒冕羽輕忠孝重[二],能知輕重世無人。青春連佩八州印,華髮猶存百歲親[三]。此去戲斑心更展〔四〕,他年投釣道應伸〔五〕。堂開愛日人咸慕〔六〕,駐景椿庭信有因〔七〕。

**【注釋】**

〔一〕李府尹:指李賢輔。李賢輔1531年母親去世,至此只有父親還健在。

〔二〕軒冕:指高官厚禄。

〔三〕華髮句:當時李賢輔已經71歲,他父親當在百歲左右。

〔四〕此去句:這句話是説李賢輔辭職後能更好地孝敬父親。戲斑,指老萊子彩衣娛親,孝養長輩。《初學記》引《孝子傳》:"老萊子至孝,奉二親。行年七十,著五彩褊襴衣,弄雛鳥於親側。"

〔五〕他年句:借姜子牙80歲垂釣得遇文王、成就大業之事,説明李賢輔雖然年老,但仍然有希望像姜子牙一樣得帝王垂青,得遂志願。

〔六〕堂開:李賢輔爲了奉養雙親,在故鄉禮安的靈芝山耳塞巖旁建造了愛日堂。愛日:是孝子深感奉養父母時日無多,深感痛惜,要珍惜時日盡孝的意思。語出揚雄《法言·孝至》:"事父母自知不足者,其舜乎! 不可得而久者,事親之謂也,孝子愛日。"李軌注:"無須臾懈於心。"後以指兒子供養父母的時日。《論語·里仁》:"父母之年不可不知也。"朱熹《集注》:"常知父母之年,則既喜其壽,又懼其衰,而於愛日之誠,自有不能已者。"

〔七〕椿庭:指父親,以椿有壽考之徵,庭即趨庭的庭,所以世稱父爲椿庭。《莊子·逍遥遊》謂上古有大椿長壽,《論語·季氏》篇記孔鯉趨庭接受父訓,後因以"椿庭"爲父親的代稱。這句話是説李賢輔的父親長壽是有原因的,是極度地讚美李賢輔的孝道。

吏散庭空鈴閣静〔八〕,時同野客樂尋幽。登山臨

117

水千年恨,戀闕思親兩地愁〔九〕。斫鱠每期紅蓼岸〔一〇〕,開襟曾上碧松樓〔一一〕。叨陪遊賞今難再,一別悠悠隔幾秋。

【注釋】

〔八〕鈴閣:指翰林院以及將帥或州郡長官辦事的地方。
〔九〕戀闕:留戀宫闕。用以比喻心不忘君。杜甫《散愁》詩之二:"戀闕丹心破,霑衣皓首啼。"
〔一〇〕斫鱠:以刀切割生魚片。紅蓼:水草,秋天開紅花。
〔一一〕開襟句:登高樓思念故鄉的意思。王粲《登樓賦》:"憑軒檻以遥望兮,向北風而開襟。"

浩然歸興挽無由,魂夢先尋某水丘〔一二〕。入望白雲猶帶喜〔一三〕,逢春黄葉摠含愁〔一四〕。煙霞境外探玄化,功業人間贊大猷〔一五〕。會合塵寰那得料?莫辭臨水更淹留〔一六〕。

【注釋】

〔一二〕某水丘:指故鄉的山水。典出韓愈《送楊少尹序》:"今之歸,指其樹曰:某樹,吾先人之所種也,某水某丘,吾童子時之所釣遊也。"
〔一三〕入望句:見到飄向故鄉的白雲就感到歡喜。白雲:喻思親。典出《新唐書·狄仁傑傳》:"薦授并州法曹參軍,親在河陽。仁傑登太行山,反顧,見白雲孤飛,謂左右曰:'吾親舍其下。'瞻悵久之。雲移,乃得去。"
〔一四〕逢春句:是說因爲捨不得李賢輔離開,春天的新生草木都枯萎了,形容地方鄉民不捨李賢輔的辭職離開。
〔一五〕大猷:謂治國大道。《詩·小雅·巧言》:"奕奕寢廟,君子作之;秩秩大猷,聖人莫之。"鄭玄箋:"猷,道也;大道,治國之禮法。"

〔一六〕會合二句：是説辭職回鄉後在人世間不知道還會遇到些什麼事情，所以離開的時候不妨多做停留。塵寰，亦作"塵闤"，人世間。淹留，逗留，停留，羈留。

## 知 非 吟〔一〕

今我行年未五十,已知四十五年非〔二〕。存心卻累閑思慮,體道安能貫顯微〔三〕。爲義爲仁不用極,處人處己又多違。從今發憤忘身老,寡過唯思先哲希。

【注釋】

〔一〕知非：指李彦迪反省自己以往的錯誤。《淮南子·原道訓》："故蘧伯玉年五十,而有四十九年非。"謂年五十而知前四十九年之過失。後因以"知非"稱五十歲,亦以知非表示省悟以往的錯誤。唐趙嘏《東歸道中》詩之一："平生事行役,今日始知非。"
〔二〕今我二句：本年李彦迪46歲,所以反省自己前45年的過失。
〔三〕顯微：顯著和隱微。指外在的現象和内在的道的本體。

## 謝宋天章惠松蕈海鮮[一]

嘉貺頻頻兼水陸[二],誠心老老似君誰?村廚久闕珍鮮味,鶴髮今朝喜上眉。

【注釋】
〔一〕松蕈:松菌。又稱松茸。菌蓋呈傘形,底部呈管狀。生長在松樹林裏,有異香,供食用及藥用。
〔二〕嘉貺:亦作"嘉況",厚賜。《漢書·石奮傳》:"乃者封泰山,皇天嘉況,神物並見。"顏師古注:"況,賜也。"

## 天章來訪山齋,僕適出不遇,詩以爲謝

吏隱知君有雅襟[一],抽身時復訪雲林。主人適去山無路,獨對寒松伴月吟。

【注釋】
〔一〕吏隱:謂不以利禄縈心,雖居官而猶如隱者。此時宋天章任興海郡守,故有此言。宋之問《藍田山莊》詩:"宦遊非吏隱,心事好幽偏。"

律詩、絕句

# 遊密谷寺〔一〕

遊賞雲泉廿載前,重來雙鬢已蕭然〔二〕。溪聲岳色渾依舊,懷抱如何異少年?

【校記】
〔重來〕庚子本作"如今",乙亥本、甲子本、正祖本同底本。

【注釋】
〔一〕密谷寺:位於慶州府北三十里的一座寺廟,今已不存。
〔二〕蕭然:稀疏;虛空。葉適《題〈林秀文集〉》:"鬢髮蕭然,奔走未已,可嘆也!"

# 野亭對酌 丁酉(1537年,中宗三十二年)〔一〕

十里江郊日欲斜,一樽相對費吟哦。青山白酒年年好,芳草清風處處多。

【注釋】
〔一〕野亭對酌:以下10題12首詩是李彥迪1537年47歲時候的作品。

121

## 山中喜晴,呈府尹李公棐仲〔一〕

一氣無私萬物春,青青庭草雨中新。民和政簡鈴軒静〔二〕,時有瓊章寄野人〔三〕。

【注釋】
〔一〕李棐仲:即李賢輔。
〔二〕鈴軒:即鈴閣。指翰林院以及將帥或州郡長官辦事的地方。干寶《搜神記》卷七:"今狂花生枯木,又在鈴閣之間,言威儀之富,榮華之盛,皆如狂花之發,不可久也。"
〔三〕瓊章:對人詩文的美稱。王光庭《奉和聖制送張説巡邊》詩:"瓊章九霄發,錫宴五衢通。"

苦雨連旬已半春,今朝晴景喜清新。閑吟獨步尋幽澗,野柳山花總可人。

## 挽徐訓導适〔一〕

鶯入新年語,花開滿故枝。物衰還有日,人逝返無期。抱怨重泉暗〔二〕,銷魂諸友悲。行修罹禍酷,天道邈難知。

【注釋】

〔 一 〕徐訓導适：指徐适，生平不詳。本貫達城，曾擔任慶州一帶鄉校的訓導。從挽詞的內容來看，他是突遭意外而去世。
〔 二 〕重泉：猶九泉。舊指死者所歸。江淹《雜體詩·效潘岳〈悼亡〉》："美人歸重泉，悽愴無終畢。"


## 又

無妄禍難測，叫天天漠然。親朋心共破，行路涕還漣。雲慘公山路〔一〕，風悲二水邊〔二〕。平生遊賞處，唯有月娟娟。

【注釋】

〔 一 〕公山：即永川和大邱境內的八公山。《東國輿地勝覽·永川郡》："公山在郡西三十里。"徐适的靈柩運回了他本家所在的公山附近安葬。
〔 二 〕二水：指同發源於永川境內母子山的南川和北川，在郡前又合而爲一。徐居正《登瑞世樓》："白雲黃鶴何時回，二水三山次第開。"

## 齋庵,次過客壁上韻

懷珍未遇《易》中《頤》〔一〕,閑適林泉歲月遲。獨抱聖經消永日〔二〕,孔墻高遠尚難窺〔三〕。

【注釋】
〔一〕懷珍句:意思是説自己懷才不遇,没有遇到能發現和重用自己的君主。《易》中《頤》,指《周易》的《頤卦》。《周易·頤卦》:"天地養萬物,聖人養賢,以及萬民。"
〔二〕消永日:指消磨漫長的白晝時光。
〔三〕孔墻句:孔子的學問高深,達到孔子的境界是非常困難的。《論語·子張》:"孔子之墻數仞,不得其門而入,不見宗廟之美,百官之富。"

## 齋舍,次友人韻

多謝諸君佩酒來,一軒相對穩開懷。莫嫌歲暮山光淡,春色先從面上迴。

## 到浩然家〔一〕

歲暮溪山幽興多,西行信馬到君家〔二〕。天寒百物無顔色,獨愛凌霜菊有花。

【注釋】
〔一〕浩然:生平不詳。
〔二〕信馬:任馬行走而不加約制。

## 次大鵬韻〔一〕

澄潭勝日喜同臨,源遠軒前更淨深。伴月逍遙朝復暮,白雲巖上共無心。

【注釋】
〔一〕大鵬:即李圖南(1496—1567)。李圖南,字大鵬,本貫陝川。1516年司馬試合格,1533年別試文科丙科及第,後歷任成均館典籍,功曹佐郎等職。爲了奉養母親,曾四次出任地方官,在東萊府使任上辭官,歸隱田園。

## 山中別李學録圖南[一]

別後憑欄山更静,清溪嗚咽有餘情。松間忽見冰輪踴[二],羨爾能兼兩地明。

【注釋】
〔一〕李學録:即李圖南。學録,官職,朝鮮時代成均館正九品職務,負責監督成均館學生的學習。
〔二〕冰輪:指明月。唐王初《銀河》詩:"歷歷素榆飄玉叶,涓涓清月淫冰輪。"

## 奉送許府尹敬之還洛[一]

曾逢大椀十年前[二],又受仁恩儘有緣。野性已成耕釣計,别懷今日浩如川。

【校記】
[曾逢大椀]正祖本作"曾逢大阮"。

【注釋】
〔一〕許府尹敬之:許敬之,或爲慶州府尹許寬。許寬,本貫河陽,父親是理曹參判許誠。許寬的生平未詳,根據《韓國近代邑誌》,許寬曾擔任慶州府尹,但具體年代未詳,《朝鮮王朝實錄》中也沒有相關記載。
〔二〕曾逢句:是説十年前曾一起飲過酒。椀,同"碗"。

## 足　聯　句

　　江沈山影魚驚遁,峰帶煙光鶴怕棲。物塞固宜迷幻妄,人通何事誤東西？魚疑出陸而驚,鶴疑入網而畏。

# 晦齋先生集

卷之三

# 律詩、絶句

丁酉(1537,中宗三十二年)冬,上洛贈鄉友十一月金安老敗死,十二月承召命赴闕。〔一〕

陰盡陽迴萬物春,強將衰朽入紅塵。莫言輔主無才調,一片丹心老更新。

【注釋】

〔一〕上洛贈鄉友:此詩創作於1537年李彥迪47歲時。金安老(1481—1537),中宗時期的著名權臣。本貫延安,字頤叔,號希樂堂、龍泉、退齋等。1506年別試文科狀元及第,歷任各種清宦職,1511年賜暇讀書。1519年己卯士禍起,趙光祖一派被清除,金安老被提拔爲吏曹判書,利用兒子成爲駙馬的機會濫用權力,1524年遭彈劾被流放到京畿道豐德。1531年放還,歷任多職,官至左議政。以保護東宮仁宗爲藉口,大權獨攬,迫害政敵。1537年因詛咒文定王后,事發被誅。李彥迪1531年因反對啓用金安老而退出,隱居故鄉慶州7年。金安老一派失勢後,李被授掌樂院僉正、宗薄寺僉正,再授從五品弘文館副校理和正五品校理,12月授弘文館應教。

行路遲遲更小留,依依煙景舊林丘。寄言猿鶴休驚怨〔二〕,投紱還山未白頭〔三〕。

【注釋】
〔二〕猿鶴:孔稚珪《北山移文》:"蕙帳空兮夜鶴怨,山人去兮曉猿驚。"
〔三〕投紱:棄去印綬,謂辭官。紱,本指古代系印紐的絲繩,亦代指官印。蘇軾《和致仕張郎中春節》:"投紱歸來萬事輕,消磨未盡祇風情。"劉迎《自解》詩:"投紱歸來歲月過,清閑殊勝吏分棄。"

## 玉堂入直,次宋眉叟韻 戊戌〔一〕

半生漁隱碧江隈,長伴沙鷗自去來。豈意白頭經幄侍,又逢青眼繡襟開〔二〕。禁林共玩嬋妍月〔三〕,蓮閣時傾瀲灎杯〔四〕。珍重更加調攝力,聖朝方擬濟川才〔五〕。

【校記】
［嬋妍月］妍,甲子本和正祖本作"娟",庚子本同底本。

【注釋】
〔一〕玉堂入直,次宋眉叟韻:以下3首是李彦迪1538年48歲時所作,根據年譜,爲本年5月任職弘文館直提學時所作。玉堂:朝鮮時代弘文館又稱玉堂。宋眉叟:即宋麟壽(1499—1547),字眉叟。本貫恩津,號圭庵,1521年別試文科及第,任弘文館正字等多職。阻止金安老一派掌權,被貶爲濟州牧使,又流配泗川,金安老一派失勢後被啓用。仁宗即位後以冬至使出使明朝。1545乙巳士禍時,罷漢城府左尹,賜死。著述有《圭庵集》。
〔 二 〕豈意二句:謂没想到這麼大年紀了還能輔佐王,因爲受到王的青睞,所以可以一展自己的抱負。
〔 三 〕禁林:謂景福宫内的園林或庭園。嬋妍:謂月色美好,一般多寫作"嬋娟"。
〔 四 〕蓮閣:或爲弘文館内某處蓮花樣的樓閣,具體不詳。瀲灩:酒水盛滿杯的樣子。
〔 五 〕調攝:謂調理保養。濟川才:語出《書·説命上》:"爰立作相,王置諸其左右。命之曰:'朝夕納誨,以輔台德。若金,用汝作礪;若濟巨川,用汝作舟楫。'"後多以"濟川"比喻輔佐帝王。

# 舟 中 即 事 〔一〕

細雨秋江曉,渺然江水平。濛濛煙樹遠,點點沙鷗明。一路開清鏡,兩邊列畫屏。巖棲瑤草緑,石戴稚松青。雲斂天看碧,霧消山露形。五雲勞北望〔二〕,雙鯉寄南征〔三〕。灘咽舟偏駛〔四〕,人閑山自行。飄飄如羽化,渺渺訝登瀛〔五〕。誰弄桓伊笛〔六〕?如聞子晉笙〔七〕。百蟲依草咽,雙鷺近人驚。清空寓真趣,塵土斷幽情。見塔心還爽〔八〕,瞻軒意自清〔九〕。清遊嗟不暇,登眺又無名。擊棹依依逝,回頭隱隱聲。片帆依渚疾,孤鶩入雲冥。群嶺東南隔,殘山西北橫。尚愁灘石險,幸免晚風獰。洶洶萬波亂,搖搖一葉輕。身安自妥帖,心静不危傾。備歷千艱礙,閑探萬景呈。高懷薄雲漢,清興滿襟靈。身入蒼洲月,神迷赤陛甍〔一〇〕。何時趨御幄,咫尺侍論經?

【校記】

［蒼洲］底本作"蒼州",乙亥本、甲子本和正祖本皆作"蒼洲",據上下文意,當以"蒼洲"爲正,據改。

【注釋】

〔一〕 舟中即事:此詩爲23韻46句的排律詩。李彦迪1537年被重新啓用後,1538年5月任弘文館直提學,8月任兵曹參知,10月因養母自請外任全州府尹。根據《中宗實録》,李彦迪1538年5月16日以後下慶州,8月再上漢城出任兵曹參知,10月又出任全州府尹,因此此詩當作於他5月返回故鄉途中。

〔二〕 五雲:指皇帝所在地。王建《贈郭將軍》詩:"承恩新拜上將軍,當值巡更近五雲。"

〔三〕 雙鯉:一底一蓋。把書信夾在裏面的魚形木板,常指代書信。韓愈《寄盧仝》詩:"先生有意許降臨,更遣長鬚致雙鯉。"錢仲聯集釋引孫汝聽曰:"古樂府云:'客從遠方來,遺我雙鯉魚。呼兒烹鯉魚,中有尺素書。'"一説是結爲鯉魚形的書信。楊慎《丹鉛總録·雙鯉》:"古樂府詩:'尺素如殘雪,結成雙鯉魚。要知心中事,看取腹中書。'據此詩,古人尺素結爲鯉魚形,即緘也,非如今人用蠟。《文選》'客從遠方來,遺我雙鯉魚',即此事也。下云烹魚得書,亦譬況之言耳,非真烹也。"

〔四〕 駃:古通"快",迅疾。

〔五〕 瀛:指瀛州,傳説中的海外三仙山之一。《史記·秦始皇本紀》:"齊人徐市等上書,言海中有三神山,名蓬萊、方丈、瀛洲,僊人居之。"李白《夢遊天姥吟留別》:"海客談瀛洲,煙濤微茫信難求。"

〔六〕桓伊:東晉著名音樂家,善吹笛。《世説新語·任誕》:"王子猷出都,尚在渚下。舊聞桓子野善吹笛,而不相識。遇桓於岸上過,王在船中,客有識之者云:'是桓子野。'王便令人與相聞云:'聞君善吹笛,試爲我一奏。'桓時已貴顯,素聞王名,即便回下車,踞胡牀,爲作三調。弄畢,便上車去。客主不交一言。"

〔七〕子晉:王子喬的字。神話人物。相傳爲周靈王太子,喜吹笙作鳳凰鳴,被浮丘公引往嵩山修煉,後升仙。見劉向《列仙傳·王子喬》。范仲淹《天平山白雲泉》詩:"子晉罷雲笙,伯牙收玉琴。"

〔八〕見塔:此指看到驪州神勒寺的多層塼塔。舟行南漢江之上,遠遠望見此塔。

〔九〕瞻軒:謂看到了驪州官衙北邊的清心樓。清心樓位於南漢江邊的巖石上,風景壯麗,自古以來就是名勝之地。

〔一〇〕蓂:傳説中的瑞草,帝堯時出現。《竹書紀年·帝堯陶唐氏》:"又有草夾階而生,月朔始生一莢,月半而生十五莢,十六日以後,日落一莢,及晦而盡,月小則一莢焦而不落,名曰蓂莢,一曰曆莢。"

# 題迎喜院〔一〕

今古新官避此路〔二〕,我行唯覺坦而夷。欲將道畔莓苔石,嘶作千秋破怪碑〔三〕。

**【注釋】**
〔一〕迎喜院：從詩內容來看,應該是位於寧海府的歡喜院。根據《新增東國輿地勝覽·寧海都護府》："歡喜院,在府西四十五里。"
〔二〕今古句：寧海府東有西泣嶺,據傳大小官員初過此嶺,必有凶事,人皆避之。《新增東國輿地勝覽·寧海都護府》："西泣嶺在府東四十里,爲一邑迎送之地。俗傳大小使星若初踰此嶺,必有凶事,人皆避之。孫舜孝爲監司,直到嶺上,削古樹白而書之曰：'汝捎華山呼萬歲,我將綸命慰群氓。箇中輕重誰能會,白日昭然照兩情。'因改爲破怪峴。"
〔三〕破怪碑：參考上注。

# 寄舍弟子容己亥秋,在全州。〔一〕

一輪月長共,千里夢相隨。旅雁分行久,鄉雲入望飛。林泉懷舊隱,霜露起遐思〔二〕。秋盡方歸省,荒山宿草垂〔三〕。

**【注釋】**
〔一〕寄舍弟子容：以下2首是李彦迪1539年49歲時的作品。李彦迪1938年10月被任命爲全州府尹,當時仍在全州任上。子容,爲李彦适。

〔二〕霜露：《禮記·祭義》："霜露既降，君子履之，必有悽愴之心，非其寒之謂也。"鄭玄注："非其寒之謂，謂悽愴及怵惕，皆爲感時念親也。"後因以"霜露之感"指對父母或祖先的懷念。
〔三〕宿草：隔年的草。指李父的墳墓上已長滿秋草。


## 寄子容以全州尹承召命赴洛〔一〕

南望千山雪，北來兩鬢斑。慈闈異鄉滯〔二〕，遊子旅懷酸。歲盡愁多緒，天寒寢未安。何時舍簪笏〔三〕，歸侍一堂歡？

【注釋】
〔一〕寄子容：1939 年 12 月再授兵曹參判，返回漢城赴任途中所作。
〔二〕慈闈：亦作"慈幃"，亦作"慈帷"。舊時母親的代稱。
〔三〕簪笏：冠簪和手版。古代仕宦所用。比喻官員或官職。


## 題陽智東軒，呈主人
### 權使君庚子二月向南〔一〕

小縣依山麓，蕭條十室殘〔二〕。種花探造化，引水弄潺湲。境静人煙少,庭空野馬閑。分憂得賢倅〔三〕,民物摠生歡。

【注釋】

〔一〕陽智:即陽智縣,位於京畿道,北距京都漢城一百十一里。權使君:當爲陽智縣監權璡。權璡,安東人,初名權迪,字君瑩,權近的玄孫。1519年別試以乙科第三名及第,生卒年不詳。《慕齋集》中收有金安國呈陽智縣監詩10多首,但參考《慕齋集》權璡任陽智縣監的時間在1530—1532年之間,和本詩的創作年代有近10年的差異。據此,原詩小注中的"庚子"當爲"庚寅"之誤。即本詩和下一首《竹山路上》都是李彦迪1530年40歲時所作。
〔二〕蕭條:寂寞冷落,凋零。《楚辭·遠遊》:"山蕭條而無獸兮,野寂漠其無人。"
〔三〕賢倅:指陽智縣監權璡。倅,指州郡長官的副職。

# 竹 山 路 上〔一〕

竹館春宵短,青郊朝日遲。塵埃勞病腳,湖海展愁眉。鳥嶺南天半〔二〕,鷄林東海湄〔三〕。故園花落盡,遊子負歸期。

【注釋】

〔一〕竹山:指竹山縣,位於京畿道,北距漢城一百七十里。
〔二〕鳥嶺:慶尚北道聞慶市和忠清北道槐山之間的山嶺,高

1 017 米。
〔三〕鷄林:本指新羅。東漢永平八年(公元65年),新羅王夜聞金城西始林間有雞聲,遂更名雞林。唐楊夔《送日東僧遊天台》詩:"迴首雞林道,唯應夢想通。"後雞林亦指整個朝鮮。據《新增東國輿地勝覽》慶州古亦稱雞林,此處雞林當指慶州。

# 驪州路,寄舍弟 三月向洛〔一〕

沿路芳春百物榮,我懷緣底苦難平〔二〕。客愁不逐江煙散,幽恨紛如野草生〔三〕。鶴髮頻揮憶遠淚,鶺原又喪哭兒明〔四〕。此行已決歸休計,軒冕如今一羽輕。

【注釋】

〔一〕驪州路,寄舍弟:此以下二首是李彥迪1540年50歲時所作。此首題注中雖然是三月,但據年譜,本詩作於二月。驪州:即驪州牧,位於京畿道,東至漢城一百九十里。
〔二〕緣底:因何,爲什麽。後蜀閻選《八拍蠻》詞:"憔悴不知緣底事,遇人推道不宜春。"
〔三〕幽恨句:李煜《清平樂》:"離恨恰如春草,更行更遠還生。"秦觀《八六子》:"恨如芳草,萋萋剗盡還生。"
〔四〕鶺原:《詩·小雅·常棣》:"脊令在原,兄弟急難。"鶺,指鶺鴒。後以"鶺鴒"比喻兄弟,喻兄弟友愛,急難相顧。這裏指李彥迪的弟弟李彥适,本年李彥适的兒子李元慶死亡。

## 龍安驛早發秋向南〔一〕

曉日昇寥廓,千巖煙霧消。愁看鳥嶺峻,眼入海天遥。濃淡山容變,行藏鬢雪飄〔二〕。歸田計未遂,南北一身勞。

【注釋】
〔一〕龍安驛:當爲用安驛。龍安屬全羅道,從漢城下慶州不過龍安。用安驛位於陰城縣,後屬忠州,故李彦迪翻越鳥嶺前先宿於此驛。
〔二〕行藏:指出處或行止。語本《論語·述而》:"用之則行,舍之則藏。"

## 先君諱日,在洛寄舍弟辛丑〔一〕

身在洛城遇諱辰,感時追遠涕霑巾。遥知家廟君孤省,堪嘆羞觴我獨陳。趨庭遺訓猶存耳〔二〕,裹栗悲顏似隔晨〔三〕。此日難堪遊楚慟〔四〕,便思投紱奉孀親。

【注釋】

〔一〕先君諱日,在洛寄舍弟:以下7題14首是李彥迪1541年51歲時的作品。李彥迪的父親李蕃的忌日是2月14日。

〔二〕趨庭句:謂父親的教誨仍在耳邊。《論語·季氏》:"(孔子)嘗獨立,鯉趨而過庭。曰:'學詩乎?'對曰:'未也。''不學詩,無以言。'鯉退而學詩。他日,又獨立,鯉趨而過庭。曰:'學禮乎?'對曰:'未也。''不學禮,無以立。'鯉退而學禮。"後因以"趨庭"謂子承父教。鯉,孔子之子伯魚。

〔三〕裹栗句:1500年李彥迪10歲時,父親李蕃病重,將其寄養他處,李彥迪臨走之時,李蕃挣扎起牀抓了一把棗栗給李彥迪。《晦齋集》卷六《改葬先府君祭文》:"往事如夢,幼不盡記。銘骨難忘,唯有一事。當其疾病,念子無已。恐慮薰染,戒兒避出。兒承諭命,不敢違越。及其將去,心竊憂憫。力疾而起,依依不忍。手裹棗栗,畀余袖去。坐以目送,憖然無語。"

〔四〕遊楚慟:指富貴之後因父母過世而再無機會奉養的痛苦。典出《孔子家語·致思》:"子路見於孔子曰:'負重涉遠,不擇地而休;家貧親老,不擇祿而仕。昔由也,事二親之時,常食藜藿之實,爲親負米百里之外。遊楚,列鼎而食,累裀而坐,思欲爲親負米百里之外,不可得也。'"

## 夢見亡姪元慶 庚子春,在湖南病逝。〔一〕

一訣長違已隔年,幽明殊境兩茫然。孤魂飄泊將何托？此夜分明未了緣。旅夢遠迷湖外月<sup>[二]</sup>，英靈來入漢邊煙<sup>[三]</sup>。相尋知汝情難泯，握手哀號欲問天。

【注釋】

〔一〕元慶：李彦迪弟弟李彦适的兒子李元慶。生平未詳。
〔二〕湖：指湖南地區，全羅南道和全羅北道合稱湖南地區，即全羅道。
〔三〕漢：漢江，即謂漢陽。

## 次寄舍弟

青燈空館照孤心，憂世思親此夜深。軒冕如雲歸思苦，春來幽興自難禁。

久違親側聽無聲，梅塢春深已落英<sup>[一]</sup>。怪我逢歡歡更少，知君遇景涕還零<sup>[二]</sup>。

【注釋】

〔一〕梅塢：指梅園。
〔二〕怪我句：謂自己遇到歡樂的事情反而更加高興不起來，知道李彦适因爲失去了兒子，看到春景更加觸景傷情。

門衰無計慰慈闈<sup>[三]</sup>，積善須知是福基<sup>[四]</sup>。報國微誠香一炷,嘉君晨夕日忘疲。

**【注釋】**

〔 三 〕慈闈:指母親。
〔 四 〕積善:累積善行。《易·坤》:"積善之家,必有餘慶;積不善之家,必有餘殃。"

# 次李進士定之韻〔一〕

五載酸辛飽世味,怡愉數月侍親庭。人間至樂無如此,此外浮雲非我榮。

**【注釋】**

〔 一 〕李進士定之:即李定之。似爲李彦迪同族兄弟,具體生平不詳。李彦迪1541年夏休假回鄉後,上辭呈,未獲允。本詩作於慶州居家時。

暮年強健保天和,畎畝風煙樂不窮。羲皇上客吾兄是〔二〕,觴詠朝朝小檻中〔三〕。

**【注釋】**

〔 二 〕羲皇上客:即羲皇,指伏羲氏。古人想像羲皇之世其民皆恬靜閑適,故隱逸之士自稱羲皇上人。晉陶潛《與子儼等疏》:"常言:五六月中,北窗下臥,遇涼風暫至,自謂是羲皇上人。"

〔三〕觴詠：語本王羲之《蘭亭集序》："一觴一詠,亦足以暢叙幽情。"後以"觴詠"謂飲酒賦詩。韓愈《人日城南登高》詩："令徵前事爲,觴詠新詩送。"

今春不雨大無麥,又悶西疇少插秧〔四〕。自愧空疏忝侍從,凶年無術撫流亡。

【注釋】
〔四〕西疇：西面的田疇。泛指田地。陶潛《歸去來兮辭》："農人告餘以春及,將有事於西疇。"

## 謝李仲卿送櫻桃酒餅時寓縣館〔一〕

含精箇箇染砂紅,珍美真堪薦廟中〔二〕。嚼來頓覺眠魔遁,午枕無緣夢周公〔三〕。

【注釋】
〔一〕李仲卿：生平未詳,應是李彦迪從慶州北上漢城途中,留宿的鄉邑的首領。
〔二〕薦廟中：謂櫻桃甘美,足堪作爲祭品,供奉在祖廟中。
〔三〕夢周公：指做夢,即進入夢鄉,入睡之意。

久旱今年春復夏,逢人畎畝總愁容。朝來霡霂新霑足〔四〕,笑酌村醪慰客中。

【注釋】
〔四〕霢霂：亦作"霢霂"，指小雨。《詩・小雅・信南山》："益之以霢霂，既優既渥。"南朝齊謝朓、紀晏《閑坐聯句》："霢霂微雨散，葳蕤蕙草密。"

團團白餅滿筥香[五]，旅榻細啖偏識味。何緣得此數千斛，散與飢民俱不死？

【注釋】
〔五〕筥：盛飯或衣物的方形竹器。

# 送權景遇以千秋使赴燕京[一]

同朝何幸又同襟，送別樽前萬里心。秋晚關河添客興[二]，夕陽臺觀費幽吟。五雲閶闔燕天杳[三]，百代衣冠舜化深[四]。多羨遠遊收拾富，自慚匏繫雪盈簪[五]。

【校記】
[秋晚關河] 晚，甲子本和正祖本作"滿"，乙亥本和庚子本與底本同。

【注釋】
〔一〕權景遇：即權應昌（1505—1568），字景遇。本貫安東，號知足堂。1528年式年文科及第後，歷任多職，官至吏曹參判,1547年受良才驛壁書事件連累歸鄉。權景遇以千秋使赴燕,《中宗實録》中記録爲1542年,但本詩此處被編入1541年,編次上有誤。
〔二〕關河:關山河川。
〔三〕五雲閶闔:指明朝的首都燕京。五雲,皇帝所在之地。閶闔,本指都城的城門,亦指代都城。
〔四〕百代衣冠:指千百年的文物制度,此處指中華文明。
〔五〕自慚句:謂自己不能去見識更廣闊的天地,只能局限在小地方,不能施展才華,像匏瓜一樣,中看卻不能吃。典出《論語·陽貨》:"吾豈匏瓜也哉,焉能繫而不食?"

　　風度推君瑞世英,青春銜命再朝京〔六〕。遥知彩鳳初庭峙〔七〕,應使華人共目傾。地迥剩探千古勝〔八〕,月明兼照兩鄉情。憑君莫怪求真訣,投紱他年學養生〔九〕。

【注釋】
〔六〕青春句:權應昌此前還去過燕京的記録缺失,具體情況不詳。
〔七〕遥知句:謂權應昌到了燕京,其神采如鳳凰屹立在庭院。
〔八〕迥:《説文》:"迥,遠也。"
〔九〕投紱句:指棄官歸隱。

## 龍安郵館別舍弟仲冬，舍弟辭職歸侍，遇於郵亭。〔一〕

相逢江館煙霞晚，慘別恩恩兩惘然〔二〕。鳥嶺南瞻插天際，漢山西望隱雲邊〔三〕。悠悠去住難消恨，草草功名苦被纏〔四〕。何日休官湖海去，春風舞彩戲樽前〔五〕？

【注釋】
〔一〕龍安郵館別舍弟：1541年李彥适爲奉養母親，辭職歸鄉，二人相逢於忠州龍安驛，遂又分手。
〔二〕恩恩：同"匆匆"。
〔三〕漢山：即北漢山，今日之三角山，在漢城北，形似三角形。
〔四〕草草：草率，苟簡。《新五代史·李業傳》："兵未出，威已至滑州。帝大懼，謂大臣曰：'昨太草草耳。'"
〔五〕春風句：謂奉養父母。典出老萊子彩衣娛親事。

## 在洛寄舍弟壬寅〔一〕

平生枉被虛名誤，遊宦多年戀故林。臨鏡頻驚衰鬢改〔二〕，寄書難禁別懷深。喜君投紱承親志，愧我縻官拂素心。忠孝由來無二致,恐虧天畀日思欽〔三〕。

**【注釋】**

〔一〕在洛寄舍弟:以下8題15首作於1542年李彥迪52歲時。
〔二〕臨鏡:照鏡子。衰鬢:年老而稀疏雪白的頭髮。李益《照鏡》:"衰鬢朝臨鏡,將看卻自疑。"
〔三〕天畀:上天稟賦。

多病年來鬢添雪,夢魂夜夜繞園林。望雲眼共南天遠〔四〕,愛日情同北海深〔五〕。齟齬未酬經世志〔六〕,怡愉徒切奉親心。思歸軒冕輕如羽,未暇都俞輔舜欽〔七〕。

**【注釋】**

〔四〕望雲句:謂思念故鄉,想念父母。典出《新唐書·狄仁傑傳》:"親在河陽,仁傑在太行山,反顧,見白雲孤飛,謂左右曰:'吾親舍其下。'瞻悵久之,雲移乃得去。"
〔五〕愛日:珍惜孝順父母的時日。揚雄《法言·孝至》:"事父母自知不足者,其舜乎!不可得而久者,事親之謂也,孝子愛日。"李軌注:"無須臾懈於心。"後以愛日指兒子供養父母的時日,或指珍惜孝順父母的時日,即時盡孝。
〔六〕齟齬句:這裏指仕途不順,沒有實現自己經世的志願。
〔七〕都俞:都、俞,贊美、同意的感歎詞。形容君臣議事融洽。語本《書·益稷》:"禹曰:'都,帝,慎乃在位。'帝曰:'俞!'"

律詩、絕句

## 寄舍弟

莫嗟心事苦蹉跎,得意還朝鬢未皤。芥視功名侍親側[一],如君誠孝世無多。

【注釋】
〔一〕芥視:輕視。

平生志業幾蹉跎?重入天官鬢已皤[二]。報國無階慚薄劣,望雲歸思入春多。

【注釋】
〔二〕重入句:李彥迪創作本詩的1542年1月,在朝任理曹判書,4月解職。在這以前,他還曾於1523年12月和1526年10月擔任過吏曹佐郎和掌令,故言重入。

## 次舍弟韻

還家中夜夢初成,忽覺依然臥洛城。落盡山花歸未得,樗材還愧玷華清[一]。

【注釋】

〔一〕樗材：喻無用之材。多用爲謙詞。王逢《得尚書汪公凶問》詩："樗材荷推獎，思報輯遺編。"

親老求歸計未成，金章那似倅殘城[二]？平生心事多違阻，卻恨虛名徹穆清[三]。

【注釋】

〔二〕金章：金質的官印。一説，銅印。因以指代官宦仕途。南朝宋鮑照《建除》詩："開壤襲朱紱，左右佩金章。"錢振倫注引《文選·孔稚圭〈北山移文〉》注："金章，銅印也。"杜甫《陪柏中丞觀宴將士》詩之一："無私齊綺饌，久坐密金章。"仇兆鼇注："金章，金印也。"倅殘城：指掌管治理凋敝殘破的小邑。

〔三〕徹：到達。穆清：指君王。

# 贈別舍弟

遠送山亭鶴髮垂，尊前忍涕黯然時。去留是日情無盡，況乃音書別後稀。

士生唯貴善名垂，伸屈榮枯自有時。順志辭官人共慕，能知輕重似君稀[一]。

## 【注釋】

〔一〕能知句：謂能知道軒冕和奉親的輕重。

慰親留別強登峰，百里山光滿眼濃。去住魂消天欲暮，遲遲驅馬恨纏胸。

# 客中，次舍弟韻

宦遊那禁白雲思〔一〕？踽踽朝端愧少施〔二〕。鏡裏只添雙鬢雪，自嗟遲暮病相隨〔三〕。

## 【注釋】

〔一〕宦遊：指外出求官或做官。白雲思：謂思親。《舊唐書·狄仁傑傳》："其親在河陽別業，仁傑赴并州，登太行山，南望見白雲孤飛，謂左右曰：'吾親所居，在此雲下。'瞻望佇立久之，雲移乃行。"岳珂《桯史·開禧北征》："夜碇中流，海光接天，星斗四垂，回首白雲之思，惻然悽動。"

〔二〕踽踽句：此句謂在朝中落落寡合，才能無所施展，愧對所拿俸祿。踽踽，獨行貌，引申爲落落寡合的樣子。黃庭堅《放言》之一："踽踽衆所忌，悠悠誰與歸。"朝端，朝廷。南朝梁任昉《齊竟陵文宣王行狀》："敷奏朝端，百揆惟穆。"

〔三〕遲暮：比喻晚年。《楚辭·離騷》："惟草木之零落兮，恐美人之遲暮。"

雲山千里隔萱庭〔四〕,遠宦何能一刻寧？投綬喜君留定省〔五〕,爲祠爲養構茅亭。

【注釋】
〔四〕萱庭：謂母親所居處。萱,即萱草,俗稱黄花菜。
〔五〕投綬：辭官。定省：《禮記·曲禮上》："凡爲人子之禮,冬温而夏清,昏定而晨省。"鄭玄注："定,安其牀衽也；省,問其安否何如。"後因稱子女早晚向親長問安爲"定省"。

# 登水回村松巖〔一〕

携朋探勝引詩鉤〔二〕,竹杖尋幽興未收。白石半苔臨水曲,蒼松礙日老巖頭。煙霞道畔非凡界,塵土人間別一區。境外逍遥聊竟夕〔三〕,篋中收拾富於周〔四〕。

【注釋】
〔一〕登水回村松巖：以下2首是1542年秋,休假時返回慶州途中所作。《晦齋集》卷十三中收録了此時李彦迪身爲大司憲,休假回鄉後所呈《壬寅九月呈辭》一文。水回村：今忠州市水回里,朝鮮時代屬忠清道延豐縣。
〔二〕詩鉤：酒之别名。言其能激起創作的靈感,故稱。蘇軾《洞庭春色》："應呼釣詩鉤,亦號掃愁帚。"
〔三〕竟夕：通宵,終夜。

〔四〕富於周：典出《論語·先進》："季氏富於周公，而求也爲之聚斂而附益之。"此句是説在水回村終日遊樂，作詩甚多。

## 溪邊送別

秋來幽夢斷紅塵，白鳥蒼波興轉新。一笠行裝殊淡泊，短琴風韻更清真。浮雲任卻閑舒卷，游氣看他謾屈伸〔一〕。唯有別筵無限意，樽前談笑暗傷神。

【注釋】
〔一〕謾：通"漫"，没有限制，没有約束，隨意。

## 洛中得舍弟書 壬寅臘月，余在中書齋，所得鄉音，愁喜交并，竟夕不眠。〔一〕

雁聲今夕客中聞〔二〕，千里晨昏獨倚君。一字萬金愁暫破〔三〕，二更三點夜將分。羈懷耿耿頭催白〔四〕，聖訓悠悠眼欲昏。歲暮天寒歸思切，已將軒冕擬浮雲。

【注釋】
〔一〕洛中得舍弟書：1542年12月以議政府左參贊再仕時所作。李彥迪這一年歷任禮曹判書等多職，以養母爲由不斷請辭，9月休假返鄉後，11月4日再授左參贊赴京。
〔二〕雁聲句：謂收到弟弟李彥適的來信。古有雁足傳書之説，語出《漢書·蘇武傳》："昭帝即位。數年，匈奴與漢和親。漢求武等，匈奴詭言武死。後漢使復至匈奴，常惠請其守者與俱，得夜見漢使，具自陳道。教使者謂單于，言天子射上林中，得雁，足有係帛書，言武等在某澤中。使者大喜，如惠語以讓單于。單于視左右而驚，謝漢使曰：'武等實在。'"後以雁足、雁帛、雁信等代指書信。
〔三〕一字萬金：杜甫《春望》詩："烽火連三月，家書抵萬金。"
〔四〕羇懷：羈旅的情懷。司空曙《殘鶯百囀歌》："謝朓羇懷方一聽，何郎閑詠本多情。"

二十年來倦遠遊，自嗟衰晚未歸休。神魂一夜分南北，聖寵慈恩兩未酬。


# 設壽酌，次舍弟韻癸卯〔一〕

遠宦何能一日寧？簪纓不識世間榮〔二〕。春風舞彩多傷感，鶴髮今踰七十齡〔三〕。

【注釋】
〔一〕次舍弟韻：以下9題13首是李彥迪1543年53歲時，春天回慶州後所作。壽筵應是李母的生日宴會。根據年譜,李彥迪本年 3 月歸鄉探母,4 月再次上京,在聞慶突然染病,中宗諭旨命其養病,直道 6 月才來到漢城。
〔 二 〕簪纓:古代官吏的冠飾,比喻顯貴。李白《少年行》之三:"遮莫姻親連帝城,不如當身自簪纓。"
〔 三 〕春風二句:謂母親已經老邁,奉親時感到傷感,因爲能侍奉在母親身邊的日子不多了。春風舞彩,典出老萊子彩衣娛親事。李母生於 1469 年,時已 75 歲高齡。

## 踏　　青

故國春深花正繁,遊人簫管滿城喧。林林動植俱歡適〔一〕,誰識乾坤雨露恩?

【注釋】
〔 一 〕林林動植:指各種動物和植物。

## 暮春遊山

雲山白首愧重尋,煙景依依認故林。滿眼桃花春欲暮,一樽臨水費幽吟。

## 春日登亭

春深碧草遍郊原,俯仰聊探萬化源。謝盡千紅無一句,誰知真樂在無言?

## 贈別舍弟

今朝堂上慘慈顔〔一〕,游子臨離暗涕潸。此日情懷殊罔極〔二〕,我行唯欲未秋還。

【注釋】

〔一〕慈顔:指母親。
〔二〕罔極:《詩·小雅·蓼莪》:"父兮生我,母兮鞠我……欲報之德,昊天罔極。"朱熹集傳:"言父母之恩,如天無窮,不知所以爲報也。"後因以"罔極"指父母恩德無窮。曹植《求通親親表》:"終懷《蓼莪》罔極之哀。"

鶴髮登亭望遠行,悠悠無盡去留情。故山漸遠頻回首,山路冥冥日欲傾。

## 聞慶客館,次舍弟韻[一]

未盡三春膝下歡,夢殘山館亂愁端。簪纓怪我長離側[二],菽水多君善慰顏[三]。

**【注釋】**
〔一〕次舍弟韻:此詩爲李彥迪1543年53歲時,春天回慶州後所作。壽筵應是李母的生日宴會。根據年譜,李彥迪本年3月歸鄉探母,4月再次上京,在聞慶突然染病,中宗諭旨命其養病,直到6月才來到漢城。
〔二〕簪纓:指高官顯貴。
〔三〕菽水句:此句謂,即使是粗茶淡飯,也多虧你能妥善地照顧母親。菽水,豆與水。指所食唯豆和水,形容生活清苦。語出《禮記·檀弓下》:"子路曰:'傷哉!貧也!生無以爲養,死無以爲禮也。'孔子曰:'啜菽飲水盡其歡,斯之謂孝。'"後常以"菽水"指晚輩對長輩的供養。陸遊《湖堤暮歸》詩:"俗孝家家供菽水,農勤處處築陂塘。"

## 次聞慶小軒國卿韻[一]

碧雲低入檻,幽澗細通池。靜會忘言趣,沈吟不在詩。

【注釋】
〔一〕聞慶小軒：指聞慶縣的臨清堂。國卿，即金安國（1478—1543）。金安國，字國卿，本貫義城，號慕齋。金宏弼門人，和趙光祖奇遵同爲士林派的先驅。1507年文科重試丙科及第，後歷任多職，1517年慶尚道觀察使任上，在各鄉校勸講《小學》，刊行了《農書諺解》《二倫行實圖諺解》《吕氏鄉約諺解》等譯書和《避瘟方》《瘡疹方》等醫書。1519年己卯士禍時罷官，於京畿道利川教育後學，1532年再啓用，任左參贊等多職，作爲出身士大夫的官僚，致力於用理學理念來施政。著述有《慕齋集》等。

# 中原，訪長吉不遇〔一〕

爲訪幽棲江上村，依依垂柳護柴門。幽人不見山將晚，滿眼煙波空斷魂。

【注釋】
〔一〕長吉：即李延慶（1484—1548）。本貫廣州，號灘叟，龍灘子。官至弘文館校理。致力於培養後進，門下有盧守慎、康維善、沈鍵等。中原，即忠州。

## 舟中即景

清曉雲收鏡面清，微茫列岫漸分明[一]。峰頭紅日遲遲上，巖底幽禽款款鳴。

【注釋】
〔一〕列岫：指一座座山峰。

萬點青山一水橫，數聲簫管入空明。風生波面鱗鱗細，雲散遙空片片輕。

霧盡風殘水似天，一江煙景正悠然。檣頭漸喜長安近[二]，三角崢嶸五雲邊[三]。

【注釋】
〔二〕長安：代指漢城。
〔三〕三角：指漢城北部的北漢山。崢嶸：山高峻貌。《文選·班固〈西京賦〉》："於是靈草冬榮，神木叢生，巖峻崷崪，金石崢嶸。"李善注引郭璞《方言注》："崢嶸，高峻也。"五雲：指帝王所居之處。

# 贈舍弟 八月,拜本道監司還鄉。〔一〕

蕭蕭華髮映青山,故國猶榮建節還〔二〕。遊宦幾年勞遠夢？觀風是日慰衰顔〔三〕。

【校記】

〔遊宦〕宦,底本作"官",庚子本、正祖本皆作"宦",乙亥本和甲子本與底本同。遊宦,指離家外出作官,且"宦"與下句的"風"平仄亦相符。故當以"遊宦"爲正,據改。

【注釋】

〔一〕贈舍弟：以下4題7首詩是李彦迪1543年8月擔任慶尚道觀察使後所作。李1543年7月12日被任命爲慶尚道觀察使。

〔二〕建節：執持符節。古代使臣受命,必建節以爲憑信。《史記·司馬相如列傳》："乃拜相如爲中郎將,建節往使。"李彦迪當時出任慶尚道觀察使,故有此説。

〔三〕觀風：謂觀察民情,了解施政得失。語出《禮記·王制》："命大師陳詩以觀民風。"李彦迪身爲觀察使,觀察民情是其本職。

秋晚高堂鶴髮明,臨分不忍兩傷情。自慚縻世長離側〔四〕,喜汝投簪一羽輕〔五〕。

【注釋】

〔 四 〕縻世：謂被世事牽絆。

〔 五 〕投簪：指辭職。丟下固冠用的簪子。比喻棄官。陸機《應嘉賦》："苟形骸之可忘，豈投簪其必榖。"

## 寄 舍 弟

咨詢湖海值清秋[一]，衰晚猶存進退憂。感君愛日投簪紱[二]，憫我違心強遠遊。

【注釋】

〔 一 〕湖海：指慶尚道。

〔 二 〕愛日：謂孝順父母。投簪紱：指辭官。

## 次澄心軒韻[一]

蕭蕭華髮映江流，一落塵籠度幾秋？追憶舊遊年正少，依依雲物使人愁。

【注釋】

〔 一 〕澄心軒：梁山郡客館西邊的樓臺，這裏所說的澄心軒詩應爲金久冏的詩。據《心增東國與地勝覽·梁山郡·樓亭》記載："澄心軒,在客館西。金久冏詩:軒楹開豁俯清流,萬竹吟風六月秋。俛仰堪窮千里景,流連欲洗百年愁。"金宗直、洪貴達、金安國、姜希顔等人都有次韻詩流傳。

心似澄潭静不流,坐看萬物自春秋。簪纓歲晚輕如羽[二],只有江湖戀闕愁[三]。

【注釋】
〔二〕簪纓:古代達官貴人的冠飾。後遂借以指高官顯宦或功名富貴。
〔三〕只有句:謂歸隱故鄉,又擔心人主的安危。范仲淹《岳陽樓記》:"居廟堂之高則憂其民,處江湖之遠則憂其君。"

樓下清江日夜流,不隨山色變春秋。登臨半日生真興,物色還添感古愁。


# 嶺南樓,宴日本使臣受竺東堂,書以贈別[一]

秩秩賓筵禮少愆[二],湖山佳興更悠然。千尋鯨浪勞舟楫[三],百尺樓臺鬧管絃。兩國歡娛憑信札,一樽襟抱付詩篇[四]。莫言嶺海分區域,禀賦元初本一天。

【注釋】

〔一〕嶺南樓：朝鮮時代密陽客舍的附屬建築，位於密陽江邊絕壁上，是朝鮮時代的三大名樓之一。據《新增東國輿地勝覽·密陽都護府》："嶺南樓，在客舍東，即古嶺南寺之小樓。高麗金湊記，密城在慶尚爲名區，而其廨宇東有樓曰嶺南，俯控長川，平吞曠野，尤爲一郡之勝。"受竺東堂：奉日本國王之命訪問朝鮮的日本使臣兼僧侶，東堂是日本禪宗位階中的一級。

〔二〕秩秩句：是說宴會上秩序井然，禮數周到。秩秩，肅敬貌。《詩·小雅·賓之初筵》："賓之初筵，左右秩秩。"毛傳："秩秩然肅敬也。"愆，過失。

〔三〕鯨浪：指巨浪。

〔四〕一樽句：指通過詩歌唱酬來抒情言志。

## 次盈德東軒韻 甲辰〔一〕

歲窮衝峽雪，春早抵邊城。天共滄溟闊〔二〕，風和晚雨清。寒雲凝遠岫，飢鵲噪空庭。夜久軒窗靜，唯聞鯨浪聲。

【注釋】

〔一〕次盈德東軒韻：以下28題37首詩都是李彥迪1544年54歲任慶尚道觀察使時所作的作品。文集中本年所作詩尤多，宋麟壽詩4首，魚得江詩2首一起附錄。

〔二〕滄溟：指大海。《漢武帝內傳》："諸仙玉女，聚居滄溟。"

## 又

春光回絶徼[一]，煙景慰愁人。紅入朝霞爛，青歸野柳新。塵寰厭未謝，蓬島望難臻[二]。役役驚衰晚，南遊戀紫宸[三]。

【注釋】

〔一〕絶徼：形容極遠的邊塞之地。徼，邊境，邊界。韓愈《湘中酬張十一功曹》詩："休垂絶徼千行淚，共泛清湘一葉舟。"
〔二〕塵寰二句：謂不能離開自己厭惡的塵世，也難以去蓬萊仙島。蓬島，指蓬萊山，傳説中的海外仙山之一。
〔三〕紫宸：指朝廷。

## 踰泣嶺[一]

歷盡闌干峻，方通地步夷。雲重山隱顯，谷轉路逶迤[二]。松檜遮風日，英靈護險危。陽明邪自遁，何用強名碑[三]？

【注釋】

〔一〕泣嶺：即慶尚道寧海府東邊的西泣嶺。

〔二〕逶迤：道路曲折蜿蜒的樣子。
〔三〕陽明二句：據傳官員初過西泣嶺，必遇險事，故人皆避之。孫舜孝過此嶺，將嶺名改爲破怪峴。根據《東國輿地勝覽·寧海都護府》記載，權五福過此嶺時，針對孫舜孝改名之事，作詩曰：“不必貪泉誤飲之，休將名字駭無知。區區破怪還堪怪，泣嶺須刊墮淚碑。”本句詩的意思是説不用改名，只要心地光明，奸險自然遁去。

# 次都事泣嶺韻〔一〕

聞道群仙海上居，含情悵望倚觀魚〔二〕。三洲縹緲迷煙霧〔三〕，萬頃蒼茫蘸碧虚〔四〕。擬遊汗漫乘黄鶴〔五〕，轉向巉巖策困驢〔六〕。回首天東無盡意，斜陽駐馬更班如〔七〕。

【注釋】
〔一〕都事：指朝鮮文人李天啓。李天啓，本貫新平，字亨伯，號槐堂。生年不詳，約卒於1547年左右。1537年文科及第，官知承文院正字。1544年任司憲府持平，1545年擢升爲議政府舍人，但受到李芑的排擠，10月被削奪官職。1547年9月良才驛壁書事件時再次受到李芑的誣告被流配寧海府而卒。1567年平反。根據《燃藜室記述》的記載，此期間，李天啓在李彦迪麾下任慶尚道都事。
〔二〕觀魚：即觀魚臺，位於慶尚道寧海都護府東。《新增東國輿地勝覽·寧海都護府·樓亭》：“觀魚臺在府東七里。

李穡賦序:"觀魚臺在寧海府東海石巖下,游魚可數,故以名之。"

〔三〕三洲:指傳説中的蓬萊、方丈、瀛洲三仙山。高啓《次韻酬張院長見貽太湖中秋玩月之作》:"若上洞庭看玉鏡,兩山應是勝三洲。"

〔四〕萬頃句:謂水天相接。碧虛:碧空,青天。

〔五〕汗漫:形容漫遊之遠。陳陶《謫仙吟贈趙道士》:"汗漫東遊黃鶴雛,縉雲仙子住清都。"

〔六〕巉巖:意指高而險的山巖,形容險峻陡峭,山石高聳的樣子。

〔七〕班如:盤桓不進貌。《易·屯》:"六二,屯如,邅如,乘馬班如。"陸德明釋文:"如字。子夏傳云:'相牽不進貌。'鄭本作般。"《文選·陸機〈演連珠〉》:"是以都人冶容,不悦西施之影;乘馬班如,不輟太山之陰。"李善注引王肅曰:"班如,盤桓不進也。"

# 次都事韻

春光猶寂寞,雲日乍晴陰。病眼山堪對,衰容鏡懶臨。世情曾厭薄,真境欲窮深。遲暮愁原隰,詩書負宿心〔一〕。

【注釋】

〔一〕遲暮二句:這兩句是説年老之後渴望歸隱大自然,讀書考取功名做官辜負了自己歸養鄉間的心願。原隰,平原,指大自然。

## 又

梅綻春將半,雲來山更陰。風煙飽探討,樓觀倦登臨。愁向樽前破,歡從幕裏深[一]。清宵獨不寐,殘月照孤心。

【注釋】

〔一〕愁向二句：謂喝酒解愁,與幕僚暢談而開心。

## 書李知事愛日堂[一]

疊石構亭臨水曲,天成佳勝付幽人。聾巖境爽非凡界[二],愛日情深見性真。景晏郊頭青羃羃[三],風生江面碧鱗鱗。陪歡半日聞清詠,款款心杯不厭頻。

【注釋】

〔一〕李知事：即李賢輔,本貫永川,字棐仲,號聾巖。洪貴達門人,和後輩李滉、黃俊良等交遊。有《聾巖集》傳世。愛日堂是他爲父母在故鄉靈芝山建造的建築。愛日是孝子珍惜時日以盡孝的意思。

〔二〕聾巖:愛日堂所在的位置是靈芝山耳塞巖,李賢輔將之改爲聾巖,並以之爲號。
〔三〕青羃羃:緑色深濃。


# 次《北川早春》韻在商山〔一〕

南來跋涉遍山川,白首咨詢志未宣〔二〕。世遠軒虞風不復〔三〕,琴希洙泗韻無傳〔四〕。千林得雨含生意,四野逢春少惠鮮〔五〕。未識化源勞簿領〔六〕,有時臨水靜觀天。

【注釋】

〔一〕北川:慶尚北道尚州境内的河流。《新增東國輿地勝覽·尚州·山川》:"北川,在州北二里,源出州西加田峴,東流與南川合。"《北川早春》的作者及内容不詳。商山:尚州的古號。
〔二〕白首句:謂辭官歸鄉,奉養老母的心願未能實現,仍不得不訪察民情。
〔三〕世遠句:是説上古的淳美風氣已經一去不返。軒虞,黄帝軒轅氏和虞舜的合稱,指太平盛世。陸雲《答兄平原》:"昔在上代,軒虞篤生。"
〔四〕琴希句:是説嶺南地區儒生的講學風氣稀薄。洙泗,指孔孟儒學。
〔五〕惠鮮:猶惠賜。
〔六〕未識句:謂不知教化的本源,只是忙於文書案牘之事。簿

# 次一善東軒韻〔一〕

養真經世兩無成，持節南州鬢雪明〔二〕。路入溪山多得趣，春深臺觀少縈情〔三〕。時清只願存三鑑〔四〕，親老還思乞一城。探化雲林空慕古，半生端悔役虛名。

【注釋】

〔一〕一善：慶尚北道善山縣的古號。
〔二〕持節：拿看旄節。節，旄節，也叫符節，以竹爲竿，上綴以旄牛尾，是使者所持的信物，古代使臣奉命出行，必執符節以爲憑證。蘇軾《西江月·老夫聊發少年狂》："持節雲中，何日遣馮唐？"李彦迪此時任慶尚道觀察使，故曰持節南州。
〔三〕春深句：是説無心欣賞樓臺美景。縈情，繫心，忘不了。
〔四〕三鑒：謂以鏡、以古、以人爲鑒。指正人心身的標准。《北堂書鈔》卷一三六引漢荀悦《申鑒》："君子有三鑒：鑒乎古，鑒乎人，鑒乎鏡。"《新唐書·魏徵傳》："帝後臨朝，嘆曰：'以銅爲鑒，可正衣冠；以古爲鑒，可知興替；以人爲鑒，可明得失。朕嘗保此三鑒，内防己過。今魏徵逝，一鑒亡矣！'"劉餗《隋唐嘉話》卷上、《舊唐書·魏徵傳》"鑒"字皆作"鏡"。

# 白場寺,吟得二律,錄呈眉叟求和與宋眉叟約會此寺〔一〕

　　碧澗黃巖步步新,騰身幽討意殊真。似投簪紱歸山日〔二〕,如入桃源失路人〔三〕。青眼幸同傾綠醑〔四〕,白頭還怯踏紅塵。平生此會知難再,別後應傷兩地神。

【注釋】

〔一〕白場寺:不詳其址,似爲與全羅道接壤處的慶尚道的某地。智異山有白丈寺,不知與此白場寺是否有關聯。眉叟:宋麟壽(1499—1547)的字,時任全羅道觀察使。二人1544年春相逢,李彥迪作5題8首詩,附錄宋麟壽詩4首。
〔二〕投簪紱:指辭官。
〔三〕桃源:桃花源,世外桃源,典出陶淵明《桃花源記》。
〔四〕綠醑:綠色的美酒。古代用器物漉酒,去糟取清叫醑。醑,同"湑"。

　　青燈一夜共雲泉,晚景相逢轉惘然〔五〕。韻斷《韶》鈞風不變〔六〕,波殘濂洛語空傳〔七〕。安危入念頭催白,得喪忘機道自全〔八〕。聚散人間無定態,且須臨水細論天。

【注釋】

〔五〕惘然:失意的樣子,心情迷茫的樣子。

〔六〕《韶》鈞:《韶》樂和鈞天廣樂。亦泛指優美的樂曲。曾鞏《郊祀慶成》詩:"還宮動前蹕,喜氣入《韶》鈞。"
〔七〕濂洛:北宋理學的兩個主要學派。"濂"指濂溪周敦頤,"洛"指洛陽程顥、程頤。故亦代指理學。
〔八〕得喪:猶得失。指名利的得到與失去。《莊子·田子方》:"而況得喪禍福之所介乎!"忘機:消除機巧之心。常用以指甘於淡泊,與世無争。典出《列子·黄帝》:"海上之人有好漚鳥者,每旦之海上,從漚鳥遊,漚鳥之至者百住而不止。其父曰:'吾聞漚鳥皆從汝遊,汝取來,吾玩之。'明日之海上,漚鳥舞而不下也。"指人無巧詐之心,異類可以親近。後以"鷗鷺忘機"比喻淡泊隱居,不以世事爲懷。

## 敬次惠韻<sub>眉叟</sub>

嶺上春風物色新,尊前笑罷道吾真。夢驚西省違鸞殿〔一〕,心折南關隔美人〔二〕。談話偶留孤寺榻,胸懷爲説十年塵。江湖未散憂天下〔三〕,前席何須説鬼神〔四〕?

【注釋】
〔一〕夢驚句:謂夢中驚醒,已經離開了都城。
〔二〕心折句:謂身在漢城南方,遠離了君王,感到悲傷。
〔三〕江湖句:范仲淹《岳陽樓記》:"居廟堂之高則憂其民,處江湖之遠則憂其君,是進亦憂,退亦憂,然則何時而樂耶?其必曰：先天下之憂而憂,後天下之樂而樂歟?"
〔四〕前席句:《史記·屈原賈生列傳》:"上因感鬼神事,而問鬼神之本。賈生因具道所以然之狀。至夜半,文帝前席。"李商隱《賈生》:"漢室求賢訪逐臣,賈生才調更無倫。可憐夜半虛前席,不問蒼生問鬼神。"

思歸苦説舊林泉,把手相看卻悵然。大道欲聞嗟我晚〔五〕,斯文未喪要公傳〔六〕。静觀只有鳶魚樂〔七〕,達識何論木雁全〔八〕?棋局已知人世理,休將萬事問蒼天。

【注釋】
〔五〕大道句:《論語·里仁》:"子曰:朝聞道,夕死可矣。"
〔六〕斯文句:《論語·子罕》:"天之將喪斯文也,後死者不得與於斯文也。天之未喪斯文也,匡人其如予何?"
〔七〕鳶魚:"鳶飛魚躍"的簡稱,常用來表示在宇宙流行的大自然的理致。
〔八〕木雁:《莊子·山木》載,莊子行於山中,見大樹因不材而免於被人砍伐,後又見主人選殺不會鳴叫的雁以享客。弟子疑而問於莊子:"昨日山中之木以不材得終其天年,今主人之雁以不材死,先生將何處?"莊子笑曰:"周將處乎材與不材之間。"這是古代道家全身遠禍的處世態度。後因以"木雁"比喻有才與無才。《南史·劉穆之檀道濟等傳論》:"道濟始因録用,故得忘瑕;晚困大名,以至顛覆。韶只克傳胤嗣,其木雁之間乎?"

律詩、絕句

## 遊白場寺，又得尋字，錄奉眉叟使軒

一區煙水偶同尋，十載真襟半夜深。青眼燈前驚曉磬，白雲巖底聽幽琴。客懷渺渺山將晚，溪柳依依日易陰。歸路吟鞍無盡意，舊遊回首隔重岑。

## 敬次眉叟

一春梅柳共君尋，古寺蕭條客意深。誰遣秦樓飄鳳吹〔一〕？飜教石室弄胡琴〔二〕。溪邊細草移廚晚〔三〕，天際輕雲接水陰。幽興未衰分手去，迢迢歸路向遙岑。

【注釋】

〔一〕誰遣句：謂樓中傳來簫笛之聲。劉向《列仙傳·蕭史》："蕭史善吹簫，作鳳鳴。秦穆公以女弄玉妻之，作鳳樓，教弄玉吹簫，感鳳來集，弄玉乘鳳、蕭史乘龍，夫婦同仙去。"
〔二〕飜教句：指寺剎中傳來琴聲。
〔三〕溪邊句：謂溪邊的野菜上了晚飯桌。

## 奉呈嶺南方伯行軒，求和教眉叟

蕭寺相逢處，春風欲暮時。燈前青眼舊[一]，客裏白頭悲。盡意添杯杓，驚心忽別離。二南同見月[二]，千里片心知。

【注釋】
〔一〕青眼：借指知心朋友。司馬光《同張聖民過楊之美明日投此爲謝》詩："呼兒取次具杯盤，青眼相逢喜無極。"
〔二〕二南：指朝鮮半島的湖南和嶺南地區。

## 奉　　次

白首對尊酒，青春餘幾時？雨晴看柳喜，風急惜花悲。大化驚消長，塵寰有合離。峨洋心上妙，絃絶少人知[一]。

【注釋】
〔一〕峨洋二句：嘆息能在學問和政治上理解自己的知音太少了。《列子·湯問》："伯牙善鼓琴，鍾子期善聽。伯牙鼓琴，志在高山，鍾子期曰：'善哉！峩峩兮若泰山。'志在流水,鍾子期曰:'善哉!洋洋兮若江河。'"《吕氏春秋·本味》:"伯牙善彈琴,鍾子期聽之,即能知其意,鍾子期死,伯牙破琴絕絃,終身不復鼓琴。"

## 再和眉叟韻

君子羞談命,寧論時不時[一]?關心皆至樂,入手或深悲。世道曾澆薄[二],民生久渙離[三]。他年同草木,誰取姓名知?

【注釋】
〔一〕君子二句:《周易》:"君子藏器於身,待時而動。"
〔二〕澆薄:指社會風氣浮薄。《後漢書·朱穆傳》:"常感時澆薄,慕尚敦篤。"
〔三〕渙離:離散,渙散。

## 更步前韻,寄眉叟

嶺海淹留且食新[一],迷方何處可尋真?獨將詩酒酬時俗,兩廢公私負古人。月白軒窗無夢寐,春深京國少音塵。坐忘世事誰非是?賴有清風與會神。

【注釋】
〔一〕嶺海：指朝鮮歷史上的嶺南地方，即慶尚道。

　　試見涓涓始達泉，吾心近取信同然。萬殊縱向鳶魚著，一本難從説話傳[二]。多事豈知徒用智？無爲誰識是求全？高吟几案風來晚。回首梧桐月到天。

【注釋】
〔二〕萬殊二句：李彦迪認爲理寓於鳶魚等自然萬象中，但是要説出來就很難。"理一萬殊"是朝鮮儒學者對事物的特殊性和普遍性的認識，他們認爲理是唯一的，但理的表現卻有很多种。鳶魚，《詩·大雅·旱麓》："鳶飛戾天，魚躍於淵。"這裏指活潑的自然萬象。

　　高樓岌岌壓千尋，檻外春江雨後深。風日好時相送酒，簿書稀處獨鳴琴[三]。歸心直與長天遠，爽氣遥分綠樹陰。世界此中真廣大，卧看飛鳥没煙岑。

【注釋】
〔三〕簿書：官署中的文書簿册。《漢書·賈誼傳》："而大臣特以簿書不報，期會之間，以爲大故。"

## 次矗石小軒韻[一]

澄潭靈鏡一般清,靜夜虛窗睡不成。俯仰浩然無點累,獨憐山月滿江明[二]。

【注釋】
〔 一 〕矗:直立高聳的樣子。原詩不詳。
〔 二 〕憐:憐愛,愛惜。

## 次浣紗樓韻[一]

歷盡菁川路更西[二],臨溪還憶故山溪。白雲東望鄉關遠[三],滿眼殘春意轉迷。

【注釋】
〔 一 〕浣紗樓:似爲位於慶尚道昆陽郡北的浣紗驛的樓臺。原詩不詳。
〔 二 〕菁川:慶尚道晉州的古號。
〔 三 〕白雲:指思念父母。典出《新唐書·狄仁傑傳》。

## 次青溪堂韻[一]

坐對晴巒日欲昏,竹林深處暝鴉喧。江城吏隱真吾願[二],白首名途強意奔[三]。

【注釋】

〔一〕青溪堂:不詳。原詩亦不詳。
〔二〕吏隱:謂不以利禄縈心,雖居官而猶如隱者。宋之問《藍田山莊》:"宦遊非吏隱,心事好幽偏。"
〔三〕白首句:謂勉强奔於仕途。名途,功名前途。强,勉强之意。

## 奉呈晦齋道契灌圃魚子游[一]

曾看紫玉山中好[二],公作書堂爲此溪[三]。今日英靈卻驚怪,生曾不見駭雞犀[四]。

【注釋】

〔一〕灌圃魚子游:即魚得江(1470—1550),字子游,本貫咸從,號灌圃,自號混沌山人。官至密陽府使,嘉善大夫,有《東洲集》和《灌圃詩集》。
〔二〕紫玉山:位於慶尚道永川郡的一座山,李彦迪於此建造獨樂堂。
〔三〕書堂:指獨樂堂。
〔四〕今日二句:諷刺英靈不識寶物在眼前,將李彥迪比喻爲珍貴的駭鷄犀,是對李延迪的讚美。駭鷄犀,犀角名,極爲珍貴。《戰國策·楚策一》:"乃遣使車百乘,獻鷄駭之犀、夜光之璧於秦王。"

混沌溪山容我老〔五〕,青年住此白鳥頭。世人皆識吾貧鬼,萬斛煙霞富可羞。

【注釋】
〔五〕混沌溪山:指混沌山,位於慶尚南道固城縣。

# 奉次惠韻

自知疏懶合幽棲,卜築由來愛紫溪。捐彈始悟忘真鵲〔一〕,處世猶嫌照水犀〔二〕。

【注釋】
〔一〕捐彈句:典出《莊子·山木》:莊子遊於雕陵之樊,睹一異鵲自南方來者,翼廣七尺,目大運寸,感周之顙,而集於栗林。莊周曰:"此何鳥哉!翼殷不逝,目大不睹。"蹇裳躩步,執彈而留之。睹一蟬,方得美蔭而忘其身;螳螂執翳而搏之,見得而忘其形;異鵲從而利之,見利而忘其真。莊周怵然曰:"噫!物固相累,二類相召也!"捐彈而反走,虞人逐而誶之。莊周反入,三月不庭。藺且從而問之:"夫子何爲頃間甚不庭乎？"莊周曰："吾守形而忘身，觀於濁水而迷於清淵。且吾聞諸夫子曰：'入其俗，從其令。'今吾遊於雕陵而忘吾身，異鵲感吾顙，遊於栗林而忘真。栗林虞人以吾爲戮，吾所以不庭也。"

〔二〕照水犀：《異苑》卷七："晉温嶠至牛渚磯，聞水底有音樂之聲，水深不可測。傳言下多怪物，乃燃犀角而照之。須臾，見水族覆火，奇形異狀，或乘馬車著赤衣幘。"

多公早占溪山勝，投紱清朝未白頭。自嘆平生心事謬，養真經世兩堪羞。平生有志兩事，今俱未遂，豈非可羞耶？

# 固　城　溪　邊〔一〕

緑水黄巖懷舊隱，臨溪駐節便忘歸〔二〕。雍熙世遠無由挽〔三〕，白首驅馳心事違。

【注釋】

〔一〕固城：位於慶尚南道。
〔二〕駐節：舊指身居要職的官員於外執行使命，在當地住下。節，符節。曾鞏《送陳世修》詩："歸路賞心應駐節，客亭離思暫開樽。"
〔三〕雍熙：和樂升平。《文選·張衡〈東京賦〉》："百姓同於饒衍，上下共其雍熙。"薛綜注："言富饒是同，上下咸悦，故能雍和而廣也。"

律詩、絕句

## 舟中謾興 自凝川舟行到宜春[一]

衰年倦險途,春晚泛清湖。新緑千山遍,殘紅一點無。蘭舟蕩風浪[二],漁笛混笙竽。世路希平坦,何方妥此軀?

【校記】
[世路希平坦]希,甲子本和正祖本作"稀",乙亥本、庚子本和底本同。

【注釋】
〔一〕凝川:慶尚南道密陽的別稱。宜春,宜寧的別稱。順著洛東江,由密陽乘船去宜寧途中所作。
〔二〕蘭舟:木蘭舟,亦用爲小舟的代稱。

## 次河東[一]東軒韻 余巡到海徼,適值風雨夜作,竟夕無眠,不勝戀闕憂時之念,聊次板上韻以寓懷云。

旌節搖搖歷海巒[二],自慚衰白未歸山。咨詢半歲無毫效[三],卻羨銅章隱小官[四]。

【注釋】
〔一〕河東：慶尚南道最西邊所在的郡。
〔二〕旌節：古代使者所持的符節，以爲憑信。
〔三〕咨詢：觀察民風是使臣的職責，《詩經・皇皇者華》："載馳載驅，周爰咨詢。"
〔四〕銅章隱小官：東人認爲佩戴銅製符信的都是地方官，托身小官，如隱居一半生活，是爲吏隱。銅章，古代銅制的官印。唐以來稱郡縣長官或指相應的官職。

　　風雨蕭蕭燭影微，客窗中夜獨傷時。天涯襟抱憑誰展？耿耿丹衷只自知〔五〕。

【注釋】
〔五〕丹衷：赤誠之心。沈約《爲齊竟陵王解講疏》："敢誓丹衷，庶符皎日。"

# 送亨伯歸省〔一〕

　　知君到此近庭闈〔二〕，悶望方勤詎忍違〔三〕？自歎遠遊多曠省，明朝移節又西歸〔四〕。

【注釋】
〔一〕亨伯：李天啓的字。
〔二〕庭闈：內舍。多指父母居住處。《文選・束皙〈補亡〉詩》："眷戀庭闈，心不遑安。"李善注："庭闈，親之所居。"

〔三〕閭望:倚閭望切。靠在里巷的門口向遠處殷切地望着。形容父母盼望子女歸來的心情十分殷切。亦作"倚閭而望"、"倚門而望"、"倚門倚閭"、"倚門之望"。閭,古代里巷的門。

〔四〕移節:謂手持符節到其他地方去。

具慶堂前麗景遲[五],滿庭蘭樹正芳菲。遥知勝日開筵處,萬點飛花繞彩衣[六]。

【注釋】

〔五〕具慶:謂父母俱存。《二程遺書》卷六:"人無父母,生日當倍悲痛,更安忍置酒張樂以爲樂?若具慶者可矣。"

〔六〕遥知二句:謂他日擺筵席,承歡父母膝下盡孝。彩衣,典出老萊子彩衣娛親事。

# 送李都事天啓拜持平赴召[一]

按盡天南鬢雪新,開襟猶喜見心真。芳辰同樂無多日,暮境相知有幾人。自慚晚節渾隨俗,獨愛清標不混塵。臨別惟將一言贈,須從消長審幾神。

【注釋】

〔一〕李都事:即李天啓,字亨伯,號槐堂,新平人,1537年文科及第,1544年授司憲府持平。持平:朝鮮時代,司憲府的正五品官職。1401年官制改革時,職責爲糾正雜端,後來據《朝鮮經國大典》正式確定。

多君風度靜而溫,嶺外同遊有數存〔二〕。浩浩襟懷宜遠契,紛紛離合不須論。丹忠前席敷民瘼〔三〕,白首無階報主恩。心折五雲迷北望〔四〕,月明千里更消魂。

【注釋】
〔二〕嶺:指嶺南地方,即慶尚道。
〔三〕丹忠句:謂忠心耿耿,在王的面前講説百姓疾苦。前席,使用了漢文帝和賈誼"可憐夜半虛前席,不問蒼生問鬼神"的典故。民瘼,民生疾苦。
〔四〕心折:中心摧折。形容傷感到極點。江淹《別賦》:"有別必怨,有怨必盈,使人意奪神骸,心折骨驚。"五雲:君王所居之處,指漢城。

# 贈別亨伯

九重思讜論〔一〕,千里召公歸。消長須存戒,安危更審幾。匡時須正直,臨事莫依違〔二〕。衮鉞留青史〔三〕,寧論世是非?

【注釋】
〔一〕九重:指帝王。讜論:指正直之言,直言。典出《漢書》卷一百上《叙傳上》"吾久不見班生,今日復聞讜言!"
〔二〕依違:遲疑。劉向《九嘆·離世》:"余思舊邦,心依違兮。"
〔三〕衮鉞:謂褒貶。古代賜衮衣以示嘉獎,給斧鉞以示懲罰,故云。張居正《擬唐回鶻率衆內附賀表》:"衮鉞中嚴於筆削,絲綸下逮於兜離。"

# 山中次子容韻[一]

幽棲養性慕前賢,卜築巖邊愛石泉。遊世不成蘇旱雨[二],還山重聽叫雲鵑。心源澄寂室生白[三],地界清高夜少眠。縱意逍遙涉真境,一溪煙景更悠然。

【注釋】

〔一〕山中次子容韻:本詩作於1544年8月。本年4月李彦迪辭去慶尚道觀察使之任,返回慶州,7月召任漢城府尹,8月召任知中樞府事,皆辭不就。
〔二〕蘇旱雨:比喻救世能臣。《尚書·説命上》殷高宗命傅説:"若歲大旱,用汝作霖雨。"
〔三〕心源句:謂心無雜念,道心就會自然而生。《莊子·人間世》:"瞻彼闋者,虚室生白,吉祥止止。"

濟濟清朝萃衆賢,儘教疏懶臥林泉。山空只伴松間鶴,月白時聞峽裏鵑。手弄潺湲滌煩想,耳驚蕭瑟罷幽眠。心閑境静饒真興,竟日無爲樂自然。

# 挽金府尹緣〔一〕

桂籍儒仙姓字馨〔二〕,羽儀朝著振英聲〔三〕。期頤共擬同鄉老〔四〕,事業誰知止亞卿〔五〕？君失忠良天奪鑑〔六〕,民懷召杜雨霑旌〔七〕。鷄林一望雲煙慘〔八〕,他日相思空典刑〔九〕。

【注釋】

〔一〕金府尹：金緣（1487—1544），本貫光山，字子由。他在任興海郡守時，時常訪問隱退玉山的李彥迪。

〔二〕桂籍：科舉登第人員的名籍。徐鉉《廬陵別朱觀先輩》："桂籍知名有幾人，翻飛相續上青雲。"

〔三〕羽儀：比喻居高位而有才德，被人尊重或堪爲楷模。《易·漸》："鴻漸於陸；其羽可用爲儀。"孔穎達疏："處高而能不以位自累，則其羽可用爲物之儀表，可貴可法也。"

〔四〕期頤：一百歲。語本《禮記·曲禮上》："百年曰期、頤。"

〔五〕亞卿：比六曹判書次一等，相當於從二品的六曹參判或同等官職。府尹應該是相當於這個職位。

〔六〕天奪鑑：唐代魏徵以直諫著稱，《新唐書·魏徵傳》記載魏徵死，唐太宗認爲自己失去了一鑑："帝後臨朝歎曰：'以銅爲鑑，可正衣冠；以古爲鑑，可知興替；以人爲鑑，可明得失。朕嘗保此三鑑以防己過。今魏徵逝，一鑑亡矣。'"

〔七〕召杜：指西漢召信臣和東漢杜詩。他們都曾爲南陽太守，且皆有善政，使人民得以休養生息，安居樂業，故南陽人爲之語曰："前有召父，後有杜母。"見《漢書·召信臣傳》《後漢書・杜詩傳》。後因以"召父杜母"爲頌揚地方官政績的套語。
〔 八 〕雞林：古代新羅稱雞林，金緣的任地在慶州府，古亦稱雞林。
〔 九 〕他日句：謂只剩下一個典範存在。典刑，即典型。

　　　風雲際會儘應時〔一○〕，器宇巖峨廊廟姿〔一一〕。黼黻王猷忠不展〔一二〕，彌縫袞闕志猶期〔一三〕。望雲喜得專城養〔一四〕，持節還添去國悲〔一五〕。豈知忽罷南柯夢〔一六〕？堂上猶存鶴髮垂。

**【注釋】**
〔一○〕風雲際會：指君臣遇合。《周易・乾・文言》："雲從龍，風從虎，聖人作萬物睹。"
〔一一〕廊廟姿：指能肩負國家大任之人。
〔一二〕黼黻：謂輔佐。柳宗元《乞巧文》："黼黻帝躬，以臨下民。"王猷：謂治國大策。
〔一三〕袞闕：指帝王職事的缺失。語出《詩・大雅・烝民》："袞職有闕，維仲山甫補之。"蔡邕《胡公碑》："弘綱既整，袞闕以補。"張華《尚書令箴》："補我袞闕，闡我王猷。"一説爲袞衣的缺損，比喻帝王的過失。
〔一四〕望雲：指看到故鄉方向的雲而思念父母。語本《新唐書・狄仁傑傳》。專城養：謂擔任一邑的首領奉養父母，指金緣擔任慶州府尹而言。
〔一五〕持節：指使臣出使他方。
〔一六〕南柯夢：唐代淳于棼做夢到大槐安國享受富貴榮華，醒來後發現乃一場大夢，大槐安國原來是大槐樹下蟻穴。見李公佐《南柯太守傳》。後用此典故比喻一場空。

# 次 子 容 韻

丁寧天語眷痾臣[一],報國情懷幾日伸? 遲遲嶺外星霜變,爲有高堂八十春。

【注釋】

〔一〕丁寧:即"叮嚀",囑咐告誡之意。痾臣:病臣。

# 歲 暮 吟[一]

歲暮天涯病未蘇,形容還似澤邊枯[二]。似聞北極開新主[三],輔弼諸公盡道無?

【注釋】

〔一〕歲暮吟:1544年11月15日,中宗升遐,仁宗即位,此時李彦迪因病未能上京,呈狀待罪。仁宗下旨慰諭李彦迪,命其治療。本詩展現了李彦迪當時的心情。
〔二〕澤邊枯:指容顏憔悴。屈原《漁父辭》:"屈原既放,遊於江潭,行吟澤畔,顏色憔悴,形容枯槁。"
〔三〕北極:指朝庭、朝堂。杜牧《酬張祜處士見寄長句四韻》:"北極樓臺長入夢,西江波浪遠吞空。"

乙巳春二月，輿疾將赴中宗山陵之會，中路病重停行，留永州客館，遇先君諱日，主人爲設奠具，而氣困未得行禮，揮涕書示主人[一]

抱病江城值諱辰，那知是日負君親[二]？賓天杳杳攀無路[三]，慕遠茫茫涕滿巾。殊寵未酬千載遇，哀晨又欠一杯陳。平生忠孝今俱闕，罔極情懷竟莫伸。

【校記】
[賓天杳杳] 原校考異一作"鼎湖雲斷"。　　[慕遠茫茫] 原校考異一作"風樹悲深"。

【注釋】
〔一〕按：以下4首是李彥迪1545年55歲時的作品。永州：慶尚北道永川的舊城。
〔二〕負君親：指既不能參加中宗大王的葬禮，也不能祭奠先父。
〔三〕賓天：委婉語。謂帝王之死，亦泛指尊者之死。

晦齋集校注

# 次舍弟韻〔一〕

晴窗竟日對梅兄,又見溪山萬樹榮。鶴髮生歡兄病去〔二〕,知君此日慰安誠。

【注釋】
〔一〕次舍弟韻:1545年1月和閏1月,李彥迪接連被授予右贊成和左贊成,皆因病未任。4月病情稍有好轉即上京,本詩是上漢城途中留宿時所作。
〔二〕鶴髮句:謂自己的病情好轉上京,母親也感到高興。鶴髮,白髮,此代指母親。

# 送仁甫出按關北〔一〕

懷痛殘年愧忝叨,羨君持節近風謠〔二〕。平生正學遭時展,千里妖氛望氣消。萬卷游心塞外静,五雲回首日邊遥。北門鎖鑰雖宜重〔三〕,虜使猶嫌不在朝。今春,病滯南州,中宗發引時未及奔哭,常以爲終天之痛,故首句及之。

【注釋】
〔一〕仁甫:即鄭萬鍾(？—1549)。鄭萬鍾,本貫光州,號棗溪,

律詩、絕句

生卒年未詳。
〔二〕羨君句：春秋戰國之時，周王朝派遣使臣出使各諸侯國，觀察民情，採集歌謡。而鄭萬鍾此時任咸鏡道觀察使，負責觀察民風，故有此説。
〔三〕北門：喻指北部邊防要地。

# 仁宗挽章〔一〕

春宫潛德本謙虛〔二〕，睿性全成養正初〔三〕。道著修齊仁是宅〔四〕，功深精一敬爲輿〔五〕。龍飛始慰臣民望〔六〕，雲盡俄驚劍舄餘〔七〕。白首酬恩寧復日，丹心空作血霑裾。

【校記】
[寧復日]原校考異一作"已無路"。　　[空作血霑裾]原校考異一作"化血只霑裾"。

【注釋】
〔一〕仁宗：朝鮮第十二代王，名李峼，字天胤，1544—1545年在位，1545年7月1日升遐，當時李彦迪任左贊成兼院相。
〔二〕春宫：指朝鮮王世子的行宫，代指世子。潛德：内在的美德。
〔三〕睿性句：謂從小就養成了端正的帝王品性。《周易·蒙》："蒙以養正，聖功也。"
〔四〕道著句：謂根據儒家的學説來修養。修齊，指《大學》修養八條目中的修身和齊家。仁是宅，《孟子·離婁》："仁，人

〔五〕功深精一：指《尚書·大禹謨》中的儒家修身十六字訣："人心惟危,道心惟微,惟精惟一,允執厥中。"敬爲興：《左傳》僖公十一年："禮,國之幹也；敬,禮之輿也。不敬則禮不行,禮不行則上下昏。"
〔六〕龍飛：指仁宗的即位。
〔七〕雲盡：指人主的死亡。《周易·乾卦》："雲從龍,風從虎。"劍舄餘：亦謂帝王之死。《列仙傳》："（軒轅）自擇亡日與群臣辭,至於卒,還葬橋山。山崩,柩空無屍,唯劍舄在焉。"

# 在山堂寄舍弟 丙午〔一〕

愁邊索寞度殘春〔二〕,暫別萱庭恨轉新〔三〕。疏雨滿山天欲暮,依依去住共酸辛。

【注釋】

〔一〕在山堂寄舍弟：李彥迪1546年56歲時所作。李彥迪在仁宗即位的1545年夏,以左贊成返朝,仁宗去世後的12月歸省,直到1546年春一直身在慶州。2月打算再次返回漢城,作此詩。
〔二〕索寞：寂寞蕭條。
〔三〕萱庭：指母親所居處。

綠暗紅殘已盡春,清和光景滿庭新。溪山幽靜渾如舊,世味蓼蟲久厭辛〔四〕。

【注釋】

〔四〕蓼蟲：寄生於蓼間的蟲。《楚辭》之東方朔《七諫·怨世》："桂蠹不知所淹留兮，蓼蟲不知徙乎葵菜。"王逸注："言蓼蟲處辛烈，食苦惡，不能知徙於葵菜，食甘美，終以困苦而腰瘦也。"楊慎《藝林伐山·桂蠹蓼蟲》："《楚辭》注：桂蠹以喻食禄之臣，蓼蟲以喻放逐之士。"

# 丁未元朝有感〔一〕

春秋五十七，知命又知非〔二〕。鶴髮年垂耋〔三〕，孤臣數亦奇。天時雖遇泰，人事未離睽。舉世無相識，蒼蒼獨我知。

【注釋】

〔一〕丁未元朝有感：李彦迪1547年春節，57歲時所作。李彦迪前年9月因尹元衡和李芑的參奏，被削奪官職，此時正在慶州家中。
〔二〕知命：《論語·爲政》："五十而知天命。"知非：《淮南子·原道訓》："故蘧伯玉年五十，而有四十九年非。"謂年五十而知前四十九年之過失。後因以"知非"稱五十歲。亦指省悟以往的錯誤。
〔三〕垂耋：年老。《説文》："年八十曰耋。"

## 書　鏡　吟

觀書正吾心,照鏡整吾貌。書鏡恒在前,須臾可離道?

## 丁未重陽,舍弟請設壽酌,書示二絕

賓天奄忽隔三秋[一],白首纍臣涕未收[二]。千一休期如一夢[三],群黎是日總悲愁[四]。

【注釋】

〔一〕奄忽:忽然,一下子。
〔二〕纍臣:古代被拘繫於異國的臣子對所在國國君自稱。亦泛指被拘繫之臣。
〔三〕千一句:是說千年一次的好時期如同一場夢。休期,美好的時期。
〔四〕群黎:黎民百姓。

無路攀髯又度秋[五],窮天遺慟渺難收。黃花壽酌那堪設?滿目溪山慘帶愁。

【注釋】

〔五〕攀髯：爲追隨帝王或哀悼帝王去世的典故。傳説黄帝鑄鼎於荆山下，鼎成，有龍下迎，黄帝乘之升天，群臣後宫從上者七十餘人。餘小臣不得上龍身，乃持龍髯，而龍髯拔落，並墮黄帝之弓。百姓遂抱其弓與龍髯而號哭。事見《史記·封禪書》。

# 晦齋先生集

卷之四

# 西遷録〔一〕
# 律詩、絕句

## 郵館,別孫熙遠
### 丁未閏九月廿七日,在新寧。〔二〕

君向桑鄉我北去〔三〕,茫茫此別涕空潸。萱闈數日違溫清〔四〕,魂夢須臾十往還。

【注釋】

〔一〕西遷録:李彦迪1547年閏九月受良才驛壁書事件牽連貶謫到江界開始到1553年11月去世這一期間所作36首詩收録於此。

〔二〕郵館,別孫熙遠:以下5題9首是1547年閏九月由慶州前往江界途中所作。孫熙遠:爲李彦迪的外從姪孫光暠(?—1520)。孫光暠祖父月城君孫仲暾,父親忠義衛孫暾。字熙遠,號雪厓,1558年進士試及第,受學於李彦迪,衆弟子中與李彦迪最爲近親。著述有《雪厓遺稿》。上據《韓國近代邑誌》第八册《慶州邑誌》。

〔三〕桑鄉:指故鄉。《詩·小雅·小弁》:"維桑與梓,必恭敬止。"朱熹《集傳》:"桑、梓二木。古者五畝之宅,樹之牆下,以遺子孫給蠶食、具器用者也……桑梓父母所植。"東漢以來一直以"桑梓"借指故鄉或鄉親父老。

〔四〕萱闈:亦作"萱幃",猶萱堂,指母親。劉三吾《野莊賦》:

"上奉萱闈分下以友於。"温清:冬温夏清的省稱。冬天温被使暖,夏天扇席使涼。侍奉父母之禮。王筠《菉友臆説》:"忠孝是大德,定省温清,奔走先後,是小德。"

清秋皎日上蒼峰,直照孤臣一片衷。八千嚴譴君恩重[五],知有金鷄下九重[六]。

【注釋】

〔五〕八千:典出韓愈《左遷至藍關示姪孫湘》:"一封朝奏九重天,夕貶潮陽路八千。"嚴譴:嚴厲譴責。

〔六〕金鷄:一種金首雞形,古代頒布赦詔時所用的儀仗。《太平御覽》卷九一八引《三國典略》:"齊長廣王湛即皇帝位,於南宮大赦,改元。其日將赦,庫令於殿門外建金雞。宋孝王不識其義,問於元禄大夫司馬膺之:'赦建金雞,其義何也?'膺之曰:'案《海中星占》曰:天雞星動,當有赦。由是帝王以雞爲候。'"《新唐書·百官志三》:"赦日,樹金雞於仗南,竿長七丈,有雞高四尺,黄金飾首,銜絳幡長七尺,承以綵盤,維以絳繩。將作監供焉。擊搋鼓千聲,集百官、父老、囚徒。"因用爲大赦之典。

# 上林郵館,次舍弟韻[一]

虛明咫尺戴天神[二],誠格冥冥便感人。數日離違情罔極[三],歸期何忍指明春?

【校記】
〔虚明咫尺戴天神〕原校考異一作"露香聞汝祝天神"。　〔誠格冥冥便感人〕原校考異一作"天道冥冥亦感人"。

【注釋】
〔一〕上林郵館：指上林驛，位於善山都護府海平縣境内。《新增東國輿地勝覽·善山都護府》："上林驛，在海平縣，距府五十四里。"
〔二〕虚明句：指李彦适每晚爲兄焚香禱告。見《晦齋集》卷六《祭亡弟子容文》及《聾齋逸稿》卷一。
〔三〕罔極：指父母恩德無窮。《詩·小雅·蓼莪》："父兮生我，母兮鞠我……欲報之德，昊天罔極。"朱熹集傳："言父母之恩，如天無窮，不知所以爲報也。"

　　頭上昭昭白日明，盈虚消息與時行〔四〕。聖朝雨露霑應遍，枯木逢春亦自榮。

【校記】
〔與時〕原校考異一作"識天"。

【注釋】
〔四〕盈虚：指盛衰成敗。


# 獺川次舍弟韻〔一〕

　　漠漠長空雁去遲，悠悠襟抱有誰知？憑高一灑思親涙,天際愁雲滿眼悲。

**【注釋】**

〔一〕獺川:《新增東國輿地勝覽·忠州牧·山川》:"達川,或名德川,或名獺川,在州西八里,源出報恩縣之俗離山頂,其水分爲三派,其一西流爲達川,有船,冬則置橋。"李彦适《聾齋逸稿》卷一收録了原詩《家兄赴江界謫所時追至獺川呈二絶》其一:"白日清晨上嶺遲,孤忠自信有誰知。三千去路悠悠恨,只爲高堂鶴髮悲。"另一闕疑。

清時流落遠投邊,感汝焚香夜禱天〔二〕。冥佑不遲天可必〔三〕,歸來戲彩一樽前〔四〕。

**【注釋】**

〔二〕感汝句:根據《晦齋集·祭亡弟子容文》的記載,李彦迪被貶後,李彦适每晚爲其焚香禱告。
〔三〕天可必:指天道有必然性存在。蘇軾《三槐堂銘》:"天可必乎?賢者不必貴,仁者不必壽。天不可必乎?仁者必有後。"
〔四〕戲彩:指在父母之前盡孝,典出老萊子彩衣娱親事。


# 碧蹄郵舍書〔一〕

夢魂夜夜繞家山,鶴髮依依慘滿顔。覺來身臥千岑外,驚起開窗不禁潸。

【校記】

〔慘滿顔〕顔,甲子本作"眼"。乙亥本、庚子本、正祖本與底本同。

【注釋】

〔一〕碧蹄郵舍:指碧蹄驛。《新增東國輿地勝覽·高陽郡》:"碧蹄驛,在郡東十五里,中朝使臣入王京,前一日必宿此驛。"

# 登鳳山嶺〔一〕

登高南望一潛然,萬疊山遮路幾千。天際白雲猶不見〔二〕,回瞻西北更無邊。

【注釋】

〔一〕鳳山嶺:似爲黄海道鳳山和瑞興交界處的慈悲嶺。《新增東國輿地勝覽·瑞興都護府》:"慈悲嶺,在府西六十里,一名昆嶺,自平壤通京都舊路也。世祖朝以多虎害,且中朝使臣皆由棘城路以行,其路遂廢。"
〔二〕天際句:謂思念父母。《新唐書·狄仁傑傳》:"其親在河陽别業,仁傑赴并州,登太行山,南望見白雲孤飛,謂左右曰:'吾親所居,在此雲下。'瞻望佇立久之,雲移乃行。"

積學平生慕聖賢,志存忠孝不違天。如今皓首遭時蹇〔三〕,俯仰猶能意浩然。

【注釋】

〔三〕時蹇:猶時艱。時運不順。

# 江城書示姪敬伯[一]

離家三見月成鉤,魂夢飛馳不暫休。宛侍慈顏猶昔日,忽驚霜鬢卧窮陬[二]。情懷似涉漫漫海,身世如乘泛泛舟。日迫西山無盡恨,愧無誠孝格玄幽[三]。

**【校記】**
[日迫西山無盡恨] 原校考異一作"積學平生將底用"。

**【注釋】**
〔一〕書示姪敬伯：以下卷四《西遷録》中的詩都是作於江界流配時。敬伯和李彦迪一起前往江界，並在那裏一直陪伴李彦迪。李彦迪的侄子，即李彦适的兒子有養子李應期、庶子李純仁、李安仁、李好仁，從《晦齋集·先妣貞敬夫人孫氏墓碣銘》李彦迪聞母喪，讓李純仁攜祭文舉行祭祀的情況來看，敬伯當是李純仁。
〔二〕窮陬：偏遠的角落。龔自珍《〈昇平分類讀史雅詩〉自序》："今之世，有窮陬荒濱，貊鄉鼠攘，悍頑煽亂，而自外於天地父母者。"
〔三〕格：感動。玄幽：上天。

# 至日得古句,足成一律,寓懷〔一〕

窮涯陰盡一陽回〔二〕,謫客愁邊喜復來。子半天心元不改〔三〕,宮中葭管已飛灰〔四〕。岸容待臘將舒柳,山意含春欲放梅〔五〕。觀物難禁憶桑梓〔六〕,樂天安土且怡懷。

【校記】
〔待臘〕底本作"帶臘",本句直接引自杜甫《小至》詩作"岸容待臘將舒柳",據改。

【注釋】
〔一〕至日:冬至,二十四節氣之一。
〔二〕窮涯句:冬至日,古人認爲這一天陰盡陽生。窮涯,指江界。
〔三〕子半:指子時的一半。
〔四〕葭管已飛灰:葭莩之灰。古人燒葦膜成灰,置於律管中,放密室内,以占氣候。某一節候到,某律管中葭灰即飛出,示該節候已到。《後漢書·律曆志上》:"候氣之法,爲室三重,户閉,塗釁必周,密布緹縵。室中以木爲案,每律各一,内庳外高,從其方位,加律其上,以葭莩灰抑其内端,案曆而候之。氣至者灰動。"
〔五〕岸容句:杜甫《小至》詩:"岸容待臘將舒柳,山意衝寒欲放梅。"臘,指臘月。冬至時常已至臘月。
〔六〕桑梓:故鄉。

## 至日不寐

邊城至日卧窮廬,心折潸然憶倚閭〔一〕。無術可消愁萬斛,静虚猶得片時除。

【注釋】
〔一〕倚閭:"倚閭望切"的簡稱。閭,古代里巷的門。靠在里巷的門口向遠處殷切地望著。形容父母盼望子女歸來的心情十分殷切。亦作"倚閭而望""倚門而望""倚門倚閭""倚門之望""倚門而望"。

至日窮愁愁更亂,旅窗燈暗怨長宵。羈愁只願如庭雪,天暖春回便盡消。

絶徼陽回尚未歸〔二〕,北堂霜髮慘誰依〔三〕。殘年無計相爲命,懷痛窮天血染衣。

【注釋】
〔二〕絶徼:形容極遠的邊塞之地。韓愈《湘中酬張十一功曹》詩:"休垂絶徼千行淚,共泛清湘一葉舟。"徼,邊境,邊界。
〔三〕北堂:指母親的居室。代指母親。語本《詩·衛風·伯兮》"焉得諼草,言樹之背",毛傳:"背,北堂也。"

## 次敬伯路中韻

忠孝俱虧性命餘,彼蒼悠漠竟何如？窮邊半夜明殘燭,憶弟思親淚滿裾。

南望桑鄉隔萬山[一],只憑魂夢見慈顏[二]。覺來霜月明窗外,罔極情懷説亦難[三]。

【注釋】
〔一〕桑鄉：故鄉。
〔二〕慈顏：指母親。
〔三〕罔極：指人子對於父母的無窮哀思。劉義慶《世説新語·言語》："陛下聖恩齊於哲王,罔極過於曾閔。"

一片丹衷貫天日,分明臨照竟何其？窮涯俯仰猶無怍[四],只有看雲見月悲。

【注釋】
〔四〕窮涯：直到水濱。

山重路屈歷嶔崟[五],回首南天痛轉深。夜夜夢魂尋鶴髮,旅窗難禁涕淋淋。

【注釋】
〔五〕嶔崟：高大,險峻。《文選·張衡〈思玄賦〉》："嘉曾氏之歸耕兮,慕歷阪之嶔崟。"張銑注:"嶔崟,高貌。"

憐汝遠隨冒險難,間關千里值窮寒。相依一室同酸苦,生死魅鄉共肺肝[六]。

【注釋】
〔六〕魅鄉:指荒凉的邊遠地區。杜光庭《賀德音表》:"魅鄉遷客,俱從釋宥之恩;囹圄縲囚,盡舉寬明之典。"共肺肝:謂推心置腹。肺肝,喻指心腹。

殘年值屯蹇[七],客路更崎嶔[八]。一身由正直,萬死耻浮沈。戀闕丹心破,思親血淚淋。至誠應上格,天日自昭臨。

【校記】
[至誠應上格]原校考異一作"片雲消碧落"。　[天日自昭臨]原校考異一作"明日照應臨"。

【注釋】
〔七〕屯蹇:《易》《屯》卦和《蹇》卦的並稱。意謂艱難困苦,不順利。秦嘉《贈婦詩》之一:"人生譬朝露,居世多屯蹇。"
〔八〕崎嶔:形容山路崎嶇,險阻不平。

## 旅窗聞笛

窮荒歲暮慘風煙,燈盡寒窗夜似年。一聲羌笛來何處,雪滿千山月滿天。

## 中宗諱日泣書〔一〕

諱日如今已度三,孤臣絕徼涕霑衫〔二〕。從容經幄今難再〔三〕,是日年年痛不堪。

【注釋】
〔一〕中宗:朝鮮第11代王,名李懌,字樂天,1506年至1544年在位。
〔二〕絕徼:荒原偏僻之地。此處指李彥迪所在的流配地江界。
〔三〕經幄:指經筵。

賓天已遠杳難攀〔四〕,白首纍臣運命艱〔五〕。聖語丁寧猶在髓,憶曾清燕侍龍顏〔六〕。

【注釋】
〔四〕賓天:人主去世的委婉説法。
〔五〕纍臣:古代被拘繫於異國的臣子對所在國國君自稱。亦

〔六〕清燕：高麗時期高麗王睿宗設立清燕閣,選文士爲國王講解儒家經典,這是韓國歷史上經筵的初次設立。這裏清燕代指經筵。

## 夢驚悲痛

歲晚離親卧塞垣〔一〕,魂馳夜夜省寒温〔二〕。依依鶴髮高堂畔,驚起呼燈拭淚痕。

【注釋】
〔一〕塞垣：指北方邊境地帶。
〔二〕省寒温：指問候母親冷暖起居。

殘年遠别白頭親,千里儀容入夢頻。魂斷此時懷罔極,潛心惟祝彼蒼仁。

## 夢省萱闈,欲供旨味忽覺,不勝悲痛〔一〕

窮陬千里隔家山〔二〕,夢裏依然鶴髮顔。欲獻旨甘留寢側〔三〕,忽驚身卧塞垣寒。

【注釋】
〔 一 〕萱闈：指母親的居所。
〔 二 〕窮陬：偏遠的角落。
〔 三 〕旨甘：美好的食物。常指養親的食品。《禮記·內則》："昧爽而朝，慈以旨甘；日出而退，各從其事；日入而夕，慈以旨甘。"

　　天涯見月幾霑衣？魂夢頻馳省寢闈。驚起籲天天漠漠，自嗟誠未格玄微。

　　南望千山復萬山，只憑魂夢見慈顏。覺來驚起儀刑隔〔四〕，寂寞寒窗曉月殘。

【注釋】
〔 四 〕儀刑：儀容，風貌。

## 聞敬伯彈琴

　　幽窗寂寞夜三更，一曲峨洋慰客情〔一〕。為語不須成妙手，妙來從古誤生平。

【注釋】
〔 一 〕峨洋曲：琴曲，知音相知的樂曲。語本《列子·湯問》："伯牙善鼓琴，鍾子期善聽。伯牙鼓琴，志在高山，鍾子期曰：'善哉！峨峨兮若泰山。'志在流水，鍾子期曰：'善哉！洋洋兮若江河。'"

## 哭同年趙子實北來時趙爲利川倅,慰別甚款,未久聞訃,驚悼。趙,名世英。〔一〕

故舊如今有幾人？相知渾作白頭新。多君不改平生款,慰我偏殊薄俗嚬。絕欲難忘臨別語〔二〕,知心猶惜遠役身。窮陬此日空揮淚,握手開襟豈有因。趙以元城絕欲爲勉,故及之。

【注釋】

〔一〕趙子實：即趙世英（？—1547）,字子實,本貫豐壤,號慵軒,1513年和李彦迪同時中司馬試,任内需司別坐。1521年別試文科丙科及第,歷任司成,安東府使等内外職。利川,位於京畿道東南部的郡縣。

〔二〕絕欲：指劉元城貶謫福建英州和梅州時,絕欲三十年,保持身體健康。劉元城,名安世,字器之,北宋著名文臣,性剛直,人稱"殿上虎",因同文館獄,貶徙梅州。《自警編·誠實》："公曰：'安世自絕欲來三十年,氣血意思只如當時,終日接士夫劇談,雖夜不寐,翌朝精神如故,平生坐必端已,未嘗傾側靠倚,每日行千步,燕坐調息,復起觀書,未嘗晝寢,啜茶伴客有至六七盌。'"

## 夢覺悲慟 立春後

歲盡窮陬勞夢魂,依俙歡侍北堂萱[一]。未供菽水還驚覺[二],皓首無由報母恩。

【校記】
[悲慟]慟,甲子本和正祖本作"痛",乙亥本和庚子本與底本同。

【注釋】
〔一〕北堂萱:即萱堂,母親的居所。
〔二〕菽水:豆與水。指所食唯豆和水,形容生活清苦。語出《禮記·檀弓下》:"子路曰:'傷哉!貧也!生無以爲養,死無以爲禮也。'孔子曰:'啜菽飲水盡其歡,斯之謂孝。'"後常以"菽水"指晚輩對長輩的供養。

寒宵好夢見慈顔,又得平書感涕潸。天道如今已回泰,母兒何日得同歡?

## 除日得古句,足成一律,書示敬伯

雲暗邊城暮,燈殘草屋貧。"一年將盡夜,萬里未歸人。"〔一〕淚染鷄林葉〔二〕，魂消鴨水濱〔三〕。衰年驚遠别，鶴髮又添春。

【注釋】
〔一〕一年句：引自戴叔倫《除夜宿石頭驛》："旅館誰相問，寒燈獨可親。一年將盡夜，萬里未歸人。"
〔二〕淚染句：這句話是説身在故鄉慶州的母親在哭泣流淚。鷄林，慶州的古稱。
〔三〕鴨水：即鴨緑江，是中朝的界河，江界就在鴨緑江邊上。

# 得舍弟子容書 戊申〔一〕

塞外家書抵萬金〔二〕，開緘不覺涕霑襟。望雲每恨千岑隔〔三〕，見月偏傷兩地心。皓首無緣酬罔極〔四〕，丹衷惟恃有昭臨。萬山春雪消將盡，何日斑衣戲故林〔五〕？

【校記】
〔戊申〕庚子本和高麗大學藏本作"立春十六日"。

【注釋】
〔一〕按：以下16題18首詩是李彦迪1548年58歲時在流配地江界所作。
〔二〕家書抵萬金：杜甫《春望》："烽火連三月，家書抵萬金。"
〔三〕望雲：指思念母親，典出《新唐書·狄仁傑傳》。
〔四〕罔極：《詩·小雅·蓼莪》："父兮生我，母兮鞠我……欲報之德,昊天罔極。"朱熹《集傳》:"言父母之恩,如天無窮,不知所以爲報也。"後因以"罔極"指父母恩德無窮。
〔五〕斑衣:典出老萊子彩衣娛親事,指在父母跟前盡孝。

## 早春書悶

憶弟看雲悲暮景,思親見月泣清宵。春回旅夢猶多吉,知有天恩下九霄。

【校記】
[春回]庚子本和高麗大學藏本作"春來"。

## 夢罷悲痛

夢裏歸家省寢闈〔一〕,手摩肌體引衾衣〔二〕。覺來肝膈如焚烈,身滯窮荒不奮飛。

【校記】
[身滯窮荒不奮飛]原校考異一作"自嘆精誠上格微"。

【注釋】
〔一〕寢闈:母親的卧室。
〔二〕衾衣:被子和衣服。

## 次舍弟韻

籲天訴怨激中心,道阻無方可展襟。鶴髮昏忘猶自慰〔一〕,鴒原情急痛難任〔二〕。時子容欲陳疏訴怨,書以止之。

【校記】
[鶴髮昏忘猶自慰]原校考異一作"居易在吾猶自得"。

【注釋】
〔一〕鶴髮句:李母時年已至79歲,頭腦和精神都日漸昏瞶,對李彦迪流配之事可能不甚清楚,這對李彦迪來説反倒是一種安慰。鶴髮,白髮。此代指母親。
〔二〕鴒原句:這句話是説李彦适爲了搭救李彦迪費了很多心力,李彦迪爲此心痛不已。典出《詩經·常棣》:"脊令在原,兄弟急難。"

## 夢　驚

歸省萱闈夢忽驚,儀容還恨不分明。中宵魂斷潛揮淚,起視蒼空轉杳冥。

## 先公諱日，書示敬伯

慘淡邊城二月春，諱辰今遇鴨江濱。長懷風樹終天痛〔一〕，又值雲雷一世屯〔二〕。家廟薦羞誰共拜？窮廬薄奠獨霑巾。平生忠孝難酬志，既負明君又負親。

【注釋】
〔一〕風樹：《韓詩外傳》卷九："皋魚曰：'……樹欲靜而風不止，子欲養而親不待也。'"後因以"風樹"爲父母死亡，不得奉養之典。
〔二〕又值句：謂李彥迪所處的環境險惡。《易・屯》："《象》曰：屯，剛柔始交而難生，動乎險中，大亨貞。"《屯》之卦象爲《坎》上《震》下，《坎》之象爲雲，《震》之象爲雷。因以"雲雷"喻險難環境。

## 次舍弟韻

衰年遠別各西東，雁斷魚沉思不窮〔一〕。殘雪異鄉春欲暮，愁魂中夜夢還空。丹心破盡君臣隔，白首何時母子同？見月難消千里恨，回頭心折五雲重〔二〕。

【校記】
〔夢還空〕還,庚子本作"旋"。

【注釋】
〔一〕雁斷魚沉：謂没有書信往來，消息中斷。《樂府詩集·相和歌辭十三·飲馬長城窟行之一》："呼兒烹鯉魚，中有尺素書。"《漢書·蘇武傳》："教使者謂單于，言天子射上林中，得雁，足有繫帛書。"後因以"魚雁"代稱書信。
〔二〕五雲：帝王所居之處，這裏爲漢城。

# 春晚遣悶

煙景依俙似故園，朝昏怊悵對前村[一]。春殘異域歸心絶，柳緑花紅總斷魂。

【注釋】
〔一〕怊悵：猶惆悵。《楚辭·九辯》："心摇悦而日幸兮，然怊悵而無冀。"

前山松柏翠沉沉，春晚邊城客恨深。遥想故園花落盡，題詩難寫未歸心。

## 次仁風樓韻[一]

憂國三朝白首餘,平生忠孝盡歸虛。山重絶塞多雲霧,天遠寒江少雁魚。衰淚幾看邊月灑?愁眉那傍故山舒?依依鶴髮高堂畔,魂夢連宵繞舊居。

【注釋】
〔一〕仁風樓:位於江界的一座樓臺,風景秀麗,爲關西八景之一。《新增東國輿地勝覽・平安道・江界都護府》:"仁風樓,在府城内西。鄭文炯記:江界府,地連靺鞨,山川回互,乃我國西北巨鎮,而爲一方管鑰。殿下四年壬辰春,尹公末孫自中樞來鎮此府,構樓於城西北隅。"

## 端午日書懷

節屆端陽萬物輝,一身憔悴與時違。宮衣憶昨霑恩賜,客淚如今墮晚暉。宿草難禁感霜露[一],殘年無計奉庭闈[二]。平生忠孝今俱闕,異域風煙舉眼非。

【注釋】
〔一〕感霜露:指思念父母。《禮記・祭義》:"霜露既降,君子履之,必有悽愴之心,非其寒之謂也。"鄭玄注:"非其寒之謂,謂悽愴及怵惕,皆爲感時念親也。"後因以"霜露之感"指對父母或祖先的懷念。
〔二〕庭闈:母親的居所,代指母親。

## 次樓韻

月色半庭白,松濤十里聞。窮陬稀過雁,愁眼望歸雲。山暗天猶碧,蟲鳴夜欲分。歸期渺無際,橫笛羨從軍〔一〕。

【注釋】
〔一〕歸期二句:謂吹笛的軍人還有回鄉的可能,而我歸鄉卻茫然無期。

## 國諱日泣書〔一〕

憶昔春坊侍講筵〔二〕,雍容論討極心天〔三〕。贈言最激分符日〔四〕,睿獎偏承夢弼年〔五〕。千載休期歸寂寞,九霄龍馭隔雲煙〔六〕。臣民是日同摧慕〔七〕,白首纍臣倍泫然。

西遷録　律詩、絶句

【注釋】

〔一〕國諱日：指1545年7月1日升遐的仁宗的死忌日。李彦迪作此詩之前的1548年6月恰逢母喪，但根據年譜，直到7月他才得知。據此推斷，1548年7月1日作此詩時李彦迪仍未知母喪。以下2題3首當也是未知母喪的情況下所作。

〔二〕春坊：指朝鮮的世子侍講院，朝鮮太祖時設立，是培養王世子的教育機構，於此安排博學之士向世子講論經史道義。李彦迪1522年32歲時任世子侍講院説書，1539年49歲時任世子侍講院右副賓客，1541年任世子侍講院左副賓客。

〔三〕極心天：當指太極、無極、心性、天道等相關問題，即性理之學。

〔四〕分符：猶剖符。謂帝王封官授爵，分與符節的一半作爲信物。孟浩然《送韓使君除洪州都曹》詩："述職撫荊衡，分符襲寵榮。"

〔五〕夢弼：使用殷高宗武丁夢得賢臣，找尋而得傅説，任其爲宰相的典故。見《尚書・説命上》。仁宗即位後，任命李彦迪爲議政府右贊成、左贊成等職，故有此説。

〔六〕龍馭：婉詞。謂帝王去世。《明史・方從哲傳》："以藥嘗試，先帝龍馭即上昇。"

〔七〕摧慕：悲傷之意。

# 次金教授留別韻

擬將斯道輔明王，皓首無階望日光。慕古只思禆聖學，披襟寧復獻治綱〔一〕？寵榮曾誤慚叨冒〔二〕，忠孝如今墮渺茫。身世浮雲何足念,愛君惟願有豐祥。

【注釋】
〔一〕寧復:哪裏還會。
〔二〕叨冒:謙稱受賞賜。葉夢得《避暑録話》卷上:"今叨冒已過多,乃得復行延祖之志,自安一壑,其愧之深矣。"

聖澤如天萬物光,小臣愚暗自迷方〔三〕。化工并育枯樗散,春意無情病柳僵。鶴髮未將眵淚眼〔四〕,丹心無路徹穹蒼。今朝別恨那堪説,君向長安我魅鄉〔五〕。

【注釋】
〔三〕聖澤二句:化自蘇軾《獄中寄弟子由》:"聖主如天萬物春,小臣愚暗自亡身。"
〔四〕眵:俗稱"眼屎",亦稱"眵目糊"。
〔五〕魅鄉:荒涼的邊遠地區,指江界。

# 見月寄舍弟

雁行分散各西東,見月相思恨不窮。霽色今宵千里共,清光何日一尊同?煙消絶塞明霜髮,雲斂江鄉照慘容。秋到不禁揮客淚,想應兼照北堂中〔一〕。

【注釋】
〔一〕北堂:母親的卧室。

西遷録　律詩、絶句

# 夢見慈顔,忽憶少時《山棲》絶句,録以寓無涯之痛〔一〕

幽棲半月曠晨昏〔二〕,十里青山望白雲〔三〕。十里渺如千里遠,此身寧向利名奔？余自少遊學四方,每違親側,及長,又縻薄宦,離曠居多,以貽鶴髮倚閭之愁〔四〕。今乃至此,追思平生罪過,悔無及矣,悲慟難禁。

【校記】
[又縻薄宦]宦,底本作"官",乙亥本、庚子本、甲子本、正祖本皆作"宦"。薄宦,指官職卑微不顯達。《南史》卷七十五《隱逸傳上·陶潛傳》："潛弱年薄宦,不潔去就之迹。"李商隱《蟬》："薄宦梗猶汎,故園蕪已平。"當以作"宦"爲正,據改。

【注釋】
〔一〕按：本詩是1548年7月李彦迪聞母喪後所作。
〔二〕晨昏："晨昏定省"之略語。謂朝夕慰問奉侍。任昉《啓蕭太傅固辭奪禮》："饑寒無甘旨之資,限役廢晨昏之半。"
〔三〕望白雲：指思念父母。典出《新唐書·狄仁傑傳》。
〔四〕倚閭：指父母盼望子女歸來之急切心情。《戰國策·齊策六》："王孫賈年十五,事閔王。王出走,失王之處。其母曰：'女朝出而晚來,則吾倚門而望；女暮出而不還,則吾倚閭而望。'"後因以"倚門"或"倚閭"謂父母望子歸來之心殷切。

## 誠 敬 吟

兩儀中自一身分〔一〕,形似塵埃迹似雲。榮辱死生渾一視,只存誠敬事天君〔二〕。

【注釋】
〔一〕兩儀:指天地。《易·繫辭上》:"是故易有太極,是生兩儀。"孔穎達疏:"不言天地而言兩儀者,指其物體;下與四象(金、木、水、火)相對,故曰兩儀,謂兩體容儀也。"
〔二〕天君:指本心。舊謂心爲思維器官,稱心爲天君。《荀子·天論》:"心居中虚,以治五官,夫是之謂天君。"

## 别舍弟子容還鄉 辛亥仲秋〔一〕

慘闃萱闈度五秋〔二〕,寸心摧裂曷時休? 三鶵彩舞今難再〔三〕,一哭荒丘亦靡由。歲晚更添霜露感〔四〕,魂馳不覺道途脩。憑君遥寄天涯淚,灑向空山薦酒羞。

【校記】
〔空山〕原校考異一作"墳前"。

【注釋】

〔一〕別舍弟子容還鄉：本組詩是李彥迪1551年8月61歲時所作。李彥适在1551年母親喪事結束後，來探訪李彥迪，本年8月返鄉。當時李彥适的身體非常不好，1年4個月後，於1553年正月初一去世。
〔二〕閴：寂静。萱闈：萱堂，母親的居所。
〔三〕彩舞：指老萊子彩衣娛親。
〔四〕霜露感：《禮記·祭義》："霜露既降，君子履之，必有悽愴之心，非其寒之謂也。"鄭玄注："非其寒之謂，謂悽愴及怵惕，皆爲感時念親也。"後因以"霜露之感"指對父母或祖先的懷念。

旅雁何時更著行〔五〕？客愁今復激離腸。三春廬墓顔餘黑，萬死投荒髮欲黄〔六〕。血淚何期灑宿草〔七〕？丹衷無路徹穹蒼。人間得喪都歸命，此別茫茫涕自滂。

【校記】

［旅雁何時］何，庚子本作"那"。但此句原引自蘇軾"旅雁何時更著行"詩，當以"何"爲正。　　［得喪］原校考異一作"榮悴"。

【注釋】

〔五〕旅雁句：這一句引自蘇軾《病中聞子由得告不赴商州三首》中其一："病中聞汝免來商，旅雁何時更著行。"旅雁，比喻李彥适，謂兄弟何時才能再見。
〔六〕萬死句：黃庭堅《雨中登嶽陽樓望君山》："投荒萬死鬢毛斑，生入瞿塘灎澦關。"
〔七〕宿草：指母親的墳墓。

相逢絕徼各幡然，五載情懷痛極天。扶病間關經險路，順時消息保殘年。攝生只願言談慎〔八〕，知命惟思道義全。秋晚塞垣添別恨,萬山回首暗風煙。

【校記】
［各旛］原校考異一作"共旛"。　　［攝生］原校考異一作"攝身"。　　［塞垣］原校考異一作"邊城"。

【注釋】
〔八〕攝生句:受良才驛壁書時間的無辜連累,李彦迪被流配江界,他希望李彦适對此要閉口慎言以保存自身。

已將身世擬浮雲,得喪黄粱不足云〔九〕。只保天真存浩體,肯教心境雜塵紛?慘懷幾歲遥相憶,歸袂今朝不忍分。唯有月輪千里共,寒光來照鴨江潰。

【注釋】
〔九〕黄粱:指黄粱夢。沈既濟《枕中記》載:盧生在邯鄲客店遇道士吕翁,生自歎窮困,翁探囊中枕授之曰:"枕此當令子榮適如意。"時主人正蒸黄粱,生夢入枕中,享盡富貴榮華。及醒,黄粱尚未熟,怪曰:"豈其夢寐耶?"翁笑曰:"人世之事亦猶是矣。"後因以"黄粱夢"喻虚幻的事和不能實現的欲望。

秋山慘眼欲黄昏,佇立寒簷更斷魂。調病攝生君自勉,樂天安土我何言?

【校記】
［慘眼］原校考異一作"滿眼"。　　［君自］原校考異一作"宜自"。　　［我何］原校考異一作"又何"。

## 送韓兼善之任碧潼〔一〕

羈懷倚惠政,皓首感深仁。恩荷丘山重,情如骨肉親。離程愁晚景,歸路好芳春。五雲勞望眼,臨別更霑巾。

【注釋】
〔一〕韓兼善:生平不詳,兼善似是其字,此詩是其任江界府使被調往碧潼時李彥迪所作之送別詩。碧潼:碧潼郡,位於平安北道北部。

## 送張國卿之任義州 癸丑(1553)閏三月〔一〕

投荒已七載,邊徼又殘春。戀闕丹心破,思鄉宿草新。白頭揮慘淚,朱紱遇深仁〔二〕。杯杓開襟日〔三〕,知公厚意真。

【校記】
[思鄉宿草新]原校考異一作"思親血淚新。" [杯杓開襟日]原校考異一作"逐客人誰記"。

【注释】
〔 一 〕按：本詩是張任江界府使調任義州牧使時，李彦迪所作之送別詩。張國卿：生平不詳，國卿似爲其字。義州：平安北道義州郡的郡廳所在地，亦位於鴨緑江左岸。
〔 二 〕朱紱：古代禮服上的紅色蔽膝。後多借指官服。亦指做官。《易·困》："困于酒食，朱紱方來。利用享祀，征凶無咎。"程頤傳："朱紱，王者之服，蔽膝也。"
〔 三 〕杯杓：亦作"杯勺"。亦作"桮杓"、"桮勺"。酒杯和杓子。借指飲酒。《史記·項羽本紀》："張良入謝，曰：'沛公不勝桮杓，不能辭。'"

## 又

半生迷宦海，客路識仁人。天遠愁孤雁〔一〕，川長寄涸鱗〔二〕。逢黄知有數〔三〕，借寇歎無因〔四〕。客裏春愁亂，還添别恨新。

【注释】
〔 一 〕孤雁：比喻遠離故郷、流配到邊遠之地的自己。
〔 二 〕涸鱗：比喻自己的艱難處境猶如困在乾枯水塘中的魚。
〔 三 〕黄：指黄霸。漢宣帝時任穎陽太守，善於治理州郡，有善政，後世將其作爲循吏的代表之一。事見《漢書》卷八十九《循吏列傳》。這裏將張國卿比喻爲黄霸，百姓得遇張國卿，是他們的幸運。
〔 四 〕借寇句：是説江界百姓想挽留張國卿而不能。寇，指寇恂,東漢光武帝時地方官,任穎陽太守時,寇恂治理潁川有政績,離任後隨帝再至潁川,百姓請求再借寇恂留任一年。後就用"借寇恂""借寇"表示挽留地方官,含有對政績的稱美之意。見《後漢書》卷十六《寇恂列傳》。

# 拾遺
# 五言律詩

## 到鳥嶺吟寄舍弟 癸未三月〔一〕

辭親今幾夕？踰嶺轉間關〔二〕。長谷風塵暗,陰崖冰雪頑。南遊春色早,北望暮雲寒。道路身將老,羈愁忽萬端。

【注釋】

〔一〕到鳥嶺吟寄舍弟：這是1523年李彥迪32歲時所作。此時李彥迪任成均館典籍。鳥嶺：位於慶尚北道聞慶縣和忠清北道交界處。《新增東國輿地勝覽·聞慶縣》："鳥嶺,在縣西二十七里延豐縣界,俗號草岾。"

〔二〕間關：形容旅途的艱辛,崎嶇、輾轉。"間關萬里"就是指行程萬里,勞碌奔波,艱辛輾轉的狀況。

## 又

鄉關海東畔,擡眼但雲山。荊樹花分萼〔一〕,萱堂淚滿顔[二]。長途愁鬢亂,何日舞衣斑[三]? 侍側君猶在,春風好奉歡。

【注釋】
〔一〕荆樹句:指兄弟分家。梁吴均《續齊諧記·紫荆樹》載:田真兄弟三人析產,堂前有紫荆樹一株,議破爲三,荆忽枯死。真謂諸弟:"樹本同株,聞將分斫,所以憔悴,是人不如木也。"因悲不自勝,兄弟相感,不復分產,樹亦復榮。後因用"紫荆"爲有關兄弟之典故。杜甫《得舍弟消息》詩:"風吹紫荆樹,色與春庭暮。"
〔二〕萱堂句:謂看到兄弟分家,母親淚流滿面。萱堂,指母親。
〔三〕何日句:謂何時才能承歡母親膝下盡孝。舞衣斑,典出老萊子彩衣娱親事。

## 奉呈李府尹賢輔[一]

早懷經濟志,難禁狄公思[二]。積慶今誰比[三],純誠古亦稀。只求酬素願,何恨屈明時。勝事花山宴[四],人間豈易爲?

【注釋】
〔一〕李府尹賢輔:李賢輔,字棐仲,號聾巖,謚號孝節。李賢輔1534年任慶州府尹後曾親往獨樂堂拜訪李彦迪,1536年夏以奉養老親辭職,因此此詩當作於1534年到1536年之間。《晦齋集》卷二和卷三中收録有其他寫給李賢輔的詩作。

〔二〕狄公思：指思念雙親。狄，指唐代宰相狄仁傑。狄仁傑見白雲而思雙親，典出《新唐書·狄仁傑傳》。
〔三〕積慶：謂行善積福。唐錢起《陪郭常侍令公東亭宴集》詩："不悲懽樂盡，積慶在和羹。"
〔四〕花山宴：李賢輔1519年任安東府使時，春日將境内80歲以上的老人聚在一處，舉行了養老宴會，花山宴即指此。當是時，李賢輔不分士族和賤隸，爲境内數百名老人安排了宴席。花山，安東的古號。

# 又

養志難投笏〔一〕，晨昏煩夢思。真誠終始一，遐福古今稀。榮慶雖高世，經綸未展時。三槐已庭植〔二〕，不必自身爲。

【注釋】

〔一〕養志句：謂奉養父母而難以棄官。養志，謂奉養父母能順從其意志。《孟子·離婁上》："事孰爲大？事親爲大。守孰爲大？守身爲大。不失其身而能事其親者，吾聞之矣。失其身而能事其親者，吾未之聞也。孰不爲事？事親，事之本也。孰不爲守？守身，守之本也。曾子養曾晳，必有酒肉；將徹，必請所與；問有餘？必曰有。曾晳死，曾元養曾子，必有酒肉；將徹，必請所與；問有餘？曰亡矣。將以復進也。若曾子，則可謂養志也。事親若曾子者，可也。"桓寬《鹽鐵論·孝養》："故上孝養志，其次養色，其次養體。"投笏，喻棄官。版即笏。《後漢書·范滂傳》："滂執公議詣蕃,蕃不止之。滂懷恨,投版棄官而去。"
〔二〕三槐:相傳周代宮廷外種有三棵槐樹,三公朝天子時,面向三槐而立。後因以三槐喻三公。《周禮·秋官·朝士》:"面三槐,三公位焉。"宋代王祐嘗手植三槐於庭,曰:"吾子孫必有爲三公者。"後其子旦果入相,天下謂之三槐王氏,世因以"三槐"爲王氏之代稱。見邵伯溫《聞見前錄》卷八和蘇軾《三槐堂銘》。李賢輔的第四個兒子李仲樑(1504—1582)1534年文科及第,即他的兒子將會位列三公,即使李賢輔本人未曾顯達亦可。

# 病中送許南仲赴燕京〔一〕

風範超塵俗,襟期邁古人〔二〕。天庭儀彩鳳,異域識祥麟〔三〕。楓路多擡眼,霜天慎攝身〔四〕。離程簫管鬧,衰病獨傷神。

【注釋】

〔一〕按:本詩是李彦迪1541年51歲時,送給以冬至使身份出使北京的許磁的詩。許南仲,即許磁(1496—1551)。本貫陽川,字南仲,號東崖,是著名學者金安國的門人。1523年謁聖文科及第,歷任博士、修纂等職,1525年賜暇讀書,1531年任副校理,歷任多職後任吏曹正郎,1534年金安老掌權後出任外職,1537年金安老倒臺後官至同副承旨、兵曹參知,1541年任刑曹參判,以冬至使的身份出使明朝。明宗即位後,和尹元衡、李芑一起,除去尹任有功,授衛社功臣,封陽川君。但由於和李芑等強硬派對立被貶謫,任吏曹判書時提拔大尹一派人士，旋遭流配，死於配所，追贈領議政。有《東崖遺稿》傳世。
〔二〕襟期：襟懷，志趣。高澄《與侯景書》："繾綣襟期，綢繆素分。"
〔三〕天庭句：將許南仲比喻爲麟鳳，認爲他將會在明朝大放光彩。
〔四〕攝身：保養身體。

# 七言律詩

**次忘機堂韻**昨奉惠寄高韻,玩而復之,不能自休。敢用蕪拙,聊報賜教之意,幸許垂一覽,於斯道不無少助云。〔一〕

一元潛轉自穹旻,百物敷榮驗得春。去地何從著功迹?見天須識粲星辰。雙眸有力窮遐邇,萬象無緣遁僞真。鉛錫點金殊不辨〔二〕,堪嗟多誤世間人。

【注釋】

〔一〕按:本詩是李彥迪1518年28歲時所作次韻詩。忘機堂,即曹漢輔。本貫昌寧,號忘機堂,祖父静齋曹尚治。生卒年不詳。李彥迪在寫給曹漢輔的信中,稱其爲尊伯,自稱小子,可見曹漢輔的年輩甚高。進士試及第後成爲成均館儒生,但1473年受到成均館官員排擠而罷課,旋被剥奪科舉考試資格。此後專心經典,性理學造詣深厚。曹漢輔和李彥迪的舅舅孫叔暾圍繞"太極無極"展開討論,看了他們的文章後,李彥迪在1517年寫下了《書忘齋忘機堂太極無極説後》一文,批判了曹漢輔的主張,此後太極無極的辯論就轉至李彥迪和曹漢輔之間。第二年即1518年,兩人書信往來,展開討論,曹漢輔的信没有保存下來,李彥迪的答信保留下4篇,都收録在《晦齋集》卷五。本詩也是當時所作。李彥迪認爲曹漢輔的主張根本於周敦頤的學説,其論過於高遠,近佛家之説。以下四首詩的内容和李曹二人的書信内容有所關聯。
〔二〕鉛錫句:邵雍《崇德閣下答諸公不語禪》:"鉛錫點金終屬假,丹青畫馬安求真。"謂曹漢輔不識儒學真諦,用佛家思想來解釋無極太極問題。

　　大本明知出上旻,潛心到處驗秋春。中和雖似有賓主〔三〕,動静周流無定辰〔四〕。體察工夫終是實,空虚論説竟非真。身居天地難違物,爲道如何卻遠人〔五〕?

【注釋】
〔三〕中和句:《中庸章句》第一章:"喜怒哀樂之未發謂之中,發而皆中節謂之和。中也者,天下之大本也,和也者,天下之達道也。致中和,天地位焉,萬物育焉。"曹漢輔認爲"大本達道渾然爲一",李彦迪反駁認爲"雖曰大本達道初無二致,然其中自有體用、動静、先後、本末之不容不辨者,安有得其渾然則更無倫序之可論,而必至於滅無之地而後爲此道之極致哉?"
〔四〕動静句:謂大本和達道,未發和已發是彼此互相聯繫的,並非毫無關係。李彦迪給曹漢輔的第三封信中,針對曹漢輔静中强調主敬存養的説法,主張動時的省察和體驗必須同時並行。
〔五〕爲道句:《中庸章句》第十三章:"道不遠人,人之爲道而遠人,不可以爲道。"批判曹漢輔的説法過於高遠。

　　不須游目入空旻,滿地青紅盡是春。沂上難禁吐朗詠〔六〕,泗濱誰識管良辰〔七〕?千波極望涵孤月,萬景彌觀渾一真。堪歎役神空寂裏〔八〕,未聞斯道不離人。

## 【注釋】

〔六〕沂上句：典出《論語·先進》中孔子問弟子志向，曾點説："暮春者，春服既成，冠者五六人，童子六七人，浴乎沂，風乎舞雩，詠而歸。"曾點之志被認爲寫出了儒學修養的一種很高的理想境界。

〔七〕泗濱句：泗水是孔子講學之處，此句謂孔子的後學中又有幾人能認識和體會到曾點之樂呢。

〔八〕堪嘆句：謂曹漢輔的説法陷入了佛教"空寂"説之中。根據李彦迪《書忘齋忘記機堂無極太極説後》，曹漢輔認爲"太虚之體，本來寂滅"，李彦迪則用"寂而感"説明了太極的狀態，批判曹漢輔的主張陷入了佛教的"空寂"中。

獨奉天君建大功〔九〕，八蠻無礙九夷通。城隍共見匝千里，宮闕難知幾萬重。宗廟之中備百禮，千官班上雜群蹤〔一〇〕。若推明德徹遐邇，四海波恬無烈風。

## 【注釋】

〔九〕天君：指心。

〔一〇〕千官句：謂儒學高深，不能理解儒學真諦的人衆多。

天真須向有形融，物我精粗自貫通〔一一〕。若見百川流不息，便知滄海浩無窮。家家日出喧鷄犬，處處春深遍白紅。景致千般誰是主？閑居今古太虚翁。斯道至大，天地萬物洪纖巨細，無一不具於其中。若但見宮墻之高，内有宗廟、百官之富，而不知宗廟之内又有許多節文儀章，百官之中又有千般萬樣等級法令，則無以盡道之精微矣。但見滄海之大爲無窮，而不知百川之流晝夜混混，無非一物之不息，則亦或蔽於見大而遺小之病，故於此及之。

【注釋】
〔一一〕天真句：謂天理需要通過有形的現象來把握，只有這樣，萬物的大小粗精之理就能自然貫通理解。

# 送玉堂金正字義貞時罷在林泉〔一〕

嶺外風煙偶共遊，離愁段段暮江頭。翱翔瑞世君如鳳，浩蕩忘機我似鷗〔二〕。彩舞南洲春正富〔三〕，丹心北闕歲驚遒。朝天若賜蒼生問，饑癘連年太半流。

【注釋】
〔一〕按：本詩是金義貞受詔從故鄉上京時李彥迪所贈。玉堂：是朝鮮時代弘文館的別稱。金正字義貞：金義貞（1495—1547），本貫豐山，字公直，號潛庵、幽敬堂。1516年司馬試合格，1526年別試及第任弘文館正字。此後歷任修撰、正言、侍講院司書等職。1531年爲金安老所惡罷歸豐山。1537年金安老伏誅，任功曹佐郎、訓練院副正、宗薄寺僉正。死後追贈吏曹判書，諡號靖簡，改諡文靖。有《潛庵逸稿》傳世。
〔二〕忘機我似鷗：典出《列子·黃帝》："海上之人有好漚鳥者，每旦之海上，從漚鳥遊，漚鳥之至者百住而不止。其父曰：'吾聞漚鳥皆從汝遊，汝取來，吾玩之。'明日之海上，漚鳥舞而不下也。"指人無巧詐之心，異類可以親近。後以"鷗鷺忘機"比喻淡泊隱居，不以世事爲懷。
〔三〕彩舞：典出老萊子彩衣娛親事。

## 七言律詩

## 挽曹府尹漢弼〔一〕

　　始聞初政憫窮民,豈料沈痾未去身？藥裹許分蘇病老,手書珍重慰閑人。憂分北闕心猶在〔二〕,夢斷南柯迹已陳〔三〕。直節英風無復見,爲民爲國一沾巾〔四〕。

【注釋】

〔一〕曹府尹：即曹漢弼（1486—?）,本貫昌寧,字公亮。1507年司馬試及第,1510年文科及第,歷任正言、獻納等諫官和議政府檢詳、舍人、承旨等職,及春川府使,江原道觀察使,慶州府尹等外職。任執義時,受到金安老排擠。卒年未詳,根據《中宗實錄》中的授官記録和李彦迪的挽辭來看,曹漢弼當卒於1536年慶州府尹任上。
〔二〕北闕：古代宫殿北面的門樓。是臣子等候朝見或上書奏事之處,用爲宫禁或朝廷的别稱。
〔三〕夢斷南柯：指南柯夢。形容一場大夢,或比喻一場空歡喜。典出李公佐《南柯太守記》。
〔四〕沾巾：淚濕衣襟,形容淚如雨下。王勃《送杜少府之任蜀州》詩："無爲在歧路,兒女共沾巾。"

## 送李季雅按嶺南 辛丑秋[一]

伸屈由天惟道視,行藏無意與時偕。十年山澤經綸志,一夕襟懷咫尺開。暫綴鵷班澄海嶠[二],佇還鷺殿作鹽梅[三]。年侵民命將泥土,拯溺須憑濟世才。

### 【校記】
〔暫綴〕綴,甲子本和正祖本皆作"輟"。

### 【注釋】
〔一〕送李季雅按嶺南:李彥迪1541年51歲時所作,本年秋天李彥迪擔任漢城府判尹,又調任議政府右參贊。李季雅:即李清(1483—1549),本貫韓山,乃牧隱李穡的後裔。燕山君時,受尹氏被廢事件連累遭流配,中宗反正後放還。1511年別試文科及第,歷任多職,1539年任功曹判書,以謝恩使使明,連任慶尚道、京畿道、咸鏡道觀察使,1545年任漢城府左尹。
〔二〕鵷班:朝官的行列。白樸《梧桐雨》楔子:"調和鼎鼐理陰陽,位列鵷班坐省堂。"澄:使變清,比喻平治天下。海嶠:指海邊山嶺,即鳥嶺。嶺南即鳥嶺以南的慶尚道地區,因李季雅將任慶尚道觀察使,故稱按使嶺南。
〔三〕鹽梅:鹽和梅子。鹽味鹹,梅味酸,均爲調味所需。亦喻指國家所需的賢才。典出《書·説命下》:"若作和羹,爾惟鹽梅。"

嶺南風習最厖淳[四],宣化欣逢有腳春[五]。士失講修思振德,民罹荒饉望霖仁。咨詢款款窮炎海,魂夢依依繞紫宸。是日送行頻抆淚,倚閭霜髮在天垠。

【注釋】
〔四〕厖淳:粗野純樸。
〔五〕有腳春:亦作"有腳陽春"。對官吏施行德政的頌詞。典出五代王仁裕《開元天寶遺事·有腳陽春》:"宋璟愛民恤物,朝野歸美,時人咸謂璟爲有腳陽春,言所至之處,如陽春煦物也。"宋李昂英《摸魚兒·送王子文知太平州》詞:"丹山碧水含離恨,有腳陽春難駐。"

## 挽李訓導族丈[一]

　　去年臨慰石泉間,談笑聊陪半日歡。把酒對山開款悃[二],流觴竟日弄潺湲[三]。依依懷抱十年事,耿耿殘燈半夜寒。此會杳茫渾似夢,憶公何處更承顏?

【注釋】
〔一〕李訓導:當是李彥迪的同族長輩,生平不詳。
〔二〕款悃:猶悃款,誠摯之意。
〔三〕流觴:即流觴曲水。古代習俗,每逢夏曆三月上巳日(三國魏以後定爲夏曆三月初三日),人們相聚水邊宴飲,認爲可袚除不祥。後人仿行,引水環曲成渠,在水上流放置酒杯,任其順流而下,杯停在誰的面前,誰就取飲,稱爲"流觴曲水"。潺湲:水慢慢流動的樣子。

## 次比安樓上韻 戊戌七月十五日，到比安患腫，十八日呈辭，以病久留。〔一〕

衰年愧負故山期，客裏登樓強賦詩。有慕軒轅嗟已遠〔二〕，勞形塵土覺非宜。病添長路悲秋日，愁絶虛窗半夜時。更向靜中聊點撿，幽懷唯有月相知。

【注釋】
〔一〕次比安樓上韻：李彦迪1538年48歲時所作。李本年5月任弘文館直提學，從題下原注來看，本年7月從慶州返回漢城途中因病滯留比安，於滯留期間所作。比安：位於慶尚北道義城縣西。
〔二〕軒轅：上古帝王黃帝軒轅氏，此處指代風俗純樸的上古時期。

素髮青雲詎敢期？秋愁病裏半成詩。一庭花竹閑相對，十里煙嵐晚更宜。眼爲思親多感物，心緣憂國少歡時。憑闌夜久山銜月，耿耿襟懷只自知。

## 次東軒韻

坐對屏山似卧龍，依依煙樹擁官墉。映階舞月稚雙柏,夾路迎風老萬松。佳境重來驚鬢雪,高樓昔日戰談鋒〔一〕。江湖十載憂君意,近侍還慚欠一封。

【注釋】
〔一〕戰談鋒:指辯争,逞口才。談鋒,談話的鋒芒。

# 七言絶句

## 奉送府尹許敬之還洛[一]

祥鸞那得久棲荆[二]？百里空勤借寇情[三]。公上九天施雨露，任教疏懶樂巖耕。

**【校記】**
[奉送府尹許敬之還洛] 甲子本和正祖本作"奉送許府尹敬之还洛"。

**【注釋】**
〔一〕奉送府尹許敬之還洛：李彥迪1536年46歲時所作。許敬之：即許寬，本貫河陽，父吏曹判書許誠。《韓國近代邑誌》中記錄許寬曾擔任慶州府尹，但具體年份不詳。當與《晦齋集》卷二中收錄的《奉送許府尹敬之還洛》爲同時期的作品。
〔二〕祥鸞句：謂許敬之不會久居下僚。白居易《醉後走筆酬劉五主簿長句之贈兼簡張大賈二十四先輩昆季》："君同鸞鳳棲荆棘，猶著青袍作選人。"
〔三〕借寇：《後漢書·寇恂傳》載恂曾爲潁川太守，頗著政績，後離任。建武七年，光武帝南征隗囂，恂從行至潁川，百姓遮道謂光武曰："願從陛下復借寇君一年。"後因以"借寇"爲地方上挽留官吏的典故。

七言絕句

## 登詠歸亭〔一〕

　　半歲塵籠困病軀,登亭今日喜提壺。江山渾是平生舊,襟抱何曾昔日殊?

【校記】
［登亭］底本作"登程",根據乙亥本改。

【注釋】
〔一〕登詠歸亭:以下4題6首創作時間不詳。詠歸亭是李彥迪受學時的一座茅屋,位於現在慶州市良洞村。

## 次龍宮樓上韻

　　病客逢秋尚未閒,自嗟虛老道途間。憑闌半日聊吟賞,華髮蕭蕭映碧山。

　　境静令人心亦閑,如何役役百年間?樓頭迥立添歸思,遥指白雲山外山。

## 次 韻 贈 別

　　高樓迥隔俗塵侵,數曲峨洋古意深〔一〕。秋入邊城君更遠,題詩難畫去留心。

【注釋】
〔一〕峨洋:指古琴曲。

　　客窗秋氣鬢邊侵,話舊還兼別意深。款款杯尊今日事,悠悠離合十年心。

# 五言排律

## 松 堂 挽 詞[一]

天不喪斯文[二],東隅尚有人。淵源元有自,英邁又超倫。軒冕浮雲外[三],吟哦逝水濱。窮探極遐妙,高步入真純。風月無邊境,乾坤滿眼春。一源觀浩渺,萬物摠熙淳。幽討書千卷,清歡酒一樽。活人憑藥餌,醫國秘經綸。遲暮時逢泰,風雲道更屯[四]。丹心天北極,素髮海東湄。未展陶鎔手[五],寧同礱鑠臣[六]?有言傳士類,無福嘆生民。愚魯蒙曾擊,乖離炙未親。德容時暫接,嘉訓聽難頻。村墅逢殊款,山堂會有因。塵懷還踽踽[七],良約竟矛盾。一別儀刑隔,平生悔恨新。忽聞仙路遠,長慟大論湮。妙絃從此絕[八],幽抱向誰陳?秋晚南行路,三杯但濕巾。

【注釋】

〔 一 〕松堂:即朴英(1471—1540),本貫密陽,字子實,號松堂,父親是吏曹參判朴壽宗,母親是讓寧大君李禔的女兒。自小精通武藝。1487年在李世弼麾下出使明朝,1491年隨元帥李克均征伐建州衛,同年返回任兼司僕,9月武科及第任宣傳官。1494年成宗去世後,燕山君即位,朴英回到故鄉善山洛東江邊,與鄭鵬、朴耕等交遊,研習《大學》等性理學書籍,甚有成就。1514 年任黃潤縣監,有治績,此後任江界府使,義州牧使及同副承旨等職。1519 年授兵曹參判,因病不就,本年 5 月以聖節使使明,幸免己卯士禍,同年任金海府使,旋辭職。因金濟海的謀害慘遭酷刑,不屈被釋後,16 年埋頭學問。此後曾授嶺南左道節度使,未及而亡。精通醫術,諡號文穆。著述有《經驗方》《活人新方》《白鹿洞規解》等。

〔二〕斯文:指禮樂教化、典章制度。《論語·子罕》:"天之將喪斯文也,後死者不得與於斯文也。"

〔三〕軒冕:指功名爵禄。

〔四〕風雲:指傑出君主和能臣的遇合。《周易·乾卦》:"雲從龍,風從虎。"

〔五〕陶鎔:指培養,教化,影響。

〔六〕矍鑠臣:典出《後漢書·馬援傳》:"援據鞍顧眄,以示可用。帝笑曰:'矍鑠哉,是翁也!'"

〔七〕跼蹐:局促不安。

〔八〕妙絃句:《吕氏春秋·本味》:"伯牙鼓琴,鍾子期聽之。方鼓琴而志在太山,鍾子期曰:'善哉乎鼓琴,巍巍乎若太山。'少選之間,而志在流水,鍾子期又曰:'善哉乎鼓琴,湯湯乎若流水。'鍾子期死,伯牙破琴絕弦,終身不復鼓琴,以爲世無足復爲鼓琴者。"此事種子書均有記載,文字略有不同。後遂以"絕絃"喻失去知音。

# 晦齋先生集

卷之五

# 賦

## 問津賦 辛未〔一〕

有周之衰,世極於否。王綱不張,海內委靡。民墜塗炭,嗷嗷罔依。世無哲王,孰濟斯時?偉我仲尼,天縱其德。道揖堯舜,仁並覆育。責既重於生民,憂亦大於天下。謂吾道之將行,施木鐸之教化〔二〕。扶民彝於幾泯,澤區夏於既涸。夫何卒不得其志兮,空問津以汲汲?雖志切於濟世兮,祇以招尤而速累。想其所有者德,所無者位。道雖至大,蘊而莫施。十年轍環〔三〕,東西北南。卒老于行,時無知音。晏嬰止尼谿之封〔四〕,武叔毀日月之明〔五〕。視雁有慢賢之色〔六〕,受樂無尊德之誠〔七〕。滔滔者天下皆是兮,喟枘鑿其奚合〔八〕?然聖人未嘗忘天下,席不煖於一夕。罷絃歌於陳蔡〔九〕,又應聘於楚王。偶臨河而迷津,渺煙波之蒼茫。遂停驂而延佇,蹇欲濟而無梁。遇沮溺之耦耕,乃使問其津渡。既不聞其指示,反逢彼之譏侮。彼固避世之士兮,獨非聖人而自是。彼焉知君子之仕兮,乃所以行其義也。豈不厭世道之幽昧?豈不知可卷而懷之?惟鳥獸不可與同群,余獨離世而何爲?矧今天下之溺矣,其敢獨善於己？蓋天地高厚,并包萬類。博施雨露,無一物不遂其性。聖人之量,與天地并。四海之内,吾將施德而陶之。萬姓之衆,吾將流澤而膏之。既無不可化之人,又無不可爲之時。庶幾一行其道兮,俾域中群生舉得所而熙熙。豈若小丈夫然兮,果於忘世坐視墊溺而不救？而且賢人不時出,聖人不世有。上而爲君,堯舜湯禹。下而爲臣,伊周稷契。彼皆經綸宇宙,化育民物。際天極地,咸受其澤。當今之世,非我伊誰？生民之休戚,天下之安危。責實在我,其敢不力？此夫子所以汲汲於斯世,而沮與溺之所未識者也。豈知大旱之焦土兮,龍無所用其神？慨司寇三月之化兮,卒未能大施於斯民[一〇]。念皇天之生是元聖兮,豈無期於下國？繼統緒於百聖,開盲聾於千億。茲寄托之至偉,故賦與之特厚。胡獨吝於天位,俾赤子而失乳？伊龍德之正中[一一],宜厥施之斯普。竟問津而周流,歎已極於乘桴[一二]。空懷寶而踽踽一世兮,邈天意之難求。重曰:二帝世遠[一三],三王迹熄[一四]。繼天立極,誰任其責。道大莫容,天下之不幸。下悲人窮,上畏天命。遑遑棲棲,不敢自暇。彼耦耕流,豈知聖者？

【校記】

〔尼谿〕底本作"泥谿",根據《史記·孔子世家》改。

【注釋】

〔一〕問津賦:李彦迪1511年21歲時所作。問津:出自《論語·微子》:"長沮、桀溺耦而耕。孔子過之,使子路問津焉。長沮曰:'夫執輿者爲誰？'子路曰:'爲孔丘。'曰:'是魯孔丘與？'曰：'是也。'曰：'是知津矣。'問於桀溺。桀溺曰：'子爲誰？'曰：'爲仲由。'曰：'是孔丘之徒與？'對曰：'然。'曰：'滔滔者天下皆是也，而誰以易之？且而與其從辟人之士也，豈若從辟世之士哉？'耰而不輟。子路行以告。夫子憮然曰：'鳥獸不可與同群，吾非斯人之徒與而誰與？天下有道，丘不與易也。'"

〔二〕木鐸：以木爲舌的大鈴，銅質。古代宣布政教法令時，巡行振鳴以引起衆人注意。《周禮·天官·小宰》："徇以木鐸。"鄭玄注："古者將有新令，必奮木鐸以警衆，使明聽也……文事奮木鐸，武事奮金鐸。"以喻宣揚教化的人。《論語·八佾》："天下之無道也久矣，天將以夫子爲木鐸。"

〔三〕十年轍環：孔子魯定公十四年46歲時離開魯國，周遊陳衞10年。轍環，亦作"轍轘"，喻周遊各地。韓愈《進學解》："昔者孟軻好辯，孔道以明，轍環天下，卒老於行。"

〔四〕晏嬰：字仲，謚平，多稱平仲，又稱晏子，夷維人，春秋時期齊國著名政治家。孔子35歲時齊景公問孔子政事，想把尼谿封賜給孔子，遭晏嬰諫止。事見《史記·孔子世家》。

〔五〕武叔：即叔孫武叔，魯國大夫，名州仇，三桓之一。《論語·子張》："叔孫武叔毀仲尼。子貢曰：'無以爲也！仲尼不可毀也。他人之賢者，丘陵也，猶可逾也；仲尼，日月也，無得而逾焉。人雖欲自絶，其何傷於日月乎？多見其不知量也。'"

〔六〕視雁句：《史記·孔子世家》："他日，靈公問兵陳。孔子曰：'俎豆之事則嘗聞之，軍旅之事未之學也。'明日，與孔子語，見蜚雁，仰視之，色不在孔子。孔子遂行，復如陳。"

〔七〕受樂句：據《史記·孔子世家》，魯定公十四年孔子攝魯相，國政爲之一新，齊人懼，"於是選齊國中女子好者八十人，皆衣文衣而舞《康樂》，文馬三十駟，遺魯君。陳女樂、文馬於魯城南高門外。季桓子微服往觀再三，將受，乃語魯君爲周道遊，往觀終日，怠於政事。……桓子卒受齊女樂,三日不聽政;郊,又不致膰俎於大夫。孔子遂行"。
〔八〕枘鑿：榫頭與卯眼。枘圓鑿方或枘方鑿圓,難相容合。後因以"枘鑿"比喻事物的扞格不入或互相矛盾。
〔九〕絃歌：本指依琴瑟而詠歌,後指禮樂教化。據《史記·孔子世家》《論語·衛靈公》,孔子多年滯留陳蔡,政治理想得不到實現,後受楚王邀請欲去楚,結果遭到陳蔡大夫等人的包圍。陳蔡：指春秋時期的陳國和蔡國。
〔一〇〕慨司寇二句：指魯定公十四年孔子在魯國由大司寇行攝相事,攝政三月,國政爲之一新,後因季桓子受齊國女樂,孔子離開魯國。
〔一一〕伊龍德句：見《周易·乾卦·文言》："九二曰'見龍在田,利見大人',何謂也？子曰：龍德而正中者也,庸言之信,庸行之謹,閑邪存其誠,善世而不伐,德博而化。易曰：見龍在田,利見大人,君德也。"龍德,指聖人之德。
〔一二〕歎已句：《論語·公冶長》："道不行,乘桴浮於海。"
〔一三〕二帝：謂唐虞之世的堯帝和舜帝。
〔一四〕三王：夏禹、商湯和周文王或武王三人的合稱。


# 鞭賈賦 癸酉〔一〕

惟天之賦此百物兮,各有分而有直。隋珠魚目之難並〔二〕,琨玞美玉之異質〔三〕。賤固不可以爲貴,惡固不可以爲美。夫何鞭賈之求售兮,必逾分以索利？假空空之朽質,用梔蠟以外飾。黃與澤其雜耀,足以眩駭於人目。謂奇貨之可居,持自誇夫珍貴。價甚高而難輸,豈千百之可擬？幸富兒之一視,費五萬而不惜。自以爲難得之異物，手寶玩而不釋。豈知爓湯以一濯，直糞壤之無賴？節朽黑而無文，首拳蹙而不遂。迨東郊之爭道，馬駢銜而顛躓。忽一擊而摧折，身又隨而傷墜。是何蚩蚩之一賈。乃罔人之至此？始知昔日之所寶，直不滿夫數錢。苟早試於危迫，折何待於三年？既不辨於厥初，竟何益於追悔？予觸類而長之，悟奸詭之欺世。羊質虎皮之儔〔四〕，蹠行孔語之輩〔五〕。務梔貌而蠟言，要賈技於一代。志不在於小官，窺卿相之華秩。巧飾僞而邀譽，遂馴致而有得。居天下之無虞，亦可以持禄而保位。逮國家之有事，未有不至於敗毀。臨危無應變之才，處亂少捍禦之略。卒名頹而位仆，國亦以之而芨芨。是何異鞭賈之假飾。敢欺人於白日？始越分以收價，竟難掩其庸鄙。噫末世之澆訛兮，何寡眞而多僞？昔上古之天下，民不識夫詭譎。物有貴賤之殊直，各隨分而自足。士有賢愚之異職，亦隨品而無越。人皆懷寶而尚志，孰欺世而自鬻？曰自大朴之既喪，慨世道之日薄。徒外飾焉是逞，無一分之廉恥。市上爭利之賤夫，固無怪於如彼。彼爲士而尚爾，豈非可愧之尤者？然邪正之在彼，塞用舍之在我。苟早辨於未然，彼何自而矯誣？是知鞭之欺人，買者之愚。人之欺世，用者之昏。格物知人，要在清源。理窮心正，物何能惑？我明此義，用規人牧。

【注釋】

〔一〕鞭賈賦：李彥迪1513年23歲時的作品。鞭賈一詞來自柳宗元《鞭賈》一文，本篇賦作亦據柳文而成。柳宗元《鞭賈》曰:"市之鬻鞭者,人問之,其賈宜五十,必曰五萬。復之以五十,則伏而笑;以五百,則小怒;五千,則大怒;必五萬而後可。有富者子,適市買鞭,出五萬,持以誇余。視其首,則拳蹙而不遂;視其握,則蹇仄而不植;其行水者,一去一來不相承;其節朽黑而無文,掐之滅爪,而不得其所窮;舉之翲然若揮虛焉。余曰:'子何取於是而不愛五萬?'曰:'吾愛其黄而澤。且賈者云。'余乃召僮爚湯以濯之。則遫然枯,蒼然白,嚮之黄者梔也,澤者蠟也。富者不悦。然猶持之三年。後出東郊,爭道長樂坂下。馬相踶,因大擊,鞭折而爲五六。馬踶不已,墜於地,傷焉。視其内則空空然,其理若糞壤,無所賴者。今之梔其貌,蠟其言,以求賈技於朝,當其分則善。一誤而過其分,則喜;當其分,則反怒,曰:'余曷不至於公卿?'然而至焉者亦良多矣。居無事,雖過三年不害。當其有事,驅之於陳力之列以禦乎物。以夫空空之内,糞壤之理,而責其大擊之效,惡有不折其用而獲墜傷之患者乎?"

〔二〕隋珠:同"隨珠",傳説中隨侯獲得的珍寶。傳説古代隨國姬姓諸侯見一大蛇傷斷,以藥敷之而愈;後蛇於江中銜明月珠以報德,因曰隨侯珠,又稱靈蛇珠。事見《淮南子·覽冥訓》《搜神記》等書。

〔三〕珷玞:似玉的美石。《三國志·高堂隆傳》:"大興殿舍,功作萬計,徂來之松,刊山窮穀,怪石珷玞,浮於河淮。"

〔四〕羊質虎皮:比喻外强内弱,虚有其表。揚雄《法言·吾子》:"羊質虎皮,見草而悦,見豺而戰,忘其皮之虎也。"李軌注:"羊假虎皮,見豺則戰;人假僞名,考實則窮。"

〔五〕蹠行孔語:亦作"跖行孔語",盗跖的行爲,孔子的言行,指言不副實。

賦

# 利口覆邦家賦 癸酉〔一〕

世有禍人之家國,固厥類之非一。遠而蠻夷之窺覬,近而奸凶之僭竊。爭投間而抵隙,迭爲蟊而爲賊。然鎮撫制服之有道,是亦無足以爲憂。安知不測之禍患兮,直藏於憸利之口頭?類猛獸與毒藥兮,未有不至於碎裂。始甘言而卑辭,固未見可畏之迹。迨亂政而敗度兮,始覺爲禍之慘烈。誰料高墉之顛覆,由鼠牙之穿穴〔二〕?原厥禍之所來,自三寸之利舌。惟切切而善諞兮,縱駟馬而不及。舞一心之奸回,巧迎合而喋喋。每倒言而逆説,紛辯詐之百出。進一售於君側,甘若醴而易入。是非善惡之轉易,白黑薰蕕之倒置。陷賢哲於朋黨,指正直爲奸僞。不辨鳳凰與鶡雀,孰察明珠於薏苡〔三〕?君心以之而眩惑,國政於是而敗毀。若醇酎之入口兮,嗜其味而忘其醉。遂衰亂而莫振,致危亡之立至。胡天下國家之巨患,而生夫人之牙齒?發於口之甚微,禍于人者至大。倘非明主之灼見,舉未免於受敗。利口之惟賢兮,商辛用以覆亡〔四〕。口辯之無實兮,嬴祚爲之不長〔五〕。速隋氏之分崩,乃裴矩之釀孽〔六〕。致唐祚之中絶,實林甫之口蜜〔七〕。是何一舌之嘵嘵兮,禍卒至於此極?念人主之居位,孰無意於善治?庶警戒於無虞,將萬世而不墜。然徒事於外憂,昧大患之在内。或窮兵而勤遠,絶暴橫於榆塞〔八〕。或高城而深池兮,禦外敵之覬覦。謂備患之既密,百無一之可虞。反不知殿陛之下,秘覆邦之巨猾。比大木蠹生於心腹,鮮不爲之顛越。故聖人之爲國,務必先乎遠佞〔九〕。進嘉言之輔理,斥讒説之殄行。既至明以照姦,百利口兮奚爲?偉仲尼之一語,誠有國之深規。重曰:想彼憸人,有舌如刀。毀道傷理,爲昏爲妖。亂之初生,孰非由兹?戒哉人主,去之勿疑。一開其口,邦其危矣。

【注釋】

〔一〕按:此爲李彦迪1513年23歲時的作品。利口覆邦家,謂小人用讒言媚語迷惑君主導致國家敗亡之意。

〔二〕鼠牙:語本《詩經·召南·行露》:"誰謂鼠無牙,何以穿我墉?"多指君子遭到小人誣陷。

〔三〕薏苡:多年生草本植物,果實可供食用釀酒,並入藥。薏米被進讒的人説成了明珠。比喻被人誣蔑,蒙受冤屈。典出《後漢書·馬援傳》:"南方薏苡實大。援欲以爲種,軍還,載之一車。……及卒後,有上書譖之者,以爲前所載還,皆明珠文犀。"

〔四〕商辛:即商紂王,名受,號帝辛。《韓非子·難四》:"商辛用費仲而滅。"費仲,商紂王時著名佞臣,《史記·殷本紀》記載:"費中善諛,好利,殷人弗親。"

〔五〕口辯二句:謂趙高指鹿爲馬,惑亂秦政。《史記·秦始皇本紀》:"趙高欲爲亂,恐群臣不聽,乃先設驗,持鹿獻於二世,曰:'馬也。'二世笑曰:'丞相誤耶?謂鹿爲馬。'問左右,左右或默,或言馬以阿順趙高。或言鹿,高因陰中諸言鹿者以法。後群臣皆畏高。"後以"指鹿爲馬"比喻有意顛倒黑白,混淆是非。

〔六〕裴炬:隋煬帝時著名文臣,善於迎合奉承煬帝。事見《隋書·裴炬傳》。

〔七〕林甫:指李林甫,唐玄宗時宰相,以口蜜腹劍著稱,促成了安史之亂的發生。《資治通鑑·唐玄宗天寶元年》:"李林甫爲相……尤忌文學之士,或陽與之善,啗以甘言而陰陷之。世謂李林甫'口有蜜,腹有劍'。"

〔八〕榆塞:《漢書·韓安國傳》:"後蒙恬爲秦侵胡,辟數千里,以河爲竟。累石爲城,樹榆爲塞,匈奴不敢飲馬於河。"後因以"榆塞"泛稱邊关、邊塞。

〔九〕故聖人二句:據《論語·衛靈公》,顏淵問治國,"子曰:放鄭聲,遠佞人。鄭聲淫,佞人殆"。

# 雜　著

## 書忘齋忘機堂無極太極説後 丁丑〔一〕

忘齋,進士孫叔暾;忘機,進士曹漢輔,皆慶州人。

謹按忘齋無極太極辨,其説蓋出於陸象山〔二〕,而昔子朱子辨之詳矣〔三〕,愚不敢容贅。若忘機堂之答書,則猶本於濂溪之旨〔四〕,而其論甚高,其見又甚遠矣。其語《中庸》之理,亦頗深奥開廣,得其領要,可謂甚似而幾矣。然其間不能無過於高遠而有背於吾儒之説者,愚請言之。

【校記】

［進士孫叔暾］乙亥本作"未詳"。

【注釋】

〔一〕按：此爲李彦迪1517年27歲時的作品。忘齋孫叔暾是李彦迪的三舅,字叔卿,父親孫昭。1489年進士試及第。成宗代曾上《斥佛疏》。忘機堂曹漢輔,本貫昌寧,静齋曹尚治之孫。生卒年未詳,據李彦迪答信中的口氣來看,比李至少年長二三十歲。進士試合格後爲成均館儒生,1473年因爲排斥成均館館員,罷課休學,遭杖刑,被剝奪科舉考試的資格。此後潛心學問,頗有所成,尤其是在性理學研究上造詣深厚。孫叔暾和曹漢輔圍繞周敦頤《太極圖説》中"無極而太極"展開了論辯,看到了二人討論的李彥迪作此文,批判忘機堂的説法,無極太極之爭遂轉移到曹李二人之間。1518年李彥迪給曹漢輔答信4通,並留下次韻詩5首。李彥迪批評曹漢輔的説法本之於周敦頤的學説,過於高遠,近佛家之説。而李彥迪的説法則主要參考了朱子的學説。了解二人之説法,需先了解周敦頤的《太極圖説》和朱熹的《太極圖説解》。

〔二〕陸象山:即陸九淵,字子静,號象山。陸王心學的開山之祖,和朱熹在學術上有很多爭論,無極太極之爭也是二人的爭論之一。

〔三〕朱子辨之詳:指《朱子大全》卷三六中收録的《答陸子静》二篇。

〔四〕濂溪:即周敦頤。周敦頤,字濂溪。

　　夫所謂"無極而太極"云者,所以形容此道之未始有物而實爲萬物之根柢也。是乃周子灼見道體,迥出常情,勇往直前,説出人不敢説底道理,令後來學者,曉然見得太極之妙不屬有無,不落方體,真得千聖以來不傳之秘,夫豈以爲太極之上復有所謂"無極"哉〔五〕?此理雖若至高至妙,而求其實體之所以寓,則又至近而至實,若欲講明此理,而徒騖於窅冥虚遠之地,不復求之至近至實之處,則未有不淪於異端之空寂者矣。

【注釋】

〔五〕按:朱熹《太極圖説解》:"上天之載,無聲無臭,而實造化之樞紐,品彙之根柢也。故曰:無極而太極,非太極之外復有無極也。"

今詳忘機堂之説,其曰"太極,即無極也",則是矣;其曰"豈有論有論無,分内分外,滯於名數之末",則過矣;其曰"得其大本則人倫日用酬酢萬變,事事無非達道",則是矣;其曰"大本達道渾然爲一,則何處更論無極太極、有中無中之有間"〔六〕,則過矣。此極之理,雖曰"貫古今,徹上下而渾然爲一致",然其精粗、本末、内外、賓主之分,粲然於其中,有不可以毫髮差者,是豈漫無名數之可言乎?而其體之具於吾心者,則雖曰"大本達道初無二致",然其中自有體用、動静、先後、本末之不容不辨者,安有得其渾然則更無倫序之可論,而必至於滅無之地而後爲此道之極致哉?今徒知所謂"渾然"者之爲大而極言之,而不知夫"粲然"者之未始相離也,是以其説喜合惡離,去實入虛,卒爲無星之稱,無寸之尺而後已〔七〕,豈非窮高極遠而無所止者歟?

**【注釋】**

〔六〕按:朱熹《朱子大全》卷三六《答陸子静》:"上天之載,是就有中説無;無極而太極,是就無中説有。"
〔七〕按:此説參考了朱熹《太極圖説解》後所附朱熹之論。

先儒〔八〕言:"周子喫緊爲人,特著道體之極致,而其所説用工夫處,只説'定之以中正仁義而主静,君子修之吉'〔九〕而已,未嘗使人日用之間,必求見此無極之真而固守之也。蓋原此理之所自來,雖極微妙,萬事萬化,皆自此中流出,而實無形象之可指。若論工夫,則只中正仁義,便是理會此事處,非是别有一段根原工夫又在講學應事之外也。"今忘機之説,則都遺卻此等工夫,遽欲以無極太虚之體,作得吾心之主,使天地萬物,朝宗於我而運用無滯,是乃欲登天而不慮其無階,欲涉海而不量其無橋,其卒墜於虚遠之域而無所得也必矣。

【注釋】
〔八〕先儒：指朱熹。此段話見《答廖子晦》和《太極圖説解附録》。
〔九〕按：此句話見周敦頤《太極圖説》。

　　大抵忘機堂平生學術之誤,病於空虚,而其病根之所在,則愚於書中求之而得之矣。其曰"太虚之體,本來寂滅",以"滅"字説太虚體,是斷非吾儒之説矣。"上天之載,無聲無臭",謂之"寂",可矣。然其至寂之中,有所謂"於穆不已"者存焉〔一〇〕,而化育流行,上下昭著,安得更着"滅"字於"寂"字之下？試以心言之,喜怒哀樂未發,渾然在中者,此心本然之體,而謂之"寂",可也；及其感而遂通,則喜怒哀樂發皆中節,而本然之妙於是而流行也〔一一〕。先儒所謂"此之寂,寂而感"者此也〔一二〕。若寂而又滅,則是枯木、死灰而已,其得不至於滅天性乎？然忘機於"本來寂滅"之下,便没"滅"字不説,而卻云"虚而靈,寂而妙,靈妙之體,充滿太虚,處處呈露",則可見忘機亦言其實理,而説此"滅"字不去故如是,豈非有所窮而遁者乎？

【注釋】
〔一〇〕於穆不已：《中庸章句》第二六章引用《詩經·維天之命》

中"於穆不已"來説明天道。
〔一一〕喜怒哀樂之未發、喜怒哀樂發皆中節：《中庸章句》第一章："喜怒哀樂之未發，謂之中；發而皆中節，謂之和。中也者，天下之大本也；和也者，天下之達道也。"
〔一二〕先儒：指元代學者雲峰胡文炳。《大學集説啓蒙》序文下注釋引用："此之虚，虚而有；彼之虚，虚而無；此之寂，寂而感；彼之寂，寂而滅。"《大學章句》序文小注也引用。此指儒家學説，彼指佛家學説。

　　自漢以來，聖道塞而邪説行，其禍至於剗人倫、滅天理，而至今未已者，無非此一"滅"字爲之害也〔一三〕。而忘機堂一生學術、言語及以上議論之誤，皆自此"滅"字中來，愚也不得不辨。若其超然高會一理渾然之體而的的無疑，則實非今世俗儒、高釋所可幾及，亦可謂智而過者矣〔一四〕。誠使忘機堂之高識遠見，獲遇有道之君子，辨其似而歸於真，提其空而反於實，則其高可轉爲吾道之高，其遠可變爲吾道之遠矣，而不幸世無孔、孟、周、程也，悲夫！

【注釋】
〔一三〕自漢句：指漢代以來佛教興，衝擊了以儒家思想爲根基的傳統社會。
〔一四〕智而過者：《中庸章句》第四章所引孔子之言："道之不行也，我知之矣。知者過之，愚者不及也。道之不明也，我知之矣。賢者過之，不肖者不及也。"

雜　著

# 答忘機堂第一書 戊寅

　　伏蒙示無極寂滅之旨〔一〕，存養上達之要〔二〕，開釋指教，不一而足，亦見尊伯不鄙迪而收之，欲教以進之也，感戴欣悚，若無所容措。前者因四友堂〔三〕，獲見尊伯答忘齋無極太極辨，妄用鄙見以爲説，不意得達於左右，而又有以煩此辱教也。

【注釋】
〔一〕無極寂滅之旨：曹漢輔的信件不存，故確切意思難知，似爲曹漢輔用寂滅來解釋無極。
〔二〕存養：即存心養性，出自《孟子·盡心上》："存其心，養其性，所以事天也。"上達：即上達天理之意，出自《論語·憲問》的"下學而上達"。
〔三〕四友堂：似爲慶州地方人物，生平不詳。

　　迪聞道苦暮，近年來屏居山野，有志於學，蓋亦有年矣。第歎賦質凡下，聞見亦孤，雖嘗用力於涵養之地，而根本不立，勉強於踐履之際，而足目未高。思得成德任道之君子，面承提挈而爲之依歸，則世無其人，思得有志好學之士，上下論辨以資其講劘之益，則鄉無其人，懍懍然惟恐墜於寡陋而竟無以自發，而今而後有望於尊伯矣。雖然，來教所云"寂滅存養"之論，有似未合於道者。小子亦有管見〔四〕，須盡露於左右者，敢避其僭越之罪而無所辨明耶？

夫所謂"太極"者,乃斯道之本體、萬化之領要而子思所謂"天命之性"者也[五]。蓋其沖漠無朕之中,萬象森然已具,天之所以覆,地之所以載,日月之所以照,鬼神之所以幽,風雷之所以變,江河之所以流,性命之所以正,倫理之所以著,本末上下,貫乎一理,無非實然而不可易者也。周子所以謂之"無極"者,正以其無方所,無形狀,以爲"在無物之前",而未嘗不立於有物之後;以爲"在陰陽之外",而未嘗不行於陰陽之中;以爲"通貫全體,無乎不在",則又初無聲臭影響之可言也[六],非若老氏之"出無入有"[七],釋氏之所謂"空"也。

【注釋】
〔四〕管見:狹隘的見識,如從管中窺物。多用作自謙之辭。
〔五〕子思:名孔伋,字子思,孔鯉之子,孔子嫡孫。"天命之謂性"見《中庸章句》第一章。
〔六〕按:這一部分直接引用了朱熹《答陸子静》《太極圖説解附録》中的文字。
〔七〕出無入有:《老子》第一章:"無名,天地之始;有名,萬物之母。"陸九淵認爲周敦頤的"無極"説來自《老子》這句話。

今如來教所云"無則不無而靈源獨立,有則不有而還歸澌盡"[八],是專以氣化而語此理之有無,豈云知道哉?所謂"靈源"者,氣也,非可以語理也。至無之中,至有存焉,故曰"無極而太極",有理而後有氣,故曰"太極生兩儀"。然則理雖不離於氣,而實亦不雜於氣而言,何必見靈源之獨立,然後始可以言此理之不無乎?鳶飛魚躍,昭著上下[九],亘古亘今,充塞宇宙，無一毫之空闕，無一息之間斷，豈可但見萬化之漸盡，而遂指此極之體爲寂滅乎？

【注釋】
〔八〕靈源：指心靈。
〔九〕鳶飛二句：《中庸章句》第十二章："詩云：鳶飛戾天，魚躍于淵。言其上下察也。"

三皇雖逝〔一〇〕，而此極不與三皇而俱逝；五帝雖没〔一一〕，而此極不與五帝而俱没；三王雖亡〔一二〕，而此極不與三王而俱亡。先天地而立，而不見其始；後天地而存，而不見其終，其此理之實然而非虚空也，豈不的的矣乎？人物之生於其間者，不能永久而終歸漸盡者，蓋人物有形有質，此理無形無質，有形有質者，不能無生死始終，而其所以生死始終者，實此無形無質者之所爲也，而無形無質者，曷嘗有時而息滅哉？子思子曰："惟天之命，於穆不已。"又曰："其爲物不貳，其生物不測。"〔一三〕其所以不已不貳者，果何物耶？而是可謂之"寂滅"乎？

【注釋】
〔一〇〕三皇：上古時代的三位帝王，具體指哪三位説法不一。通常指伏羲、神農、黄帝或者天皇、地皇、人皇。
〔一一〕五帝：傳説中的五個古代帝王。通常指黄帝、顓頊、帝嚳、唐堯、虞舜。
〔一二〕三王：指夏商周三代的開創之君，一般指夏禹、商湯和周文王。
〔一三〕按：子思之言見《中庸章句》第二六章。

試以心言之,人受天地之中以生,則其心猶天地之有陰陽也,而太極之真,於是乎在也。其未感物也,湛然虛靜,若無一物,是則所謂"無聲無臭"之妙也〔一四〕,而來教所云"寂"者也。然其至虛至寂之中,此理渾然,無所不備,故感而遂通天下之故〔一五〕。若寂而又滅,則是寂然木石而已,其所以爲天下之大本者何在〔一六〕？先儒所云寂感寂滅之分〔一七〕,蓋以明彼此之似同而實異矣,豈可以此爲浮議,而獨以異端之説爲是乎？

【注釋】

〔一四〕無聲無臭：朱熹《太極圖説解》："上天之載,無聲無臭,而實造化之樞紐,品彙之根柢也。故曰：無極而太極,非太極之外復有無極也。"

〔一五〕然其四句：《周易·繫辭傳上》："易,無思也,無爲也。寂然不動,感而遂通天下之故,非天下之至神,其孰能與於此。"

〔一六〕天下之大本：《中庸章句》："喜怒哀樂之未發,謂之中；發而皆中節,謂之和。中也者,天下之大本也；和也者,天下之達道也。"

〔一七〕寂感寂滅：《大學集説啓蒙》序文下注釋所引元儒胡文炳之説："此之虛,虛而有；彼之虛,虛而無；此之寂,寂而感；彼之寂,寂而滅。"

　　蓋太極之體,雖極微妙,而其用之廣,亦無不在。然其寓於人而行於日用者,則又至近而至實。是以君子之體是道也,戒慎乎其所不睹,恐懼乎其所不聞,有以全其本然之天而絶其外誘之私,不使須臾之頃、毫忽之微,有所間斷而離去。其行之於身也,則

雜　著

必造端乎夫婦,以至於和兄弟,順父母,而有以盡己之性。及其盡性之至也,則又有以盡人物之性,而其功化之妙,極於參天地,贊化育,而人極於是乎立矣[一八]。此君子之道所以至近而不遠,至實而非虛,建諸天地而不悖,質諸鬼神而無疑,百世以俟聖人而不惑者也[一九]。此非愚生之言,實千古聖賢所相傳授而極言至論者也。

【注釋】
〔一八〕按:《中庸章句》第二二章:"唯天下至誠,為能盡其性;能盡其性,則能盡人之性;唯天下至誠,為能盡其性;能盡其性,則能盡人之性;能盡人之性,則能盡物之性;能盡物之性,則可以贊大地之化育;可以贊天地之化育,則可以與天地參矣。"
〔一九〕按:《中庸章句》第二九章:"故君子之道,本諸身,徵諸庶民,考諸三王而不謬,建諸天地而不悖,質諸鬼神而無疑,百世以俟聖人而不惑。"

天地之間,道一而已矣。若外於此而別有一道可以為教,則是決非率性之謂[二〇],而害吾道之邪說也。來教所云"一理太虛"之說,雖甚高而實未當,小子請即馬牛雞犬之喻明之。蓋天下無性外之物,人物各循其性之自然,則其日用事物之間,莫不各有當行之路。是以循牛之性,則角而可耕;循馬之性,則鬣而可乘[二一];循雞犬之性,則絳冠而司晨,披毛而司吠。是雖形殊職異,莫非天命之所為而初無二也,其不可互相是非也固然矣。若牛而去其角,馬而去其鬣,雞犬而去其冠毛,不循其性而廢其所司之職,則安得辭其違天之罪而免於人之所議乎？今異教之人〔二二〕,毁其髮毛,緇其法服,子焉而不父其父,臣焉而不君其君,民焉而不事其事者,亦猶是也,固不可與吾道並立於天地間也。天下之人,入于彼則出于此,爲吾道計者,安得於是而無所辨耶？

【注釋】
〔二〇〕率性：即道。《中庸章句》第一章："率性之謂道。"
〔二一〕鬃：馬頸上的長毛。這裏指給馬套上鞍籠。
〔二二〕異教：此指佛教而言。

夫道,只是人事之理耳,離人事而求道,未有不蹈於空虛之境,而非吾儒之實學矣。《詩》曰："天生烝民,有物有則。"〔二三〕物者,人事也；則者,天理也。人在天地之間,不能違物而獨立,安得不先於下學之實務,而馳神空蕩之地,可以爲上達乎？天理不離於人事,人事之盡而足目俱到,以臻於貫通之極,則天理之在吾心者,至此而渾全,酬酢萬變,左右逢原,無非爲我之實用矣。故明道先生曰："道之外無物,物之外無道。"又曰："下學人事,便是上達天理。"〔二四〕詎不信歟？

【注釋】
〔二三〕詩曰句：出自《詩經・大雅・烝民》。
〔二四〕明道先生：指程顥,字伯淳,人稱明道先生。《二程遺書》："道之外無物,物之外無道。是天地之間無適而非道也。"朱熹《論語集注》："學者須守下學上達之語,乃學之要。蓋凡下學人事,便是上達天理。然習而不察,則亦不能以上達矣。"

且如"存養"之云,只是敬以直内,存之於未發之前,以全其本然之天而已。若曰:"遊心於無極之真,使虚靈之本體,作得吾心之主",則是使人不爲近思之學而馳心空妙,其害可勝言哉?又況虚靈,本是吾心之體也;無極之真,本是虚靈之中所具之物也。但加存之之功,而不以人欲之私蔽之,以致其廣大高明之體可也。張南軒曰:"太極之妙,不可臆度而力致,惟當本於敬以涵養之。"〔二五〕正謂此也。今曰"遊心於無極",曰"作得吾心之主",則是似以無極太極爲心外之物,而別以心遊之於其間然後得以爲之主也。此等議論,似甚未安。

【注釋】
〔二五〕張南軒:即張栻,南宋著名性理學家,字敬夫,號南軒,人稱南軒先生。《性理大全》卷一:"太極之妙不可以臆度而力致也,惟當一本於敬以涵養之。"

來教又曰:"聖人復起,不易吾言。"亦見尊伯立言之勇而自信之篤也。然前聖後聖,其揆一也。今以已往聖賢之書考之,存養上達之論,無所不備。其曰"存心養性"〔二六〕,其曰"戒慎恐懼"〔二七〕,其曰"主静"曰"主敬"者〔二八〕,無非存養之意,而曷嘗聞有如是之説乎?吕氏"虚心求中"之説〔二九〕,朱子非之〔三〇〕,況以遊心無極爲教乎?孔子,生知之聖也,亦曰:"我下學而上達。"又曰:"吾嘗終夜不寢以思,無益,不如學也。"〔三一〕況下於孔子者乎?故程子曰:"聖人千言萬語,只是欲人收已放之心,尋向上去,下學而上達也。"〔三二〕以此觀之,其言之可易與不可易,直驗於已往之聖人而可見矣,何必有待於後來復起之聖人乎?

【注釋】

〔二六〕存心養性:《孟子·盡心上》:"存其心,養其性,所以事天也。"

〔二七〕戒慎恐懼:《中庸章句》第一章:"道也者,不可須臾離。可離,非道也。是故君子戒慎乎其所不睹,恐懼乎其所不聞。"

〔二八〕主静:宋明理學家的道德修養方法。淵源於古代儒家《禮記·樂記》:"人生而静,天之性也。""主静"一語首由周敦頤在其《太極圖説》中提出:"聖人定之以中正仁義而主静,立人極焉。"他用未有天地以前的"無極"原來是"静"的,來證明人的天性本來也是"静"的,由於後天染上了"欲",故須通過"無欲"工夫,以求達到"静"的境界。主敬:中國宋代理學家程頤提出的一種道德修養方法。以敬作爲修養方法,初見於《論語·子路》"居處恭,執事敬"和《周易·文言》"敬以直内,義以方外"。此處"敬"爲謹慎的意思。程頤據此發揮爲内心涵養功夫。他認爲,"如何爲主,敬而已矣","所謂敬者,主一之謂敬","一者無他,只是整齊嚴肅,則心便一"。

〔二九〕吕氏:指吕大臨,字與叔,程頤的門人。吕大臨的虛心求中説見程頤《與吕大臨論中書》:"大臨云:喜怒哀樂之未發,則赤子之心。當其未發,此心至虛,無所偏倚,故謂之中。以此心應萬物之變,無往而非中矣。"

〔三〇〕朱子非之:朱子對吕大臨的反駁見《答黃商伯》《答吕子約》等多處。

〔三一〕又曰句:見《論語·衛靈公》。

〔三二〕故程子句:程子之言見《二程遺書·端伯傳師説》。

雜　著

　　天下之禍莫大於甚似而難辨,惟其甚似,故能惑人;惟其難辨,故彌亂真。伏詳賜書,無非雜儒、釋以爲一,至有何必分辨之說,此小子所甚懼而不敢不争者也。伏見尊伯年高德邵,其於道體之妙,亦可謂有所見矣。但以滯於寂滅之説,於其本源之地,已有所差,而至於存養上達之論,則又與聖門之教大異。學者於是非之原,毫釐有差,則害流於生民,禍及於後世,況其所差不止於毫釐乎？伏惟尊伯,勿以愚言爲鄙,更加着眼,平心玩理,黜去寂滅遊心之見,粹然以往聖之軌範自律,吾道幸甚。善在芻蕘〔三三〕,聖人擇之,況聽者非聖人,言者非芻蕘,而遽指言者爲狂見而不察乎？蘧伯玉行年五十,知四十九年之非〔三四〕,又曰"行年六十而六十化"〔三五〕。古之君子改過不吝,故年彌高而德彌進也,小子所望於尊伯者止此。
　　干冒尊嚴,不勝戰汗之至。迪再拜。

【注釋】

〔三三〕芻蕘：指草野之人。
〔三四〕蘧伯玉：春秋時衛國人,名瑗。相傳他"年五十而知四十九年非",是一個求進甚急並善於改過的賢大夫。見《淮南子·原道訓》。《論語·憲問》："蘧伯玉使人於孔子。孔子與之坐而問焉,曰:'夫子何爲？'對曰:'夫子欲寡其過而未能也。'使者出。子曰:'使乎！使乎！'"《孔子家語·弟子行》："外寬而內正,自極於隱括之中,直己而不直人,汲汲於仁,以善自終,蓋蘧伯玉之行也。"
〔三五〕行年六十而六十化：《莊子·則陽》："伯玉行年六十而六十化。"

## 答忘機堂第二書

迪後學寡見，輒不自揆，瀆冒至再，難逃僭妄之罪。伏蒙尊慈不加誅責，反覆開喻，辭旨和平，有以見君子長者虛心觀理，不執一隅，惟善之從也。迪雖至愚，安得不罄其陋見以求畢其説，而望教於左右耶？伏覩來教，於"無極"上去"遊心"二字，於"其體至寂"下去一"滅"字，是不以愚言爲鄙，有所許採[一]，幸甚幸甚。書中所論一本之理及《中庸》之旨，亦頗明白少疵，妙得領要。聖人之道，固如斯而已，更無高遠難窮之事，迪敢不承教？然於其中尚有一兩語與鄙見異者，請更白之。

【注釋】

〔一〕按：收到李彦迪回信後，曹漢輔對自己的看法有所修正。即針對李彦迪第一封中所言曹漢輔"遊心於無極之真，使虛靈之本體，作得吾心之主"和"太極之體，本來寂滅"兩句。

夫適國之路，固有千蹊萬逕、東西南北之異，若得其直路而進，則雖有遠近遲速，而終皆可以入國矣。然或誤入於邪逕他岐而不知返，則往往迷於荆棘荒遠之域，而洒臨岐之泣[二]，起亡羊之嘆[三]者有矣，如此者，雖終身窘步，而永無適國之期矣。況入道之方，一而已矣，非如適國之路有東西南北之異也。差之毫釐，謬以千里，豈可以爲千蹊萬逕皆可以適國，而不必求其正路耶？

【注釋】

〔二〕臨岐之泣：比喻面對多種選擇，無所適從。《淮南子·説林訓》：「楊子見逵路而哭之，爲其可以南，可以北。」

〔三〕亡羊之嘆：比喻探索學問，徘徊歧路，結果一無所得，空留遺憾。《列子·説符》：「大道以多歧亡羊，學者以多方喪生。學非本不同，非本不一，而末異若是。唯歸同反一，爲亡得喪。子長先生之門，習先生之道，而不達先生之況也，哀哉！」

至如寂滅之説，生於前書粗辨矣，未蒙察允。今又舉虛靈無極之真，乃曰「虛無即寂滅，寂滅即虛無」，是未免於借儒言而文異端之説，小子之惑滋甚。先儒於此四字，蓋嘗析之曰：「此之虛，虛而有；彼之虛，虛而無。此之寂，寂而感；彼之寂，寂而滅。」〔四〕然則彼此之虛寂同，而其歸絕異，固不容不辨，而至於「無極」之云，只是形容「此理之妙，無影響聲臭」云耳，非如彼之所謂「無」也。故朱子曰：「老子之言有無，以有無爲二。周子之言有無，以有無爲一，正如南北水火之相反。」〔五〕詎不信歟？

【注釋】

〔四〕按：《大學章句序》小注所引元儒胡炳文之言。
〔五〕按：見《朱子大全》卷三六《答陸子静》。

來教又曰：「主敬存心而上達天理」，此語固善。

然於"上達天理"上卻欠"下學人事"四字,與聖門之教有異。天理不離於人事,下學人事,自然上達天理。若不存下學工夫,直欲上達,則是釋氏"覺之"之説,烏可諱哉?蓋人事,形而下者也,其事之理則天之理也;形而上者也。學是事而通其理,即夫形而下者,而得夫形而上者,便是上達境界。從事於斯,積久貫通,可以達乎渾然之極矣,而至於窮神知化之妙[六],亦不過即是而馴致耳。孔子,生知之聖也,亦不能不由下學,乃曰:"道不遠人,人之爲道而遠人,不可以爲道。"況下於孔子者乎?世之爲道者,不信乎此,而乃欲徑造於虚妙不可知之域,亦見其惑也。

**【注釋】**

〔六〕窮神知化之妙:謂窮究事物之神妙,了解事物之變化。《易·繫辭下》:"窮神知化,德之盛也。"孔穎達疏:"窮極微妙之神,曉知變化之道,乃是聖人德之盛極也。"

且夫窮理,非徒知之爲貴,知此理,又須體之於身而踐其實,乃可以進德。若徒知而不能然,則烏貴其窮理?而其所知者,終亦不得而有之矣。孔子曰:"人皆曰'予知',擇乎中庸而不能期月守。"然則非知之難,行之難,此君子所以存省體驗於日用事物之際,而言必顧行,行必顧言,不敢容易大言者也。不知尊伯亦有如是體察之功乎?亦有如是踐履之實乎?

大抵道理,天下之公共,不可以私智臆見論之。要須平心徐玩,務求實是可也。若使尊伯無意於聖人之道則已矣,如其不然,則愚之所陳雖鄙,亦不至

雜　著

於無稽。幸蒙俯採，痛去寂滅之見，而又能主敬存心，一於下學上做工夫，以達於天理，則尊伯之於斯道，可謂醇乎醇矣。

愚見如是，輒冒言之，退增汗懼。迪再拜。

## 答忘機堂第三書

迪頓首。伏承尊喻，至再至三，發明道體，極其妙致，使迷暗者曉然如披雲而見大曜，其所以嘉惠末學至矣。然於其中，尚有未解者存焉，非故欲發愚乎？安有見道如是之高，而猶未能精於存省體驗之地者哉？伏覩來喻所陳，雖云"不滯寂滅之説有年"，而寂滅之習，似依舊未除。是以其論説浮於道理幽妙之致，而未及反躬體道之要，不免爲曠蕩空虛之歸，而非切近的當之訓，此小子所以未敢承命者也。

迪聞子朱子曰："道者，日用事物當行之理，皆性之德而具於心，無物不有，無時不然。"〔一〕古今論道體，至此而無餘藴矣，愚請因此而伸之。蓋道之大原，出於天而散諸三極之間〔二〕，凡天地之内，無適而非此道之流行，無物而非此道之所體。其在人者，則大而君臣、父子、夫婦、長幼之倫，小而動靜、食息、進退、升降之節，以至一言、一默、一嚬、一笑之際，各有所當然而不可須臾離，亦不可毫釐差者，莫非此理之妙。故子思子曰："語大，天下莫能載；語小，天下莫能破。"〔三〕是豈非生民日用之常、事物當行之理者乎？

**【注釋】**

〔一〕按：朱子之言見《中庸章句》第一章。
〔二〕三極：同"三才"，指天、地、人。《易·繫辭上》："六爻之動，三極之道也。"王弼注："三極，三才也。"孔穎達疏："六爻遞相推動而生變化，是天、地、人三才至極之道。"
〔三〕按：子思之言見《中庸章句》第十二章。

蓋因其用之粲然者而觀之，則縷析毫分，似未易得其領要，千差萬別，似不可合而爲一，然其所以然之本體，則莫非天命之渾然者，而我之所以爲性而具於心者也。當喜怒哀樂未發之前，此心之真寂然不動，是則所謂"無極"之妙也，而天下之大本在於是也。固當常加存養之功，以立大本，而爲酬酢萬變之主，而後可以發無不中而得時措之宜。然於此心之始動幾微之際，天理人欲戰於毫忽之間，而謬爲千里之遠，可不於是而益加敬慎乎？

是故君子既常戒懼於不睹不聞之地，以存其本然之天，而不使須臾之離，有以全其無時不然之體，又於幽獨之中幾微之動，尤加省察之功，以至於應事接物之處，無少差謬而無適不然，有以盡其無物不在之妙。張南軒所謂"要須存諸靜，以涵動之所本；察夫動，以見靜之所存，而後爲無滲漏"者是也〔四〕。從事於斯，無少間斷，此心常明，不爲物蔽，則大本之立，日以益固，而又於幾微酬應之際，無一毫人欲之雜而純乎義理之發，自其一心一身以至萬事萬物，處之無不當，而行之每不違焉，則達道之行，於是乎廣矣，而下學之功，盡善全美矣。二者相須，體道工夫，莫有切於此者，固不可闕其一矣。

**【注釋】**
〔四〕按：張栻之言見朱熹《朱子大全》卷三二《答張欽夫》。

來教有曰："敬以直內，顧諟天之明命，吾之心堅定不易"，則固存養之謂矣，而於靜時工夫則有矣，若夫頓除下學之務，略無體驗省察之爲，則於動時工夫，蓋未之及焉。是以其於求道之功，疏蕩不實，而未免流爲異端空虛之說。伏睹日用酬酢之際，不能無人欲之累，而或失於喜怒之際，未能全其大虛靈之本體者有矣，豈非雖粗有敬以直內工夫，而無此義以方外一段工夫，故其體道不能精密而或至於此乎？
昔顏淵問克己復禮之目，孔子曰："非禮勿視，非禮勿聽，非禮勿言，非禮勿動。"〔五〕程子繼之曰："由乎中而應乎外，制於外所以養其中。"〔六〕然則聖門工夫，雖曰"主於靜以立其本"，亦必於其動處深加省察，蓋不如是，則無以克己復禮而保固其中心之所存矣。故曰："制於外，所以養其中。"未有不制其外而能安其中者也。愚前所云"存省體驗於日用事物之際，而言顧行，行顧言"者，此之謂也。安有遺其心官〔七〕，隨聲逐色，失其本源之弊哉？

**【注釋】**
〔五〕按：見《論語·顏淵》。

〔六〕程子句：見《近思録》卷五：伊川先生曰：顔淵問克己復禮之目，夫子曰："非禮勿視，非禮勿聽，非禮勿言，非禮勿動。"四者身之用也。由乎中而應乎外，制於外所以養其中也。顔淵事斯語，所以進於聖人。後之學聖人者，宜服膺而勿失也。
〔七〕心官：心的機能。《孟子·告子上》："心之官則思，思則得之，不思則不得也。"

　　《中庸》曰："誠者，不勉而中，不思而得，從容中道，聖人也；誠之者，擇善而固執之者也。"〔八〕蓋地位已到聖人，則此等工夫，皆爲筌蹄矣〔九〕。若未到從容中道之地，而都遺卻擇善省察工夫，但執虛靈之識，"不假修爲，而可以克己復禮，可以酬酢萬變"云，則譬如不出門而欲適千里，不舉足而欲登泰山，其不能必矣。來教又曰："爲破世人執幻形爲堅實，故曰'寂滅'。"此語又甚害理。蓋人之有此形體，莫非天之所賦而至理寓焉。是以聖門之教，每於容貌形色上加工夫，以盡夫天之所以賦我之則，而保守其虛靈明德之本體，豈流於人心惟危之地哉？

【注釋】
〔八〕中庸句：引文見《中庸章句》第二十章。
〔九〕筌蹄：亦作"筌蹏"。《莊子·外物》："筌者所以在魚，得魚而忘筌；蹄者所以在兔，得兔而忘蹄。"筌，捕魚竹器；蹄，捕兔網。後以"筌蹄"比喻達到目的的手段或工具。

　　孟子曰："形色，天性也，惟聖人然後可以踐形。"〔一〇〕豈可以此爲幻妄，必使人斷除外相，獨守虛靈之體，而乃可以爲道乎？是道不離於形器，有人之形,則有所以爲人之理;有物之形,則有所以爲物之理;有天地之形,則有所以爲天地之理;有日月之形,則有所以爲日月之理;有山川之形,則有所以爲山川之理。若有其形而不能盡其道,是空具是形而失夫所以得其形之理也。然則棄形器而求其道,安有所謂"道"者哉?此寂滅之教所以陷於空虛誕謾之境,而無所逃其違天滅理之罪者。伏想尊伯於此異説,亦已知其誕矣,猶未能盡去舊習以反於正,而復有如是之語,果何爲耶?

**【注釋】**

〔一〇〕孟子句:見《孟子·盡心上》。

上達之論,愚於前書粗陳矣。今曰:"下學上達,乃指示童蒙初學之士,豪傑之士不如是。"愚請以孔子申之。自生民以來,生知之聖,未有盛於孔子者,亦未嘗不事於下學。其言曰:"我十五而志于學,五十而知天命。"又曰:"不如丘之好學。"然則孔子不得爲豪傑之士,而其所爲亦不足法歟?若曰:"孔子之言,所以勉學者也,於其己則不必。"然則愚請以孔子所親爲者白之。孔子問禮於老聃〔一一〕,問官於郯子〔一二〕,入太廟,每事問〔一三〕,是非下學之事乎?問官之時,實昭公十七年而孔子年二十七矣;入太廟,則孔子始仕時也。古人三十而後仕,則是時孔子年亦不下三十,其非童蒙明矣。夫以生知之聖,年又非童蒙,而猶不能無下學之事,況不及孔子,而遽爾頓除下學不用力,而可以上達天理乎?是分明釋氏頓悟之教,烏可尚哉?

【注釋】

〔一一〕孔子問禮於老聃:《孔子家語·觀周》記載,孔子謂南宮敬叔曰:"吾聞老聃博古知今,通禮樂之原,明道德之歸,則吾師也,今將往矣。"
〔一二〕問官於郯子:《左傳·昭公十七年》記載,郯子朝魯,言少皞氏以鳥名官之故。仲尼聞之,見於郯子而學之。既而告人曰:"吾聞之,天子失官,官學在四夷,猶信。"
〔一三〕入太廟二句:見《論語·八佾》《論語·鄉黨》等篇。

孟子曰:"古之君子,過則改之;今之君子,過則順之。"又曰:"古之君子,其過也如日月之食焉,人皆見之,及其更也,人皆仰之。今之君子,豈徒順之?又從而爲之辭。"〔一四〕若使尊伯於此異説之誕,終身迷没,不知其非,則已矣已矣。今曰"不滯者有年",則是已覺其非而欲改之也。退之云:"説乎故,不能即乎新者,弱也。"〔一五〕請自今痛去寂滅之見,反于吾道之正,如日月之既晦而復明,則可與聖賢同歸,而四方之士莫不仰而快覩矣,豈不美哉?豈不樂哉?孔子曰:"朝聞道,夕死可矣。"伏見尊伯年既高矣,若不及是時而反焉,則平生之學至勤矣,豈不深可惜哉?

【注釋】

〔一四〕按:引文見《孟子·公孫丑下》。
〔一五〕按:引文見韓愈《送浮屠文暢師序》:"夫不知者,非其人之罪也;知而不爲者,惑也;悦乎故不能即乎新者,弱也。"

伏念迪後學無識,干瀆至此者,亦知尊伯虛心玩理,必能如舜之舍己從人矣[一六],伏惟恕其狂僭。迪再拜。

【注釋】

〔一六〕舜之舍己從人:《孟子・公孫丑上》記載孟子曰:"子路,人告之以有過,則喜。禹聞善言,則拜。大舜有大焉,善與人同,舍己從人,樂取於人以爲善。"

# 答忘機堂第四書

伏念迪質本戇騃[一],學乏泛濫,苦守管見,累瀆尊鑑,不覺支離之甚,死罪死罪。今承賜教,辭旨諄諄,反覆不置,且去"寂滅"二字而存下學人事之功。迪之蒙許深矣,受賜至矣,更復何言?然而竊詳辱教之旨,雖若盡去異説之謬,入于聖門之學,然其辭意之間,未免有些病,而至於物我無間之論,則依舊墜於虛空之教,小子惑焉。韓子曰:"荀與楊也,擇焉而不精。"[二]恐尊伯亦未免於是,愚請姑即衣網之説白之。

【注釋】

〔一〕戇騃:癡呆。
〔二〕韓子句:見韓愈《原道》。

蓋"衣必有領而百裔順,網必有綱而萬目張",此語固善。然衣而徒有其領,斷其百裔,網而徒有其綱,絶其萬目,則安得爲衣網?而其所有之綱領,亦奚所用哉?天下之理,體用相須,動靜交養,豈可專於内而不於外體察哉?聖門之教,主敬以立其本,窮理以致其知,反躬以踐其實,而敬者又貫通乎三者之間,所以成始而成終也。故其主敬也,一其内以制乎外,齊其外以養其内,内則無貳無適,寂然不動,以爲酬酢萬變之主,外則儼然肅然,深省密察,有以保固其中心之所存,及其久也,靜虛動直,中一外融,則可以馴致乎不勉不思從容中道之極矣。兩件工夫,不可偏廢明矣,安有姑舍其體而先學其用之云哉?

子程子曰:"由乎中而應乎外,制於外所以養其中。顔淵事斯語,所以進於聖人,後之學聖人者,宜服膺而勿失。"〔三〕以此觀之,本體工夫,固不可不先,而省察工夫,又尤爲體道之切要。伏覩來教,有曰"主敬存心",則於直内工夫有矣,而未見義以方外省察工夫,豈非但得衣之領而斷其百裔,但得網之綱而絶其萬目者哉?人之形體,固當先有骨髓,而後肌膚賴以充肥。然若但得骨髓,一切削去皮膚,則安得爲人之體?而其骨髓,亦必至於枯槁而無所用矣。況既去皮膚,而於骨髓亦未深得者哉?愚前所謂"常加存養以立大本,爲酬酢萬變之主"者,固尊伯"主敬存心,先立其體"之説,初非毁而棄之,未蒙照察,遽加罪責,不勝戰汗。

## 【注釋】

〔三〕子程子句：引文見程頤《四箴序》，《近思録》卷五和《論語集注》亦收録。

來教又曰："先立其體，然後下學人事。"此語亦似未當。下學人事時，固當常常主敬存心，安有斷除人事，獨守其心，必立其體，然後始可事於下學乎？所謂"體既立，則運用萬變，純乎一理之正而縱橫自得"者，固無背於聖經賢傳之旨。然其所謂"純乎一理，縱橫自得"者，乃聖人從容中道之極致，體既立後，有多少工夫，恐未易遽至於此，伏惟更加精察。且如萬物生於一理，仁者純乎天理之公而無一毫人欲之私，故能以天地萬物爲一體。然其一體之中，親疏、遠近、是非、好惡之分，自不可亂。故孔子曰："仁者，人也。"孟子曰："無是非之心，非人也。"《家語》又曰："惟仁人，爲能好人，能惡人。"以此言之，仁者雖一體萬物，而其是非好惡之公，亦行乎其中而不能無也。舜，大聖人也，固非有間而滯於所執者，然而取諸人爲善，舍己從人，則舜亦不能無取舍之別矣。安有心無間則茫然與物爲一，更無彼此取舍好惡是非之可言，然後爲一視之仁哉？

伏願尊伯平心察理，勿以愚生之有是非取舍爲罪，而更以大舜之舍己從人自勉，幸甚幸甚。如其不然，但於匆遽急迫之中，肆支蔓虛蕩之辭，以逞其忿懟不平之氣，則安有君子長者之意乎？而斯道之明，將無時矣，豈不深可嘆哉？

理執所見，言不知裁，伏地待罪，伏惟恕其狂僭，一賜照採。迪恐懼再拜。

## 送元典翰繼蔡序[一]

古之聖賢論中和之德,而極其效於天地萬物之位育,此一心之妙用,萬化之本源,堯舜三王之道不越於此矣[二]。然則所謂"中和"者何也？喜怒哀樂之未發謂之中,發而皆中節謂之和。中也者,天下之大本也；和也者,天下之達道也。夫所謂"喜怒哀樂"者,本於人心之微而見於尋常應物之際,似與天地萬物邈不相關,而致中和之效至於如此,於是見一體感通之妙,而人之不可不慎乎此也。況人君體天理物,神人之宗主,萬方之標準,苟不能建中和之極,以公其喜怒哀樂之發,則何以協天地之理,順萬物之性,以致位育之功乎？

【注釋】

〔一〕送元典翰繼蔡序：李彦迪1528年6月38歲時的作品,當時李彦迪任成均館司成。元繼蔡(1492—1539),本貫原州,字壽甫。1519年式年文科甲科及第,被推薦到賢良科。歷任世子侍講院輔德,兵曹參議,大司成,黃海道觀察使等職,外交能力突出,多次出使。1528年春平安道地區鎮將爲野人所殺,朝鮮王朝派遣許磁爲巡邊使,其時元繼蔡爲許磁從事官,故李彦迪作此文送給元繼蔡。在此文中,李彦迪認爲事件的發生是由於鎮將的不恰當處事造成的,不必要爲此挑起戰爭,浪費國力,塗炭百姓。
〔 二 〕中和之德:指子思《中庸》中的説法:"喜怒哀樂之未發,謂之中;發而皆中節,謂之和。中也者,天下之大本也;和也者,天下之達道也。致中和,天地位焉,萬物育焉。"

然四者之中惟怒爲逆德,易發而難制。故聖人戒之曰"懲忿",曰"不遷"〔三〕,無非致謹於此而垂訓萬世者也。人主於此,一有不當於義,不合於時,則刑罰失中,兵革妄興,傷天地之和,召水旱之災者,未必不由於此也。聖人之怒,在物而不在己。其發也義,其動也時,如舜之誅四凶〔四〕,文武之一怒安天下是也〔五〕。後世人主,既失中和之德,其於怒也,率任血氣之私而不出於義理之公,或惡聞直諫而殺害忠賢,以殄國脈;或不忍憤耻而窮兵四夷,以致虚耗。怒一也,而其得失成敗之歸,相遠如此,可不戒乎?

【注釋】
〔 三 〕懲忿:謂克制憤怒。《易・損》:"山下有澤,損。君子以,懲忿窒欲。"孔穎達疏:"君子以法此損道懲止忿怒,窒塞情慾……懲者,息其既往;窒者,閉其將來。懲窒互文而相足也。"不遷:《論語・雍也》:"不遷怒,不貳過。"
〔 四 〕四凶:相傳爲堯舜時代四個惡名昭彰的部族首領。《左傳・文公十八年》:"舜臣堯,賓於四門,流四凶族渾敦、窮奇、檮杌、饕餮,投諸四裔,以禦魑魅。是以堯崩而天下如一,同心戴舜以爲天子,以其舉十六相,去四凶也。"
〔 五 〕文武句:《孟子・梁惠王下》:"文王一怒而安天下之民。"

嘉靖七年春,關西鎮將有入虜境遇害者,朝廷震怒,議將興師致討,以刷國耻,而邊將亦有上書欲效其功之速者。朝廷猶慎重而不敢遽,乃遣議政府右贊成許公〔六〕,巡視邊圍,審形勢,定方略,而後徐議舉事。嗚呼!兵凶戰危,朝廷之慎重於此也如是,則我主上之穆穆包荒,愛兼南北,不敢暴加威怒於凶獷,必欲合於時中,可知矣。然則許相公將何以稱朝廷慎重之意,以贊我聖上中和之德乎?夫戎虜之患,自古有之,備禦之道,在於威德,而不在於窮黷。昔獫狁内侵,至於涇陽,宣王命將征之,盡境而還〔七〕;冒頓圍逼白登,七日不解,漢高祖脱身反位,無忿怒之心,惟議和親〔八〕;匈奴寇上郡,殺北地都尉,烽火一日通於甘泉、長安,文帝遣三將備之而已。終其世不見一卒之出塞,是豈兵力之不足耶〔九〕?蓋帝王以天下爲度,其視戎狄之侵,比猶蚊蝱,敺之而已。其肯不恤民命,勞師遠討,以與犬豕較乎?

【注釋】

〔六〕許公:即許碏(1471—1529),本貫陽川,字碏之,號澄窩,父親是左議政許琛。1492年司馬試及第,1503年別試文科丙科及第,歷任全羅道、平安道、京畿道、咸鏡道等道的觀察使。1520年咸鏡道觀察使任上,在曹潤孫在征剿入侵閭延和武昌等地的野人時,給與其幫助,立下大功。1528年任右贊成,此時北方邊境的女真族頻繁侵犯國境,派其爲巡邊使靖亂,平定而返。第二年,卒於平安道觀察使任上。
〔七〕獫狁内侵:西周宣王之時,獫狁内侵,宣王派遣尹吉甫征討。事見《詩經・六月》。
〔八〕冒頓圍逼白登:指漢高祖七年,漢高祖劉邦被匈奴圍困在白登山,通過賄賂匈奴單于妻而脱險。後來爲了休養生息而採取了和親政策。見《史記・匈奴列傳》。

〔九〕匈奴寇上郡：漢文帝十四年冬，匈奴侵犯北方邊境，殺害了北地都尉，文帝派三將將匈奴趕出邊境，未越境征討。見《史記·匈奴列傳》。

我朝太宗、世宗、成宗〔一〇〕，亦嘗有征虜之舉。當時野人屢肆跳梁〔一一〕，侵掠邊境，害及鎮將，罪惡貫盈。故三聖不宥，爲孤兒寡婦，赫然一怒，興問罪之師，是雖義之得而時之可，其視周漢禦戎之度，亦有所不侔者矣。況今日之事，與此不類，虜人實無侵邊犯境之罪，而邊將不備，輕躡虜境，卒然相遇於谿谷之間，爲其所肉，比如投兒於餓虎之穴，雖欲不搏食，得乎？今乃忘己護兒之失道，反歸咎於彼，欲探其穴而快其忿，豈理之直乎？假令虜人無故入國界，邊將其不捕逐擊殺乎？合内外，平物我而觀之，則烏足深罪彼虜哉？

【注釋】

〔一〇〕我朝太宗：李芳遠（1367—1422），朝鮮太祖李成桂之子，朝鮮第三代王，1400年至1418年在位，字遺德。世宗：李祹（1497—1450），太宗之子，朝鮮第四代王，1418年到1450年在位，字元正，創建了韓文字母。成宗：李娎（1457—1494），1469年至1494年在位，朝鮮第九代王。
〔一一〕野人：朝鮮文獻中稱中國東北中朝邊境附近的女真族等少數民族爲野人。

大抵帝王之怒，必合於義而後可以施於人。雖合於義，而不合於時，則亦不可以動。施於國人猶如此，況殊俗乎？今日之事，揆之於義，則如前所陳；度之於時，則又有甚不可焉。蓋甲申驅逐之舉〔一二〕，略無攘除之效,而多喪士馬。近來癘疫之禍,兩界尤甚[一三],十室九空,邑里蕭然,重以水旱、饑饉之災,餓莩相望於道。京城之内,匹布數升,民窮財盡,近世所無。軍旅之後,必有凶荒,豈非愁苦怨毒之氣有以感傷而然也?

【注釋】
〔一二〕甲申驅逐之擧:指1524年,朝鮮中宗十九年,驅逐鴨綠江流域的女真族人事件。本年1月在驅逐女真人的過程中,李菡等在虛空橋被女真人打敗,軍事上遭受重大損失。
〔一三〕兩界:高麗朝鮮時代,平安南道和北道合稱西界,咸鏡南道和北道合稱東界,合稱兩界。因爲和中國東北女真族接壤,故設定爲特別行政區,置兵馬使管理民生和軍政。

矧今災變屢見,物怪尤多[一四]。日月薄食,雷震冬作,霜雹夏賈,天之示警極矣。正當上下恐懼修省,應天恤民之不暇,而興師動衆,以事報復於戎虜,恐非今日之所宜。比如羸病之人,當平心定氣,安養而静保,若不能節其喜怒,輕動妄作,以傷氣脈,則百疾隨而交發,其不至於促亡者幾希,詎不寒心?古人有詩云"一將功成萬骨枯"[一五],況虜地險阻,功未可必,而邊釁一啟,兵連禍結,安知他日之患,有不止於萬骨之枯者哉?

【注釋】
〔一四〕物怪:指各種反常的怪異事物。
〔一五〕一將功成萬骨枯:唐代曹松《己亥歲》:"憑君莫話封侯事,一將功成萬骨枯。"

雜　　著

　　古之君子,知幾其神,不見是圖。方今國脈之萎薾,民命之危迫如此,而天之譴告甚異,忽有邊將又自投死於虜中,以構兵端,此實幾之甚可慮,而任事者之所當深思審處而不可忽者也。吾不知許相公之意,將與邊將合謀,汲汲於雪國恥而樹邊功乎？抑將察一路饑荒之形,邊儲之虛耗,士馬之羸弱,天時之不順,人事之不利,以爲宗社生靈萬全之計乎？許相公德厚而才全,識高而慮遠,其所處置,必適於幾宜而合乎天人無疑矣。

　　然虜既殺我鎮將,我竟默默而示怯,則或生輕侮之心,是亦不可不慮。無已則有一焉,今當使邊將宣諭於虜中曰"爾既殺我將,我將提兵問罪,蕩覆爾巢穴,俾無遺類。然不分玉石,同就殲滅,我主上天涵地育之仁,有所不忍,故惟欲得其有罪者而止爾。爾等若能盡括殺我將者,縛致轅門,則當重報以爵賞,又罷兵討。利害甚明,爾其審處"云爾,則彼將畏威懷利,不數年而必效其功矣。罪人既得,數其罪而斬之境上,梟首傳示,則雖不能盡滅其類,不亡一矢,不頓一戟,而國恥已雪,威德並行,朝廷隱然有泰山之尊,不動聲氣,而天誅已加於殊俗矣。此所謂不戰而勝,處静制動之一奇也。吾不知任事者之爲安邊之策者,亦嘗有及於此耶？

　　吾友元君壽甫[一六],以集賢殿典翰,爲巡邊使從事官。吾謂許相公之碩德重望,又得從事之賢如此,其不敗國事明矣。消兵端,杜禍源,順天道,合人心,以贊我明主中和之治、位育之功者,必在於許相公,而參謀幕府,運籌晨夕,以成我許相公之美者,又必在於吾元君也。

任大事者,必舉群策而擇其可,故吾於壽甫之行,敢竭陋見如是。幸不以愚言爲迂,而陳於許相公之前,以爲使歸之獻,幸甚。

【校記】
[默默而示怯] 怯,甲子本和正祖本作"恸"。　　[敢竭陋見如是] 竭,底本作"渴",甲子本和正祖本作"竭",乙亥本和庚子本與底本同。敢竭陋見:竭誠奉上自己陋見之意。竭,竭盡,竭誠。《滕王閣序》:"敢竭鄙誠,恭疏短引。"當以"竭"爲是,據改。

【注釋】
〔一六〕元君壽甫:即元繼蔡。


# 伊尹五就湯論 辛巳〔一〕

蓋聞天地之常,以其心普萬物而無心;聖人之常,以其情順萬事而無情。若天地而不能無心於生成,聖人而不能無情於去就,則惡足以爲天地之大而聖人之神哉?

【注釋】
〔一〕按:此文爲李彦迪1521年31歲時所作。伊尹爲商湯賢相,小名阿衡,助湯建立殷商。伊尹五就湯之説出自《孟子·告子下》:孟子曰:"居下位,不以賢事不肖者,伯夷也。五就湯,五就桀者,伊尹也。不惡汙君,不辭小官者,柳下惠也。三子者不同道，其趨一也。一者何也？曰：仁也。君子亦仁而已矣。何必同？"李彥迪認爲伊尹有救世之志，所以五就湯，五就桀，這和孔子惟道義是從的認識有所不同。

孔子曰："君子之於天下也，無適也，無莫也，義之與比。"〔二〕夫聖人之心則天地之心也。天地之於萬物，其生生之意，未嘗有一息間斷。然其發育斂藏之機，付之氣化之自然而未見其有爲，聖人之道，亦猶是也。其心雖在乎天下，未嘗一日忘，然其去就行藏，亦惟義所在而已，豈有一毫意必於其間哉？孔子之可以仕則仕，可以止則止，可以久則久，可以速則速，斷斷乎無適莫之累，從容不迫，與時偕行者是也。蓋其心廓然大公，無所偏繫，與天地無爲之妙爲一，故能如是。若聖人急於經世濟物，於進退設施之際，未免於有意焉，則安得與天地相似乎？

【注釋】
〔二〕孔子句：出自《論語·里仁》。

夫伊尹，古之大賢人也。躬耕有莘之野而樂堯舜之道，一朝幡然爲天下而起，遂至於五就湯五就桀而不止，譬如天地生物之心，閉藏翕斂，未見端緒，而及至一陽之復，生意闖然，不能自遏。此所以能致君行道，使天下蒙其澤也，而其出處之正，亦庶幾於聖人之道。然吾不知其發於精神之運形於心術之動者，果能如聖人之無意乎？其去就進退，果合於聖人之時乎？

蓋其始之就湯，以三聘之勤也，其就桀也，湯進之也。湯之進伊尹以事桀，冀其遷善改過也，而桀不能用，則退而就湯，如是者五。蓋伊尹既出，則視天下猶一家，必有以濟其溺。故往來湯桀之間，不自覺其支離煩瀆之甚如此，在聖人則必無是矣。

或曰："伊尹以命世之賢，王佐之才，慨然有志於堯舜君民，一夫不被其澤，有納溝之恥〔三〕。蓋其自任以天下之重如此，故其去就有不得不然者。若曰：'桀既昏虐罔悛，尹不宜就之，而又至於累就湯'，則孔子當昏亂之世，非不知時君之不足與有爲也。然猶且汲汲遑遑，之齊之楚，困於陳，危於匡而不已，其與伊尹異者何在？"

【注釋】

〔三〕納溝之恥：《孟子·萬章》中記載伊尹："思天下之民，匹夫匹婦有不被堯、舜之澤者，若己推而內之溝中。其自任以天下之重如此，故就湯而説之以伐夏救民。"

曰："伊尹未得爲聖人之至者，只是有任底意思在。若孔子則雖視天下無不可爲之時、不可化之人，其心渾然天理，無所倚着，用行舍藏，惟遇之安。乃曰'如有用我者，期月而已可也'〔四〕，'如有用我者，吾其爲東周乎'〔五〕，聖人心雖有在，意實無必，安有如此周旋委曲之態乎？其所以汲汲遑遑周流不息者，乃天地之心普萬物而無已者也；進以禮，退以義，得之不得，曰'有命焉'者，乃天地之無心也。其視局於以天下自任，規規於去就之間者，其氣象有不侔者矣。"

## 【校記】

〔萬物而無已者也〕已,底本作"心",乙亥本、甲子本、正祖本作"已",庚子本與底本同。從上下文判斷,"周流不息"與"無已"正相合,"已"爲是,據改。

## 【注釋】

〔四〕如有二句:出自《論語·子路》:"苟有用我者,期月而已可也,三年有成。"

〔五〕如有二句:出自《論語·陽貨》。

曰:"天之生此民也,使先知覺後知,先覺覺後覺。伊尹既爲天民之先覺,則畏天命而悲人窮,欲以其道覺斯民者,固其宜也。既欲以斯道覺斯民,則其自任之重,又不得不爾。孔子不遇,故棲棲一世,仕止久速,惟時之可。若其遇有爲之君如成湯、文、武,則安得不以天下自任如伊尹乎?夫聖人不世出,賢人不時有,千百歲而乃一相遇焉。既遇矣,而又潔其去就,不少留意於天下,則是聖賢之道無時而得行矣。其自爲高尚則得矣,其如赤子之不乳於其母何?"

曰:"聖人雖未嘗忘天下,亦未嘗有意於任天下。聖人之所自任者,固不在此,就使孔子得君而有爲,必不如尹之爲矣。孔子嘗曰:'天之將喪斯文也,後死者不得與於斯文也;天之未喪斯文也,匡人其如予何?'〔六〕又曰:'道不行,乘桴浮于海。'〔七〕然則孔子之所自任者,蓋可知矣。其所自任者,斯道而已,故其於天下,無可無不可,惟義之歸,彼天下惡足爲己任哉?道既行,則天下自無不治矣。伊尹不及是而以天下自任,則天下重而在己者輕,未免有用力擔當之意,遂至於此者,無足怪矣。"

【注釋】
〔六〕孔子句:出自《論語·子罕》。
〔七〕又曰句:出自《論語·公冶長》。

或曰:"然則設使孔子處伊尹之地,湯使之事桀,而桀不能用,則孔子何以哉?其將逆知桀之頑悍不可移而不肯就耶?抑就之而桀不可事,則遂決去而不復就湯乎?"

曰:"否。湯得賢不自有而使之事桀,是聖人愛君憂民至誠惻怛之意也。孔子安得不以就乎?就而事之,其淫虐昏暴,終不可回也,則去而歸於湯,孔子亦不過如斯而已。但不肯苟徇湯之意,至於累就如是之瀆矣。何以知其然耶?孔子於公山、佛肸之召,皆欲往〔八〕,而晏嬰不可,則接淅而行〔九〕,膰肉不至,則不脫冕而行〔一〇〕,衛靈公一視蜚雁,則明日遂行〔一一〕。其見幾而作,不俟終日,有如鳳凰翔于千仞,不可攀也。桀既無道,則不能以禮待聖人亦明矣,安肯枉己徇人,無一分匡救之效而往來,不憚煩如是乎?《易》曰:'初筮告,再三瀆,瀆則不告。'正謂此矣。嗚呼!聖人之道至大,而聖人之心亦無窮。已有其道,不敢獨善其身,思有以兼濟天下,使天下萬物各得其所者,伊尹、孔子,其心何嘗有異?然孔子所以能如是,而伊尹之未到者何耶?蓋孔子無情,而伊尹有意,有意故不能無爲之之迹,而與天地爲一矣,豈非能大而未至於化者歟?"

【注釋】

〔八〕公山:指魯國大夫季氏的家臣公山弗擾。公山弗擾佔領費邑,發動叛亂,邀請孔子前去。佛肸:指晉國大夫趙氏的邑宰佛肸,在中牟發動叛亂,邀請孔子前去。孔子有意接受邀請前去,子路不同意。見《論語·陽貨》《史記·孔子世家》的記載。
〔九〕晏嬰:齊國賢相。孔子35歲時在齊國,齊景公欲把尼谿封給孔子,遭到晏嬰的諫止。《孟子·萬章下》:"孔子之去齊,接淅而行。"趙歧注:"淅,漬米也。不及炊。避惡亟也。"接:提起。淅:淘米或淘過的米。
〔一〇〕膰肉二句:《史記·孔子世家》:"孔子曰:'魯今且郊,如致膰乎大夫,則吾猶可以止。'桓子卒齊女樂,三日不聽政;郊,又不致膰俎於大夫。孔子遂行,宿乎屯。"
〔一一〕衛靈公二句:《史記·孔子世家》:"他日,靈公問兵陳。孔子曰:'俎豆之事則嘗聞之,軍旅之事未之學也。'明日,與孔子語,見蜚雁,仰視之,色不在孔子。孔子遂行,復如陳。"

# 晦齋先生集

卷之六

# 箴　銘

## 元朝五箴 并序[一]

　　蓋聞古之聖賢，其進德也，靡日不新，無歲不化，惟日孜孜，死而後已，蓋欲盡爲人之道而無負於天之所與也。余生二十有七歲矣，行不中矩，言多違法，學苦而道不成，年長而德不進，其不至於聖賢而卒爲衆人之歸也昭昭矣。噫！今日又是元朝也，歲且除矣，我獨依舊而不自新乎？作五箴以爲終身之憂云[二]。

【注釋】
〔一〕元朝五箴：李彦迪1517年27歲春節所作。元朝，即元日，農曆正月初一。
〔二〕終身之憂：指爲了達到聖賢境地而需要一生擔憂的事。《孟子·離婁下》："君子有終身之憂，無一朝之患也。"

## 其一　畏天箴

　　天生我人，付畀者大[三]。明命赫然，罔有内外。悖凶修吉，敢不祗畏？不言而信，不動而敬[四]。無微不察,無隱不省。從事於斯,潛心對越。一動一靜,順帝之則。永言配命,俯仰無怍。斯須有間,便是自絕。罔而幸免〔五〕,生也可愧。毫釐有差,便是獲罪。禱既無所,盍反諸己?克己復禮,是曰無墜。存心養性,所以順事〔六〕。不顯亦臨〔七〕,其敢或欺?日乾夕惕,于時保之。

【注釋】

〔三〕付畀:賦予,賜予。
〔四〕不言二句:《中庸章句》第33章:"詩云:相在爾室,尚不愧于屋漏。故君子不動而敬,不言而信。"
〔五〕罔而幸免:《論語·雍也》:"人之生也直,罔之生也,幸而免。"罔,誣罔不直的人。
〔六〕所以順事:張載《西銘》:"存吾順事,没吾寧也。"
〔七〕不顯亦臨:《詩經·思齊》:"不顯亦臨,無射亦保。"

## 其二　養心箴

惟心之德,至虛至靈。原其本體,廣大高明。內具眾理,外應萬變。放之六合,斂之方寸。善養無害,與天地似。養之伊何?曰敬而已。敬之伊何?惟主乎一〔八〕。當其不動,渾然太極。敬以一之,其體乃直。不偏不倚,無貳無適。勿忘勿助〔九〕,從容自得。廓然大公,鳶飛魚躍。洞開重門,不見邪曲。天理以全,人欲不萌。大本既立,達道乃行。惟敬之妙,宅心之地。久而既誠,純乎一理。位育極功,實本於此。人生稟賦,初無二致。一指肩背〔一〇〕,鮮知貴賤。養小失大,禽獸不遠。我既知此,敢不自勉？造次顛沛,服膺勿失。一念或怠,神明在側。

【注釋】

〔八〕敬之二句：《性理大全》卷46：" 程子曰：' 所謂敬者,主一之謂敬。'"
〔九〕勿忘勿助：儒家重要修養法門,語出《孟子·公孫丑上》："必有事焉而勿正,心勿忘,勿助長也。"
〔一〇〕一指肩背：肩背,即肩與背,亦指人體樞要部分。《孟子·告子上》："養其一指,而失其肩背而不知也,則爲狼疾人也。"

## 其三　敬身箴

　　我有我身,至重至貴。受之父母,命於天地。參爲三才〔一〕,匪萬物比。既知其然,敢不自敬？敬之伊何？持之以正。容貌必莊,衣冠必整。視聽有則,言動有法。淫樂慝禮,不接心術〔二〕。姦聲亂色,不留耳目。非禮之地,非正之所。足不敢履,身不敢處。進退周旋,必於理合。出處行藏,一以義決。富貴不動,貧賤不移〔三〕。卓然中立,惟道是依。是曰能敬,不辱不虧。無忝所生,庶全而歸。惟彼眾人,昧於自持。淫視傾聽,惰其四支。褻天之畀,慢親之枝。營營食色,無廉無恥。遑遑利名,無命無義。不有其躬,惟欲之泪。我其監此,惕然自飭。洞洞屬屬,臨深履薄。聖賢有訓,曰誠曰修。敢以此語,爲終身憂。

【注釋】

〔一一〕三才：指天、地、人。

〔一二〕淫樂二句：《禮記·樂記》："君子反情以和其志，比類以成其行，奸聲亂色，不留聰明，淫樂慝禮，不接心術。"慝禮，不正之禮。

〔一三〕富貴二句：《孟子·滕文公下》："居天下之廣居，立天下之正位，行天下之大道。得志，與民由之；不得志，獨行其道。富貴不能淫，貧賤不能移，威武不能屈，此之謂大丈夫。"

## 其四　改過箴

人非上聖，誰能無過？過而能改，其過斯寡。寡之又寡，可至於無。無過曰聖，多過曰愚。爲聖爲愚，在我而已。是以君子，必誠其意。心無過念，矧有過事？如或有之，即改不吝。過消善全，其德日進。胡彼衆人，知過者鮮？知且憚改，矧曰遷善？恥過作非，過久成惡。我其監此，不遠而復。一念之萌，一言之發。必思合理，惟恐有差。夜以思過，晝以改之。武公自悔，《賓筵》是作〔一四〕。蘧瑗欲寡，知非五十〔一五〕。子路喜聞〔一六〕，顔淵不貳〔一七〕。聖賢猶戒，矧余愚鄙？齒之尚少，庸有不知。今其壯矣，曷不自規？

【注釋】

〔一四〕武公：指春秋衛武公。《賓筵》：即《詩經·小雅·賓之初筵》。朱熹《詩集傳》："按此詩義，與《大雅·抑戒》相類，必武公自悔之作。當從韓義。"

箴　銘

〔一五〕蘧瑗：即蘧伯玉。《淮南子》卷一《原道訓》："凡人中壽七十歲，然而趨舍指湊，日以月悔也，以至於死，故蘧伯玉年五十而有四十九年非。"高誘注："伯玉，衛大夫璩瑗也。今年則行是也，則還顧知去年之所行非也。歲歲悔之，以至於死，故有四十九年非，所謂月悔朔，日悔昨也。"

〔一六〕子路聞喜：《孟子·公孫丑上》："子路，人告之以有過則喜。"

〔一七〕顏淵不貳：《論語·雍也》："有顏回者好學，不遷怒，不貳過。不幸短命死矣，今也則亡。"不貳，此指不犯同樣的錯誤。

## 其五　篤志箴

人有厥性，本乎天理。初無不善，孰愚孰智？乃知聖賢，與我同類。求之則得，不求則失。其機在我，敢不自勖？成湯日新〔一八〕，仲尼忘食〔一九〕。文王亹亹〔二〇〕，伯禹孜孜〔二一〕。矧余後學，志大力微。一墮悠悠，造道可期？井不及泉，九仞奚益？學不希聖，是謂自畫。欲罷不能，顏氏之竭〔二二〕。任重道遠，曾氏之篤〔二三〕。我師古人，死而後已。彼何人哉？爲之則是。

【注釋】

〔一八〕成湯日新：《禮記·大學》："湯之盤銘曰：'苟日新，日日新，又日新。'"

〔一九〕仲尼忘食：《論語·述而》："發憤忘食，樂以忘憂，不知老之將至。"

〔二〇〕文王亹亹：《詩經·文王》："亹亹文王，令聞不已。"亹亹，勤勉不倦貌。
〔二一〕伯禹：即夏禹。《書·舜典》："伯禹作司空。"孔穎達疏引賈逵曰："伯，爵也。禹代鯀爲崇伯，入爲天子司空，以其伯爵，故稱伯禹。"孜孜：勤勉，不懈怠。《書·益稷》："予何言？予思日孜孜。"孔穎達疏："孜孜者，勉功不怠之意。"
〔二二〕顏氏之竭：《論語·子罕》："夫子循循然善誘人。博我以文，約我以禮，欲罷不能。既竭吾才，如有所立卓爾。雖欲從之，末由也已。"
〔二三〕曾氏之篤：《論語·泰伯》："曾子曰：士不可以不弘毅，任重而道遠，仁以爲己任，不亦重乎？死而後已，不亦遠乎？"

## 立箴 并序〔一〕

正德庚辰冬，余在廬次逢除夕〔二〕，感歲序之流易，而自嘆道德之不修，無以及時而有立。因箴以自警云。

恭聞仲尼，十五志學。至于三十，乃克有立〔三〕。曰立伊何？心定道得。充實於内，直方於外。卓然不倚，居廣行大。富貴不淫，貧賤不易。天下萬物，莫我撓屈〔四〕。是謂能立，進聖之基。繼天建極〔五〕，實本於斯。閔余後學，惟聖是慕。志學苦晚，聞道亦暮。功疏力淺，學未收效。任重道遠，志猶不舍。援聖比度，反躬省過。驗之於心，能立耶否？涵養未充,操存不固。天理流行,未免違失。人欲消去,有時萌起。驗之於身,能立耶未？氣習稍化,義理猶弱。言行多過,表裏未一。事物外撓,酬應或差。驗之於行,立耶未耶？爲臣爲子,不盡其職。爲禮爲義,不用其極。動静語默,多不中節。進退周旋,或失其則。歲月如流,一往不復。究我年數,奄迫三旬。及此未立,寧免衆人？是用自省,竟夕不眠。鍾鳴山寺,又是新年。天道既變,時物亦遷。我其法天,思新厥德。滌去舊習,一遵聖法。矯輕警惰,人一己百。真積力久,期入聖域。自今以往,四十五十。又無幾何,轉眄忽及。到此無聞,已矣可追？是用耿耿,箴以自規。標志誓心,爲終身事。上帝實臨,我心敢貳。

【注釋】

〔一〕立箴：李彦迪1520年30歲除夕時所作。立,本之於孔子"三十而立"之説。

〔二〕廬次：服喪之意。李彦迪1518年12月12日祖父去世,按照喪禮,1520年12月除夕時已脱喪,此處或有誤。

〔三〕至于二句：《論語·爲政》："吾十有五而志於學,三十而立。"

〔四〕天下二句：《孟子·滕文公下》："居天下之廣居,立天下之正位,行天下之大道,得志與民由之,不得志獨行其道。富貴不能淫,貧賤不能移,威武不能屈,此之謂大丈夫。"

〔五〕繼天建極：《中庸章句序》："蓋自上古聖神繼天立極,而道統之傳,自有來矣。"極,法則。

## 自新箴戊申元日,書于謫所。〔一〕

學求造道,志在體仁。行負神天,災及其身。忠虧報國,孝缺違親。反躬省咎,有慕古人。天道循環,絶徼回春。中宵發憤,思新厥德。有赫其臨,潛心對越。有幽其室,肅然祗慄〔二〕。上戴下履,不欺毫髮。一念思誠,萬事盡職。克己復禮,俯仰無怍。箴以自警,服膺勿失。

【注釋】
〔一〕自新箴:李彦迪1548年58歲時在平安道江界流配地所作。
〔二〕祗慄:敬慎恐懼。

## 定靜銘丁未正朝〔一〕

直養氣,和養性。樂天理,安義命。志有定,心自靜。處萬變,主一敬。

【注釋】
〔一〕定靜銘:李彦迪1547年元日57歲時在慶州所作。定靜是儒家人格修養的一層境界,《大學》:"知止而後有定,定而後能静,静而後能安,安而後能慮,慮而後能得。"

## 無絃琴銘[一]

理契天載[二],樂寓吾心。妙得其趣,不假於音。冥然寂然,萬物皆春。神游太古,手撫天真。

【注釋】

〔一〕無絃琴:蕭統《陶靖節傳》:"淵明不解音律,而蓄無弦琴一張,每酒適,輒撫弄以寄其意。"《晉書·陶潛傳》:"性不解音,而畜素琴一張,弦徽不具,每朋酒之會,則撫而和之,曰:'但識琴中趣,何勞弦上聲!'"後用以爲典,有閑適歸隱之意。李白《贈臨洺縣令皓弟》:"陶令去彭澤,茫然太古心。大音自成曲,但奏無絃琴。"
〔二〕天載:《中庸章句》第33章:"上天之載,無聲無臭。"

## 知恥銘

君子之道,貴乎知恥。內省不疚,無惡於志。始自屋漏[一],達于天地。戒懼謹獨,俯仰無愧。卓然中立,惟道是依。不幸有過,在於隱微[二]。白中一黑,雖若無累。其心忸怩[三],甚於撻市[四]。如或無妄,身遭患厄。裔夷之竄,朝市之戮。甘受無惡[五],浩氣充塞。世不我容,知我者天。安土樂天,其中泰然。小人心事,一切反是。不恥不仁,不畏不義。惟利是競,惟惡是肆。有靦面目,略無愧恥。吮癰篡弒[六],何所不至? 羞惡之心,本於天性。一存一喪,斯判狂聖。其機如此,敢不自省? 毫釐之差,天壤以謬。無恥之恥,庶無大咎。

【注釋】

〔一〕屋漏:古代室内西北隅施設小帳,安藏神主,爲人所不見的地方稱作"屋漏"。後即用以泛指屋之深暗處。
〔二〕隱微:隱約細微。
〔三〕忸怩:羞愧。《書·五子之歌》:"鬱陶乎予心,顔厚有忸怩。"孔傳:"忸怩,心慚。"
〔四〕撻市:在市朝中受到鞭打之罰。謂在大庭廣衆中受到羞辱。語出《書·説命下》:"子弗克俾厥後惟堯舜,其心愧恥。若撻於市。"
〔五〕無惡:没有慚愧。
〔六〕吮癰:用嘴吸癰疽的膿血以祛毒。《漢書·佞幸傳·鄧通》:"文帝嘗病癰,鄧通常爲上嗽吮之。"後遂用爲卑鄙媚上的典實。

# 記

## 海月樓記〔一〕

邑之有樓觀，若無關於爲政，而其所以暢神氣，清襟懷，以爲施政之本者，亦必於是而得之。蓋氣煩則慮亂，視壅則志滯，君子必有遊覽之所，高明之具，以養其弘遠清虛之德，而政由是出，其所關顧不大哉？

清之爲縣，僻在海隅。客館之東，古有小樓，陿隘低微，隱在雉堞中，四顧無眼界，無以宣暢湮鬱，導迎清曠，至使浩渺無涯之壯觀，礙於咫尺而莫收，所見者半畝方塘、數叢梅竹而已。嘉靖戊子冬，縣宰金侯自淵始欲改構〔二〕，增其舊制，峻而寬之，滄溟浩汗，舉眼斯得，人之登斯樓者，不知樓之高，而怳然如天開地闢而敞豁也，遂名爲臨溟閣。第以匠不得良，築址不牢，營構失宜，不數年而傾側。厥後柳茂繽繼之〔三〕，支撐起正，未久旋頹，賓客之至縣者，雖當夏月，困於炎蒸，而徘徊卻立，不敢登者，殆將十年矣。歲丁酉秋，鐵城李侯股〔四〕，以親老出紐縣章〔五〕，游刃之餘，慨然有志於重修，尚慮邑殘力薄，重勞疲氓，乃搜吏民之欠科納者，隨其多少而稱其役之輕重，又求助於水使李公夢麟[六],得鄰境戍卒之關防應罰者百名,除其罰而用其力,不煩民而事集。累土築基,結構精緻;碧簷丹檻,玲瓏宛轉,材頗仍舊,而制作一新。乃改扁爲海月樓,屬余記之。

余惟吾鄉距縣纔數程,庶幾一往登覽,以滌塵煩,而繫官于朝,願莫之遂。然兹樓之勝狀,因其名而求之,亦可得其一二矣。凭欄縱目,萬景森羅,邐延野緑,遠混天碧,鬱然而峙於北者,内延山也;巍然而秀於西者,回鶴峰也。松林遠近,蔥翠可玩;煙嵐朝暮,變態萬狀,而獨取二物以爲名者,志其所見之大者也。見其大而有得於懷,豈但快目玩物而已哉?若乃桑暾照波[七],煙霧初消,淼淼漫空,一碧萬里,潋灧潋灧[八],浮天浴日,沖瀜混瀁[九],不見涯岸,憑高而極目,渺茫邈乎如凌虚御風而臨河漢[一〇],使人心境廓然廣大寬平,而浩然之氣,充塞於兩間:此則觀海之善者也。至若氣霽坤倪,雲斂乾端,冰輪輾碧,暮靄橫白,水天混光,星河韜映,霽色嬋娟,澄輝皎潔,人在危樓,愛而玩之,寄身於清高之域而寓目於虚明無盡之境,杳然如離世絶俗而登蓬瀛[一一],使人胸次洒落,查滓净盡,而本然之天,浩浩於襟靈:此則玩月之善者也。

嗚呼!君子之觀物,異於俗眼,觀其物,必悟其理而體于心,故觀天行而不遑寧息,察地勢而思厚其德。侯之以海月名樓,夫豈徒然哉?海以取其寬,月以取其明,寬以弘吾量,明以昭吾德,雖以之治天下可也,而況於爲一邑乎?登斯樓者,目其額而思其義,則庶免於俗眼矣。

嘉靖癸卯三月下澣,資憲大夫議政府右參贊驪江李彥迪記。

【注釋】

〔一〕海月樓記:李彥迪1543年53歲時所作。海月樓位於清河縣境內,現已不存。清河縣現在的行政區域在浦項市北區清河面一帶,和李彥迪的故鄉慶州接壤。
〔二〕金侯自淵:即金自淵。生平不詳,其時爲清河縣縣監。
〔三〕柳茂繽:生平不詳,似與《中宗實錄》中出現四次的衛率柳茂濱爲同一人。
〔四〕李侯股:李股(?—1551),字子輔,號無禁亭,1516年式年進士試及第,歷任清風郡守、盈德縣令等職,本貫慶尚道固城,鐵城是固城的古稱,世居地爲安東。
〔五〕出紐縣章:指擔任縣令。
〔六〕李公夢麟:生平不詳。
〔七〕桑暾:指太陽。桑,扶桑,傳説日出於扶桑之下,拂其樹杪而升,因謂爲日出處。亦代指太陽。暾,亦指太陽。
〔八〕潋溇瀲灎:指水流蕩漾的樣子。《文選·木華〈海賦〉》:"爾其爲狀也,則乃潋溇瀲灎,浮天無岸。"李善注:"潋溇,流行之貌。瀲灎,相連之貌。"
〔九〕沖瀜滉瀁:水深廣貌。《文選·木華〈海賦〉》:"沖瀜沆瀁,渺瀰溰漫。"李善注:"沖瀜沆瀁,深廣之貌。"
〔一〇〕河漢:指銀河。
〔一一〕蓬瀛:傳説中的東海三座仙山:蓬萊、方丈、瀛洲。

# 祭　文

## 改葬先府君祭文[一]

　　維正德十六年歲次辛巳二月甲申朔十九日壬寅,孤子迪,敢昭告于顯考成均生員府君之墓。
　　伏以生育恩深,昊天罔極。風樹悲纏[二],已矣無及。憶在昔年,遭天凶禍。思之心痛,言亦涕下。往事如夢,幼不盡記。銘骨難忘,唯有一事。當其疾病,念子無已。恐慮薰染,戒兒避出。兒承諭命,不敢違越。及其將去,心竊憂憫。力疾而起,依依不忍。手裹棗栗,畁余袖去。坐以目送,慇然無語。出門反顧,中心是惻。豈知此別,乃是永訣?言念及此,肝摧膈裂。及其捐館[三],子不在側。弟齡纔七,一妹在乳。親戚莫入,誰其瞻護?唯母獨守,號慟無訴。嗚呼痛哉!人誰不死?父兮未老。婦雖多寡,母益無賴。有子二人,不能爲子。自殯及葬,事多草率。斂不憑棺,窆不臨穴。附身附棺,孰誠孰信?穿壙營墳,亦多未盡。藁葬荒山,二十餘年。追惟昔日,懷痛窮天。仰瞻丘壟,荒草寒煙。頹崩慘目,有不忍視。久欲修改,未成厥志。子職虧闕,負罪天地。方居祖服,采增永慕。春秋霖雨,每懼淋漏。地又滋潤,慮有水濕。夙夜未寧,憂慕難抑。是用斷意,思改宅兆。去春起役,情由俱告。事蹇時乖,未遂志願。幸至今年,天助人贊。竭心畢力,無所阻艱。今將啓墓,奉以移安。既卜美地,又擇吉辰。棺槨改陳,衣服惟新。無驚無動,即新舍舊。千秋萬歲,以安以保。謹以清酌庶羞,用伸虔告。尚饗。

【注釋】
〔一〕改葬先府君祭文:李彦迪1521年31歲時,爲父親李蕃遷墳時所作。李蕃在1500年李彦迪10歲時去世,葬於興海郡南面達田里的禱陰山。據年譜,李少年失怙,未能精心擇撿父親墓地,以致滲水而擔憂不已,後1520年春開始著手遷墳,此時已結束。
〔二〕風樹悲纏:指父母亡故,不及待養的悲傷。《韓詩外傳》卷九:"皋魚曰:'……樹欲靜而風不止,子欲養而親不待也。'"後因以"風樹"爲父母死亡,不得奉養之典。《晉書·孝友傳序》:"聚薪流慟,銜索興嗟,曬風樹以隕心,頻寒泉而沫泣,追遠之情也。"
〔三〕捐館:抛棄館舍。死亡的婉辭。《战國策·趙策二》:"今奉陽君捐館舍。"

# 祭姪元慶文〔一〕

維年月日,叔父某,祭于猶子元慶之靈。嗚呼!汝質溫良,汝志潔清。庶幾勤學,立身成名。云胡不祥,天禍斯酷?嗟我兄弟,俱鮮兒息。有汝一身,庶繼家業。汝今云亡,宗祀無托。余心之慟,曷其有極?汝病湖南,我有召命。握手臨分,腸摧淚迸。豈知是別,乃是永訣?人誰無死?於汝則冤。天闕異鄉,返葬古原。道路崎嶇,汝父護柩。間關千里,行路掩涕。有母在家,幽明永隔。嗚呼痛哉!天不可必,理不可知。門衰祚薄,有至於斯。言念及此,痛若割肌。臨穴一慟,萬古長辭。汝其知也耶?其不知也耶?嗚呼哀哉!尚饗。

【注釋】

〔一〕元慶:李彥迪弟李彥适的獨子。生年不詳,1540 年春卒於湖南地方。《晦齋集》卷三《夢見亡姪元慶》一文記錄了聞姪亡故當時的悲傷心情。

# 祭金府尹緣文[一]

嗚呼!有生有死,人理之常。處理之常,公獨可傷。鍾秀崇嶽,稟才雄剛。志存忠孝,操守正直。際會昌期,歷敭華秩[二]。蜚英翰院[三],振綱臺憲[四]。入司喉舌,出典方面。克允出納,流化《甘棠》[五]。寵眷方隆,期望遠長。白雲入望[六],軒冕羽輕。乞符便養,牛刀一城[七]。闔境謳歌,如兒得乳。彼蒼漠漠,理冥難究。善不得報,仁不必壽[八]。一疾三秋,竟至不救。四境悲號,如喪父母。道路咨嗟,耄

祭　　文

艾涕滂[九]。鶴髮在堂,已矣誰將？室人遠離,逝不永訣。抱恨窮泉,曷時瞑目？嗚呼痛哉！才不展時,位不滿德。邦家不幸,生民無福。如我疏愚,志契斷金[一〇]。昔忝臺僚,獻替同襟。逮至置散,屛處山林。屢柱阜蓋[一一],同尋巖壑。春山朝榮,秋堂夜寂。十載懷抱,殘燈半壁。往事如昨,尤堪起憶。今莅我邦,情義益深。公今已矣,斷絃投琴[一二]。踽踽一世[一三],誰識我心？銜哀致誠,遙奠一酌。不亡者存,庶紆歆格。嗚呼痛哉！尚饗。

【校記】

[蚩英翰院]院,甲子本和正祖本作"苑",乙亥本、庚子本與底本同。

【注釋】

〔一〕金府尹：金緣(1487—1544),本貫光山,字子迪,又字子裕,號雲巖,家在慶尚道禮安。1510年生員進士兩試及第,1519年文科及第。1524年任司諫院正言時因批評權臣金安老而遭罷職,此後又因反對金安老復職爲金安老一派所惡。1531年金安老再次掌權後,左遷鏡城通判。1537年金安老伏誅後任司諫院司諫。此後歷任承政院承旨,江原道觀察使等職,1544年因背瘡卒於慶州府尹任上。任職司憲府反對金安老復職時,和李彦迪爲同志。1530—1534年任興海郡守時和隱居玉山的李彦迪多有交遊往來。《晦齋集》卷三收録有《金府尹挽詞》,《大庵集》卷三收録有其外孫朴惺所撰《外祖考觀察使府君墓誌銘》。

〔二〕華秩：顯位,高等官位。

〔三〕蚩英翰院：據朴惺所撰墓誌銘,金緣1530年任藝文館檢閱,又升任待教。
〔四〕振綱臺憲:據朴惺所撰墓誌銘,金緣1528年任司憲府持平,此時與李彥迪同事。
〔五〕甘棠:《史記·燕召公世家》:"周武王之滅紂,封召公於北燕……召公巡行鄉邑,有棠樹,決獄政事其下,自侯伯至庶人各得其所,無失職者。召公卒,而民人思召公之政,懷棠樹不敢伐,歌詠之,作《甘棠》之詩。"後遂以"甘棠"稱頌循吏的美政和遺愛。
〔六〕白雲:《新唐書·狄仁傑傳》:"其親在河陽別業,仁傑赴并州,登太行山,南望見白雲孤飛,謂左右曰:'吾親所居,在此雲下。'瞻望佇立久之,雲移乃行。"後以白雲之望,指對父母的思念。
〔七〕牛刀:語出《論語·陽貨》:"子之武城,聞弦歌之聲。夫子莞爾而笑曰:'割雞焉用牛刀?'"後常以喻大材器。
〔八〕仁不必壽:蘇軾《三槐堂銘》:"天可必乎?賢者不必貴,仁者不必壽。"
〔九〕耄艾涕洟:指年老的和年少的。
〔一〇〕斷金:語出《易·繫辭上》:"二人同心,其利斷金。"孔穎達疏:"金是堅固之物,能斷而截之,盛言利之甚也。"後謂同心協力或情深義厚。
〔一一〕皁蓋:亦作"皂蓋"。古代官員所用的黑色蓬傘。《後漢書·輿服志上》:"中二千石、二千石皆皁蓋,朱兩轓。"漢代時太守皆用皁蓋,金緣當時任興海郡守,故有此説。
〔一二〕斷絃投琴:《吕氏春秋·本味》:"伯牙善彈琴,鍾子期聽之,即能知其意,鍾子期死,伯牙破琴絶絃,終身不復鼓琴。"
〔一三〕踽踽:獨行貌。《詩·唐風·杕杜》:"獨行踽踽。"毛傳:"踽踽,無所親也。"

祭　　文

# 祭先妣孫夫人文[一]

　　維嘉靖二十八年歲次己酉十月日，孤哀子彥迪，遠具時羞之奠，使姪李純仁[二]，敬祭于顯妣貞敬夫人孫氏之靈。
　　伏以恩深生育，昊天罔極。日迫西山，兒情采切。休官侍藥，不忍離側。庶遂終養，以盡子職。行負神明，誠未格天。獲譴清朝，身遭遠遷。母兒相持，號哭永訣。天地慘色，鬼神亦泣。地角天涯，消息斷絕。水阻山重，魂消心折。夢魂飄颻，夜夜飛馳。華髮斑衣[三]，省侍萱闈。衰顏慘慘，鶴髮依依。手撫肌體，宛如平昔。惘然驚覺，身在絕域。中宵撫膺，淚凝成血。仰天號籲，天亦漠漠。庶存殘性，承歡有日。晨昏默禱，望幸千一。不弔昊天，遽奪所恃。罪大惡極，禍至於此。日望平書，訃音奄至。失聲隕絕，五内焚裂。扣地叫天，竟無逮及。"蓼蓼者莪，匪莪伊蒿。哀哀父母，生我劬勞。顧我復我，出入腹我。"[四]未離懷抱，呱呱膝下。恩斯勤斯，鬻兒閔斯。寸草情深，莫報春輝[五]。每恨平生，承順多違。少孤無賴，有志講習。割慈忍愛，許兒遊學。衣縫密密，歸恐遲遲[六]。定省久曠，音問又稀。夜對孤燈，念兒涕揮。及其遊宦，薄祿是縻。歲歲春秋，登高送兒。瞻望不及，佇立霑衣。昏朝倚閭，日望兒歸。傷懷斷魂，哀疾催迫。義重徇國，退不勇決。日

319

短奉親,痛悔莫及。念此摧心,如焚如割。當其疾病,子女俱侍。兒獨不在,默念何已？冥漠有知,曷時瞑目？精靈不昧,來返飄忽。絶徼相尋,不遠千里。窮廬薄奠,宛見容止。奄忽不見,儀刑無迹。攀號莫追,萬山風雪。人生斯世,誰無此哭？萬里茹痛,惟我獨兮。一別終天,幽明永隔。民莫不穀,我獨不卒。天長地久,亦有涯盡。惟此怨痛,粉骨難泯。斂不憑棺,窆不臨壙。子職虧闕,負罪天壤。煢煢一身,生亦無裨。願從泉下,復見容儀。天冥地漠,不知所之。霜露丘壠,宿草已蕪。慟望天涯,絶而復蘇。嗚呼痛哉,嗚呼痛哉！伏惟尚饗。

【校記】
[扣地叫天]扣,甲子本和正祖本作"叩"。　　[鬻兒閔斯]鬻,庚子本作"育"。閔,庚子本作"憫"。

【注釋】
〔一〕孫夫人：李彥迪的母親孫氏,本貫慶州,生於1469年,卒於1548年,父親爲雞川君孫昭。具體詳情可參考本卷《先妣貞敬夫人孫氏墓碣銘》一文。
〔二〕李純仁：李彥迪的弟弟李彥适庶子,即李彥迪流配江界時,一直陪伴在他身邊的敬伯。
〔三〕華髮斑衣：斑衣戲彩,謂身穿彩衣,作嬰兒戲耍以娛父母。後作爲老養父母的典故。《北堂書鈔》卷一二九引《孝子傳》言："老萊子年七十,父母尚在,因常服斑衣,爲嬰兒戲以娛父母。"
〔四〕蓼蓼六句：引自《詩經·蓼莪》。此詩表達了子女追慕雙親撫養之德的情思。
〔五〕寸草二句：唐代孟郊《遊子吟》："慈母手中綫,遊子身上衣。臨行密密縫,意恐遲遲歸。誰言寸草心,報得三春歸。"
〔六〕衣縫二句:參考上注。

# 祭亡弟子容文〔一〕

維嘉靖三十二年歲次癸丑四月朔,兄及第某〔二〕,使嗣子應仁〔三〕遠具時羞之奠,遙祭于亡弟松羅道察訪子容之靈。

嗚呼!人生必有死,死生有命,吾豈不知?吾所以聞汝之喪,號慟隕絕,撫膺摧裂而不能禁者,非但鴒原之情迫〔四〕,平生之事,有可痛怛者非一二也。念吾先君子蚤歲捐館,吾與汝俱在幼稚,斂殯之際,皆不得親見,附身附棺,多有未盡,常以爲終天之痛。幸得侍奉先妣四十餘年,承顏順色,又多未盡,家貧甘旨屢闕,奉養又不如意,心常慨歎。吾兄弟俱無子女,先妣每見吾與汝,歎曰:"汝等何無兒息耶?"慘然有不樂之色。吾兄弟雖在側,無以慰悅慈顏,是又平生一痛也。

吾以不才,濫被國恩,繫官于朝,屢曠晨昏之奉,尚賴汝之在側,奉養無違,吾得以從宦。寵過災生,歲丁未秋,身遭投竄,遠離鶴髮病親,號慟永訣,痛迫之懷,有難形言,尚賴汝之在側,慰奉備至,稍寬千里遠懷。聞汝每夕焚香禱天,汝之愛兄,精誠格天,吾之獲全軀命,以至于今,蓋有以也。緣吾罪逆深重,天不顧佑,禍延先妣,千里聞訃,五内焚烈,叩地叫天,無所逮及。聞汝病重,尚能扶持,親自斂殯,附身附棺之物,靡有後悔,至於營墓窆葬,天助人贊,亦無所不盡。廬守三年,盡心奉奠,誠禮俱盡。吾雖不能親葬祭之事、葬祭之禮,汝能盡之,吾雖在焉,有何加焉?

纔畢喪制,泣血柴毀之餘,羸病深痼,形容枯槁,僅存殘喘。念我未忘,千里間關,指死爲限,遠冒險阻,來見病兄,相對號哭,不知所言。淹留數月,懇惻情懷,有難言盡,相對噓唏,隕涕不已。夏盡秋來,天氣漸涼,羸病之人,勢難久留,嚴冬寒苦,又難經度,不得已辭去,重見難期,臨別慘慟,天地變色,鬼神亦泣。別後見月傷魂,看雲抆淚,只憑魂夢,千里相尋,六載痛迫之懷,何可勝言?

安土樂天,吾以自勉,寬懷調病,每以勉汝。汝猶憫吾久阻天恩,悲痛難堪,夜夜號泣于天,每欲具疏訴冤,以死自處。吾恐禍延無益止之,汝不果爲,常自慨慨。去秋及冬,又寄書來言:"古人有兄弟爭死者,吾欲忘生訴冤于朝,庶有格天之理。"吾又止之,使不得爲。汝必因此鬱結,未遂所懷,沈痾轉增,奄至大故,汝實由我之故,至於此極。汝何不念吾之所勉,不自保愛,而使吾永抱無涯之痛耶?

嗚呼!人誰不喪父母,不亡兄弟?如吾之事,古今所無。七年之中[五],哀傷痛迫,地角天涯,消息茫茫。汝每念我,日夜悲慘號泣,竟至於此。彼蒼者天,曷其有極?兄弟之情,人誰不厚?汝之愛我念我,至隕性命,古今所未聞也。汝之孝友之誠如此,宜格神天,使吾兄弟復見,神不顧佑,天又漠漠,以至於此,天何不仁如是耶?

　　先妣辭堂,奄經六霜,尚未得奔哭,一灑血淚於宿草[六],不孝之罪極矣。吾自是無意人間事久矣,猶得不廢食飲,強自扶持,以至于今者,庶得生還,復見弟妹,相對一哭。今汝已矣,無所可望,吾又安能久於斯世耶?生不能連襟終養父母,至於大事,又不得同哭殯前,以盡送終之禮,平生隔闊又多,同枕共衾之日有幾,言念及此,痛怛窮天。今欲葬汝於先壠之下,吾死亦欲葬於汝墳之右,庶得相從於泉下,是吾之志也。

　　嗚呼! 吾投絶徼[七],七年于今。奉先之事,惟汝是恃,今汝又遽逝,春秋霜露,宿草雙壠,誰其省謁? 四時俗節,家廟享獻,誰其主之? 吾平生積惡,行負神明,禍至於此,尚復誰尤? 汝之去冬寄書三道,辭意懇惻,疏章上書之草,又甚激切。吾常披見,隕涕者多矣,今則何忍復見此書耶? 嗚呼! 天長地久,亦有涯盡,惟我與爾,幽明痛裂,曷有窮已? 兩地迴隔,夢魂亦稀相接,汝亡三月而始得聞訃,南望遥慟,萬古長辭。惟願與汝世世爲兄弟,又結來生未了之因,汝其知也耶? 其不知也耶?

　　嗚呼痛哉! 嗚呼痛哉! 尚饗。

【校記】
[具疏訴冤][訴冤于朝]冤,乙亥本、庚子本作"怨",甲子本和正祖本與底本同。

【注釋】

〔一〕子容：李彥迪弟李彥适，字子容，號聾齋。1545 年被薦爲學行，歷任慶基殿參奉，松蘿道察訪等職，後辭職歸鄉奉母。著作有《聾齋集》傳世。

〔二〕及第某：當時李彥迪被剥奪官職，流配江界，故自稱及第。

〔三〕嗣子應仁：李彥迪養子李應仁，本爲李彥迪堂弟李通之子，因李彥迪婚後無子，故而過繼。

〔四〕鴒原之情：《詩·小雅·常棣》："鶺鴒在原，兄弟急難。"後即以"鶺鴒在原"比喻兄弟友愛之情。

〔五〕七年之中：李彥迪流配江界，至此已七年。

〔六〕宿草：經年的草，亦指代父母的墳墓。

〔七〕絶徼：極遠的邊塞之地。

# 行　狀

## 仁宗大王行狀

　　國王姓李氏，名諱〔一〕，恭僖王長子也〔二〕。母妃尹氏〔三〕，府院君汝弼之女〔四〕，以正德乙亥二月癸丑生王。王生有異質，三歲始讀書通字義，不事遊戲，動作有度，人以爲生知，恭僖王奇愛之，以勤學克己之意，作箴以誨之。年六歲，德器已成，恭僖王請封世子于朝。十六年辛巳，先皇帝〔五〕遣太監金義、陳浩〔六〕，錫以七章之服〔七〕。其勅曰："朕惟立嫡以長，古之義也。有爵土者，預定繼嗣，以繫群情，亦率是道。然必請命于朝而不敢專，則君臣父子之倫正矣。比得王奏，欲因舉國臣民之請，立嫡長子諱爲王世子事。下禮官議奏，特賜允俞，兹命太監金義爲正使，陳浩爲副使，齎勅并紵絲紗羅等件，封諱爲朝鮮國王世子。夫藩邦之職，莫先乎事上恤下，王自祖父以來，允克蹈之。今既立世子，宜明示兹訓，俾習與性成，業由德進，秉禮遵義，世享有邦，庶幾不負朕命，亦無忝于前人。"

## 【校記】

〔十六年辛巳〕六,底本作"七",正德辛巳年爲正德十六年,且正德皇帝本年即崩,史無正德十七年,故改。

## 【注釋】

〔一〕名諱:朝鮮第12代王,名岵。這裏作"名諱",是一種避諱的方法。

〔二〕恭僖王:朝鮮第11代王中宗的謚號。

〔三〕尹氏:中宗的第一位繼妃章敬王后(1491—1515)。

〔四〕府院君汝弼:即尹汝弼(1466—1555),本貫坡原,父爲參判尹甫,女兒爲中宗妃章敬王后,1506年參與中宗反正,授靖國功臣三等,封坡原府院君和判敦寧府事。

〔五〕先皇帝:指明武宗。明武宗1521年3月駕崩,但仁宗世子册封敕書本年4月才由明使送達朝鮮,故這裏稱先皇帝。

〔六〕遣太監金義、陳浩:歷史上中朝之間建立了較完備的宗藩體制,如國王登基、世子册封等重要事件,需得明廷允諾,此時明朝多遣使來朝,一般使臣都由太監擔任,但從倪謙景泰初年以文臣出使朝鮮後,亦有20多次派遣文臣使朝。此次送册封世子敕書,明廷派遣了太監金義爲正使,陳浩爲副使,根據《朝鮮王朝實錄·中宗實錄》1521年4月的記載:"天使金義、陳浩,本月初八日越江。"

〔七〕七章之服:王世子册封時所穿的禮服,紋有草蟲、火、宗彝、藻、粉米、黼、黻七种紋樣。

　　越明年嘉靖元年壬午春,行冠禮,入學于成均館[八],陞降周旋,雍容中禮,觀者莫不咨嗟悅服。恭僖王博選師傅賓僚,使之朝夕與處,一以格致誠正之學輔養導迪。自是德業愈崇,檢身制事,動遵聖訓,雖在宴私,常凝然端坐,左右近習,未嘗一見其惰慢之色;終日淵默,嚬笑不形,雖臨下寡簡,而宫庭之内肅如也。事父王極其誠敬,自在沖年[九],問寢視膳,雖祁寒盛暑,未或一廢。母妃尹氏生王七日而薨,恭僖王册尹氏爲繼妃[一〇],王事之如親母。年十三,令宫僚書程頤《四箴》[一一]、范浚《心箴》[一二],暨《書》之《無逸》、《詩》之《七月》篇,列諸左右以觀省,常與僚屬講讀日三,或不時夜對,亹亹不已。

【校記】
[恭僖王册尹氏爲繼妃] 乙亥本、甲子本、正祖本皆作"及恭僖王册尹氏爲繼妃"。

【注釋】
〔八〕成均館:朝鮮時代最高級别的儒學教育機構,原爲高麗末期設置的教育機構,1308年改名爲成均館,每年春秋舉行祭孔大典,延續至今,館址位於今首爾昌慶宫東側成均館大學内。
〔九〕沖年:幼年。
〔一〇〕尹氏:中宗的第二位繼妃文定王后(1501—1565),是朝鮮第13代王明宗之母,父親爲嶺敦寧府事尹之任。
〔一一〕程頤《四箴》:程頤根據《論語·顔淵》中"非禮勿視,非禮勿聽,非禮勿言,非禮勿動"所作的《視箴》《聽箴》《言箴》和《動箴》。
〔一二〕范浚:人稱香溪先生,生於北宋崇寧元年(1102),卒於南宋紹興二十年(1150)。范浚精於理學,晚年設帳授徒至數百人,播揚理學思想。《心箴》集中反映了范浚的理學思想,被朱熹收入了《孟子集注》中:"茫茫堪輿,俯仰無垠,人於其間,眇然有身。是身之微,太倉稊米,參爲三才,曰惟心耳。往古來今,孰無此心,心爲形役,乃獸乃禽。惟口耳目,手足動静,投間抵隙,爲厥心病。一心之微,衆欲攻之,其與存者,嗚呼幾希。君子存誠,克念克敬,天君泰然,百體從令。"

嘗賜生薑于宮僚,付以手札,曰:"予觀《論語》,有曰'不撤薑食',爲其通神明去邪穢也。諸君子動慕夫子者,雖於飲食之末,必有所取法焉,故以是送之。"其尋常言語類如此。凡賓客僚屬之喪,未嘗不爲之傷悼素食。恭僖王以王有賢德,嘗欲禪位,王號泣固辭,止。王幼時,有庶母朴氏挾妖術[一三],謀欲危王,事覺,恭僖王大怒,即命寘殛,而其子嵋及二女亦得罪。王及長,始知之,手爲疏以訟其冤,恭僖王乃感而從之,外人初不知有疏,久而後得見。其略曰:"伏以天顯之親,一氣而分,喘息呼吸,相爲流通,友愛之情,自不容已,雖或有非常之變出於慮外,而古之人猶有以恩掩之者。妖孽之作,雖曰朴氏,嵋也焉得而知之?嵋之一女子棄在民間,與庶人無異,孩提之女,亦何罪也?二妹年幼,不預其事明矣,而屬籍亦絕,思念至此,不覺涕零。由臣一身而兄弟之變至於如此,此平日恒懷痛悼者也。孟軻有言曰:'身爲天子,弟爲匹夫可乎?'[一四]今臣侍居東宮,恩寵極矣,使二妹一姪,尚班下賤,反躬思之,顏厚有忸怩。仁人之於兄弟也,不藏怒焉,不宿怨焉,親愛之而已,如臣者,又何怨怒於兄弟而不得親愛乎?至於籩豆之餞、飲酒之飫,亦不得和樂且湛焉[一五],惻然之念,益切于中。前此微達此意,未蒙允俞;更瀝微衷,以瀆聖聰,伏惟垂憐焉。"疏辭懇惻,發於誠激,臣民見之者,無不感泣。娣延城府主卒[一六],王過於傷悼,幾至成疾,蓋其天性之篤如是。

【校記】

［不撤薑食］撤，庚子本、甲子本、正祖本、高麗大學藏本皆作"輟"。

【注釋】

〔一三〕庶母朴氏：指得中宗寵幸的敬嬪。1527年敬嬪在世子居處置燒死之老鼠詛咒世子，稱爲灼鼠之變，事發後敬嬪和兒子福城君被賜死，其女惠静和惠順兩位翁主亦被貶爲庶人。參見《中宗實録·22年4月21日》和《燃藜室記述》卷九《朴敬嬪福城君之獄》的記載。

〔一四〕按：孟子之言見《孟子·萬章上》："身爲天子，弟爲匹夫，可謂親愛之乎？"

〔一五〕至於二句：《詩經·小雅·常棣》："儐爾籩豆，飲酒之飫。兄弟既具，和樂且孺。妻子好合，如鼓瑟琴。兄弟既翕，和樂且湛。"

〔一六〕延城府主：即孝惠公主，仁宗的胞妹，章敬王后尹氏所生，配延城衛金禧，1531年病卒。

　　二十三年甲辰，恭僖王邁疾彌留，王侍側，晝夜不解冠帶，進藥必先嘗，粥飲亦爲之廢，形瘁面墨，侍人無不泣下，知其必傷。王分遣宰執，遍禱宗社山川，請釋因以祈命。時方冱寒〔一七〕，沐浴齋潔，親於殿庭，露立祝天，自昏達朝。及薨，散髮跣足，仆于庭下。大臣憂憫，進以素襦巾，亦不肯着，水漿不入口者六日。大臣以恭僖王遺命，請權署國事，奉國寶以進，王號哭不受。群臣更請，寶至則輒哭，至于終日，在庭之臣，莫不摧痛。遣陪臣閔齊仁〔一八〕、李浚慶〔一九〕，告訃于朝，且請承襲。凡國家機務，一委大臣，非關喪事，不許啓稟。

【注釋】

〔一七〕沍寒：謂寒氣凝結，極爲寒冷。

〔一八〕閔齊仁：朝鮮中期文臣，字希仲（1493—1549），號立巖，官至承政院同副承旨、刑曹參判等職。著述有《立巖集》《東國史略》。

〔一九〕李浚慶：朝鮮中期文臣，字原吉（1499—1572），號東皋、南堂、紅蓮居士等，官至大司憲、領議政等，著述有《東皋遺稿》《朝鮮風俗》等。

王自初喪至卒哭，只啜饘粥，不食鹽醬，夜不卧寢，哭不絶聲。既葬，猶不離喪次，所侍者，唯小宦數人，屏絶宮人，使不得近前。王欲行三年之喪，而自侍疾之初，羸瘁已甚；及遭大故，毀瘠骨立，殆不能救。大臣舉先王遺教，請從權進肉，答曰："予之誠孝未孚，致有此言，哀慟愈深。"臺諫、侍從伏閣以請，不聽；議政尹仁鏡〔二〇〕率百官立庭以請者，至於累日，亦不聽。母妃親自泣勸，王爲一勉從，而竟不之進。時首相有缺，以手書諭大臣曰："輔相之職，百責所萃，相得其人則治，否則亂亡隨之。是以古之明君，皆重相臣之選，必廣擇鴻儒碩德之人而任之，至有拔於版築之中者〔二一〕。今兩相次陞，當卜其代。我先王培養人材，可謂盛矣。擢而授之，必有其人，當慎擇有德望者，以宅其位。予以否德，慘遭大變，懵無所察，凡經邦重事，皆恃大臣，如得賢輔，國之福也。"

【注釋】

〔二〇〕尹仁鏡：朝鮮中期文臣，字鏡之（1476—1548），官至領議政。

〔二一〕拔於版築之中者：指商初賢臣傅説。《孟子·告子下》："舜發於畎畝之中，傅説舉於版築之間。"版築，築土墻的工具，借指土木工匠。

四月天旱，下教求言，減宫膳恒供之半。又教吏曹、禮曹曰："彰善罰惡，爲政之所當先。其有忠孝卓異者及爲吏清白者，廣問以啓，隨才擢叙，其身已没，録用其後，以奬方來。"又令大臣薦逸士之懷才抱道者，將欲擢用，大臣難於其薦，將先朝舊規以稟。王曰："賢人君子之懷才抱道者，雖重於出處，而唯在人君求之誠不誠如何耳。得而果賢，則擢置宰相，亦何難哉？如或拘於舊例，置賢人君子於不可求之地，則古人所謂野無遺賢，其亦誣後世之言耶？"

大學生等，以儒臣趙光祖〔二二〕在先朝非罪竄死，累疏請復其職。王手書答曰："汝等居首善之地，好古而論時，疏章三上，辭懇義直。所學之正，何以加此？我先朝教育之澤，亦可想矣。然言之不從，有意存焉。且大學雖曰公論所在，是非之定，自有朝議。汝等言是非，則得矣。期於定是非，則非諸生事也，姑退而更思之。"

【注釋】

〔二二〕趙光祖：朝鮮中期著名文人，字孝直（1482—1519），號静庵，爲中宗朝新進士類的代表，欲實現儒家的王道政治而遭遇失敗，在己卯士禍中遇難。李滉將趙光祖和金宏弼、鄭汝昌、李彦迪稱爲東方四賢，著述有《静庵集》。

五月,皇帝遣太監郭璭、行人司行人張承憲[二三],賜祭若謚賻于恭僖王,又遣太監張奉、吳猷,册封王爲朝鮮國王。其勅曰:"朕奉天明命,主宰寰宇,凡推行于庶政,必率循乎舊章。其於錫封之典,未嘗以海内外而有間焉。故朝鮮國王姓諱,往膺世爵,藩守東方,職貢恪修,粵逾三紀。邇者陪臣告訃禮部,以襲封請,念茲爵土,宜有攸屬。今特封王之世子諱爲朝鮮國王,嗣理國政,本國大小臣民,其悉奉教令以佐。王修身謹行,遵我王度,輯寧疆境,克紹先緒,庶共享大平之休。"

**【注釋】**

[二三] 張承憲:字監先,號白灘,直隸松江府華亭縣人。明嘉靖二十三年(1544)進士,授任行人,賜一品官服。1545年出使朝鮮。

時詔使分二起而至,王方有疾,以帝命之重,力疾迎接,極其誠敬,畢力盡禮,未嘗少懈,病遂彌重。詔使纔還,又將親祭于魂殿,仍省母妃于昌慶宮[二四]。大臣以王羸疚已劇,固請停行,答曰:"近以接待詔使,兼有疾病,虧闕子職已久,予甚痛焉。"遂不聽而行。自後病日篤,至於大漸。大臣尹仁鏡等入内問疾,王必整衣冠然後見之。病革,絶而復蘇者三,若稍省人事,輒使人問安于母妃。時雷震宮苑樓柱,左右慰王驚動,答曰:"予則無驚,亟令問安于母妃。"

**【注釋】**

[二四] 昌慶宮:朝鮮時代的王室宮殿,位於昌德宮東,今成均館

大學西,始建於1419年,初名壽康宫,1484年增修後改名爲昌慶宫。

　　六月二十九日,教于大臣曰:"予疾不可爲,既無嗣子,其傳位于弟慶原君諱〔二五〕。"又教曰:"趙光祖事,予未嘗忘于心,第以事在先朝,不敢輕改。今予疾至此,其復光祖爵秩。"大臣等將入受遺教,王欲下牀冠帶而未能。臨薨,遺教曰:"父王薨逝未久,予又至此,未克終孝。予死必葬於父母塋域之側,以終予志。且纔經大喪,民力已竭,予之葬事,務從朴素。"氣且盡,猶諄諄説爲民除弊之意,語已澀。左右莫能記。以七月朔辛酉,薨于正寢,享年三十一。

　　薨之日,都中士庶,填咽號慟,雖愚夫愚婦,無不哭之如私親。大學諸生,奔哭闕外,畿内儒士,聞而來哭者不絶,遐方僻郷,亦皆奔走悲號。化未一期,而德之入人者如此其深,求之於古,實所罕聞。嗚呼!聖賢之生不偶,而得之侯王之位尤不偶。王之至德篤行,所以受於天者,如是其厚,任於己者,如是其重。其始也,若有所爲而生;其終也,不假以年。嗚呼痛哉!

**【注釋】**

〔二五〕慶原君:中宗的第二子,仁宗的異母兄弟慶原大君,名岷,後爲朝鮮第13代王明宗。

# 碑　銘

## 先祖考贈資憲大夫、吏曹判書兼知義禁府事李府君墓碑銘

公諱壽會，驪州人，鄉貢進士世貞之後〔一〕。祖諱權，龍驤衛司中領副司直；考諱崇禮，贈嘉善大夫、兵曹參判兼同知義禁府事。參判娶縣監楊培之女，有明宣德辛亥三月丁卯，生公於迎日〔二〕，公天資寬厚，志氣剛毅。少業武登科，授權知訓鍊院參軍，不樂仕宦，遂棄官歸，優游田里以自娛。居家以儉約，處鄉以忠信，接人遇物，任真不矯飾，人無少長咸敬慕焉。正德戊寅十二月丁丑，以疾卒，享年八十八。以己卯三月四日丁酉，窆于慶州治東阿倍耶洞明活山之原。

公配慶州李氏，生員點之女，生二男一女，長曰先公，諱蕃，成均生員，贈左贊成，次曰苾，別侍衛，女適忠順衛權希顏。先公生二子一女，彥迪爲長，次彥适，松羅道察訪，女適察訪李師益。苾生四子三女，通爲訓鍊院判官，道忠順衛；遇萬户，運幼，女長適崔德崇，次適權希範，次適權德麟。內外孫曾孫男女凡三十二人。嘉靖乙巳十二月，贈吏曹判書。銘曰：

薄榮利，樂畎畝。頤真性，保遐壽。畜未施，仁

有後。恩自天,耀重泉〔三〕。積善厚,餘慶綿。銘墓石,諭後賢。

【校記】
［碑銘］［李府君墓碑銘］碑,甲子本和正祖本皆作"碣"。

【注釋】
〔一〕鄉貢進士:高麗時地方各邑選拔儒生薦擧到中央參加國子監考試,這些人稱爲鄉貢或貢士,這些人中通過國子監考試者稱爲鄉貢進士。
〔二〕迎日:慶尚道迎日郡。
〔三〕恩自天二句:因李彦迪官位顯達,李壽會被追贈吏曹判書。

# 先祖妣贈貞夫人李氏墓誌銘

夫人姓李氏,慶州人,高麗侍中齊賢之後〔一〕。祖諱之帶,嘉善大夫、漢城府尹,考諱點,生員。生員娶主簿崔仲雲之女,以宣德癸丑月日生夫人。夫人資禀秀異,婦德純備。適驪州李氏諱壽會,訓鍊院參軍、贈吏曹判書。夫人閨範端嚴,宗族欽慕。成化丁未六月二十五日,以疾卒,享年五十五。以是年月日,葬慶州治東阿倍耶洞明活山之原。生二男一女,長曰先公,諱蕃,成均生員、贈左贊成,次曰苾,別侍衛,女適忠順衛權希顔。内外孫曾孫男女凡三十二

人。嘉靖壬寅正月,贈貞夫人。銘曰:

性禀柔静,德全貞淑。以孝以慈,宜家宜族。天嗇壽禄,慶綿後裔。銘以刻石,爲示來世。

**【注釋】**

〔一〕高麗侍中齊賢:即李齊賢(1287—1367),高麗末期的著名文臣和學者,初名之公,字仲思,號櫟翁、益齋,曾出使元朝,滯留10多年,文學造詣深厚,是韓國歷史上屈指可數的文學大家之一,在中國也頗有名聲,且精於填詞,也是性理學東傳中的重要人物。著述有《益齋集》《櫟翁稗説》《益齋雜稿》等。

## 先妣貞敬夫人孫氏墓碣銘

先夫人姓孫氏,慶州人,實大樹部之後〔一〕。曾祖考諱登,司憲監察、贈通政大夫、户曹參議;祖考諱士晟,折衝將軍副司直、贈純忠積德補祚功臣、嘉善大夫、兵曹參判、鷄城君;考諱昭,精忠出氣敵愾功臣、嘉善大夫、鷄川君、贈資憲大夫、吏曹判書、兼知義禁府事,謚襄敏公。鷄川娶豐德柳氏萬户復河之女,有明成化己丑正月丁巳,生夫人於漢京。

先夫人生禀懿性,端一誠莊,惟德之行。年既及笄,適驪州李氏。先公諱蕃,字叔翰,成均生員,薦歲魁本道都會。成宗好文,見先公所述詩賦,嘉賞之,即命乘傳詣闕,賜衣一襲、細綿布十匹、紙筆等物,使

碑銘

留國學,多士榮之。先公性喜閒適,不以舉業爲急,還鄉奉親,怡愉盡孝,日以教誨鄉人子弟爲事,閨庭雍穆,相敬如賓客。先夫人柔順執婦道,事舅姑盡孝敬,宜家人以慈愛,宗族欽慕焉。

弘治庚申二月十四日,先公以疾捐館。先夫人蚤寡,子女俱幼,無計生活,常撫諸兒而慟,曰:"吾所以未亡者,爲汝輩也。"撫養孤兒,雖甚憐愛,不廢教訓,許令從師遊學。彦迪少蒙義方之訓,粗解文句,獲忝科第,歷事三朝,濫荷誤恩,官至贊成,追贈三代。中廟朝,令本道監司備給養母之資,今上初,例爵父母,先公贈崇政大夫、議政府左贊成、兼判義禁府事,先夫人授貞敬夫人。

先夫人性仁恕,喜施惠,隣族有求,不計有無而周之。兄弟八人,皆先夫人亡,先夫人每遇兄弟忌日,思念悲悼,流涕不進肉,早夭無嗣者,則必具酒饌,親自酌奠。聞中廟諱音,時年七十六,號慟不進肉,蓋其真性仁慈乃如是也。雖孀居四十年,教養孤兒,眼見顯揚,鄉國稱慕焉。嘉靖戊申六月十八日辛酉,考終于正寢,享年八十。以己酉二月庚申,葬興海郡治南達田里禱陰山之原先公墳後。

生二子四女,彦迪爲長,次彦适爲察訪,三女早夭,末女適察訪李師益。先夫人疾病時,子女諸婦俱侍,彦迪適遭無妄之災,獲譴于朝,削爵遠竄,曠省逾歲,幽明永隔,天道冥冥有是哉!斂不憑棺,窆不臨穴,子職虧闕,負罪天地。慟望天涯,絶而復蘇,瀝血爲銘,以寓窮天之痛。銘曰:

孫啓大樹[二],積慶綿綿。策勳光前,赫于鷄川〔三〕。有子英俊,名世顯貴。有女貞淑,先妣其次。稟資端莊,宜家雍穆。儀範閨庭,仁施隣族。教子義方,不勞三遷。克享脩齡,寵渥自天。盈虛消息,理冥難詰。無妄生災,門遭患厄。一訣終天,幽明永隔。民莫不穀,我獨不卒。天長地久,亦有涯盡。惟此怨痛,粉骨難泯。人生斯世,誰無此哭? 萬里茹痛,惟我獨兮。銘以刻石,以寓罔極。

【注釋】

〔一〕大樹部:新羅六部之一。新羅琉璃王九年(32),六部改名,賜六部姓。大樹部改名漸梁,賜姓孫。參考《東史綱目》卷一下。
〔二〕大樹:即大樹部,參考上注。
〔三〕策勳二句:孫氏之父孫昭平定李施愛叛亂有功,賜勳。

# 晦齋先生集

卷之七

# 疏

## 一 綱 十 目 疏〔一〕

臣伏以王者配天立極〔二〕，垂拱無爲〔三〕，而德以久、業以大者，惟其至誠無息而已矣。無息者，天之道也。蓋人君受天命，履天位，苟無至誠之德，格于上下〔四〕，何以順天道，盡天職，而致位育之功效乎〔五〕？夫所謂至誠之德者，一而無貳，純而不雜，自始至終，無時間斷者是也，一有所間則息矣。《中庸》曰："不息則久，久則徵，徵則悠遠，悠遠則博厚，博厚則高明。博厚配地，高明配天，悠久無疆。"〔六〕古之帝王，德合於天，終始無間，而致悠久無疆之功化者，皆自其一念之不息者始。

【注釋】

〔一〕一綱十目疏：1539年（中宗三十四年）10月，李彦迪時年39歲，于全州府尹任上應旨上疏，是一篇超過一萬一千字的長文。

〔二〕配天：與天相比並，謂受天命爲天子。立極：樹立準則。

〔三〕垂拱無爲：垂衣拱手，形容毫不費力。古時比喻統治者什麽都不用做，卻能使天下太平。多用作稱頌帝王無爲而治。《尚書·武成》："惇信明義，崇德報功，垂拱而天下治。"
〔四〕格：至也。
〔五〕位育之功效：《中庸章句》第一章："致中和，天地位焉，萬物育焉。"這裏指聖王極致的治理效果。
〔六〕中庸句：見《中庸章句》第二六章。

　　試以大舜、文王、衛武公[七]之事言之。舜在位五十年，治定功成，禮備樂和，其功化極矣，而猶作勑天之歌，君臣相戒。其言曰："勑天之命，惟時惟幾。"[八]言敬天之道，在於無時而不警，無微而不省也。文王享國歲久，昭事上帝，自朝至于日中昃，不遑暇食，用咸和萬民。故詩人贊之曰："惟天之命，於穆不已。於乎不顯？文王之德之純。"[九]言文王之德，純亦不已，而合乎天道也。武公行年九十有五，猶箴儆於國以求規諫，作《抑》戒之詩以自警。其詩曰："相在爾室，尚不愧于屋漏。無曰不顯，莫予云覯。神之格思，不可度思，矧可射思？"[一〇]言人君非獨致謹於臨朝對群臣之時，至於宮庭幽隱之地，亦不敢肆，凜然自持，如對神明。於此見古昔聖帝明君法天存誠，主敬謹獨，終始惟一，無時間斷，不以吾治已隆而自逸，不以吾德已盛而自滿，不以吾齒已衰而自怠，存戒懼於不覩不聞之地，以致昭格于無聲無臭之際。此所以天地感應而休祥[一一]並至，神人協和而災變不作，是乃所謂"求在己之天而天不敢違"者也。

【注釋】

〔七〕衛武公：姬姓，衛氏，名和，衛釐侯之子，衛共伯之弟，春秋时期卫国第十一任国君,公元前812年到公元前758年在位。
〔八〕勅天二句:《尚书·皋陶谟》曰:"帝庸作歌曰:'勅天之命,惟时惟几。'乃歌曰:'股肱喜哉,元首起哉,百工熙哉!'皋陶拜手稽首飏言曰:'念哉!率作兴事,慎乃宪,钦哉!屡省乃成,钦哉!'乃赓载歌曰:'元首明哉,股肱良哉,庶事康哉!'又歌曰:'元首丛脞哉!股肱堕哉!万事堕哉!'帝曰:'俞!往钦哉!'"
〔九〕按:此处引诗见《诗经·周颂·维天之命》。
〔一〇〕按:此处引诗见《诗经·大雅·抑》。《毛诗序》曰:"《抑》,卫武公刺厉王,亦以自警也。"《国语·楚语》曰:"昔卫武公年数九十有五矣,犹箴儆于国曰:'自卿以下至于师长士,苟在朝者,无谓我老耄而舍我,必恭恪于朝,朝夕以交戒我。闻一二之言,必诵志而纳之,以训道我。在舆有旅贲之规,位宁有官师之典,倚几有诵训之谏,居寝有亵御之箴,临事有瞽史之道,宴居有师工之诵。史不失书,矇不失诵,以训御之。于是乎作《懿》戒以自儆也。"三国吴韦昭注:"昭谓《懿》诗,《大雅·抑》之篇也,懿读曰抑。"
〔一一〕休祥:吉祥。《书·泰誓中》:"朕梦协朕卜,袭于休祥,戎商必克。"孔传:"言我梦与卜俱合于美善。"

臣伏见殿下仁明恭俭,本于天性,乐善好学,厉精图理。临御以来三十有四年之间,严恭寅畏〔一二〕,不敢荒宁,昧爽丕显〔一三〕,对越上帝,内无声色之娱,外无游田之乐〔一四〕,从谏弗咈,改过不吝,虽古之圣王,无以加矣。然而治效未著而朝政屡变,人心未和而天变不弭,其故何欤?臣窃恐殿下法天谨独〔一五〕之功,或有时间断,而穷理执中之学,亦有所未至也。圣功有间断,故天理未纯而人欲杂之;圣学有未至,故见道不明而用舍或差。立政而无所定,行道而不能久,勤怠之靡常而曝寒之不一,又何以隆至治而致泰和乎?

【注釋】

〔一二〕寅畏:敬畏,恭敬戒懼。《書·無逸》:"嚴恭寅畏,天命自度。"蔡沉集傳:"寅則欽肅,畏則戒懼。"
〔一三〕昧爽丕顯:天不亮就起牀,思考如何光大自己的德業。形容爲政勤勞辛苦。《尚書·太甲》:"先王昧爽丕顯,坐以待旦。"昧爽,天色未亮時。丕顯,顯揚,光大。
〔一四〕遊田:亦作"遊畋"。出遊打獵。《書·無逸》:"文王不敢盤於遊田,以庶邦惟正之供。"
〔一五〕謹獨:猶慎獨。謂在獨處時謹慎不苟。宋張栻《與曾節夫撫幹書》:"《中庸》謹獨,《大學》誠意,乃是下工夫要切處,不可悠悠放過也。"

然聖人之過,如日月之食,過也,人皆見之,更也,人皆仰之〔一六〕。竊見去奸之後〔一七〕,殿下之心,如日再中,陰翳俱盡,思所以照幽隱而新政化者,無所不至矣。朝廷肅清,四方顒望〔一八〕,庶幾復見都俞吁咈之治〔一九〕。嗚呼!此正殿下端本清源,振頽綱革弊習,上應天心,下慰人望之一大幾會〔二○〕也。當今國家之勢,譬如潰癰之人大命幾危而復蘇,邪毒雖除,而其元氣已薾然矣。固宜安静以保護,不可動作而生變。然必投以靈丹妙劑,爲之湔腸滌胃以去病根,然後可以清其腹心而養其血脈矣。若或安於小愈,厭卻瞑眩之藥〔二一〕,失其所以治調,則病之源於心腹者,安保其不復萌於異日乎?

【注釋】

〔一六〕然聖人六句：《論語·子張》："子貢曰：'君子之過也，如日月之食焉。過也，人皆見之；更也，人皆仰之。'"

〔一七〕去奸之後：此處奸臣指金安老（1481—1537），他於中宗年間掌權期間，掀起多場獄事，迫害異己，後因謀劃中宗第二繼妃文定王后廢位，事發，于1537年11月被賜死。

〔一八〕顒望：本指凝望，擡頭呆望，引申爲仰望，敬仰地期待，盼望，等待。

〔一九〕都俞吁咈：皆爲古漢語歎詞。都，贊美。俞，同意。吁，不同意。咈，反對。本以表示堯、舜、禹等討論政事時發言的語氣，後用以贊美君臣論政問答，融洽雍睦。《書·堯典》："帝曰：'吁！咈哉！'"又《益稷》："禹曰：'都，帝，慎乃在位。'帝曰：'俞！'"

〔二〇〕幾會：機會。《新唐書·陸贄傳》："此爲幾會，不容差跌。"

〔二一〕瞑眩：本來是指頭昏目眩、眼睛睜不開的症狀，但古書往往把瞑眩和藥物反應聯繫起來，如《尚書·說命上》："若藥不瞑眩，厥疾弗瘳。"孔穎達疏："瞑眩者，令人憒悶之意也。"即服藥後出現惡心、頭眩、胸悶等反應的，稱爲"瞑眩"。

　　近來朝廷舉措施爲，務要鎮静，可謂得宜。然所以貴乎鎮静者，非苟且姑息之謂也。整紀綱，嚴賞罰，以正朝廷，以定人心，以重國勢，而邪說不得亂，小人不能搖者，乃鎮静之實也。若乃不分淑慝〔二二〕，不辨是非，喜同惡異，循常襲故，牽補架漏〔二三〕，苟度時日，而謂之鎮静，則恐無以振綱維，新理化，而偸靡之習、頹墮之風將日益甚，而終不可救矣。大抵國勢不盛則衰，衰則入於亡。故明智之君，當盛而慮衰，當衰而思振，衰而不能振，則奄奄然日趨於亡必矣。

然其所以興衰振頽之本，則在於人主之心純一無息而已矣。若内無定志，外無定規，朝勤而夕怠，乍作而乍輟，正念方萌，而私欲奪之；善政方行，而邪説沮之；良臣方進，而讒諛間之，則將見紛紜委靡，卒無成效，而終至於脈病氣消，風邪乘之，而大命危迫矣。

【注釋】

〔二二〕淑慝：猶善惡。《書·畢命》："旌别淑慝，表厥宅里。"孔傳："言當識别頑民之善惡，表異其居里。"
〔二三〕牽補架漏：如把破漏的屋子支架起來，東牽西扯，彌補一時地過生活。

今者王道平蕩，朝廷稍和，然而上下之情猶未孚，陰邪之逕猶未杜。伏願殿下剛以執德，明以察物，任賢不貳，去邪勿疑，以振頽綱，以養國脈，宗社幸甚。《書》曰："常厥德，保厥位。厥德靡常，九有以亡。"〔二四〕夫常德之要，亦在於剛與明而已。非明則無以爲剛，非剛則其所明亦不能久矣。《易》曰："天地之道。恒久而不已也。"又曰："聖人久於其道而天下化成。"〔二五〕人主誠能體元居正，不貳以二，不參以三，茫乎天運，窅爾神化，則可以合乎天德，而帝王之治庶可爲矣。聖希天，賢希聖，舜、文王，希天而合乎天者也；衛武公，希聖而幾乎聖者也。程子曰："有天德，便可語王道，其要只在慎獨。"〔二六〕蓋欲法舜、文之道，必由武公之慎獨，顯微無間，終始一德，而後可以至也。惟聖明留念焉。

【注釋】

〔二四〕書曰句：見《尚書·咸有一德》。
〔二五〕易曰句、又曰句：見《周易·恒卦》之《象傳辭》。
〔二六〕程子曰句：見《近思録》卷四《存養》第四一則。

　　伊尹之戒太甲曰："德惟一，動罔不吉；德二三，動罔不凶。惟吉凶，不僭在人，惟天降災祥，在德。"〔二七〕臣伏見殿下臨御歲久，和氣不應，災沴荐臻〔二八〕。又至於今，怪氣布天，虹霓貫日，而皆白其色。夫白主兵，乃寇賊竊發之證。彗星犯台〔二九〕，太白晝見，霜雹夏賈，是又以下干上，以陰侵陽之象。變異非常，疊見於一時，前古所未有也。近日又有日食之變、雷震之異。夫日者，衆陽之宗，人君之表，而有食之，是尤天變之大者，而爗爗震電，亦詩人之所惡也〔三〇〕。天之所以累威重譴而警告之者，極矣。得非事有階亂，政有召奸〔三一〕，而危亡之禍近在朝夕，天於殿下，諄諄存顧，先幾豫示，以啓聖心者乎？人君克謹天戒，則雖有其象，而無其應。若或天戒赫然於上，而人之應之者蒙然於下，則禍患之來必矣。

【注釋】

〔二七〕伊尹句：見《尚書·咸有一德》。伊尹，名摯，小名阿衡，商初著名宰相，輔佐商湯滅夏。太甲，生卒年不詳，商湯嫡長孫，太丁之子，外丙和仲壬之侄，商朝第四位君主。
〔二八〕災沴荐臻：指自然災害接連發生。荐臻，接連到來，屢次降臨。荐，通"薦"，再，屢次。《詩·大雅·雲漢》："天降喪亂，饑饉薦臻。"
〔二九〕台：指三台星，也稱三能，共六星，屬太微垣。《晉書·天文志上》："三台六星，兩兩而居……在人曰三公，在天曰三台,主開德宣符也。西近文昌二星曰上台,爲司命,主壽。次二星曰中台,爲司中,主宗室。東二星曰下台,爲司禄,主兵,所以昭德塞違也。"

〔三〇〕而爗爗二句:《詩經・十月之交》:"爗爗震電,不寧不令","哀今之人,胡憯莫懲"。李彦迪上疏的十月份天亦有雷電變相,故引用之。

〔三一〕階亂:即亂階,禍端,禍根。召奸:指出現奸佞。

　　蓋人君之德,敬則一,怠則二三。吉凶災祥之應,莫非由於君德之敬怠,則其所以應天心,答天譴者,亦豈外於敬以一德乎? 古之明王,或遇災變,修德正事,一於誠敬,感徹神祇,壓消未萌,遂至於光丕業〔三二〕,享永年者多矣。如商之中宗〔三三〕、周之宣王〔三四〕、漢之文景〔三五〕,遇災修省,克己自新,遂能變戾氣爲泰和,化已衰爲中興,豈非畏天敬德,一念不息之效耶?

【注釋】

〔三二〕丕業:大業。《史記・司馬相如列傳》:"皇皇哉斯事,天下之壯觀,王者之丕業,不可貶也!"

〔三三〕商之中宗:太戊,甲骨文作大太戊、天戊,子姓,名密,商王太甲之孫,太庚之子,小甲和雍己的弟弟,商朝第九任君主,公元前1535年到公元前1460年在位,在位七十五年。太戊在位時期,勤政修德,治國撫民,任用伊陟、巫咸掌握國政,各諸侯紛紛歸順,使商朝再度興盛。太戊與太甲、祖乙並稱三示(即三位有貢獻的君主)。太戊死後,廟號中宗,葬於太戊陵,在今河南省内黄縣亳城鄉。

〔三四〕周之宣王:姬姓,名靜,一作靖,周厲王之子,西周第十一代君主,前827年至前782年在位。周宣王繼位後,政治上任用召穆公、尹吉甫、仲山甫、程伯休父、虢文公、申伯、韓侯、顯父、仍叔、張仲一幫賢臣輔佐朝政；軍事上借助諸侯之力，任用南仲、召穆公、尹吉甫、方叔陸續討伐獫狁、西戎、淮夷、徐國和楚國，使西周的國力得到短暫恢複，史稱"宣王中興"。

〔三五〕漢之文景：指漢文帝和漢景帝。爲漢代第三任和第四任皇帝，在位期間施行黃老之術，與民休息，天下大治，號稱文景之治。

　　臣伏見去夏求言之旨，責己省愆，發於至誠惻怛，似可以感人心，回天怒矣。而越月踰時，臺諫、侍從〔三六〕之外，未有一人忘身展抱，極言闕失，以副明主修省之美意者，而天之示變，彌嚴而不已。是殿下有望於下，而人不應之，致謹於上，而天怒愈赫，豈無所由然耶？如臣之淺闇〔三七〕，不識時宜，詎測天意？但感殿下憂勤惕厲之誠〔三八〕，而區區螻蟻忠義之心，自有不能已者。而況臣以庸陋，曾忝侍從之列，未效涓埃之補〔三九〕，今值虛懷詢訪之日，豈可以疏外自處，不思罄竭愚衷，裨補萬一乎？當今致災變之由，固非一端，而其所以應天弭災之本，則在於殿下之一念。一念合天，天有不應者乎？若規規於革一政之失，矯一事之弊，而不知本之所在，則斯亦末矣。臣請以當今最關於治道，最切於時務者，爲殿下陳之。伏惟聖慈垂察焉。

【注釋】

〔三六〕臺諫、侍從：朝鮮時代司憲府和司諫院的官員都稱臺諫。在國王身邊處理政務的弘文館的副提學等、司憲府和司諫院的臺諫、藝文館的檢閱和承政院的注書都屬於國王的侍從之臣。

〔三七〕淺闇：亦作"淺暗"。膚淺而不明達。王充《論衡·別通》："深知道術，無淺闇之毀也。"
〔三八〕惕厲：亦作"惕勵"。警惕謹慎，警惕激勵。語出《易·乾》："君子終日乾乾，夕惕若厲，無咎。"
〔三九〕涓埃：細流與微塵。比喻微小。《周書·蕭撝傳》："臣披款歸朝，十有六載，恩深海嶽，報淺涓埃。"

　　臣謹稽前史，自古帝王，憂勤願治者多矣，而能終始全德，以收治效者蓋寡，其故在求治而不識爲治之要而已。求治而得其要，則不憂勞而治道成。如或有志於爲治，而不得其要，雖勞心焦思，宵旰憂勤〔四〇〕，終無益矣。如黃帝、堯、舜垂衣裳而天下治者〔四一〕，其亦得其要而已矣。後世人主，或程書傳餐〔四二〕，非不勤且勞矣，而終不能興善治而延國祚者，以不得爲治之要，而徒費精於細務故也。

【注釋】

〔四〇〕宵旰：天不亮就穿衣起身，天黑了才吃飯。形容非常勤勞，多用以稱頌帝王勤於政事。陸贄《論兩河及淮西利害狀》："今師興三年，可謂久矣；稅及百物，可謂繁矣，陛下爲之宵衣旰食，可謂憂勤矣。"
〔四一〕垂衣裳而天下治：垂拱而治，多稱頌帝王無爲而治。
〔四二〕程書：《史記·秦始皇本紀》："天下之事無大小皆決於上，上至以衡石量書，日夜有呈（程），不中呈不得休息。"《漢書·刑法志》："至於秦始皇……專任刑罰，躬操文墨，晝斷獄，夜理書，自程決事，日縣石之一。"顏師古注引服虔曰："縣，稱也。石，百二十斤也。始皇省讀文書，日以百二十斤爲程。"後因以"程書"謂限量閱讀處理文書。范成大《晚步宣華舊苑》詩："歸來更了程書債，目眚昏花燭穗垂。"傳餐：見《資治通鑑》卷一九三："文帝勤於爲治，每臨朝,或至日昃,五品以上,引坐論事,衛士傳餐而食;雖性非仁厚,亦勵精之主也。"

蓋帝王爲治之道,至簡而不煩,至易而不難。天下雖大,治之在心,非至簡乎?四海雖遠,治之在道,非至易乎?夫心者,主於身而萬化之所由出也;道者,本於心而天下古今之所共由也。誠能明此心而清萬化之源,體此道而立萬民之極,則可以成參贊之功〔四三〕,而天地自位,萬物自育,氣無不和而瑞慶至矣。《易》曰"易簡而天下之理得,天下之理得而成位乎其中"〔四四〕者,正謂此也。蓋爲治之要,其綱有一,其目有十。綱者,體也,出治之本也;目者,用也,制治之法也。一綱舉,則十目無不張矣。臣請先言一綱而次及十目焉。

【注釋】
〔四三〕參贊之功:《中庸章句》第二二章:"惟天下至誠,爲能盡其性。能盡其性,則能盡人之性;能盡人之性,則能盡物之性;能盡物之性,則可以贊天地之化育;可以贊天地之化育,則可以與天地參矣。"
〔四四〕易曰句:見《周易》之《繫辭傳上》。

何謂一綱?人主之心術是也。庶政之繁,萬民之衆,而其理亂休戚之幾,未有不本於人主之心者。故人主之心正,則萬事理,人心順,而和氣至;人主之心不正,則萬事乖,人心拂,而戾氣應,此理之必然也。思昔聖人在位,體天出治,方寸之地,正大光明,純乎天理之公而無人欲之累。故自微至著,由内及外,洞然無有私邪之蔽,而紀綱立於上,教化明於下,法立而無侵撓之患,令出而無阿私之失〔四五〕。進賢退邪,允愜於輿情〔四六〕;賞善罰惡,一徇乎公議,而不敢以一毫私意鑿於其間,但見虛明之地,廓然大公,儼然至正,泰然行其所無事,而坐收百官衆職之成功。臣所謂易簡之道者,如斯而已。如或反是而爲人欲私意之侵亂,失其公平正大之體,則其偏黨反側黶闇猜嫌〔四七〕,固日擾擾乎方寸之間,而奸僞讒慝〔四八〕叢脞眩瞀〔四九〕,又將有不可勝言者矣。於此見人君心術之不可不正,而其所以正心術之要,又必由學而得矣。

【注釋】

〔四五〕阿私:偏私,不公道。《晏子春秋·問下十九》:"晏子對曰:'正士處勢臨衆不阿私。'"
〔四六〕輿情:群情,民情。南唐李中《獻喬侍郎》詩:"格論思名士,輿情渴直臣。"
〔四七〕黶闇:黑暗,無光,引申爲蒙昧,糊塗。《莊子·齊物論》:"我與若不能相知也,則人固受其黶闇,吾誰使正之。"
〔四八〕讒慝:指邪惡奸佞之人。《管子·五輔》:"五經既布,然後逐姦民,詰詐僞,屏讒慝,而毋聽淫辭,毋作淫巧。"
〔四九〕叢脞:瑣碎,雜亂。《書·益稷》:"元首叢脞哉,股肱惰哉,萬事墮哉。"孔傳:"叢脞,細碎無大略。"眩瞀:昏憒,迷亂。《後漢書·方術傳上·郭憲》:"諫爭不合,乃伏地稱眩瞀,不復言。"李賢注:"瞀,亂也。"

蓋本心之善,其體甚微,而物欲之攻,不勝其衆。故大舜有危微之戒〔五〇〕,孔子有克復之訓〔五一〕。人主處崇高之位,窮理之力,存省之功,一有間斷,則又何以正其心術而立萬事之綱乎？先儒言："惟學可以養此心，惟敬可以存此心，惟親近君子，可以維持此心。"〔五二〕蓋義理物欲，相爲消長，篤志于學，則日與聖賢爲徒而有自得之樂；持身以敬，則凜如神明在上而無非僻之侵；親賢人君子之時多，則警戒日聞而諂邪不能入。三者交致其力，則聖心湛然如日之明，如鑑之空，義理爲之主而物欲不能奪矣。

【注釋】

〔五〇〕危微之戒：《尚書·大禹謨》："人心惟危，道心惟微，惟精惟一，允執厥中。"

〔五一〕克復之訓：《論語·顏淵》："顏淵問仁。子曰：'克己復禮爲仁。一日克己復禮，天下歸仁焉！爲仁由己，而由人乎哉？'"

〔五二〕先儒：指真德秀，見《宋史·真德秀傳》："上初御清暑殿，德秀因經筵侍上，進曰：'此高、孝二祖儲神燕閒之地，仰瞻楹桷，當如二祖實臨其上。陛下所居處密邇東朝，未敢遽當人主之奉。今宫閤之義浸備，以一心而受衆攻，未有不浸淫而蠹蝕者，惟學可以明此心，惟敬可以存此心，惟親君子可以維持此心。'"

夫經筵，人主講學之地，接賢士大夫之所也。而敬者，又所以貫動静，合内外，而達乎天德者也。臣伏見殿下始初厲精，勤御經筵，講劘治道，孜孜不倦。頃年以來，寖不如初〔五三〕，講官入侍，止於展讀數章，無規諷道義之益，而殿下又淵嘿〔五四〕，未聞討論義理之精微，商確〔五五〕古今之得失，宰臣陳啓，不過政令細務，未有陳善納誨如伊、傅、周、召之惓惓〔五六〕者。竊恐殿下窮理進德之功，或有所未盡也。

【注釋】

〔五三〕寖：同"浸"，逐漸。
〔五四〕淵嘿：亦作淵默，深沉静默之意。《莊子·在宥》："屍居而龍見，淵默而雷聲。"
〔五五〕商榷：商討，斟酌。鍾嶸《〈詩品〉總序》："觀王公搢紳之士，每博論之餘，何嘗不以詩爲口實，隨其嗜慾，商榷不同。"
〔五六〕伊、傅、周、召：伊指伊尹，傅指傅説，周指周公，召指召公。惓惓：忠心耿耿的樣子。

臣常怪殿下有志堯舜之道，而至於經幄進講，則不以三代以上聖經賢傳爲本，而每取末世所輯，編帙浩繁，未易究竟之書進讀〔五七〕。如此等書，詳於制度、事物之繁，而至於聖人明誠之旨〔五八〕、精一之要〔五九〕，蓋有未備焉。人主但當置諸左右，清閑之燕〔六〇〕，時加省閲，以究古今制作、規模之得失可也，不必專精講究於經幄之中也。聖質不爲不高，聖志不爲不篤，而悠悠泛泛，徒費歲月於一書之中，而有志勤道遠之嘆者，未必非當初輔導者之罪也。唐、虞、三代之世，豈有此書？心學而已矣。一理可以貫萬事，一心可以統萬化，帝王之學，窮理正心而已矣。理窮心正，自足以修身、正家而及於國天下矣。伏願殿下姑舍末流之涉獵，專意本源之功力，潛心於帝王之學，加意於精一之功，日接儒紳，講討精微，而又必以敬爲主，無怠忽間斷之病，則全體於是乎立，而大用由是而行矣。

【注釋】

〔五七〕未易句：《中宗實録》中收録此文，本句下有小注："時，進

〔五八〕明誠之旨：《中庸章句》第二一章："自誠明，謂之性；自明誠，謂之教。誠則明矣，明則誠矣。"

〔五九〕精一之要：《尚書·大禹謨》："人心惟危，道心惟微，惟精惟一，允執厥中。"

〔六〇〕清閑之燕：指公務之餘，閑暇之時。

　　夫敬者，聖學之所以成始而成終者也。《易》曰："天行健，君子以自強不息。"〔六一〕又曰："君子終日乾乾，夕惕若，厲无咎。"〔六二〕所謂"日乾夕惕"者，乃所以常存敬畏而自強不息者也。自強不息而至於無息，則合乎天矣。人主德合於天，心一於天，而天心之不豫，災變之不消，無是理也。故程子論敬之功效曰："聰明睿智，皆由是出，以此事天享帝。"〔六三〕惟聖明留意焉。

【注釋】

〔六一〕易曰句：見《周易·乾卦》。

〔六二〕又曰句：見《周易·象傳辭》。

〔六三〕故程子句：見《二程遺書》卷六："聖人脩己以敬，以安百姓篤恭而天下平。惟上下一於恭敬，則天地自位，萬物自育，氣無不和，四靈何有不至，此體信達順之道。聰明睿智，皆由是出，以此事天饗帝。故《中庸》言鬼神之德盛，而終之以'微之顯，誠之不可掩如此'。"

　　至於十目，則無非心術之緒餘而爲治之切務也。其一曰"嚴家政"。《易》曰："王格有家，勿恤，吉。"又曰："有孚威如，終吉。"〔六四〕傳者曰："王者之道，修身以齊家，家正而天下治矣。自古聖王，未有不以

恭己正家爲本。故有家之道既至，則不憂勞而天下治矣。"〔六五〕

夫正家之道，莫先於嚴内外之限，定尊卑之分。男定位乎外，女定位乎内，妻齊體於上，妾接承於下，而夫婦之別嚴，嫡庶之分定者，家之齊也。采有德，戒聲色，彤管有史〔六六〕，晏朝有箴〔六七〕，外言不入，内言不出，苞苴不達，請謁不行者，家之齊也。蓋閨門之内，慈過則不嚴，恩勝則掩義。故家之患，常在於禮法不立而瀆慢生也。苟非中有孚信，外有威嚴，而或溺於情愛之私，不能自克，則何以正其宫壼〔六八〕，杜其請托，檢其姻戚而防禍亂之萌乎？夫孚信者，所以感人心，威嚴者，所以肅人心，二者並行而家道正矣。然所謂威嚴者，亦在先嚴其身。一動一静，不敢苟，一嚬一笑，不敢輕，則人心祇畏，家道自肅，而不失於嘻嘻〔六九〕，上下秩秩，内外斬斬，豈有一人恃恩私以亂典常，納賄賂以紊朝政者乎？故曰："威如之吉，反身之謂。"〔七〇〕不能反身而能正其家者，未之有也。

**【注釋】**

〔六四〕按：此處引文見《周易·家人卦》爻辭。
〔六五〕按：此處引文見程頤《易傳》。
〔六六〕彤管：杆身漆朱的筆。古代女史記事用。《詩·邶風·静女》："静女其孌，貽我彤管。"毛傳："古者後夫人必有女史彤管之法，史不記過，其罪殺之。"鄭玄箋："彤管，筆赤管也。"
〔六七〕晏朝有箴：指周宣王姜后在周宣王晏朝後的脱簪之諫。見《列女傳·周宣姜后》："周宣姜后者，齊侯之女也。賢而有德,事非禮不言,行非禮不動。宣王嘗早臥晏起,後夫人不出房。姜后脱簪珥,待罪於永巷,使其傅母通言於王曰:'妾不才,妾之淫心見矣,至使君王失禮而晏朝,以見君王樂色而忘德也。夫苟樂色,必好奢窮欲,亂之所興也。原亂之興,從婢子起。敢請婢子之罪。'王曰:'寡人不德,實自生過,非夫人之罪也。'遂復姜后而勤於政事。早朝晏退,卒成中興之名。"

〔六八〕壼:古通"閫",内室。
〔六九〕嘻嘻:見《周易·家人卦》爻辭:"家人嗃嗃,悔厲,吉。婦子嘻嘻,終吝。"
〔七〇〕故曰句:見《周易·家人卦》象傳。

  伏見殿下家法之正,固無可議,但前有掖庭怙寵窺覦之變〔七一〕,後有陰邪攀附亂政之禍〔七二〕。以及于今,宮禁不嚴,女謁盛行〔七三〕,至有除拜判斷之際,或不盡出於至公,以爲聖德之累。疏遠傳聞,未知信否,而廷臣之論列此事非一再,則豈無所見而言耶?蓋宮庭隱密之地,衽席宴安之際,其流於情而害於理者,雖若至微,而符驗之著於外者甚遠。人主之心,當如青天白日,少有纖翳〔七四〕,人皆見之,不可掩也。《禮記》曰:"男教不修,譴見于天,日爲之食;婦順不修,譴見于天,月爲之食。"〔七五〕人君家政之不修,亦足以致乾象之變,甚可懼也。伏願殿下勿以此爲隱微而不足以累吾德,惕然警省,奮然改悔,洞日月之照,發雷霆之斷,使柔媚不干于聰明,愛倖盡決于道義,以嚴宮壼,以杜邪徑,宗社幸甚。

【注釋】
〔七一〕掖庭怙寵窺覦之變:《中宗實録》所收録本文此句下小注:

"謂朴氏驕縱自肆。"朴氏指中宗敬嬪朴氏。所謂"掖庭怙寵窺覬之變"指朴氏以燒焦之老鼠詛咒東宫世子之"灼鼠之變"。據《燃藜室記述》卷九《中宗朝故事本末》之《朴敬嬪福城君之獄》引《東閣雜記》記載:"嘉靖壬辰,東宫近處有灼鼠詛咒之事,且作假像,懸木牌,書不道之言,捕得可疑人,鞫之,指以朴嬪所爲,賜朴嬪及福城君嵋死。"

〔七二〕陰邪攀附亂政之禍:指金安老弄權,打擊排擠異己,造成多起冤獄。

〔七三〕女謁:謂通過宫中嬖寵的女子干求請托。《韓非子·詭使》:"近習女謁並行,百官主爵遷人,用事者過矣。"

〔七四〕纖翳:微小的障蔽。

〔七五〕禮記句:見《禮記·昏儀》:"是故男教不脩,陽事不得,適見於天,日爲之食;婦順不脩,陰事不得,適見於天,月爲之食。"

其二曰"養國本"。輔養國本,今日之急務,而輔養之道,非止於涉書史、談古今而已,要在涵養薰陶之得其道爾。古之明王,教養太子,必擇敦良方正有學術德行之士,以職輔導。至於宫人内臣,並選重厚小心之人,以謹保護,使其左右前後,無非正人,出入起居,無非正道。淺俗之言,不入于耳;侈靡之物,不接於目。所以養德性而保身體者,莫先於此。若夫學問之道,自有本末,先其本,後其末,乃進德之規也。帝王心法、聖賢謨訓,布在經傳,炳如日星,所宜潛心熟講,優游玩味,不徒誦其文,而必有以會其理,不徒會其理,而必有以踐其實。察倫明物,極其所止,盡心知性,以達于天者,學之本也。至於博涉史書,通古今,考世變者,是特窮理之一端,非學之本務也。蓋心通乎道然後觀史,則古人是非得失,一覽瞭然於目中矣,心不通於道,而遽欲遍閲史籍,非徒汗漫[七六]無功,恐或眩於是非邪正之歸,而不知所以取舍矣。

臣伏見春宫[七七]天稟之粹,超絶古今,德就之夙[七八],不煩教誨,一德無瑕,三善[七九]俱隆。曩承內禪之命,至誠遜避,號哭不食,卒以回天,朝野聞之,莫不感泣,非純孝盛德之至,何以及此?第慮調護之方,未盡如三代之法;賓僚之選,豈盡得道德之士?進講之書,多用《史記》,無沈潛聖經之味,而有涉獵諸史之勤,恐非所以明理造道之要。人主之學,當以二帝三王[八〇]爲法,三代以上,何史可讀?心學而已矣。後世雖不可廢觀史,然其本末先後之序,不可不察。

頃者士林之間,有假借羽翼之説,引進凶邪之魁[八一],置諸師傅之位,其所以輔導之者,乖剌必多。幸賴天祚宗社,陰曀消盡,天日重明,宜重宫寮之職,廣選名德之士,以備勸講,必久其任,責其成效。至於進講之書,亦必以明性治心之學爲本,使得專精窮理之功,以盡進德之方,間閲往史,以究古今之變治亂之要,則本末兼盡而聖功全矣。今以講官員少,兼以他官,營營於職事,紛紛其思慮,而未得專心積誠於侍讀,是又非輔導之宜。竊念緝熙之學,日就月將,固無間斷之憂。然人心難保,氣習易移,一念存亡,聖狂所分,輔翼之道,不可不盡。宗社遠計,莫急於此,惟聖明其深軫之[八二]。

**【注釋】**

〔七六〕汗漫：漫無邊際。
〔七七〕春宫：本爲王世子居住的宫殿，後代指王世子，這裏指朝鮮仁宗。
〔七八〕德就之夙：即夙德，早成之德。
〔七九〕三善：指臣事君、子事父、幼事長的三種道德規範。《禮記·文王世子》："行一物而三善皆得者，唯世子而已……父子、君臣、長幼之道得而國治。"
〔八〇〕二帝：唐堯、虞舜。三王：夏禹、商湯、周文王和周武王。
〔八一〕凶邪之魁：當指金安老而言。《中宗實録》所收本文本句下小注："金安老、許沆、蔡無擇等。其始用之也，有羽翼之説焉。"
〔八二〕深軫：深思熟慮。

其三曰"正朝廷"。臣聞王者，正心以正朝廷，正朝廷以正百官，正百官以正萬民，正萬民以正四方。夫朝廷者，四方之本源、王化之所由始也。本源清明，雖欲末流之溷濁〔八三〕，不可得矣。若不務先正朝廷而區區於簿書彈劾之末，而欲以振頽風，除民瘼〔八四〕，譬如溷其源而望流之清，其可得乎？蓋朝廷之所由正者，其要有二。必先有紀綱以整之，又有風節以振之，然後可以張理上下，整齊人道，而不至於頽墮委靡矣。

夫風節者，公道之所由行而直道之所由伸也。公道不行，直道不伸，紀綱何由而立？紀綱不立，朝廷何由而正乎？然其紀綱風節之所由立，則又繫於人主之心術。三公〔八五〕論道，六卿〔八六〕分職，而侍從、臺諫論思糾察於其間，人主以大公至正之心，摠攝於上，辨其是非而裁斷焉，察其賢邪而進退之，毋主先入而有偏聽獨任之失,毋昵嬖幸而失兼臨博愛之公,惟道所在,斷之不疑,奸不能惑,佞不能移,黜陟刑賞,一徇公議之所在而無偏私之蔽。然後公道行而直道伸,紀綱以立而朝廷以正,內外遠近,無敢不一於正者矣。

人主之心,或不能公平正大而有一毫偏黨之私,奸邪、諂佞、姻婭、嬖幸,莫不窺覦攀緣,希覬恩寵,無所不至,而上以眩惑聰明,下以竊弄威福,雖有忠正之論,無所入而士節沮喪矣。士節沮喪而公道塞,直道廢,此紀綱之所由毀而朝廷之所由亂也。頃者奸凶竊位,恃寵專恣,禦下蔽上,與奪決於恩讎,威福生於呼吸,士林喪氣,紀綱蕩然。宗社幾至於岌岌,殿下孤立於上,無一人忘身徇國,直言正論以斥其奸者,其無風節甚矣。士林無風節,朝廷無紀綱,國家不至於淪喪者,僅一髮爾,豈不寒心?伏願殿下懲前慮後,赫然以大公至正爲心,痛滌偏私之累,明示好惡之公,以厲風節,以振綱維,庶可以清本源而王化行矣。

【注釋】

〔八三〕溷濁:同"混濁",混亂污濁之意。

〔八四〕民瘼:民衆的疾苦。語本《詩·大雅·皇矣》:"監觀四方,求民之瘼。"

〔八五〕三公:古代中央三種最高官銜的合稱。周以太師、太傅、太保爲三公。西漢以丞相(大司徒)、太尉(大司馬)、御史大夫(大司空)爲三公,東漢以太尉、司徒、司空爲三公,見《通典·職官一》。唐宋沿東漢之制,以太尉、司徒、司空爲三公,但已非實職。明清沿周制,以太師、太傅、太保爲三公,惟只用作大臣的最高榮銜。
〔八六〕六卿:指六官。《書·周官》:"六卿分職,各率其屬,以倡九牧,阜成兆民。"《漢書·百官公卿表上》:"夏殷亡聞焉,周官則備矣。天官冢宰,地官司徒,春官宗伯,夏官司馬,秋官司寇,冬官司空,是爲六卿,各有徒屬職分,用於百事。"

其四曰"慎用舍"。伊尹曰:"任官惟賢材,左右惟其人。臣爲上爲德,爲下爲民,其難其慎,惟和惟一。"〔八七〕孟子曰:"左右皆曰賢,未可也;諸大夫皆曰賢,未可也;國人皆曰賢,然後察之,見賢焉,然後用之。左右皆曰不可,勿聽,諸大夫皆曰不可,勿聽,國人皆曰不可,然後察之,見不可焉,然後去之。"〔八八〕蓋用舍得失,安危所繫。古之明王,慎之而不敢輕,難之而不敢易,必參之於衆,察之於獨,洞見其賢邪之實,然後從而進退之。於賢者,知之深,信之篤,而無所疑貳;於不賢者,燭之明,去之決,而不復留滯,此蓋三代聖王任賢去邪之要法也。後世人主,不明此義,輕於舉措。故任賢而不能終,去邪而不能決,或以一人之譽而進之,或以一人之毀而斥之。甚或前以爲賢而任之者,後以爲邪而戮之;前以爲奸而屏之者,後以爲忠而寵之。用舍一錯,治亂遂分,由不能辨之於早而審之於始也。

臣竊見殿下之心,好賢惡邪,初無偏繫。聞人之賢,雖在疏遠,揀拔無所遺;知人之邪,雖在貴寵,誅竄不少貸。非聖鑑之至虛至公,何以至此?第恨輔導之臣,不由光明之道,多徇暗昧之徑〔八九〕,以玷清明之治。數十年來,進退人物,誅擢縉紳,有不合公議者多矣。夫人才之進退消長，所關甚大，固宜斷之以公平正大之論，豈可倚托幽陰而變亂黑白，排擯異己乎？人臣之有密啓者，非讒則佞，先賢已論之〔九〇〕，明主之所宜深惡也。

【校記】
［誅擢縉紳］縉，庚子本、甲子本、正祖本皆作"搢"，乙亥本與底本同。

【注釋】
〔八七〕伊尹句：見《尚書·咸有一德》。
〔八八〕孟子句：見《孟子·梁惠王下》。
〔八九〕暗昧：昏暗，不清晰。
〔九〇〕密啓：據《宋史·李沆傳》記載，帝以沆無密奏，謂之曰："人皆有密奏，卿獨無，何也？"對曰：臣待罪宰相，公事則公言之，何用密啓？夫人臣有密啓者，非讒即佞，臣常惡之，豈可效尤。"先賢：指宋代李沆。

　　昔漢文帝至長安，周勃請間〔九一〕，宋昌卻之曰："所言公，公言之；所言私，王者無私。"〔九二〕其所以警之者嚴矣。文帝之治，正大光明而無陰邪之蔽者，實有賴於宋昌之一言。伏願殿下清心一德，抑邪與正，杜履霜之漸，戒入腹之害，凡進退用舍之際，每加難慎之意，必質之左右，議之朝廷，而又必察之以虛明之鑑，不置一毫偏私於其間。如或有由蹊徑而眩惑者，亦宜深絕而痛斥之，如大明之無私照，則雖有陰邪之窺伺，無隙之可投矣。

　　知人則哲，聖人猶難之。以今觀之，邪正甚明，亦無難辨者。昔李德裕〔九三〕言於唐武宗曰："君子如松柏，特立不倚；邪人如藤蘿，非附他物，不能自起。"〔九四〕宋仁宗問王素以可命相事者，素對曰："惟宦官、宫妾不知姓名者，乃可充選。"〔九五〕於是相富弼〔九六〕，士大夫相慶。殿下誠能持鑑衡之公，試以此而察群臣邪正，以決進退，必無失矣。今之被斥公論含怨伺隙者，必有復踵舊日之蹊徑以售計術者，不可不深燭而豫防之。變故之餘，聖智益明，聖心益定，固無是疑，而臣之私憂過計，亦未敢不以此爲異日之慮，惟聖明留念而省察焉。

## 【注釋】

〔九一〕周勃：西漢開國將領、宰相（？—前169）。請間：請求在空隙之時白事，不欲對衆言之。

〔九二〕宋昌：早年隨從劉邦起事，曾爲都尉。文帝即位，拜爲衛將軍，鎮撫南北軍，以功封壯武侯，景帝中四年，有罪，奪爵一級，爲關内侯。引文見《史記·孝文本紀》。

〔九三〕李德裕：字文饒（787—850），趙郡贊皇人，唐代政治家、文學家，牛李黨爭中李黨領袖，中書侍郎李吉甫次子。

〔九四〕君子五句：《資治通鑑》卷二四六：庚辰，德裕入謝，言于上曰："致理之要，在于辨群臣之邪正。夫邪正二者，勢不相容，正人指邪人爲邪，邪人亦指正人爲邪，人主辨之甚難。臣以爲正人如松柏，特立不倚；邪人如藤蘿，非附他物不能自起。故正人一心事君，而邪人競爲朋黨。"

〔九五〕王素：北宋大臣，字仲儀，王旦之子，以直諫稱。《邵氏聞見後録》卷二十："仁皇帝問王懿敏素曰：'大僚中孰可命以相事者？'懿敏曰：'下臣其敢言！'帝曰：'姑言之。'懿敏曰：'唯宦官、宫妾不知姓名者，可充其選。'帝憮然，有間，曰：'唯富弼耳。'懿敏下拜曰：'陛下得人矣。'"

〔九六〕富弼：字彦國，洛陽人，北宋名相。

其五曰"順天道"。臣聞天之道,好生而無私;聖人之心,亦好生而無私。堯之欽若昊天,敬授人時,以至庶績咸熙者[九七],法天好生之政也;舜之簡以臨下,寬以御衆,罪疑惟輕,功疑惟重,刑期無刑,欽之恤之者[九八],亦法天好生之政也。人情莫不欲壽,三王生之而不傷;人情莫不欲富,三王厚之而不困;人情莫不欲安,三王扶之而不危;人情莫不欲逸,三王節其力而不盡,此亦無非順天施仁之政也。

　　三代以下能盡是道者,漢之文帝、宋之仁宗是已。當是時,星文數變,日月告凶,災異甚多,而二君能修省盡道,克承天心,轉災爲祥,變禍爲福,求其所以修政格天之道,亦在好生無私而已。其憂也,不以己之憂爲憂,而以天下之憂爲憂;其樂也,不以己之樂爲樂,而以天下之樂爲樂。見時物之敷榮而賑窮悴之民[九九],感緹縈之上書而除肉刑之慘[一〇〇],讞大辟之疑而活數千之命[一〇一],忍一夕之飢而止無窮之殺[一〇二],其愛人澤物,發於至誠懇惻,宜其人心得而和氣應也。

【注釋】

〔九七〕堯之欽三句:《尚書·堯典》曰:"乃命羲和欽若昊天,曆象日月星辰,敬授人時。"《尚書·堯典》:"允釐百工,庶績咸熙。"孔傳:"績,功也;言衆功皆廣。"

〔九八〕舜之簡句:《尚書·大禹謨》:"臯陶曰:'帝德罔愆,臨下以簡,御衆以寬;罰弗及嗣,賞延於世。宥過無大,刑故無小;罪疑惟輕,功疑惟重;與其殺不辜,寧失不經;好生之德,洽於民心,兹用不犯於有司。'"

〔九九〕賑窮悴之民:《漢書·文帝本紀》:"詔曰:'方春和時,草木群生之物皆有以自樂,而吾百姓鰥寡孤獨窮困之人或陷於死亡,而莫之省憂,爲民父母將何如?其議所以振貸之。'"

〔一〇〇〕緹縈:西漢名醫淳于意小女兒,淳于意被人陷害受肉刑。其幼女淳于緹縈毅然隨父西去京師,上書漢文帝,痛切陳述父親廉平無罪,自己願意身充官婢,代父受刑。文帝受到感動,寬免了淳于意,且廢除了肉刑。見《史記·扁鵲倉公列傳》。

〔一〇一〕讞大辟之疑:見《宋史·仁宗本紀》:"大辟疑者,皆令上讞,歲常活千餘。"

〔一〇二〕忍一夕之飢:見《宋史·仁宗本紀》:"宮中夜饑,思膳燒羊,戒勿宣索,恐膳夫自此戕賊物命,以備不時之須。"

竊觀殿下敬天勤民之念至矣,惻怛寬大之旨屢下矣。吏惰奉行,民不受惠,割剥無改於前日[一〇三],窮蹙有甚於曩時[一〇四],臣恐殿下法天好生之心,或有所不誠而然也。稅斂繁重,而無一分之寬;流亡歲增,而無存撫之策。至於刑罰之不中,人命所關,捶楚之下,豈無橫罹之慘?囹圄之中,必多冤枉之魂。頃者權奸擅政[一〇五],專務刻深,屢起大獄,極其慘酷,探情於未形,施戮於難明,殿下仁愛之心,豈不惻然動念而追悔乎?

至於撤寺汰僧,雖是闢邪美意,亦當豫諭諸道,明示撤汰之意,緩其期限,使之漸銷,不宜卒遽焚蕩,以致失所也。去歲遣官督撤,不以暄和之時[一〇六],適值窮冬嚴冱之極[一〇七],緇徒駭散,並喪資糧,赤立失依,凍餒俱迫,老羸廢疾者轉死溝壑,壯者聚爲寇盜,齊民受害多矣。昔曹彬止子弟修葺堂室曰:"時方大冬,牆壁瓦石之間,百蟲所蟄,不可傷其生。"〔一〇八〕夫仁人之於微物,亦不忍傷,況人主之於人類乎?是亦似乖仁聖好生之意,故及之。伏願殿下體生物之心,思同胞之理,仁以恤民,欽以慎刑,皆本純誠,不事文飾,以順天道,庶可以消變異而來福祥矣。

【注釋】

〔一〇三〕割剥:侵奪,殘害。《書·湯誓》:"舍我穡事而割正夏。"孔傳:"言奪民農功而爲割剥之政。"

〔一〇四〕窮蹙:窘迫,困厄。《文選·宋玉〈九辯〉》:"悲憂窮蹙兮獨處廓,有美一人兮心不繹。"

〔一〇五〕權奸:指金安老而言。《燃藜室記述·中宗朝故事本末》:"金安老位極權隆,生人殺人不出於君父,而由於安老,苟有議己者,輒嗾朴洪麟、蔡無擇等加以誹訕朝廷之罪。聽其指嗾爲一時鷹犬者,許沆其尤也。引進其黨布滿朝著者,黃士佑也。"

〔一〇六〕暄和:暖和。《隋書·孝義傳·田德懋》:"春日暄和,氣力何似?宜自抑割,以禮自存。"

〔一〇七〕嚴冱:即冱嚴,謂天寒地凍。張居正《謝賜貂鼠疏》:"雖值冱嚴之候,尚勤講習之功。"

〔一〇八〕曹彬:字國華(931—999),真定靈壽人,北宋開國名將,在北宋統一戰爭中立下汗馬功勞,死後謚號武惠。歐陽修《歸田録》記載:曹武惠王,國朝名將,勳業之盛,無與爲比。嘗曰:"自吾爲將,殺人多矣,然未嘗以私喜怒輒戮一人。"其所居堂屋敝,子弟請加修葺,公曰:"時方大冬,牆壁瓦石之間,百蟲所蟄,不可傷其生。"其仁心愛物蓋如此。

其六曰"正人心"。臣聞人心者,天下安危之本也。人心正，則是爲是，非爲非，而公論行於上，風俗美於下；人心不正，則以是爲非，以非爲是，而公論不行於上，風俗頹敗於下，國家理亂興衰之源，未有不始於此者也。三代之世，人心正矣，而迨其衰季，亂之以楊墨之說〔一〇九〕，毀之以蘇張之論〔一一〇〕，人心始失其正，而尚功利，棄仁義，天下遂大亂矣。西漢之初，人心稍得其正，而失其所以匡直輔翼之方，士皆喜功名而不尚節義，終成諛佞之習，至於上書頌莽者四萬餘人〔一一一〕，而漢祚中微矣。東京之興〔一一二〕，崇節義，厲廉恥，人心始復正矣，及其衰也，朝廷濁亂，而清議凛凛於草野之間，奸雄環視九鼎，而終不敢染指者，伊誰之力歟？自是以下，歷代興廢，莫不以是。考之前史，灼然可徵。

蓋人心之邪正，由於教化之得失。教化明，則人皆向善慕義而人心正矣；教化不明，則人皆趨利去義而人心不正矣。恭惟我朝立三綱，張四維〔一一三〕，教養有道，節義可觀。及殿下承統，撥亂反正，士習一新，人心一正，以直躬正論爲榮，以同流合污爲恥，以學古飭行爲高，以趨時干祿爲鄙。是時朝廷清明，風俗丕變，天理明而人欲不至肆矣。不幸朝政變更，人心始亂，不知是之爲是，不知非之爲非，士習日趨於卑污，風俗遂極於頹弊，於是正氣消於上而陰邪長於下矣。奸凶畜無君之心，專擅自恣而舉朝風靡，甚或趨附恐後而不知其非，人心之不正甚矣，士節之頹靡極矣。若復遲之以數年，其不至於上書頌德乎？人心失正而士節不立，上節既失而風俗遂毀，有不可救者。鄉無孝睦之風，人多淫辟之刑〔一一四〕，至有賊恩敗倫,逆天滅理之事,或發於輦轂之下〔一一五〕,或起於士人之家,有不忍言者,其所以傷和召災者,亦未必不由於是也。

嗚呼!人心風俗,國家之元氣,元氣消耗,命脈其能綿遠乎?言之可爲痛哭。不知宵旰憂勞,亦嘗有及於此耶?今者朝廷更化,聖治惟新,宜思所以正人心,厚風俗,以護元氣,以壽國脈。立教化以惇天叙之典〔一一六〕,振綱維以明民彝之重,則人心正而風俗庶復變矣。宗社生靈長久之道,實在於是,而世多忽焉,惟聖明深思遠慮而留意焉。

【注釋】

〔一〇九〕楊墨之説:戰國時學者楊朱和墨翟的學説。楊朱主張"爲我",墨翟主張"兼愛",是戰國時期與儒家對立的兩個重要學派。《孟子·滕文公下》:"吾爲此懼,閑先聖之道,距楊墨,放淫辭,邪説者不得作。"揚雄《法言·吾子》:"古者楊墨塞路,孟子辭而辟之,廓如也。"

〔一一〇〕蘇張之論:戰國時期縱橫家蘇秦和張儀的言論。蘇秦(?—前284),字季子,洛陽人。蘇秦到趙國後,提出合縱六國以抗秦的戰略思想,並最終組建合縱聯盟,任"從約長",兼佩六國相印,使秦十五年不敢出函穀關。張儀(?—前309),魏國安邑張儀村人,魏國貴族後裔。張儀首創連橫的外交策略,遊説入秦。秦惠王封張儀爲相,後來張儀出使遊説各諸侯國,以"橫"破"縱",使各國紛紛由合縱抗秦轉變爲連橫親秦。張儀也因此被秦王封爲武信君。

〔一一一〕莽:指王莽(前45—23),字巨君,中國歷史上新朝的建立者,即新太祖,也稱建興帝或新帝,公元8年到公元23年在位。《漢書》卷九十九上:"是時吏民以莽不受新野田而上書者,前後四十八萬七千五百七十二人,及諸侯、王公、列侯、宗室見者,皆叩頭言宜亟加賞於安漢公。"趙翼《廿二史札記》:"始則頌功德者八千餘人,繼則諸王公侯議加九錫者九百二人,又吏民上書者前後四十八萬七千五百七十二人。"

〔一一二〕東京之興:指王莽新朝滅亡,東漢建立。

〔一一三〕四維:舊時以禮、義、廉、恥爲治國之四綱,稱爲"四維"。《管子·牧民》:"國有四維……何謂四維? 一曰禮,二曰義,三曰廉,四曰恥。"

〔一一四〕淫辟:邪惡不正。《墨子·尚同下》:"小人見姦巧,乃聞不言也,發罪鈞。此言見淫辟不以告者,其罪亦猶淫辟者也。"

〔一一五〕輦轂:帝王的車輿,代指京城。《三國志·魏志·楊俊傳》:"今境守清靜,無所展其智能,宜還本朝,宣力輦轂,熙帝之載。"

〔一一六〕天叙之典:上天確立的秩序和常法。《尚書·皋陶謨》:"無教逸欲,有邦兢兢業業,一日二日萬幾。無曠庶官,天工,人其代之。天叙有典,勑我五典五敦惇哉!"

其七曰"廣言路"。臣聞古之治天下,朝有進善之旌、誹謗之木〔一一七〕,所以通治道而來諫者也。孔子稱舜之大智曰:"好問而好察邇言,隱惡而揚善,執其兩端,用其中於民。"〔一一八〕蓋天下之理無窮,而人之所見亦多不同。故雖聖智之君,亦必廣迎衆論,博採群言,参同異,察可否,擇其中而用之。古昔聖帝明王之治,正大光明,如青天白日,無少瑕翳者,用此道也。唐太宗詔中書門下,互相規正,務求至當,戒勿雷同〔一一九〕,其亦有見於此歟?

蓋良藥,必合甘辛寒熱而一之,故相助相制而能已疾;美味,必合酸鹹甘苦而一之,故乃和乃平而能悅口。若必取其同而去其異者,則比如以水和水,將焉用之?臣竊見頃者之弊,朝廷無大中至公之道而有偏陂好惡之私,言之合者則進之,言之違者則斥之,言之同者則悅之,言之異者則怒之,同己爲正,異己爲邪。士林多唯唯諾諾之態,朝著無謇謇諤諤之風[一二〇],大小相和,遂成雷同,奸凶資之,罔上行私,迷國亂政而上獨不知。是時人皆有仗馬之戒[一二一],誰復辨指鹿之非[一二二]?雷同之禍,至是極矣。

今者朝廷復清,政治更張,宜革曩時之習,以新清明之治。乃者侍從進言,有乖時議,便至被斥而補外,言職無氣節,被彈於公論,反疑其潛布腹心。朝野慄慄[一二三],以言爲戒,忠言讜論,世不復聞,是非國家之福也。《易》曰:"惟君子,爲能通天下之志。"[一二四]自古不通下情而能善其治者,未之有也。伏願殿下建中和之極,消偏黨之習。取人無間於親疏,而惟視其人之邪正;聽言不嫌於異同,而惟察其言之是非。曰"可"曰"否",可否相濟而務合於理;曰"是"曰"非",是非相參而要歸於中。則嘉言罔攸伏[一二五],而公道賴以立,壅蔽之患無自生,而蕩蕩平平之治,庶復見矣。惟聖明留念焉。

【注釋】

[一一七] 進善之旌、誹謗之木:進善之旌,上古專爲進善言的人發表意見而設置的一種標志旗幟。誹謗之木,誹謗,引以爲諫言;木,木牌。在交通要塞豎立木牌,讓人們寫上諫言。《史記·孝文本紀》:"古之治天下,朝有進善之旌,誹謗之木,取諫之鼓。所以通治道而來諫者。"裴駰

集解:"應劭曰:'旌,幡也。堯設之五達之道,令民進善也。'如淳曰:'欲有進善者,立於旌下言之。'"《吕氏春秋·自知》:"堯有欲諫之鼓,舜有誹謗之木,湯有司過之士,武王有戒慎之鞀,猶恐不能自知。"高誘注:"欲諫者擊其鼓也。書其過失以表木也。"

〔一一八〕孔子句:見《中庸章句》第六章:"子曰:'舜其大知也與?舜好問而好察邇言,隱惡而揚善,執其兩端,用其中於民,其斯以爲舜乎!'"

〔一一九〕唐太宗詔中書門下:此乃唐太宗對王珪之言。據《資治通鑑》卷一九二記載,上謂黃門侍郎王珪曰:"國家本置中書門下,以相檢察。中書詔敕,或有差失,則門下當行駁正。人心所見,互有不同,苟論難往來,務求至當,捨己從人,亦復何傷?比來或護己之短,遂成怨隙,或苟避私怨,知非不正,順一人之顏情,爲兆民之深怨,此乃亡國之政也。煬帝之世,内外庶官,務相順從。當是之時,皆自謂有智,禍不及身,及天下大亂,家國兩亡,雖其間萬一有得免者,亦爲時論所貶,終古不磨。卿曹各當徇公忘私,勿雷同也。"

〔一二〇〕謇謇謬謬:形容忠正直言。謇謇,正直,誠實。謬謬,直言敢諫。

〔一二一〕仗馬:皇帝儀仗隊所使用的馬,比喻坐享俸禄而不敢言事之官。語出《新唐書·李林甫傳》:"林甫居相位凡十九年,固寵市權,蔽欺天子耳目,諫官皆持禄養資,無敢正言者。補闕杜璡再上書言政事,斥爲下邽令。因以語動其餘曰:'明主在上,群臣將順不暇,亦何所論?君等獨不見立仗馬乎?終日無聲,而飫三品芻豆;一鳴,則黜之矣。後雖欲不鳴,得乎?'由是諫爭路絶。"

〔一二二〕指鹿之非:指鹿爲馬。指著鹿,說是馬。比喻故意顛倒黑白,混淆是非。出自《史記·秦始皇本紀》:"趙高欲爲亂,恐群臣不聽,乃先設驗,持鹿獻於二世,曰:'馬也。'二世笑曰:'丞相誤邪?謂鹿爲馬。'問左右,左右或默,或言馬以阿順趙高。"
〔一二三〕慄慄:戒懼貌。栗,通"慄"。《韓非子·初見秦》:"戰戰栗栗,日慎一日。"
〔一二四〕易曰句:見《周易·同人卦》之《彖辭》。
〔一二五〕嘉言罔攸伏:指嘉言無不得其所,無不被採納。《尚書·大禹謨》:"若允兹,嘉言罔攸伏,野無遺賢,萬邦咸寧。"

其八曰"戒侈欲"。臣聞恭儉者,壽福之源;侈欲者,危亡之本。自古帝王,積德累仁,垂裕後昆者,未有不始於恭儉,而其後嗣之不能持守,以至亡身滅宗者,亦未有不由於奢縱矣。蓋人主清心恭己,務自儉約,則嗜欲薄而心慮靜,內有清純之樂,外無戕賊之累〔一二六〕,可以養性,可以養德,而自然澤及於物,此壽命之源而福祿之基也。如不能然,而逸欲一萌,不能防制,則非惟侈用傷財,害及於民,心志蕩而嗜欲無節,戕生伐性,亂政敗度,卒至喪亡必矣。自古人君善始者多,克終者少,蓋以處崇高之位,極富貴之奉,自非有誠正之功、修齊之實,未有不流於奢縱者。侈欲之端,始於細微,其終難遏。故舜造漆器,諫者十人〔一二七〕,紂造象箸,箕子憂之〔一二八〕,蓋欲防之於微也。舜能受諫而止,此所以爲聖,紂不能納諫而縱欲,此所以亡滅,是非萬世之鑑乎?

臣伏見殿下始初清明,務崇節儉;享國既久,侈意漸啓。宮庭器玩,頗尚靡麗;王子第宅,務極宏侈,遂致浮費無節而民困於引徵〔一二九〕,營繕不休而卒疲於勞役。高髻廣袖〔一三○〕,慕傚益甚,士大夫服飾、居第、飲食,爭尚侈靡,恥居人後。奢侈之習,日新而月異,財匱民窮,實由於此。古語云"奢侈之費,甚於天災"〔一三一〕,可不反求其所由來而思所以節抑耶?

《周書》曰:"文王卑服,即康功田功。"又曰:"文王不敢盤于遊田,以庶邦惟正之供,厥享國五十年。"〔一三二〕楊雄言:"孝文躬服節儉而後宮賤玳瑁,是以玉衡正而太階平。"〔一三三〕蓋人主能約己以澤物,則身安而體舒,人悦而天佑,故斯有永年之效,而又致太階之平。然則其崇侈害民者,獲譴於天必矣。伊尹曰:"慎乃儉德,惟懷永圖。"〔一三四〕《易》曰:"天地節而四時成。節以制度,不傷財,不害民。"〔一三五〕伏願殿下克己絕欲,崇儉去奢,法天地之節,省用度之繁,以固邦本,以享天心。夫所謂欲者,不必沉溺,意有所向,即爲欲矣。蓋意之所向,不知自檢,即沉溺之漸也。故程子言"人主當防未萌之欲"〔一三六〕,此言真格心、慎德之要,惟聖明其深味之。

【注釋】

〔一二六〕戕賊:摧殘,破壞,傷害。

〔一二七〕舜造漆器,諫者十人:典出《舊唐書·褚遂良傳》:"七年,太宗問遂良曰:'舜造漆器,禹雕其俎,當時諫舜禹者十餘人。食器之間,苦諫何也?'遂良對曰:'雕琢害農事,纂組傷女工,首創奢淫危亡之漸。漆器不已,必金爲之,金器不已,必玉爲之,所以諍臣必諫其漸,及其滿盈,無所復諫。'"

〔一二八〕紂造象箸,箕子憂之:典出《韓非子·喻老》:"昔者紂爲象箸,而箕子怖。以爲象箸必不加於土鉶,必將犀玉之杯,象箸玉杯必不羹菽藿,必旄象豹胎,旄象豹胎必不衣裋褐而食於茅屋之下,則錦衣九重,廣室高臺。吾畏其卒,故怖。"

〔一二九〕引徵：指今年提前徵收來年之稅及貢物等。《朝鮮中宗實録》卷六五："一年之内，引徵來歲之貢，民冤不少，此亦弊之大者。"
〔一三〇〕高髻廣袖：《後漢書·馬援傳》："長安語曰：'城中好高髻，四方高一尺。城中好廣眉，四方且半額。城中好大袖，四方全匹帛。'"
〔一三一〕古語句：出自《晉書·傅咸傳》："車騎司馬咸以世俗奢侈，又上書曰：'臣以爲穀帛難生，而用之不節，無緣不匱，故先王之化，天下食肉衣帛皆有其制，竊謂奢侈之費，甚於天災。'"
〔一三二〕又曰句：見《尚書·無逸》。
〔一三三〕楊雄句：見《文選·長楊賦》："逮至聖文，隨風乘流，方垂意於至寧。躬服節儉，綈衣不弊，革鞜不穿，大廈不居，木器無文，於是後宮賤瑇瑁而疏珠璣。卻翡翠之飾，除雕琢之巧，惡麗靡而不近，斥芬芳而不御，抑止絲竹宴衍之樂，憎聞鄭衛幼之聲，是以玉衡正而太階平也。"
〔一三四〕伊尹句：見《尚書·太甲》："伊尹乃言曰：'先王昧爽丕顯，坐以待旦。旁求俊彦，啓迪後人。無越厥命以自覆。慎乃儉德，惟懷永圖。'"
〔一三五〕易曰句：見《周易·節卦》之《象辭》。
〔一三六〕人主當防未萌之欲：見《二程文集》卷十二："其稿嘗言人主當防未萌之欲，神宗俯身拱手曰：當爲卿戒之。"

其九曰"修軍政"。衛國安民，兵爲最急，無虞之世，尤不可緩。古之聖王，治不忘亂，安不忘危，克詰於閑暇之日，張皇於緩急之際，此所謂有備而無患者也。蓋軍政之務，在於選將帥、訓士卒、廣儲畜、利甲兵、修城堡五者而已，而軍政之本，則又在於和與信也。人心不和，衆志不信，雖有兵百萬，何益於用？孟子曰："天時不如地利，地利不如人和。"〔一三七〕孔子去兵食而存信曰："人無信，不立。"〔一三八〕吳子曰："不和於國，不可以出軍；不和於軍，不可以決勝。"〔一三九〕尉繚子曰："上無疑令，則衆不二聽；上無疑事，則衆不二志。未有不信其心而能得其力者也，未有不得其力而能致其死戰者也。"〔一四○〕然則古之聖賢良將，亦未嘗不以和與信爲固國用兵之本也。然所以收人心而使之和，一衆志而使之信者，又非智力之可致。要在行先王之政而盡撫育之道，又必教之以孝弟，習之以禮義，則民不失仰事俯育之樂，而人皆有親上死長之心，和與信在其中矣。

今者聖澤尚壅，聖化尚阻，閭巷多愁苦怨痛之聲，士民無忠信禮讓之俗，固已失其軍政之本矣。古之爲將者，有投醪之惠〔一四一〕，有吮疽之恩〔一四二〕，視士卒如愛子，故可與之俱死。今則不然，割剥之甚，勞役之苦，怨詈謗讟〔一四三〕，有不忍聞。主將視士卒如草芥，士卒視主將如仇讎，又何望其有和與信乎？人心不和，衆志不信，此土崩之勢也。思之可爲寒心。邊境無犬吠之警，而軍卒已極於凋瘵〔一四四〕，其咎固在邊將之不撫恤，而求其本，則亦由朝廷規畫之不盡也。

蓋步兵役苦於騎兵，而其保有二，水卒役苦於步兵，而其保有一，愈苦而愈單，掊克多端〔一四五〕，勢不能堪，一保既逃，身亦不能存矣。於是責督於隣族，隣族又逃，一卒逋役，一里破產，怨痛極天，有不忍見。此弊臣所目擊，敢以備陳，九重宵旰，寧不惻然於是乎？夫水卒之給保一丁，非祖宗之舊典。疏其番，雖似小紆；單其保，實所難支。所貴王道之大，在於隨時損益以救世濟民。量加給保而便其番休，豈無其策？何可坐視窮弊之極，而不爲之恤乎？若因循膠固，不復更革以救之，不及十年，步兵水卒，將無孑遺，兵備蕩然，寇賊競起，隣敵竊發，不知國家將何以處之？

至於西北二界，境接野人〔一四六〕，備禦尤急。近來凶荒益甚，餓莩相望，朝廷欲施之賑恤，則儲蓄虛竭；欲固其關防，則民卒羸困。邊圉彫虛〔一四七〕，至於此極，桀驁之萌，將在朝夕，寧不軫聖慮乎？蓋聞兩道之民，困於貂鼠皮之貢〔一四八〕，而關西一路〔一四九〕，又疲於迎送供億，守宰邊將，不務矜恤，唯恣侵漁，遂致流亡日增，疆場空虛，非細故也。方今撫綏之策，莫急於蠲稅貢，減逋負，以蘇疲氓；選將帥，擇守令，以施惠政。而朝廷之上，又宜明賞罰，信號令，嚴黜陟，示勸懲，屢下惻怛之旨，以慰悦軍民，激厲將士，則庶幾人心和而衆情信矣。

自古天下禍變，起於衆心之離怨；衆心之離怨，起於不順其性，不安其生也。今者民窮財盡，域內虛耗，國勢危弱至此，所恃者民心而已矣。臣願朝廷宜守靜以施仁，務省勞擾不急之事，以盡鎮撫安集之道，則民心定而邦本不搖矣。固國強兵之要，不外於此，惟聖明留念焉。

【注釋】

〔一三七〕孟子句：見《孟子·公孫丑下》。

〔一三八〕孔子句：見《論語·顔淵》："子貢問政。子曰：'足食，足兵，民信之矣。'子貢曰：'必不得已而去，於斯三者何先？'曰：'去兵。'子貢曰：'必不得已而去。於斯二者何先？'曰：'去食。自古皆有死，民無信不立。'"

〔一三九〕吴子句：見《吴子·圖國》："吴子曰：'昔之圖國家者，必先教百姓而親萬民。有四不和：不和於國，不可以出軍；不和於軍，不可以出陣；不和於陣，不可以進戰；不和於戰，不可以决勝。'"

〔一四〇〕尉繚子句：見《尉繚子》卷一："故上無疑令，則衆不二聽；動無疑事，則衆不二志。未有不信其心而能得其力者也，未有不得其力而能致其死戰者也。"

〔一四一〕投醪之惠：《吕氏春秋·順民》："越王苦會稽之耻……下養百姓以來其心，有甘脆，不足分，弗敢食，有酒，流之江，與民同之。"後因以"投醪"指與軍民同甘苦。

〔一四二〕吮疽之恩：吮疽，亦作"吮瘡"，以口嘬吸瘡疽之毒，謂將帥體恤士卒，爲將官愛兵之典。《史記·孫子吴起列傳》："卒有病疽者，起爲吮之。"白居易《七德舞》詩："含血吮瘡撫戰士，思摩奮呼乞效死。"

〔一四三〕謗讟：怨恨毁謗。《左傳·昭公元年》："民無謗讟，諸侯無怨。"

〔一四四〕凋瘵：指困窮之民或衰敗之象。白居易《忠州刺史謝上表》："下安凋瘵，上副憂勤，未死之間，斯展微效。"

〔一四五〕掊克：亦作"掊剋"、"掊刻"。聚斂，搜括。

〔一四六〕二界：朝鮮時代指和中國東北接壤的平安道和咸鏡道，平安道爲西界，咸鏡道爲東界。野人：對在中朝邊境活動的女真人的蔑稱。

〔一四七〕邊圉彫虚：邊圉，邊境。指邊境地方殘破，户口空虚。

〔一四八〕兩道：指平安道和咸鏡道，此兩道位於朝鮮西北部，盛産貂鼠皮，故成爲朝鮮王朝年年徵收的貢物。

〔一四九〕關西：指位於朝鮮半島南北中線的摩天嶺西側的平安南道、平安北道，以及黄海北道。中國使臣來朝，朝鮮使臣出使中國，都須途經關西地方，故地方官員及百姓需送往迎來，並提供供給，不勝其苦。

其十曰"審幾微"。《書》曰："一日二日，萬幾。"〔一五〇〕《易》曰："惟幾也，故能成天下之務。"〔一五一〕蓋幾者，動之微，吉凶之先見者也。天下國家理亂興衰之端，皆自芒忽毫釐，至於不可禦。故涓涓不塞，或至滔天；焰焰不滅，或至燎原。折句萌，則百尋之木不能成矣；忽蟻穴，則千丈之堤不能固矣〔一五二〕，幾微之不可不審也如是。"若昔大猷，制治于未亂，保邦于未危"〔一五三〕，未亂而有亂之漸，未危而有危之兆，此所謂幾也。自古亂不生於亂，常生於治之日；危不起於危，而常起於安之日。幾之已藏，人君狃於安富而莫之察；幾之已著，廷臣持祿愛身而不敢言。上下偷安，因循苟且，駸駸然入於亂亡之域而不悟，此古今之通患也。

當今國家之勢，雖若無目前之患，禍亂之幾，有可虞者多矣，試以其大者言之。自古邪正之消長而國家之興亡判焉，人心之離合而天命之去留由焉。正道長而邪道消，則天下泰而民受其惠；正道消而邪道長，則天下否而民被其禍。此人心之所由離合，而天命之去就，亦決於此矣。自頃以來，朝廷不和，士林冰炭，邪正雜糅而互相消長。數十年間，治日常少，亂日常多，民愁於下，天怒於上，可謂否之極矣。亂極思治，否極泰來，理之必然。今者群陰消伏，陽德方亨，庶幾泰道之長而王化復行矣。

第慮聖心未一，聖志未定，或容讒邪之乘隙，則反泰爲否,直在呼吸之間而不可救矣。臣常思宋之群臣,邪正相攻,治亂相雜,及王安石〔一五四〕秉政,網打忠賢,引進諂佞,敗壞天下,塗炭生靈,於是人心離而天意厭矣。幸至元祐之初〔一五五〕,進老成,黜群邪,開言路以通下情,罷新法以除民害,九年之間,德澤深於天下,而小人怨者亦多。一朝時移事變,群凶復進,流毒四海,宋室遂亡。前鑑甚昭,可爲後戒。大抵衆臣和於朝,則萬民和於野,朝廷協和,黎庶康樂,豈有是禍？伏願殿下徵之於古,驗之於今,炳吉凶消長之理,審否泰往來之幾,戒之於漸,防之於微,未至而先知,不見而豫圖,則庶幾消患於未萌,弭禍於未形,國家有長治久安之福,而不蹈往轍之覆矣。

　　夫吉凶否泰之幾,雖著於事物,而實源於人主之心。一念之正,則吉之道而泰之所由始也；一念之邪,則凶之道而否之所由來也。人主誠能深思遠覽,反已靜觀,每謹於念慮之微,深省於萌動之初,察天理人欲之分,致擴充遏絶之功,則方寸之間,陽明勝而陰濁消矣。本體清明,志氣如神,於天下之事,幾無不照,微無不燭,陰邪無自而長,禍亂何由而作乎？故曰："正其本,萬事理,差之毫釐,謬以千里。"〔一五六〕惟聖明深念焉。

【注釋】

〔一五〇〕書曰句：見《尚書·皋陶謨》："兢兢業業,一日二日萬幾。"

〔一五一〕易曰句：見《周易·繫辭傳上》："唯幾也,故能成天下之務；唯神也,故不疾而速,不行而至。"

〔一五二〕折句萌句：《大學衍義補·卷首》："胡寅曰：'陰陽之

運,天地之化,物理、人事之始終,皆自茫忽毫釐至於不可禦,故修德者矜細行,圖治者憂未然,堯舜君臣反復警省,未嘗不以幾爲戒。故折句萌則百尋之木不能成矣,忽蟻穴則千丈之堤不能固矣,君子所以貴於見幾而作也。'"句萌,草木初生的嫩芽、幼苗。拳曲者稱爲"句",有芒而直者稱爲"萌",合稱"句萌"。語本《禮記·月令》:"是月也,生氣方盛,陽氣發泄,句者畢出,萌者盡達,不可以内。"鄭玄注:"句,屈生者。芒而直曰萌。"

〔一五三〕若昔三句:見《尚書·周官》。
〔一五四〕王安石:字介甫,號半山,北宋中期學者、政治家,主導實施新法。
〔一五五〕元祐:北宋哲宗初期的年號,1086—1094 年,共九年。
〔一五六〕故曰句:見《漢書·東方朔傳》:"《易》曰:'正其本,萬事理,失之毫釐,差以千里。'"今本《周易》無此句。

　　凡此十者,皆不可緩,而其綱在於殿下之心。殿下之心清明純一,無一念之差,無一息之間,上以對越天命,下以表正家邦,則十目自無不張而治道畢矣。是非易而不難,簡而不煩者乎?"《乾》以易知,《坤》以簡能"〔一五七〕,天地之理,易簡而已矣。聖人以一心之易簡而合天地之易簡,自身而家而國而天下,凡有修爲舉措,明白坦易,莫非易知易從之事、可久可大之業,而無復有暗昧、傾險、勞擾、繁雜之事,亂于心而害于治矣。如不能得此道,而規規於智術,察察於細務,而欲以爲治,則心愈勞而事愈乖,綱已失而目已紊矣。

　　臣始以"不息"二字,爲殿下勉;繼以"易簡"二字,爲殿下獻。殿下誠能持不息之心,而盡易簡之道,兢兢業業,無怠無荒,以至於悠久,則可以端冕凝旒於穆清之上〔一五八〕,不勞心力,而萬化循其軌,萬物得其所,垂衣熙皞之治,復見於今日矣。豈獨應天消禍於一世而已?亦可以貽謀燕翼而垂裕無疆矣〔一五九〕。伏願殿下留神焉。昔朱熹言於孝宗曰:"日月逾邁,如川之流,一往而不復返。"〔一六〇〕嗚呼!今日亦殿下愛惜時日,自强不息,修德格天,不可失之幾會也。故臣敢竭素藴如此,臣之所論,雖若迂緩,皆本帝王之道,無非治體之要。儻蒙聖慈萬幾之暇,時賜省覽,未必無補於聖治之萬一。王世子三朝之際〔一六一〕,又特宣示,使之留心,萬世太平之原,亦在於是。臣不勝惓惓。

然臣見近世言者,鮮見採納而多取禍故,中外有識,咸以括囊保位爲明哲,危言盡忠爲癡漢。臣亦非不知緘嘿可以全身遠謗,言發必致招尤速禍。第念臣以愚劣,遭遇聖明,曾無絲髮有裨聖世,而叨冒禄位,以至於此。聖恩如天,報效無階,七載眂軟〔一六二〕,常歉有懷而莫達;三侍經幄,又抒情素而未盡。身在江湖,心馳魏闕〔一六三〕,不勝愛君憂國之誠,敢冒萬死,刳瀝肺肝,以效野人芹曝之獻〔一六四〕。誠激於衷,言不知裁,伏惟殿下哀其忠款而赦其狂僭,臣不勝萬幸。臣無任激切屏營之至,謹昧死以聞。

【注釋】
〔一五七〕乾以二句:見《易經·繫辭傳》。
〔一五八〕端冕凝旒:形容帝王態度肅穆專注。端冕,玄衣和大冠。古代帝王、貴族的禮服。凝旒,冕旒靜止不動。

〔一五九〕貽謀燕翼：原指周武王謀及其孫而安撫其子，後泛指爲後嗣作好打算。《詩經·大雅·文王有聲》："武王豈不仕，詒厥孫謀，以燕翼子。"《宋史·樂志九》："權輿光大，燕翼貽謀。"貽，遺留。燕，安。翼，敬。垂裕：謂爲後人留下業績或名聲。

〔一六〇〕日月三句：見《晦庵集》卷十一《戊申封事》："自頃以來，歲月逾邁，如川之流，一往而不復反。"

〔一六一〕三朝之際：指王世子早中晚三次向中宗問安。

〔一六二〕七載畎畝：指李彦迪1531年因反對啓用金安老而遭彈劾罷官，返回慶州安康縣，至1537年金安老被賜死，李彦迪重獲啓用，共七年時間。

〔一六三〕魏闕：古代宮門外兩邊高聳的樓觀。樓觀下常爲懸布法令之所。亦借指朝廷。《莊子·讓王》："身在江海之上，心居乎魏闕之下。"

〔一六四〕野人芹曝之獻：把不值錢的芹菜當好東西獻給別人。比喻貢獻的不是有多大價值的東西，多用作送人禮物或建議時的客套話。《列子·楊朱》："昔人有美戎菽，甘枲莖、芹萍子者，對鄉豪稱之，鄉豪取而嘗之，蜇於口，慘於腹。衆哂而怨之，其人大慚。"

# 晦齋先生集

卷之八

# 疏

## 進 修 八 規 [一]

臣謹按：孔子贊《易》，於《乾》之九三發明爲學之道曰："君子進德修業，忠信，所以進德也；修辭立其誠，所以居業也。"[二] 蓋德是道之得於心者，業是功之見於事者，《大學》之誠意、正心、修身，德也；齊家、治國、平天下，業也。君子志於學，日乾夕惕，無時間斷，故德之進者日益崇，業之修者日益廣。臣不佞又取進德修業之義，衍爲八規，以爲聖學之助，清閑之燕，儻賜省覽，深味而力行之，則帝王存心出治之要，繼天立極之道，具於此矣。臣不勝惓惓之至。

【注釋】

〔一〕進修八規：李彥迪1550年（明宗五年）60歲時在江界府歸養地所作，1566年才由其子李全仁呈送給明宗，以此爲契機，明宗下令復其爵位。1551年，此文尚未呈送明宗，李彥迪聽聞順懷世子誕生，增加了"養國本"一條，附於文後，故題目雖爲"進修八規"，實則有九條。

〔二〕按：見《周易·乾卦·文言》。

其一曰"明道理"。臣聞道者，日用事物當行之理,皆性之德而具於心,無物不有,無時不然,所謂"不可須臾離"〔三〕者也。以日用之最近者言之,則爲君臣者,有君臣之理;爲父子者,有父子之理;爲夫婦,爲長幼,爲朋友,以至於出入、起居、應事、接物之際,亦莫不各有理焉。夫人禀天賦之性而萬物皆備於身,明其理而盡其性,則皆可以爲堯舜而參天地贊化育矣〔四〕。若夫帝王修齊治平之要、古今理亂興亡之變、人材道術邪正是非之辨、天命人心去就離合之幾,皆有至著至微之理,具於經訓、史策之中。苟不講而明之,有所眩惑,則又何以明大道而定取舍,于以建中於民乎?

是故帝王之學,莫先於窮理。理無不窮,則於天下事物,莫不知其所以然與其所當然,而無纖芥之疑,善則從之,惡則去之,而無毫髮之累,可以達乎一貫之妙,而御萬幾應萬務矣。蓋窮理之要,必在於讀書,讀書之法,又在於循序而致精。至於致精之本,則在於心,而心之爲物,至虛至靈,神妙不測,常爲一身之主,以提萬事之綱,不可有頃刻之不存者也。一不自覺而馳騖飛揚,以徇物欲於軀殼之外,則一身無主,萬事無綱,視之而不見,聽之而不聞,又安能研窮聖賢之訓,講究義理之歸,察倫明物,極其所止乎?

孟子曰"學問之道無他焉,求其放心而已矣"〔五〕者,正謂此也。誠能嚴恭寅畏,常存此心,使其終日儼然,如鏡之明,如水之止,不爲物欲之所侵亂,則以之讀書,以之觀理,將無所往而不通;以之應事,以之接物,將無所處而不當矣。故曰:"居敬者,聖學之所以成始而成終者也。"〔六〕伏願殿下日親賢德之士,講劘道義之源,而必以敬爲主。敬者,主一無適之謂也。聰明睿智皆由此出,聖人窮理盡性之功在於是矣,惟聖明留神焉。

【注釋】

〔三〕不可須臾離:見《中庸章句》第一章:"道也者,不可須臾離,可離非道也。是故君子戒慎乎其所不覩,恐懼乎其所不聞。"

〔四〕盡其性:《中庸章句》第22章:"惟天下至誠,爲能盡其性。能盡其性,則能盡人之性;能盡人之性,則能盡物之性;能盡物之性,則可以贊天地之化育;可以贊天地之化育,則可以與天地參矣。"

〔五〕孟子曰句:見《孟子·告子上》:"孟子曰:'仁,人心也;義,人路也。舍其路而弗由,放其心而不知求,哀哉!人有雞犬放,則知求之;有放心而不知求。學問之道無他,求其放心而已矣。'"

〔六〕故曰句:見朱子《大學或問》:"敬之一字,聖學之所以成始而成終者也。爲小學者不由乎此,固無以涵養本原,而謹夫灑掃應對進退之節與夫六藝之教。"黃榦《勉齋集》卷三六《朱子行狀》:"其爲學也,窮理以致其知,反躬以踐其實,居敬者所以成始成終也。"

其二曰"立大本"。臣按先儒朱熹,以人主之心爲天下之大本。其言曰:"天下之事,千變萬化,其端無窮,而無一不本於人主之心者。故人主之心正,則天下之事無有不正;人主之心不正,則天下之事無有不邪。此自然之理也。"〔七〕蓋人君位億兆之上,理萬幾之政,其心廓然大公,儼然至正,如日中天,照臨萬物,無所偏蔽,然後發號施令,任賢退邪,皆合於理,而朝廷以正,百官萬民皆得其正矣。如或有一毫私邪之蔽,而所存所發,少有差失,則大本已不正矣,又何以正朝廷,正百官,以及四方萬民乎?譬如表端而影直,源濁而流污,其理有必然者。古之聖帝明王,傳授之際,丁寧告戒,未嘗不以心法爲先者,正爲是也。

夫心之本體,廣大虛明,萬理咸備。善養而無害,則與天地同其大,與日月同其明。大可以容萬物,而覆載之中群黎品彙〔八〕,咸被其澤;明足以照萬變,而事物之間是非邪正,皆不能遁其形。此紀綱之所由立,風化之所由行,而天下國家之所由治也,心之德,其盛矣乎!存此心而致熙皞之治者〔九〕,堯、舜、三王〔一〇〕之所以爲聖也;亡此心而速危亡之禍者,桀、紂、幽、厲〔一一〕之所以爲狂也。其操舍存亡之幾,決於一念敬肆之間,而治亂興亡以判,可不戒哉?

蓋人主之心,虛明公正,純一無雜,則外物不能惑之。如或不然,則攻之者甚衆,或以諂諛,或以奸偽,或以奇技,或以邪説,或以嗜欲,輻湊攻之〔一二〕,各求自售,人主少懈而受其一,則亂亡隨之。凡此數者,皆迷心之鴆毒,不可不防之於微而杜之於漸。伏惟殿下靜觀萬化之原,常存戒懼之念,痛絶外誘之蔽,以全一心之德,于以施于政治,則其功效之妙,自微至著,由内及外,光明洞徹,無少瑕翳,而萬事循其則,萬物得其所,唐虞於變之治,可以馴致矣。昔舜告禹曰:"人心惟危,道心惟微,惟精惟一,允執厥中。"〔一三〕宋太祖曰:"洞開重門,正如我心,少有邪曲,人皆見之。"〔一四〕千古聖人心法之要,端在於此,伏惟聖明留意。

臣伏見近歲求言之旨，首言君心出治之源，而心有所不正歟？又言誠意之未孚，而深嘆實封規警之無人。嗚呼！殿下之言及此，宗社臣民之福也。堯、舜、三王之治，皆本於心，一心正而萬化行矣。漢、唐以來，明君、賢輔講究治道，專在於法度、刑政之細務，而不知本源之所在，故雖粗致一世之小康，而終不能復古之治，甚可歎也。臣伏見殿下睿思高遠，洞見萬化之源，思所以正之，此近古所未聞也。聖明如此，千載一時，有志致君澤民者，寧無一言以贊盛心乎？

臣去丙午春受假歸省病母時，曾以正心之説，略陳於闕下，而又以講學明理，親賢遠姦，爲正心之要。但以迫於省母，匆匆去國，未竟其説，不知殿下記念與否？今復展達區區之心，有望於聖明深矣，惟殿下更加省念。

【注釋】

〔七〕其言句：見《晦庵集》卷十一《戊申封事》：「臣之輒以陛下之心爲天下之大本者，何也？天下之事，千變萬化，其端無窮，而無一不本於人主之心者，此自然之理也。故人主之心正，則天下之事無一不出於正；人主之心不正，則天下之事無一得由於正。」

〔八〕覆載：指天地。劉基《遣興》：「人生覆載間，與物共推遷。」群黎：指萬民，百姓。品彙：事物的品種類別。

〔九〕熙皞之治：指文人理想中民衆其樂融融、安居樂業的盛世情形。《明太宗實錄》卷一百六十八：「使家不異政，國不殊俗，大回淳古之風，以紹先王之統，以成熙皞之治，將必有賴於斯焉。"熙皞,和樂、怡然自得之意。李東陽《送仲維馨院使還淮南》:"況當朝省盛才賢,且向山林樂熙皞。"
〔一〇〕三王:指夏商周三代開國君主,一般指夏禹、商湯、周之文王武王。
〔一一〕桀、紂、幽、厲:指夏代亡國之君夏桀,商之亡國之君商紂王,西周末年的周幽王和周厲王。
〔一二〕輻湊:亦作"輻輳"。集中,聚集。《管子·任法》:"群臣修通輻湊以事其主,百姓輯睦聽令道法以從其事。"
〔一三〕昔舜句:見《尚書·大禹謨》。
〔一四〕宋太祖句:見《宋史·太祖本紀》:"汴京新宮成,御正殿坐,令洞開諸門,謂左右曰:'此如我心,少有邪曲,人皆見之。'"

其三曰"體天德"。《易》曰:"天行健,君子以自強不息。"又曰:"君子終日乾乾,夕惕若,厲無咎。"〔一五〕蓋天之德,剛健無息而已矣。君子法之,勉強於進德修業,惟日孜孜,無少怠慢,其曰"日乾夕惕"者,乃所以自強不息之事也。古之人君,日出而視朝,朝退而路寢聽政,及其萬幾之暇、燕閑之時,則講習聖賢之訓,尋究治亂之迹,法其善而戒其惡。講讀既罷,未與物接,心體寂然之時,益加澄治之力,戒懼於不覩不聞,涵養於無思無爲,必使此心虛明公正,無所偏倚,以爲酬酢〔一六〕萬變之主。迨其念慮之發,又致省察之功,審其理欲之幾,果天理也則敬以擴之,而不使其少有壅閼,果人欲也則敬以克之,而不使其少有凝滯。夫如是,則無一息間斷,無一念差謬,大本以立,達道以行,可以達天德而致中和矣。
夫所謂天德者,一而無二,純而不雜,合而言之則誠也。動静無違，表裏交正，而終始惟一，然後乃可以庶幾焉。如或外爲警戒之言，而内有怠荒之漸；外有敬賢之貌，而内無親賢之心；恭己於大庭廣衆之中，而肆意於深宫燕閑之時；心存於經幄講論之際，而志移於屋漏幽隱之地〔一七〕，此非誠也。敬畏未幾而慢忽繼之，儉約未幾而侈泰隨之，勤惰之靡常而曝寒之不一，凡若此者，皆非誠也。《中庸》曰："'惟天之命，於穆不已'，蓋曰天之所以爲天也。'於乎不顯，文王之德之純'，蓋曰文王之所以爲文也，純亦不已。"〔一八〕夫文王之心，純一無雜，故能合於於穆不已之天。程子曰："有天德，便可語王道，其要只在愼獨。"〔一九〕惟聖明深體焉。

臣伏見殿下聖質明睿，有堯、舜之資，近年以來，憂勤庶政，累下哀痛之旨，欲聞忠讜之言，以盡敬天勤民之道，聖念孜孜，豈有一毫怠荒之漸？又豈有一息間斷之時？然人心難保，氣習易移，一念存亡，治亂所繫，故雖以大聖之資，而不可忘規戒。益戒于舜曰"罔遊于逸，罔淫于樂"〔二〇〕，禹又戒之以"無若丹朱，好慢遊，作傲虐"〔二一〕。夫以舜之聖，不爲淫逸慢遊傲虐，雖愚夫知之，豈以禹、益之賢而不知哉？蓋處崇高之位，警戒之道，不得不如是也。故先儒程子言"人主當防未萌之欲"，此言尤要切。伏惟聖慈留念。

【注釋】

〔一五〕按：見《周易・乾卦》。

〔一六〕酬酢：應對，應付。《易・繫辭上》："顯道神德行，是故可與酬酢,可與祐神矣。"韓康伯注:"可以應對萬物之求,助成神化之功也。酬酢,猶應對也。"

〔一七〕屋漏:古代室內西北隅施設小帳,安藏神主,爲人所不見的地方稱作"屋漏"。《詩·大雅·抑》:"相在爾室,尚不愧於屋漏。"毛傳:"西北隅謂之屋漏。"鄭箋:"屋,小帳也;漏,隱也。"後即用以泛指屋之深暗處。

〔一八〕中庸句:見《中庸章句》第26章:"《詩》云:'維天之命,於穆不已!'蓋曰天之所以爲天也。'於乎不顯,文王之德之純!'蓋曰文王之所以爲文也,純亦不已。"

〔一九〕程子句:見《論語集注》"子在川上曰"程子注。

〔二〇〕益戒句:見《尚書·大禹謨》:"益曰:'吁!戒哉!儆戒無虞,罔失法度。罔遊於逸,罔淫於樂。任賢勿貳,去邪勿疑。疑謀勿成,百志惟熙。罔違道以干百姓之譽,罔咈百姓以從己之欲。無怠無荒,四夷來王。'"益,指伯益,舜時東夷部落首領,爲嬴姓各族的祖先。相傳伯益助禹治水有功,禹欲讓位於益,益避居箕山之北。

〔二一〕禹又戒句:見《尚書·益稷》:"無若丹朱傲,惟慢遊是好,傲虐是作。"

其四曰"法往聖"。帝王之學,當志於繼往聖。聖人之道巍巍蕩蕩,若不可跂及〔二二〕,然求其心法,則精一而已矣,求其德行,則仁孝而已矣。是非至簡而不煩,至近而非遠乎?後世人主,皆以聖王之道爲高遠,而不知求之至簡至近之地。故數千載以來,不復見熙皞之治,可勝歎哉?臣伏見殿下明睿冠古,孝敬兼至,事慈殿,盡三朝之禮〔二三〕,奉大妃,致温清之誠〔二四〕,盡禮於喪祭之始終,推恩於九族之親疏,仁孝之德,昭于上下,朝野莫不感歎。誠能益加窮理之力,以致誠正之功,常驗之吾之一心,遏人欲之危,存天理之微,精以察二者之間而不雜,一以守本心之正而不離,從事於斯,無少間斷,必使天理之公常爲一身之主,而人欲之私無自肆焉,則危者安,微者著,而動靜云爲皆合乎中矣。古昔帝王心法之要不過如此,是豈高遠而難能乎?

聖人之道本於仁,而爲仁必始於孝,孝者,百行之本而萬化之源也。蓋天有四德而元爲之長,人禀其理,是謂本心之全德。人莫不有是心,而存之者鮮矣,惟聖人爲能全其本心而盡仁孝之道,推愛親之心以及於民,發政施仁,撫育蒸黎,使鰥寡孤獨各遂其生養之樂,又推其心以及於物。孟春之月,禁止伐木,毋覆巢,毋殺孩蟲〔二五〕,獺祭魚〔二六〕然後入澤梁,草木零落然後入山林,昆蟲未蟄,不以火田,此所以鳥獸魚鼈咸若,而山川鬼神亦莫不寧,和氣充浹而瑞慶至焉。凡此無非仁之事而孝之推也。

故孔子曰:"斷一樹,殺一獸,不以時,非孝也。"〔二七〕蓋以害吾惻隱之心也。此心流通普遍,無物不被,則可以盡己之性而盡人物之性。聖人參天地,贊化育之功,皆本於至誠仁愛之心矣。蓋帝王之道有體有用,存心於精一者,體之所以立也,盡道於仁孝者,用之所以行也。夫如是則體用全而王道畢矣。孟子言"我非堯舜之道,不敢以陳於王前"〔二八〕,臣之所陳,無非堯舜之道也。伏惟聖明深勉焉。

【注釋】

〔二二〕跂及:猶企及。洪邁《容齋三筆·縛雞行》:"至結句之妙,非他人所能跂及也。"

〔二三〕三朝之禮:典出《禮記·文王世子》。文王一日早中晚三朝王季,形容至孝之情。

〔二四〕温清之誠:冬天温被使暖,夏天扇席使涼。侍奉父母之禮。温清,冬温夏清的省稱。皇甫冉《劉侍御朝命許停官歸侍》:"幸遂温清願,其甘稼穡難。"

〔二五〕孩蟲:幼蟲,初生之蟲。《禮記·月令》:"(孟春之月)毋覆巢,毋殺孩蟲胎夭飛鳥。"鄭玄注:"爲傷萌幼之類。"

〔二六〕獺祭魚:亦省作"獺祭"。謂獺常捕魚陳列水邊,如同陳列供品祭祀。《禮記·月令》:"(孟春之月)東風解凍,蟄蟲始振,魚上冰,獺祭魚,鴻雁來。"

〔二七〕孔子曰句:見《禮記·祭義》:"曾子曰:'樹木以時伐焉,禽獸以時殺焉。'夫子曰:'斷一樹,殺一獸,不以其時,非孝也。'"

〔二八〕孟子句:見《孟子·公孫丑下》。

其五曰"廣聰明"。臣聞爲治之道,莫先於廣聰明。人君以一身之眇,位天人之間,庶政之闕遺、人材之吉凶、天意之譴告、民情之愁怨,聰明有所不逮,而照鑑或有所蔽,則何以審其幾微,燭其幽遠,而處之皆合於道乎?稽諸經史,善治之主,莫不以開言路、廣聰明爲急。虞、舜好問而好察邇言,受終之初,不遑他務而汲汲於明四目,達四聰。夏、禹聞善言則拜,懸鐘、鼓、磬、鐸、鞀以待四方之士,曰:"教寡人以道者擊鼓,諭以義者擊鐘,告以事者振鐸,語以憂者擊磬,有獄訟者搖鞀。"〔二九〕一饋而十起,一沐三握髮,皆所以廣其聽覽,以決天下之壅蔽也。

聖人之心如青天白日,無少瑕翳,而又能開廣聰明,無所欺蔽,則雖在九重之邃,而海内理亂、生民休戚、臣僚邪正,瞭然於目中矣。蓋人主之視聽有限,故必合衆人之視聽以爲聰明,苟非大公其心,無所偏繫,樂聞直言,虛懷聽受者,何能及此？孔子之言曰："良藥苦口而利於病,忠言逆耳而利於行,湯、武以諤諤而昌,桀、紂以唯唯而亡。"〔三〇〕陸贄之言曰："非明智,不能招直言;非聖德,不能求過行。招直則其智彌大,求過則其德彌光。"〔三一〕此真千古格言,人主所宜三復而警省也。

夫忠言讜論,非人臣之利,乃國家之福也。自非忠激義奮捐身徇國者,其能盡言於雷霆之下者鮮矣。是以哲后、興王,深明是理,求言如不及,納善如轉圜,諒直者嘉之〔三二〕,訐犯者義之,愚賤者容之,猶慮驕汰之易滋而忠實之不聞也。於是置敢諫之鼓〔三三〕,植告善之旌〔三四〕,懸戒慎之鞀〔三五〕,立司過之士〔三六〕,孜孜訪納,唯善是求,恒恐一夫之不盡其情,一事之不得其理,乃至求謗言,聽輿誦,菲不以下體而不採〔三七〕,蕘蕘不以賤品而不詢〔三八〕。當是時,內自臣工,外至草野韋布之士,莫不展竭陳懷,披瀝獻言,以禆治化,此所以嘉言罔攸伏,而君德以明,朝政以修,群情畢達,而無奸邪壅蔽之禍矣。人主之心,如或有一毫偏私之蔽,而疏遠忠直,厭聞讜論,則人皆括囊緘口,阿諛順旨,雖有宗社之禍迫於朝夕,指鹿之奸發於殿陛〔三九〕,誰敢建一言開一說哉？自古人主孤立於上而聰明閉塞,天怒而不聞,人怨而不知,日趨於危亡而不悟者,蓋以此也。

方今聖明在上,樂取諸人,喜聞讜議,首開不諱之路,思新一代之治,惻怛求言之旨屢下於中外,而尋常弊瘼，時陳於章疏，嘉言格論，未聞於草澤，豈非德音雖渴於聞善〔四〇〕，而群情猶畏其觸諱，咸欲循默以自保耶？古之聖王感人心而通天下之志者，誠信而已矣。誠者，爲治之本，而信者，人君之大寶也。誠信之至，可以感鬼神，格天地，而況於人乎？伏願殿下剛以法天，虛以受人，建中和之極，廓包容之量，樂善好德而無一念之不誠，發號施令而無一言之不信，則自然群情感動，昌言正論，畢陳於前，而有以贊成元明泰和之治矣。惟聖明留念焉。

【校記】

［求言之旨屢下於中外］屢，庚子本、甲子本、正祖本皆作"累"，乙亥本與底本同。　［光明泰和之治］光，底本作"元"，乙亥本、甲子本、正祖本皆作"光"，庚子本與底本同。元明，佛教語，謂衆生固有的清净光明的本性。《楞嚴經》卷一："無始菩提涅盤，元清净體；則汝今者識精元明，能生諸緣。"顯然，此處"光明"更合適，據改。

【注釋】

〔二九〕按：此處所引見《淮南子·氾論訓》："禹之時，以五音聽治，懸鐘鼓磬鐸，置鞀，以待四方之士。爲號曰：教寡人以道者擊鼓，諭寡人以義者擊鐘，告寡人以事者振鐸，語寡人以憂者擊磬，有獄訟者搖鞀。"鞀：兩旁綴靈活小耳的小鼓，有柄，執柄搖動時，兩耳雙面擊鼓作響。俗稱"撥浪鼓"。

〔三〇〕孔子句：見《孔子家語·六本》："孔子曰：'藥酒苦於口而利於病，忠言逆於耳而利於行。湯、武以諤諤而昌，桀、紂以唯唯而亡。君無爭臣，父無爭子，兄無爭弟，士無爭友，無其過者，未之有也。'"諤諤，直言争辯貌。唯唯，恭順應答貌。

〔三一〕陸贄句：見《大學衍義補》卷四陸注。陸贄，字敬輿，754年至805年。吴郡嘉興人，唐代政治家、文學家。謚號宣，人稱陸宣公，陸贄工詩文，尤長於制誥政論。權德輿稱其"摧古揚今，雄文藻思"。有《陸宣公翰苑集》行世。

〔三二〕諒直：誠實正直。典出《論語·季氏》："孔子曰：'益者三友，損者三友。友直，友諒，友多聞，益矣。友便辟，友善柔，友便佞，損矣。'"

〔三三〕敢諫之鼓：相傳堯曾在庭中設鼓，讓百姓擊鼓進諫。敢諫鼓是勇於向君王進諫的象徵。典出《淮南子·主術訓》："故堯置敢諫之鼓，舜立誹謗之木。"《後漢書·楊震傳》："臣聞堯舜之時，諫鼓謗木，立之於朝。"

〔三四〕告善之旌：爲獎勵人臣進諫而設的旗幟。典出《管子·桓公問》："舜有告善之旌，而主不蔽也。"

〔三五〕戒慎之鞀：《淮南子·主術訓》："武王立戒慎之鞀。"《吕氏春秋·自知》："堯有欲諫之鼓，舜有毁謗之木，湯有司過之士，武王有戒慎之鞀。"鞀：撥浪鼓。意指歷代聖王都有納諫的措施，周武王爲了使自己警戒、謹慎，專門准備了小鼓。

〔三六〕司過之士：糾正過失的官員。《吕氏春秋·自知》："湯有司過之士。"高誘注："司，主也。主，正也。正其過闕也。"

〔三七〕葑菲句：《詩·邶風·谷風》："采葑采菲，無以下體。"鄭玄箋："此二菜者，蔓菁與葍之類也，皆上下可食，然而其根有美時有惡時，采之者不可以其根惡時並棄其葉。"

〔三八〕蒭蕘：即芻蕘，割草采薪之人。蒭，古同"芻"。《詩·大雅·板》："先民有言，詢於芻蕘。"毛傳："芻蕘，薪采者。"《淮南子·主術訓》："使言之而是，雖在褐夫芻蕘，猶不可棄也。"

〔三九〕指鹿之奸：《史記·秦始皇本紀》："趙高欲爲亂，恐群臣不聽，乃先設驗，持鹿獻於二世，曰：'馬也'。二世笑曰：'丞相誤耶？謂鹿爲馬。'問左右，左右或默，或言馬以阿順趙高。或言鹿,高因陰中諸言鹿者以法。後羣臣皆畏高。"後以"指鹿爲馬"比喻有意顛倒黑白,混淆是非。
〔四〇〕德音:指國王的教令。

其六曰"施仁政"。臣按《易》曰:"大哉乾元!萬物資始","至哉坤元! 萬物資生。"〔四一〕成位乎其中,則與天地參。故體元者,人君之職;調元者,宰相之事。元者,仁也;仁,人心也。惟人之生,得天地生物之心以爲心,故人皆有惻隱之心,是乃仁之端也。人君推此心而施之于政,使四域之內含生之類,咸被其澤,是之謂體元;宰相存此心而贊襄美政,施愛人惠物之志,順天地生育之心,是之謂調元。君相協心同德,道洽政治,保合太和,仁賢列于庶位,惠澤浹于民物,則心和氣和而天地之和應之,陰陽調而風雨時,羣生遂而萬物殖,諸福之物、可致之祥,莫不畢至而王道終矣。

自古人君欲施仁政而害于仁者有二:刑罰煩,則怨痛多而害于仁矣;賦斂重,則民竭其膏血而害于仁矣。故孟子以省刑罰、薄稅斂爲施仁政之本〔四二〕,蓋不能如是,雖有仁心仁聞,而民不被其澤矣。帝王之治本於仁義禮樂,而民有不率教者,有刑以齊之,是特補治之具耳。故刑法雖設,而欽恤之意,未嘗不行於其間。皋陶稱舜之德曰:"帝德罔愆,臨下以簡,御衆以寬。罪疑惟輕,功疑惟重,與其殺不辜,寧失不經,好生之德,洽于民心。"〔四三〕蓋舜之政本於寬簡,而刑期無刑,民協于中,故有四方風動之效,此後世之所宜法者也。孔子曰:"道千乘之國,敬事而信,節用而愛人。"〔四四〕有若曰:"百姓足,君孰與不足?百姓不足,君孰與足?"〔四五〕蓋侈用則傷財,傷財,必至於害民。故人君必深明君民一體之理,樂民之樂,憂民之憂,恭儉節用,約己厚下,如漢文帝之惜百金之費〔四六〕,宋仁宗之忍一夕之飢〔四七〕,然後乃可以革弊習,施寬政,而民免於割剥矣。

《大學》引《詩》之言曰:"樂只君子,民之父母。民之所好好之,民之所惡惡之,此之謂民之父母。"〔四八〕又曰:"殷之未喪師,克配上帝,宜監于殷,峻命不易。道得衆則得國,失衆則失國。"〔四九〕先儒朱熹繼之曰:"有天下者能存此心而不失,則所以絜矩而與民同欲者,自不能已矣。"〔五〇〕夫所謂此心者,至誠慈愛之心也。蓋有是心,然後可以行仁政;苟無是心,徒法不能以自行矣。昔唐太宗哀傷於斷獄,而有割肌腹飽之戒〔五一〕,宋太祖感泣於橫罹,而諭諸侯撫養之道〔五二〕,仁愛一念,足以壽國脉而緜歷年,苟非有至誠惻怛之心,何能至此?《易》曰:"天地之大德,曰生,聖人之大寶,曰位,何以守位?曰仁。"〔五三〕孟子曰:"先王有不忍人之心,斯有不忍人之政。"〔五四〕伏願殿下深體聖言,常存是心,宗社幸甚,臣民幸甚。

臣伏聞殿下有仁聖之心,愛人恤物,發於至誠惻怛,慎刑薄斂之意,每軫於宵旰,聖德如天,生育之恩,無所不被,惡殺不忍之意,懇懇於垂簾之内。朝野聞之,莫不感激隕涕,雖舜之好生〔五五〕,禹之泣罪人〔五六〕,文王之視民如傷〔五七〕,亦無以過矣。頃者臺諫請誅陰陽具備之人,以除不祥,聖教乃曰:"禽獸亦不可輕殺,況於人類乎?投之絕域可也。"〔五八〕大哉王言!真天地父母之爲量也。推此心以及於民物,其有不被聖澤者乎?嗚呼!聖明如此,群臣固宜將順以成至治,而親民之官、獄犴之吏,或不能深體聖意,捶楚有律外之濫,徵斂有稅外之煩,此聖澤之所以壅遏而民未蒙實惠也。誠能去此二害,而施之以教化,則於變之治,可復見於今日矣。伏惟聖明留念。

【校記】

[峻命不易]庚子本、甲子本、正祖本皆作"駿命不易",乙亥本與底本同。按:今本《詩·大雅·文王》作"駿命不易",《禮記·大學》中引詩作"峻命不易",故本文此處仍應依《大學》所引作"峻命不易"。

【注釋】

〔四一〕按:見《周易·乾卦》和《周易·坤卦》。
〔四二〕故孟子句:見《孟子·梁惠王上》:"地方百里而可以王。王如施仁政於民,省刑罰,薄稅斂,深耕易耨;壯者以暇日修其孝悌忠信,入以事其父兄,出以事其長上,可使制梃以撻秦楚之堅甲利兵矣!"
〔四三〕皋陶句:見《尚書·大禹謨》:"皋陶曰:'帝德罔愆,臨下以簡,御衆以寬;罰弗及嗣,賞延於世。宥過無大,刑故無小;罪疑惟輕,功疑惟重;與其殺不辜,寧失不經;好生之德,洽於民心,兹用不犯於有司。'"
〔四四〕孔子句:見《論語·學而》:"子曰:'道千乘之國,敬事而信,節用而愛人,使民以時。'"
〔四五〕有若句:見《論語·顏淵》。有若,孔子弟子,姓有名若,字子有。
〔四六〕百金之費:見《史記·孝文本紀》:"嘗欲作露臺,召匠計之,直百金。上曰:'百金,中民十家之産,吾奉先帝宫室,常恐羞之,何以臺爲!'"

〔四七〕一夕之飢:見魏泰《東軒筆録・卷三》:"宋仁宗一日晨興,語近臣曰:'昨夕因不寐而甚饑,思食燒羊。'侍臣曰:'何不降旨索取?'仁宗曰:'比聞禁中每有索取,外面遂以爲例。誠恐自此逐夜宰殺,以備非時供應。則歲月之久,害物多矣。豈不可忍一夕之餒,而啓無窮之殺也。'"亦見《宋史・仁宗本紀》。

〔四八〕大學句:引詩見《詩經・南山有臺》。

〔四九〕又曰句:引詩見《詩經・文王》。

〔五〇〕先儒句:見《大學章句》本句下朱子傳文。

〔五一〕割肌腹飽之戒:見《貞觀政要》卷一《君道一》:"爲君之道,必須先存百姓。若損百姓以奉其身,猶割股以啖腹,腹飽而身斃。"

〔五二〕諭諸侯撫養之道:見《宋史・太祖本紀》:"上泣謂左右曰:'宇縣分割,民受其禍,思布聲教以撫養之。攻城之際,必有横罹鋒刃者,此實可哀也。'即詔出米十萬石賑城中饑民。"

〔五三〕易曰句:見《周易・繫辭傳下》。

〔五四〕孟子句:見《孟子・公孫丑上》:"孟子曰:'人皆有不忍人之心。先王有不忍人之心,斯有不忍人之政矣。以不忍人之心,行不忍人之政,治天下可運之掌上。'"

〔五五〕舜之好生:典出《孔子家語・好生第十》:"孔子曰:'舜之爲君也,其政好生而惡殺,其任授賢而替不肖。'"

〔五六〕禹之泣罪人:劉向《説苑・君道》:"禹出,見罪人,下車問而泣之。左右曰:'夫罪人不順道,故使然焉,君王何爲痛之至於此也?'禹曰:'堯舜之民,皆以堯、舜之心爲心。今寡人爲君也,百姓各自以其心爲心,是以痛之也。'《書》曰:'百姓有罪,有予一人。'"

〔五七〕文王句:《孟子・離婁下》:"文王視民如傷,望道而未之見。"趙岐注:"視民如傷者,雍容不動擾也。"孫奭疏:"言文王常有恤民之心，故視下民常若有所傷，而不敢以橫役擾動之。"
〔五八〕頃者三句：據《世宗實錄》記載，世宗 28 年發生了陰陽人舍方智著女裝，和金龜石妻李氏私通之事。《芝峰類說》卷三《君道·政治》亦有記載："明廟朝，臺諫請誅陰陽具備之人，以除不祥。上答曰：'禽獸亦不可輕殺，況人類乎？投之絶域可也。'晦齋先生謂：'大哉王言！真天地父母之量也。'按成廟朝，二形人舍方智，奸淫士族婦女，而罪止杖配，未可知矣。"

其七曰"順天心"。臣按伊尹訓太甲曰："惟天無親，克敬惟親；民罔常懷，懷于有仁。"〔五九〕傅說告高宗曰："惟天聰明，惟聖時憲，惟臣欽若，惟民從乂。"〔六〇〕召公戒成王曰："皇天上帝改厥元子兹大國殷之命，惟王受命，無疆惟休，亦無疆惟恤。嗚呼曷其？奈何不敬？"〔六一〕古之聖賢告戒其君者，莫切於此。然則人君修德保位之道，孰有大於敬天者乎？

夫天者，理之所在，而感應之妙，捷於影響。人主誠能懋敬厥德，常思所以配天，處心行事，一順乎天理，而合於天心，則天降百祥，而永保天禄。如或有不能敬，而所存所行，有一毫悖於天理，而不合於天心，則天必厭惡，而災咎輒應。是理昭然，往軌可徵，此古之帝王所以昧爽丕顯，對越上帝，兢業祗慄〔六二〕，無敢有一息欺慢者也。昔成湯遇大旱之災，以六事自責〔六三〕，以今觀之，人君所當警省者，不止於此。蓋聖人心存至誠，常盡事天之道，而無所欠闕，惟有六事有所不慊於心，而可以致天譴，故歷言而自省。後世人君，敬天之心不能純一，而遇災修省,亦有所未盡,安能格天於冥冥乎?

臣伏見殿下清心一德,敬天憂民,宵旰兢惕,無時豫怠,而天譴猶不弭,災沴猶未消,可見天心之仁愛殿下,欲扶持全安之也。天人一理,顯微無間,人君奉天理物,一心合天,天有不應者乎?伏願殿下體成湯之心,而盡事天之道,一言一動,順帝之則,而六事之外,又思其所可戒者,一念慮之發,一號令之施,一刑政之斷,必求所以合於天理,而思去其不合於天者,則天心底豫〔六四〕而和氣應之,災變消而休祥至,廟社生民萬世之福,實基於此矣。

夫人君心事之合天與否,何以驗之?驗於人心而可知矣。君心大公至正,好惡取舍,當於義理而協乎群情,則必合於天心矣。如或不爾,而有違於道,則拂人之心矣,何以合天意乎?天之心即人之心,人心得則天意得矣。《書》曰:"天視自我民視,天聽自我民聽。"〔六五〕《詩》云:"畏天之威,于時保之。"〔六六〕伏惟聖明深燭是理,常存祗懼,罔咈百姓,以違天意。

【注釋】

〔五九〕臣按句:見《尚書·太甲下》。

〔六〇〕傅說句:見《尚書·説命中》。

〔六一〕召公句:見《尚書·召誥》。

〔六二〕祗慄:亦作"祗栗"。敬慎恐懼。《漢書·匡衡傳》:"蓋欽翼祗栗,事天之容也。"

〔六三〕昔成湯二句:《後漢書·鍾離意傳》:"昔成湯遭旱,以六事自責,曰:政不節邪?使人疾邪?宮室榮邪?女謁盛邪?苞苴行邪?讒夫昌邪?"小注:"《帝王記》曰:成湯大旱七年,齋戒,翦髮斷爪,以己爲犧牲,禱於桑林之社,以六事自責。"
〔六四〕底豫：謂得到歡樂。《孟子·離婁上》："舜盡事親之道，而瞽瞍底豫。"趙岐注："底，致也。豫，樂也。"
〔六五〕書曰句：見《尚書·泰誓中》。
〔六六〕詩云句：見《詩經·周頌·我將》。

其八曰"致中和"。臣按《中庸》曰："致中和，天地位焉，萬物育焉。"又曰："喜怒哀樂之未發，謂之中；發而皆中節，謂之和。中也者，天下之大本也；和也者，天下之達道也。"〔六七〕蓋天命之性，純粹至善而具於人心，方其未發，渾然在中而無所偏倚，故謂之中，及其發而品節不差，無所乖戾，故謂之和。靜而無不該者，性之所以爲中也，天下之理，皆由是出，故曰"天下之大本"。動而無不中者，情之發而得其正也，天下古今之所共由，故曰"天下之達道"。此乃人心寂感自然之理，體用之全，本皆如此，不以聖愚而有加損也。然靜而不知所以存之，則天理昧而大本有所不立矣；動而不知所以節之，則人欲肆而達道有所不行矣。惟君子常存戒懼於不覩不聞之地，以存其渾然之體，無所偏倚，而其守不失，則大本之立，日以益固。又察幾微於隱微幽獨之際，以至應物之處，無少差謬，無適不然，則達道之行，日以益廣，此乃所謂"致中和而有位育之效"也。

先儒朱熹之說曰："靜而無一息之不中，則吾心正而天地之心亦正，故陰陽動靜各止其所，而天地於是乎位矣。動而無一事之不和，則吾氣順而天地之氣亦順，充塞無間，歡欣交通，而萬物於是乎育矣。此萬化之本源，一心之妙用，聖神之能事，學問之極功也。"〔六八〕臣謂人處天地之中,理氣貫通,參合無間,故人之心氣,可以致感於天地。況人君成位乎其中,而爲民物之主,一心肅然於中,至虛至公,而格于上下,則天地安得而不位乎？喜怒哀樂之發,皆合於理,賞一人,而千萬人勸,怒一人,而千萬人懲。哀民之窮,而鰥寡孤獨皆得其所,樂民之樂,而群黎品彙咸被其澤,則萬物安得而不育乎？陰陽調而風雨時,災變消而休祥至,覆載之中,含生之類,莫不各遂其性,此致中和之極功也。先儒所謂"心和氣和而天地之和應"〔六九〕者,此也。

後世明哲之主,有志於善治者,固亦多矣,而未有用力於此者。故天地不應,而美祥莫至,三辰失行〔七〇〕,六氣不和〔七一〕,地震、山崩、水旱、饑饉、災變荐仍,而群生莫遂,烏可不思其所以致此之由乎？人君居天位,理萬物,九重幽邃,本體澄寂之時,有一毫偏倚之累,則失其中而天地爲之不位矣。至於念慮之發、刑政之施,有一事違於義理,則失其和而萬物爲之不育矣。故曰"人主一心,萬化之源",其可頃刻而不存乎？其可絲毫而不察乎？臣昔年忝備侍從之班,曾以此説獻于中廟〔七二〕,今又以此獻于殿下,臣之有望於聖明深矣。伏惟殿下深勉焉。

右八規,皆本聖經、賢傳之旨,無非進德修業之要,但以主於輔導聖學,而未暇備治道之節目。然其爲治之綱領,則具於此矣。以之而修身齊家,以之而建中建極,以之而立紀綱,正朝廷,闢四門〔七三〕,廣視聽,任賢材,布衆職,明聖道,正人心,崇教化,變風俗,二帝三王之治,不踰於此矣。治道雖曰多端,求其本源之地,在於人主之心,端本清源之道,又在於務學。臣伏見殿下睿質天成,德業日就,經幄之啓沃,庶明之勵翼,蓋亦無所不至,緝熙聖功,豈有所欠闕? 然古之聖王,好察邇言,樂取諸人,此所以德益明而業益大也。伏惟殿下,勿以臣言爲迂而留神焉。

【注釋】

〔六七〕按:此處所引見《中庸》第一章。

〔六八〕先儒句:見《中庸或問》卷上。

〔六九〕先儒句:見《漢書·公孫弘傳》:"故心和則氣和,氣和則形和,形和則聲和,聲和則天地之和應矣。"

〔七〇〕三辰:指日、月、星。《左傳·桓公二年》:"三辰旂旗,昭其明也。"杜預注:"三辰,日、月、星也。"

〔七一〕六氣:自然氣候變化的六種現象。指陰、陽、風、雨、晦、明。《左傳·昭公元年》:"天有六氣,降生五味……六氣曰陰、陽、風、雨、晦、明也。"

〔七二〕中廟:即朝鮮中宗大王,名懌,字樂天,廟號中宗。

〔七三〕四門:指明堂四方的門。《史記·五帝本紀》:"賓於四門,四門穆穆,諸侯遠方賓客皆敬。"《後漢書·列女傳·曹世叔妻》:"辟四門而開四聰。"

其九曰"養國本"。臣謹按《詩》之《大雅》曰:"維此文王,小心翼翼。昭事上帝,聿懷多福。"又曰:"亹亹文王,令聞不已。陳錫哉周,侯文王孫子。"〔七四〕蓋文王有翼翼之敬、亹亹之誠,而能盡事天之道,故有敷錫之慶而澤流於百世。臣伏見殿下心存誠敬,常思所以奉天仁民之道,而無時豫怠,故天監厥德,篤生聖嗣,宗社臣民億萬年無疆之休也。昔者太任娠文王,有胎教之法,故文王生而明聖〔七五〕。

疏

古之聖人教子之法，始於在胎之時，而況既生而孩提有識乎？

臣竊思元子今雖在於襁褓，生禀異資，岐嶷夙成〔七六〕，必有異於凡人者，教養輔益之道，不可不豫爲之備。臣謹稽《禮經》，凡三王教世子，必以禮樂，立太傅、少傅以養之，太傅在前，少傅在後，入則有保，出則有師，是以教諭而德成也。《保傅篇》曰："古之王者，太子迺生，固舉以禮，有司齋肅端冕，見之南郊，見于天也。過闕則下，過廟則趨，孝子之道也，故自爲赤子而教固已行矣。周成王幼在襁褓之中，召公爲太保，周公爲太傅，太公爲太師。保，保其身體；傅，傅之德義；師，導之教訓，此三公之職也。於是爲置少保、少傅、少師，是與太子宴者也。故孩提有識，三公、三少，固明孝仁禮義以導習之，逐去邪人，不使見惡行。於是皆選天下之端士博聞有道術者以衛翊之，使與太子居處出入，故太子迺生而見正事，聞正言，行正道，左右前後皆正人也。夫習與正人居之，不能毋正，猶生長於齊，不能不齊言也；習與不正人居之，不能毋不正，猶生長於楚，不能不楚言也。孔子曰：'少成若天性，習慣如自然。'"〔七七〕三代之所以長久者，以其輔翼太子有此具也。

臣謂三代聖王之制，皆可復於後世，況此輔翼太子之法，尤有關於宗社生靈之休戚，聖明在上，舉而行之，有何難焉？秦、漢以來，教養國儲，甚爲苟簡，諭之非道，教之無法，而致禍敗者多矣，不可不戒。昔文王使太公傅太子，及嗜鮑魚而太公不與，曰："禮，鮑魚不登於俎，豈可以非禮而養太子？"〔七八〕古

409

人之教太子，其嚴如是。非禮之味，不可以養太子，則不正之人、不正之色、不正之聲，亦不可接於耳目矣。故曰："太子之善，在於早諭教與選左右教得，而左右正，則太子正矣。"〔七九〕此乃蒙以養正之道也。

【校記】

［生禀異資］資，甲子本和正祖本皆作"質"，乙亥本和庚子本與底本同。

【注釋】

〔七四〕按：此處引詩見《詩經·大雅·文王》。
〔七五〕昔者三句：《列女傳·母儀傳·周室三母》："大任者，文王之母，摯任氏中女也。王季娶爲妃。大任之性，端一誠莊，惟德之行。及其有娠，目不視惡色，耳不聽淫聲，口不出敖言，能以胎教。溲於豕牢，而生文王。文王生而明聖，大任教之，以一而識百，卒爲周宗。君子謂大任爲能胎教。"
〔七六〕岐嶷：《詩·大雅·生民》："誕實匍匐，克岐克嶷。"朱熹《集傳》："岐嶷，峻茂之狀。"後多以"岐嶷"形容幼年聰慧。
〔七七〕按：此處引文見《大戴禮記·保傅》和賈誼《新書·保傅》。
〔七八〕昔文王三句：見賈誼《新書》卷六《禮》："昔周文王使太公望傅太子發。太子嗜鮑魚，而太公弗與，曰：'禮，鮑魚不登於俎，豈有非禮而可以養太子哉？'"
〔七九〕故曰句：見《漢書·賈誼傳》："太子之善，在於早諭教與選左右教得。……夫教得而左右正，則太子正矣，太子正而天下定矣。"

臣不揆愚陋，乃敢取先王之法可以施於今日者，爲朝廷獻焉。伏惟聖明留意，更取全篇，參考而施行。凡保養教諭之方，一如三代之法，不待侍講院之設〔八〇〕，早立師傅保，以領其調護之職，又立賓客，更相入侍，以盡其教養之職。見之南郊，蓋古天子之禮，今雖不可舉行，過闕則下，過廟則趨之禮，乃所以示臣子之道也，今亦可以行之。至於保母及凡侍奉之人，並選溫良恭敬寬裕慈惠有德行之人以備之，如有陰邪不正之人，則斥去不近。器用服玩，皆須質朴，侈靡之物，不接於目，淺俗之言，不入於耳，則化與心成，中道若性，聖質已具於孩提時矣。及其少長，嘉言格論，日陳於前，有以養成純粹之質，開發聰明之性，則習與智長，以一知百，無異於文王之聖，而宗社臣民之福，實源於此矣。臣不勝惓惓。

　　臣竊惟方今爲宗社生靈萬世之計，惟在於輔導聖學，而尤莫大於教養儲宮，不可以聖德已成，而無規戒之益；不可以方在襁褓，而忽其輔翼之道也。夫聖莫聖於舜，而禹、皋陶未嘗忘規戒。召公又曰："若生子，罔不在厥初生，自貽哲命。"〔八一〕蓋言子之初生，教養之得其道則哲，失其道則愚。凡人皆不可不謹，而況儲貳之重乎？輔導之規、教諭之方，粗備於九條。老臣區區忠愛之誠，抵死不泯，瀝血刳心，以祈乙夜之一覽〔八二〕，儻蒙聖慈留神潛玩，其於日新之功，養正之方，未必無涓埃之補。

　　臣名在罪籍，不宜冒貢微忠，仰干宸嚴。第念臣以三朝老臣，受恩深重，非他人比，白首窮邅，丹心彌切，自不能已。狂瞽鄙說〔八三〕，幸紆宸鑑，有一毫裨贊之效，則臣雖死於溝壑，亦無所恨。誠激於衷，言不知裁，伏惟聖慈哀矜恕察焉。臣李彥迪惶懼惶懼，稽首稽首。謹昧死以聞。

**【注釋】**

〔八〇〕侍講院：又稱世子侍講院、王太子宮侍講院，是朝鮮王世子學習和受教育的專門機構。《朝鮮高宗實録》卷三二："侍講院，掌侍講經史，規諷道義。"《增補文獻備考》卷二三八："今上三十一年，仍舊侍講院，置師一員，傅一員，貳師一員，賓客二員，贊善、輔德、弼善、進善、文學、司書、説書、諮議各一員。……三十三年，改稱侍講院。"

〔八一〕召公句：見《尚書·召誥》。

〔八二〕乙夜：二更時候，約爲夜間十時。

〔八三〕狂瞽：愚妄無知之意，多用作自謙之辭。狂，狂妄也；瞽，盲目也。《漢書·蓋諸葛劉鄭等傳贊》："諸葛、劉、鄭雖云狂瞽，有異志焉。"

# 附獻《進修八規》疏

草野臣李全仁誠惶誠恐〔一〕，頓首頓首，謹上言于主上殿下。臣聞《易》曰："天道下際而光明，地道卑而上行。"〔二〕蓋天尊地卑，高下懸絶，而其氣上下相交而後，能成化育之功，而萬物得遂其通泰也。古之聖王，體天德，順天道，雖處崇高之位，常存恤民之志，猶恐下情壅蔽而不達，德澤有所不施，故邇言必察，蒭蕘必採，能通天下之情，終成於變之治也。臣猥以賤微，濫陳所懷，仰干宸嚴，敢冒逾分之罪，難逃僭妄之誅。秖念君臣之義，實猶父子之親，忠孝之心，同得於天，初無欠缺。故古之懷忠抱義之士，雖處草澤之中，憂時向國之念，如在帷幄之側，時有感慨之情，或至涕泣而不收者，非有所爲而然也，至誠惻怛之心，發於天性之真而不能自已也。臣之所陳，亦出於懇迫誠悃之至，伏惟聖明憐其情而少加恕焉。

臣伏聞殿下以上聖之資，承列聖之緒，宵衣旰食，勵政圖治，襃清白，舉遺逸，賑窮民，哀惸獨〔三〕，遇災異之譴，盡脩省之道，每下懇惻之旨，欲聞忠讜之論。敬天勤民之意，無所不至，環海之間含生之類，霑被聖澤，莫不歡欣。治效日久，儒風復振，野無遺賢，嘉言罔攸伏。士之潛光遁迹，蘊櫝而懷寶者，皆願輸忠獻謨，以贊聖功之毫末。臣身雖微賤，亦有秉彝之性，幸生聖代，豈獨無獻芹之微誠乎？但以學術鹵莽，聞見寡陋，終無以一陳肝肺，以新聖德。秖念臣父某所撰進修之規，疑亦有裨於治道，故今乃冒萬死獻進，惟殿下採擇焉。

臣父平生忠國一念，歷變履險，無時間斷，不以榮寵而有加，不以貶黜而有損。遭遇中廟，罄竭心懷，知無不言，嘗獻之以《一綱十目》之疏，中廟稱之曰："言論剛正，雖真德秀，亦無以加此。"〔四〕即命傳寫三度，以示東宮及外朝，賜書襃獎。眷遇益重，恩數非常。臣父未效涓埃之補，遽遭鼎湖之痛〔五〕，攀號莫及，常懷罔極之恨。及殿下嗣服，臣父首忝講席，伏覩聖質英明，天音明朗，不覺喜淚交頤，思欲竭忠貞之節，盡輔翼之道，致聖明於堯、舜，期至治於唐虞。不幸病母年垂八十,遠在南涯,丙午春,臣父受假歸省,奄奄氣息,朝不保夕,切迫之情,不忍遠離,具狀陳情,願乞留養,三被温旨,未蒙允許。

其年秋,母病稍蘇,將詣闕謝恩,而反有物議,褫罷其職。明年秋,再承恩譴,投竄西鄙,白首窮涯,丹心彌切。每值求言之旨,伏見罪己之教,臣父自嘆:"聖明如此,千載一會,負罪嬰釁,假息荒城,展抱陳悃,終不得一徹於君父耶?"於是乃取《易經》進德修業之義,衍爲八條,名之曰《進修八規》。又八規之外,別有一條者,臣父追聞聖上誕生元嗣,又撰《養國本》之條,以係於後。繕寫已具,將欲獻進,而天門阻隔,展達無由〔六〕,齎志〔七〕隕没而其書獨存,言簡而指遠,辭約而理備,帝王存心出治之要,蓋亦不外於此。萬幾之暇,幸賜省覽,深玩而體察焉,則其於日新之功,未必無絲毫之補矣。

白首舊臣報國之志,濱死不泯。及其臨死,言不及家事,惟曰:"余受三朝厚恩,寵渥如山,稱效寂滅,投棄絶徼,理固宜然。特賴聖慈寬仁明恕,七載邊荒,永保天年,聖恩莫量,粉骨難酬。念余平昔所撰進修之規,庶幾有助於聖學,若能獻進,倘蒙採取,吾死無憾。古人亦有臨死而遺表者,即此吾意也。"緒言纔終,神魂已閉。臣日夜悲號,扶櫬千里,寢藉冰雪,素嬰偏枯之疾〔八〕,難轉寸步之地。遠伏海陬,天路邈邈,叫號無門,迄未陳獻,上負明主渴聞讜論之誠,下負臣父臨死補衮之志〔九〕,恐使泉壤之下,永抱無窮之恨,常瞻北辰〔一〇〕,懷痛窮天。

今者臣伏聞聖德日博,恢廓之道與天同大,懼刑政之或差，憐鰥寡之無告，原赦罪累，咸得自新，滌垢磨瑕，與之更始，生恩遍洽，和氣遠溢，神人俱歡，率土同慶。當此之際，聖明之盛時，千載難逢。臣由是力疾匍匐於官道，獻此臣父所撰之辭，不避鈇鑕之誅〔一〕，以冀乙夜之覽，伏惟殿下哀矜而垂察焉。臣無任惻怛惶懼懇迫之至，謹昧死以聞。

**【校記】**

〔士之潛光遁迹蘊櫝而懷寶者〕蘊櫝，庚子本、甲子本、正祖本皆作"韞匵"，乙亥本與底本同。《論語·子罕》："有美玉於斯，韞匵而藏諸？求善賈而沽諸？"朱熹集注："韞，藏也；匵，匱也。"韞，通"蘊"。後以"蘊櫝"、"韞匵"指包容、含藏。

**【注釋】**

〔一〕李全仁：字敬夫（1516—1568），號潛溪，李彥迪側室所生，生性純孝，無意科舉功名，陪伴李彥迪流配江界，並受父遺命，將此《進修八規》呈送明宗。有《潛溪集》傳世。《朝鮮明宗實錄》卷三三"全仁"下小注："彥迪妾子，其母妓也。既娠，而爲曹閏孫所畜，故久冒曹氏。閏孫死，其母始言之。乃盡棄閏孫之財産，尋彥迪江界，遂爲父子，奉養有誠。且以閏孫有養育之恩，故心喪以報之云。"

〔二〕臣聞句：《周易·謙卦》之《彖辭》："天道下濟而光明，地道卑而上行。天道虧盈而益謙，地道變盈而流謙。鬼神害盈而福謙，人道惡盈而好謙。"

〔三〕惸獨：孤苦伶仃的人。《詩·小雅·正月》："哿矣富人，哀此惸獨。"

〔四〕真德秀：字景元，號西山，南宋著名理學家，立朝有直聲，於時政多所建言，奏疏不下數十萬字。

〔五〕鼎湖：傳說黃帝在鼎湖乘龍昇天。故以鼎湖指帝王崩逝。

〔六〕按：《朝鮮明宗實錄》卷三三收錄此文，本句下小注："彥迪

　　　　撰此八規,欲隨疏上進。洪遇時爲監司,止之,遂不果。"洪
　　　　遇(1504—1585),字退之,號忍齋。
〔 七 〕齎志:謂懷抱志願。江淹《恨賦》:"齎志没地,長懷無已。"
〔 八 〕偏枯:偏癱,半身不遂之症。
〔 九 〕補袞:補救規諫帝王的過失。語本《詩·大雅·烝民》:
　　　　"袞職有闕,維仲山甫補之。"
〔一〇〕北辰:本指北極星,比喻帝王或受尊崇的人。
〔一一〕鈇鑕之誅:腰斬。鈇鑕,古代腰斬時所用刑具。鈇,如今
　　　　鍘刀;鑕,腰斬時所用鍘刀座。

# 晦齋先生集

卷之九

# 箋

## 辭謝箋[一] 中宗朝己亥十一月

有懷必陳,思盡爲臣之職分;邇言好察,濫荷自天之寵章。省循何堪?震惶罔措。伏念章句末學,蓬蓽孤蹤[二],但抱糟粕以留精,甘處畎畝以養性。幸際風雲之會,得近日月之光,職忝論思,寧有涓埃之裨海岳?任叩諫諍,又乏謇諤之動冕旒[三]。雖切憂國憂民,荏苒已迫於衰暮,未免旅進旅退,循默愧負乎聖明。百里分銅符[四],雖得酬將母之願;一病緣明主,恐未展徇國之懷[五]。

近因災異之荐臻,伏覩惻怛之睿旨,天地亦應冥感,臣子何忍寧居?不忍區區螻蟻之忠[六],敢效惓惓芹曝之獻[七]?辭拙語激,直待僭妄之誅;義重身輕,寧避流竄之譴。豈意聖哲之大度,俯察狂瞽之危言,殊恩忽降於九重[八],隆眷有加於三接[九]。撫躬增悚,無地自容,揆涯分而僭踰,仰天日而慚靦。擇狂言,雖云聖主之美德;誤異寵,豈是庸品之敢當?始奉獎諭之丁寧,感淚流睫;重膺爵命之僭越,駭汗洽膚。未由伏閤而懇辭,遙切瞻天而呼籲。

念兹稀闊之異數,謬加空疏之散材,非獨憂小器之滿傾,抑亦懼群情之駭愕。採其言,留睿念,榮幸已極於此時;僭于賞,擢庸流,譏議寧無於後日。伏望廓包荒之量,垂聽卑之聰,察愚臣跼蹐之悰〔一〇〕,念朝廷名器之重,勿嫌反汗〔一一〕,特收恩綸,則臣謹當仰體盛心,益礪素志,圖酬粉骨,敢不盡犬馬之誠?秉道殘年,庶無改松筠之節〔一二〕。

【校記】

〔未由伏閤而懇辭〕未,甲子本和正祖本作"末",乙亥本、庚子本、高麗大學藏本與底本同。未由、末由,皆無由之意。

【注釋】

〔一〕按:本文是李彥迪1539年11月時呈遞給中宗之文,本年10月李彥迪上《一綱十目疏》,得到中宗稱讚,故上此文以示謝意。李全仁在《獻進修八規疏》中記載:"嘗獻之以《一綱十目》之疏,中廟稱之曰:'言論剛正,雖真德秀,亦無以加此。'即命傳寫三度,以示東宮及外朝,賜書褒獎。"

〔二〕蓬蓽:用樹枝茅草搭建的簡陋房子。孤蹤:孤獨的蹤跡。

〔三〕謇諤:亦作"謇鄂"、"謇愕"。正直敢言。《隸釋·漢綏民校尉熊君碑》:"臨朝謇鄂,孔甫之操。"冕旒:專指皇冠。借指皇帝、帝位。沈約《勸農訪民所疾苦詔》:"冕旒屬念,無忘夙興。"

〔四〕銅符:即銅魚符,銅制的魚形符信。古代官員用以證明身份和徵調兵將的憑證。後周世宗顯德六年廢除,但後世仍以"銅魚符"、"銅符"作爲郡縣長官或官職的代稱。其時李彥迪任外職,在全州府尹任上,故可以奉養老母。

〔五〕一病緣明主:杜甫《奉贈王中允維》:"一病緣明主,三年獨此心。"徇國:爲國家利益而獻出生命。徇,通"殉"。《後漢書·種劭傳》:"昔我先父以身徇國。"

〔六〕螻蟻之忠:指力量微小和地位低下之人的忠心。

〔七〕芹曝之獻：獻芹和獻曝兩個典故的合稱。《列子・楊朱》："昔者宋國有田夫，常衣緼黂，僅以過冬。暨春東作，自曝於日，不知天下之有廣廈隩室，緜纊狐狢。顧謂其妻曰：'負日之暄，人莫知者，以獻吾君，將有重賞。'"後因以"獻曝"爲所獻菲薄、淺陋但出於至誠的謙詞。《列子・楊朱》："宋國有田夫……謂其妻曰：'負日之暄，人莫知者，以獻吾君，將有重賞。'里之富室告之曰：'昔人有美戎菽、甘枲莖芹萍子者，對鄉豪稱之。鄉豪取而嘗之，蜇於口，慘於腹，衆哂而怨之，其人大慚。'"後遂以"獻芹"謙言自己贈品菲薄或建議淺陋。

〔八〕九重：指王宮和朝廷，亦可指代中宗。

〔九〕三接：謂三度接見。語本《周易・晉卦》："晉，康侯用錫馬蕃庶，晝日三接。"孔穎達疏："晝日三接者，言非惟蒙賜蕃多，又被親寵頻數，一晝之間，三度接見也。"後多以"三接"爲恩寵優獎之典。中宗覽閱李彦迪此文後，不僅稱讚有加，還晉升他爲嘉善大夫。

〔一〇〕跼蹐之悰：恐懼不安的情緒。

〔一一〕反汗：以汗出而不能反喻令出不能收。後因以"反汗"指翻悔食言或收回成命。《漢書・劉向傳》："《易》曰：'渙汗其大號。'言號令如汗，汗出而不反者也。今出善令，未能踰時而反，是反汗也。"

〔一二〕松筠之節：松與竹材質堅韌，歲寒不凋。用以比喻堅貞的節操。


## 謝恩箋〔一〕癸卯五月

鶴髮餘齡，忽霑雲霄之澤，樗材多蠹，又沐生成之恩。揣分若驚,冒榮增惕。伏念學無積累,才乏經綸,但知盡道以事君,實矛盾於時俗,徒懷乞身以將母,亦狼狽於去留。猥荷聖明之誤知,顧乏涓埃之小補,累忝言論之職,濫廁廊廟之班[二],然未效格心之忠,而空懷伴食之耻。

惟期竭犬馬之力,乃又迫烏鳥之情[三],省疾南州,月四閲而濡滯[四],馳心北闕,身一病而沈綿。念瘝曠之既多,懼譴訶之斯重,豈意九重之渙渥[五],遠逮六尺之微軀?奉綸音之丁寧[六],近天威於咫尺。雲需偏及桑梓,寵光曠世所稀;御醫來宣藥餌,恩命一時薦洽。衰顔戴惠鮮而爲命,沈痾隨感淚而去身,萬死曷酬乎隆私?再生實賴於洪造。兹蓋伏遇爲國以慈孝,視臣如股肱,察臣常懷菽水之誠[七],憐臣不改葵藿之性[八]。老老興化,特推三朝之心;君君盡仁,深明一體之理。故兹異數謬加寒蹤,臣敢不仰體睿思,俯罄危悃,有懷必達?寧避好名之誅?難得者時,庶盡捐軀之節。

【注釋】

〔一〕謝恩箋:李彦迪1543年53歲時所作。本年3月,李彦迪以母病辭職返鄉,但中宗不允,命其母病好轉即回京,並命慶尚道觀察使慰問其母。李彦迪在母病好轉後上京途中,在聞慶生病暫留,中宗命忠清道和慶尚道觀察使治療,5月病情好轉即啓程上京,並寫此文致謝。

〔二〕廊廟之班:這裏是説在朝中爲官。廊廟,殿下屋和太廟,指代朝廷。

〔三〕烏鳥之情:古時傳説,烏鴉有反哺之情。因以比喻奉養長輩的孝心。杜摯《降吳表》:"欽累世受魏恩,烏鳥之情,竊懷憤踴。"

〔四〕南州：指李彥迪故鄉慶州。濡滯：停留，遲延，遲滯。《孟子·公孫丑下》："三宿而後出晝，是何濡滯也！"趙岐注："濡滯，淹久也。"

〔五〕渙渥：謂帝王的恩澤。

〔六〕綸音：猶綸言。帝王的詔令。

〔七〕菽水之誠：指孝心。菽水，豆與水。指所食唯豆和水，形容生活清苦。語出《禮記·檀弓下》："子路曰：'傷哉！貧也！生無以爲養，死無以爲禮也。'孔子曰：'啜菽飲水盡其歡，斯之謂孝。'"後常以"菽水"指晚輩對長輩的供養。

〔八〕葵藿之性：指忠心。葵藿，單指葵。葵性向日，古人多用以比喻下對上赤心趨向。語出《三國志·魏志·陳思王植傳》："若葵藿之傾葉，太陽雖不爲之回光，然向之者誠也。竊自比於葵藿，若降天地之施，垂三光之明者，實在陛下。"

# 狀箚

## 陳情乞養狀〔一〕辛丑八月

　　右謹啓：臣早遇家難，九歲爲孤，寡母窮居四十餘年，菽水之供，或時不繼。臣以庸劣，遭遇聖明，因緣資序，玷冒華顯〔二〕，俸禄雖優，母在南涯，無以爲養，區區私懇，惟思乞身以終養，一日未安於遠宦。今則母年已踰七十，衰耗轉深，羸病日增，又有風眩之疾〔三〕，發作無時，救療稍緩，或至危急。況乃遠在七百里外，傍無奉養之人，臣之志切歸養，朝廷所共知。

　　第以近年以來，謬蒙寵擢，天恩濫重，未敢累牘陳乞，黽勉隨行，悶默在懷。近日略陳懇迫之情，聖諭丁寧，不許歸養，只令往來覲省，惶恐不敢再瀆。退伏旬月，反覆思量，貪榮慕禄，親老忘歸，決非聖主之所取；徇利遺親，養不及時，亦豈微臣之所忍？先聖有言曰："古人一日養，不以三公換。"〔四〕衰病之親，邈在遐陬，奄奄氣息，未保朝暮，而今臣叨冒禄位，因循顧戀，不能決歸，以至于今，臣實古人之罪人也。既不能爲孝於親，又何以移忠於國？

　　竊念君親一體，恩義極大，固無輕重之殊。然事國時長，顧捐軀而未晚；報親日短，恐不逮於餘齡。

伏乞聖慈察愚臣邀迫之情,憐老母垂盡之命,特解臣職,許令歸養。干瀆宸嚴[五],無任激切惶懼之至。

【校記】
[貪榮慕禄]甲子本和正祖本皆作"貪榮冒禄"。　　[未敢累牘陳乞]累牘,底本作"累瀆",不通。累牘,連篇累牘,文字衆多之意,與前後文意相符,故改。

【注釋】
〔一〕陳情乞養狀:本文作於1541年(中宗三十六年)李彦迪41歲時。根據《年譜》記載,陳情不允,答曰:"觀卿懇辭,其情至切。然朝廷可用者幾人?進退有關,故前既不許歸養,令往來覲省矣。"復乞外,除金海府使,臺諫留之。
〔二〕資序:資歷,資格。華顯:顯貴。
〔三〕風眩之疾:癲癇症。《陳書·孝行傳·謝貞》:"祖母阮氏先苦風眩,每發,便一二日不能飲食。"
〔四〕先聖句:引詩見王安石《送喬執中秀才歸高郵》詩。
〔五〕干瀆:亦作"干黷",猶冒犯。《宋書·顔延之傳》:"但時制行及,歸慕無賒,是以腆冒愆非,簡息干黷。"

# 再陳乞養狀[一] 壬寅四月

右謹啓:臣夙遭家艱,九歲爲孤。寡母窮居四十餘年,臣不幸早忝科目,奔走仕途,多闕菽水之奉[二],雖得升斗之禄,親闈隔遠[三],無以爲養。惟願乞外以將母,頃刻未安於遠宦,然而臣誠未感天,事與心違,出身從宦,今已二十九年,而其間外補養母,纔閱數十朔,臣之遺親徇利之罪甚大。今則母年七十有四,衰病已迫,素有風眩腰痛之疾,發作無時。況乃窮居七百里外,傍無奉養之人,遠離遊宦,情所不忍。

去年秋,再陳情懇,未蒙允許,旋被誤恩,濫荷寵擢,至勤聖諭,特令率母來京,聞命震悚,罔知攸措〔四〕。臣自揣庸劣淺短,無絲毫有裨聖化,而寵眷踰分,曠世所稀,感激隕涕,未知報塞,惟思奉承隆旨,委命侍朝,以畢犬馬之忠。第以今年春夏以來,母之宿病轉增,稍感寒冷,諸疾交作,救療稍緩,或至危急,氣力頓衰,精神昏耗,行動喘急,起居須人。道路阻脩,扶曳遠行,勢有極難,臣之進退狼狽,秪增日夜憂懼。

竊念聖朝以孝爲治,歸養之法,著在令典,是乃祖宗盡孝於上而推及於群臣,使皆各盡其情,風化之本,莫先於此。頃者出自宸衷〔五〕,軫念教化之不行〔六〕、風俗之不美,特命申明舊章,朝中有老親而未歸者,莫不感幸愧惡〔七〕,或辭職而去,或乞符而歸。臣獨淹滯,未遂素願,俯仰慚覥,如負重罪。念事親之日短,痛餘齡之無幾,常恐有不逮之嘆而永抱無涯之憾。伏惟殿下天地父母,哀而憐之,特命畀臣州郡之職,使盡烏鳥之情。華髮斑衣〔八〕,庶畢願於餘生;捐軀報國,尚未晚於異日。情迫意懇,冒昧陳乞,干瀆宸嚴,無任激切惶懼之至。

【注釋】

〔一〕再陳乞養狀:1542年(中宗三十七年)李彦迪42歲時所作。

〔二〕菽水之奉：指對母親生活的供養。菽水，豆與水。
〔三〕親闈：父母所居的内室。因用以代稱父母。
〔四〕罔知攸措：不知所措。
〔五〕宸衷：帝王的心意。
〔六〕軫念：顧念，憫惜。
〔七〕愧惡：慚愧之意。
〔八〕華髮斑衣：謂身穿彩衣，作嬰兒戲耍以娱父母。《北堂書鈔》卷一二九引《孝子傳》言老萊子年七十，父母尚在，因常服斑衣，爲嬰兒戲以娱父母。

# 乙巳正月十八日辭狀〔一〕仁宗朝〔二〕

　　本月十四日祗受左副承旨書狀内，"病如差復，斯速上來"者，臣承命震悚，罔知攸措。臣以疾病沈綿，久滯南涯，奄聞大行大王諱音〔三〕，北望驚摧，號踊無地，而身病危篤，僅存形息，雖切攀號之痛〔四〕，莫伸奔慰之誠，已缺臣子之道，罪當萬死。頃者具狀待罪，伏蒙聖慈優容，下書慰諭，又令本道監司，别加救療，白首痾臣，已荷寵渥之殊。今又不意記憶疏遠之臣，特降召旨，出於亮陰哭踊之中〔五〕，感激恩遇，涕泗交頤。
　　伏念臣以庸陋無堪，濫受先朝誤恩，庶效涓埃，而今已無可及矣。惟有奔赴闕下，隨班號慟，庶可以小紓罔極之痛。矧今殿下新膺寶命，方在哀疚，而立政之謹其始，慎終之盡其禮，皆在今日，臣子之情曷有窮已？而臣不幸前病彌留，日益深重，自秋經冬，略不向蘇。瘡腫遍身，丁瘡再發，將理失宜，氣血耗瘁。脾胃又傷，不思食飲，元氣虛損，羸弱日甚。頭眩心煩，寒熱時作，胸滿喘促，不能運動。臣久病沈困，身氣危弱至此，蘇復難期，伏枕嗚咽，祇自慨歎。

今當梓宮在殯〔六〕，因山已卜，永遷有期，百寮攀號，舉國遑遑之際，臣若氣力稍復，可以強疾奔趨，豈忍一日安然退處？祇奉召旨，未能即日起發，以孤睿奬，罪重違慢，伏竢嚴誅。臣無任感恩戀闕惶懼隕越之至，謹昧死以聞。

【校記】

［小紓罔極之痛］小紓，甲子本和正祖本作"少紓"。

【注釋】

〔一〕乙巳正月十八日辭狀：1945年李彦迪45歲時作。時當仁宗元年，中宗薨逝不久，仁宗剛即位。李彦迪1月13日已被授予議政府右贊成，他在不知情的前提下，作本文辭讓此前所授予的左副承旨之職。

〔二〕仁宗：李峼（1515—1545），字天胤，1544年11月即位，爲朝鮮王朝第12代王，在位不足一年，於1545年7月1日病逝，享年31歲。

〔三〕大行大王：指朝鮮中宗大王。中宗大王1544年11月14日將王位傳與世子仁宗大王後薨逝，享年57歲。

〔四〕攀號：攀龍髯而哭。謂哀悼帝喪。《南史·梁本紀》："攀號之節，忍酷於逾年；定省之制，申情於木偶。"

〔五〕亮陰：帝王居喪。哭踊：亦稱"擗踊"，頓足拍胸而哭，表示極大的悲哀。

〔六〕梓宮：帝王、皇后的棺材，用梓木做成，故稱。

狀劄

# 正月二十四日辭狀〔一〕

　　本月二十日，祗受左承旨書狀内〔二〕，以臣爲議政府右贊成〔三〕，"斯速乘馹上來"事有旨，臣承命震駭，罔知攸措。伏念臣猥以庸陋，素乏才望，遭遇先朝，濫授誤恩，謬被超擢，玷冒朝列，涯分已極。常懷兢惕，黽勉供職，隨衆碌碌，寵渥有丘山之重，報效無絲毫之微，俯仰慚靦，若無所容。近又嬰疾半年，漸成沈痼，氣血消耗，精神昏憒，惟願解職治調，保全殘喘。不意聖上嗣服，首頒宣召，尋蒙寵擢，濫陞崇班，揆分難堪，措躬無地。

　　臣竊惟殿下訪落之初〔四〕，進退卿相，所繫非輕。弘化重地，最宜登庸宿德，以贊大猷，豈合輕畀庸品，使人失望，上累聖上知人之哲，下乖微臣量己之義，無補新政，有妨賢路？古者無其人，闕其位，又曰："官不必備，惟其人。"〔五〕所以重其任也。如臣薄劣，決不宜冒處，取譏伴食。矧今在朝耆碩，時望所屬，可置廊廟者非一二。伏乞聖鑑察微臣之懇，念名器之重，特回渙渥，以愜群情，國家幸甚。

　　第念恩命非常，睿眷殊隆，臣子之義，固宜即日奔馳，詣闕謝恩，而臣以宿病沈重，身氣虛弱，肢體無力，頭眩、心熱、上氣、喘促諸證兼發，累朔治療，羸瘵日甚，略無減瘳。再奉綸音，感激隕涕，而未即奔走祗赴，殊失承命之恭，罪負已極。上孤睿獎，下負夙心,仰天摧咽,不知所言。臣無任感恩戀闕,惶懼竢罪之至,謹昧死以聞。

【校記】
〔略無減瘳〕甲子本和正祖本作"略無減差"。

【注釋】
〔一〕正月二十四日辭狀:與上一篇作于同期而稍晚。
〔二〕左承旨:朝鮮時代承政院的正三品官。承政院主要負責王命之傳達,以及向王報告各種事務。
〔三〕議政府右贊成:議政府是朝鮮王朝1400年設立的行政部之最高機關,右贊成是議政府的從一品文官。
〔四〕訪落之初:指仁宗剛剛嗣位,和群臣開始謀劃國事。《詩·周頌·訪落序》:"《訪落》,嗣王謀於廟也。"毛傳:"訪,謀。落,始。"鄭玄箋:"成王始即政,自以承聖父之業,懼不能遵其道德。故於廟中與群臣謀我始即政之事。"後因以"訪落"謂嗣君與群臣謀商國事。
〔五〕又曰句:見《尚書·周官》。

# 閏正月十七日辭狀

　　臣以病未趨朝,具狀辭免新除議政府右贊成恩命,伏奉本月初六日下旨,不許辭免,獎諭丁寧,仍賜宜證藥餌,今又別遣醫員,齎藥救療。聖眷至此,天地生成之恩,報答無階,感激涕零,不知所喻。
　　臣不幸病久未蘇,身氣羸弱,諸證交作,有此非常寵渥,恩命及門,而未能即日奔馳就道,詣闕謝恩,殊失人臣之禮,伏俟違慢之誅。況今山陵已畢[一],永遷日逼[二],尚未能奔赴攀號,以至于今,臣之罪負極大,北望摧裂,欲死無路。不意謬蒙寵擢,濫陞非分,非獨憂小器之滿傾,抑亦懼群情之駭愕。臣自知庸疏淺短,叨冒禄位,隨衆碌碌,未有絲毫之裨補。六卿之任,亦恐難堪,弘化重地,豈敢忝冒,以累清朝?未暇伏閤而懇辭,遥切瞻天而號籲。

今值朝廷多事之際,久曠重職,亦甚未安。伏乞聖慈,俯察愚衷,愛惜名器,亟回成渙,以愜公論,不勝幸甚。臣干瀆天威,無任震悚隕越之至[三]。謹昧死以聞。

【注釋】

〔一〕山陵已畢:指中宗的陵墓已經修好。中宗的陵墓靖陵位於今首爾江南區三星洞。
〔二〕永遷:指埋葬。
〔三〕隕越:古時上書帝王時的套語,謂犯上而表示死罪之意。前蜀杜光庭《代人請歸姓表》:"伏乞聖慈許臣卻還本姓。干冒宸嚴,無任待罪,望恩涕泗隕越之至。"

## 閏正月二十三日劄子

議政府右贊成臣李彦迪,伏以人主一身,宗社生民之所托,保護不可不謹,動息不可不時。伏聞來二月初九日下玄宫時[一],殿下欲躬詣陵所,而是日夜半動駕云,臣竊以謂未安。

大抵人君舉動,苟非祭享,必以陽明之時,而不宜於陰暗昏夜之中。當初大行大王不豫之時[二],殿下侍藥憂悴[三],久不進膳,及至大故,哀毁[四]過禮,玉體瘦弱,且有脾胃證,朝野聞之,莫不驚惶。以聖體羸毁虛弱,而冒夜遠行,蒙犯霧露,豈其所宜?萬一有所愆和[五],所關顧不重大哉?設使不至於此,犯夜奔馳行三十餘里,聖體必至困乏,隨駕群臣儀容亦未及修整,而時刻已到,則其間事多恩恩,有所未盡者多矣。

臣之妄料,殿下宜於初八日,徐詣陵所,奉審山陵諸事。翌日,率百官設禮奠,以卒大事。於事從容得宜,情禮俱盡,而殆無遺憾矣。議者必以經宿徵兵爲難,然弊亦不至於大矣。臣之謬見如此,不敢緘默,冒昧陳達。伏惟上裁施行。取進止。

【注釋】

〔一〕玄宮:帝王的墳墓。
〔二〕不豫:天子有病的諱稱。《逸周書‧五權》:"維王不豫,於五日召周公旦。"朱右曾校釋:"天子有疾稱不豫。"
〔三〕憂悴:憂傷。《後漢書‧順帝紀》:"庶獄彌繁,憂悴永歎,疢如疾首。"
〔四〕哀毁:謂居親喪悲傷異常而毁損其身。後常作居喪盡禮之辭。《後漢書‧韋彪傳》:"彪孝行純至,父母卒,哀毁三年,不出廬寢。"
〔五〕愆和:失和,出意外。

狀劄

# 三月初八日辭狀

臣以病久未瘳〔一〕，具狀再辭新除恩命，伏奉去閏正月二十六日下旨，不許辭免，使臣更加調理上來者。臣奉戴綸音，感激隆眷，庶得調治病軀，扶曳就道，而久病羸瘁已極，不能勉强，久稽祗赴，罪重違慢，惶懼罔措。

臣於春初，病勢危迫，幾至難救，伏蒙聖慈遣醫齎藥救療〔二〕，天恩罔極，庶有生全之望。今則臣之病證，稍似瘥減〔三〕，但以元氣虛損，未得蘇復，精神困倦，多卧少起，腳膝無力，不能行立，夜多虛煩，卧不能安。畏怯風寒，未出房户，稍或起動，胸滿上氣，喘促心煩，時吐鮮血。臣自量氣力羸弱至此，若於是時將理失宜，勞動致傷，必發重證難治。臣之一身不足惜，而第恐受國恩之重，未效涓埃，而抱恨於泉壤。仰惟始初清明之日，有賴左右論思之益，如臣駑劣，濫廁廊廟，豈有絲毫裨補？而況除授已閱三朔，尚未克趨詣謝恩，久曠重地，極爲未安。

伏望聖慈俯察愚衷，特解臣職，假以數月，庶得平心治疾，保全殘喘，期效犬馬之力於異日。伏念臣以先朝舊臣，恭遇殿下嗣服，龍德天飛，萬物咸覩，臣亦豈不願亟趨闕庭〔四〕，一望清光？不幸沈痾未除，仰孤睿奬，干瀆宸嚴至於再三，無任震悚隕越之至，謹昧死以聞。

【注釋】

〔一〕未瘳:没有痊愈、康復。

〔二〕齎藥:送藥。

〔三〕瘥減:病症症狀減輕、好轉。

〔四〕闕庭:指京城朝廷。

# 晦齋先生集

卷之十

# 狀　劄

## 丙午春劄子[一] 明宗朝

　　議政府左贊成臣李彦迪，伏以臣伏見主上殿下沖年嗣服[二]，睿聖之資，雖得於天禀，而輔養之道，不可不至。嘗聞先賢之論曰："君德成就責經筵。"[三]臣以庸昧，忝叨經筵之職，日夜思所以展竭微忠，以效絲毫之補，而學術疏荒，聞見固陋，懼無以稱職。謹取先儒格論有裨於聖德，而可施於今日者，條錄以獻，伏惟聖慈留神採擇焉。
　　有宋元豐八年，哲宗[四]嗣位時方十歲，太皇太后[五]垂簾同聽政。元祐元年，大臣司馬光薦程頤爲崇政殿説書。頤即上劄子言曰："自古人君守成而致盛治者，莫如周成王，成王之所以成德，由周公之輔養。昔者周公輔成王，幼而習之，所見必正事，所聞必正言，左右前後皆正人，故習與智長，化與心成。今士大夫家善教子弟者，亦必迎名德端方之士，與之居處，使之薰染成性，故曰：'少成若天性，習慣如自然。'[六]大率一日之中，接賢士大夫之時多，親寺人宮女之時少，則自然氣質變化，德器成就。欲乞朝廷慎選賢德之士，以侍勸講。講讀既罷，常留二人直宿,以備訪問。皇帝習讀之暇、游息之間,時於内殿召見,從容宴語,不獨漸磨道義,至於人情物態、稼穡艱難,積久自然通達,比之常在深宮之中,為益豈不甚大?竊聞間日一開經筵,講讀數行,群官列侍,儼然而退,情意略不相接,如此而責輔養之功,不亦難乎?今主上幼沖,太皇太后慈愛,亦未敢便乞頻出,但時見講官,久則自然接熟。大抵與近習處久熟則生褻慢,與賢士大夫處久熟則愛敬,此所以養成聖德,為宗社生靈之福,天下之事無急於此。"〔七〕

又曰:"臣聞三代之時,人君必有師、傅、保之官:師,道之教訓;傅,傅其德義;保,保其身體。後世作事無本,知求治,而不知正君,知規過,而不知養德。傅德義之道,固已疏矣,保身體之法,復無聞焉。伏惟太皇太后陛下聰明睿哲,超越千古,皇帝陛下春秋之富,輔養之道,當法先王。臣以為傅德義者,在乎防見聞之非,節嗜好之過;保身體者,在乎適起居之宜,存畏慎之心。臣欲乞皇帝左右扶侍宮人、內臣,並選年四十五已上厚重小心之人,器用服玩,皆須質朴,華巧奢麗之物,不得至於上前。要在侈靡之色,不接於目,淺俗之言,不入於耳。皇帝起居動息,必使經筵官知之,有剪桐之戲〔八〕,則隨事箴規。違持養之方,則應時諫止。調護聖躬,莫過於此。"〔九〕

又曰:"人主居崇高之位,持威福之柄,百官畏懼,莫敢仰視,萬方承奉,所欲隨得。苟非知道畏義,所養如此,中常之君,無不驕肆,英明之主,自然滿假。此自古同患,治亂所繫也。故周公告成王,稱前王之德,以寅畏祗懼為首,從古而來,未有不尊賢畏相而能成其聖者也。皇帝陛下，未親庶政，方專問學，臣以爲輔養聖德，莫先寅恭，動容周旋，當主於此，歲月積習，自成聖性。臣竊聞經筵，臣寮侍者皆坐，而講者獨立，於禮爲悖。欲乞今後特令坐講，不惟義理爲順，所以養主上尊儒重道之心。"〔一〇〕

又曰："太皇太后陛下，心存至公，躬行大道，開納忠言，委用耆德，不止維持大業，且欲興致太平，前代英主所不及也。但能日慎一日，天下之事不足慮也。臣以爲至大至急，爲宗社生靈久長之計，惟是輔養上德而已。歷觀前古，輔養幼主之道，莫備於周公。臣願陛下擴高世之見，以聖人之言爲可必信，先王之道爲可必行，勿狃滯於近規，勿遷惑於衆口。周公作立政之書曰：'僕臣正，厥后克正。'又曰：'后德，惟臣；不德，惟臣。'又曰：'侍御僕從，罔非正人，以朝夕承弼厥辟，出入起居，罔有不欽。'是古人之意，人主跬步，不可離正人也。蓋所以涵養氣質，薰陶德性，故能習與智長，化與心成。後世不復知此，以爲：'人主就學，所以涉書史，覽古今也。'不知涉書史，覽古今，乃一端爾。若止於如是，則能文宮人，可以備勸講；知書內侍，可以充輔導，何用置官設職，精求賢德哉？大抵人主受天之命，禀賦自殊。歷考前史，帝王才質，鮮不過人。然而完德有道之君至少，其故何哉？皆輔養不得其道，而位勢使之然也。"〔一一〕

又曰："臣供職而來，六侍講筵，但見諸臣拱手默坐，當講者立案傍，解釋數行而退。如此，雖彌年積歲，所益幾何？與周公輔養成王之道，殊不同矣。或以爲:'主上方幼,且當如此。'此不知本之論也。古人生子,自能食能言,教之小學之法,以豫爲先。人之幼也,知思未有所主,便當以格言至論,日陳於前,雖未曉知,且當薰聒,使盈耳充腹。久自安習,若固有之,雖以他言惑之,不能入也。若爲之不豫,及乎稍長,私意偏好,生於内,衆口辯言,鑠於外,欲其純完,不可得也。故所急在先入,豈有太早者乎?或又以爲:'主上天資至美,自無違道,不須過慮。'此尤非至論。夫聖莫聖於舜,而禹、皋陶未嘗忘規戒,至曰:'無若丹朱,好慢遊,作傲虐。'且舜之不爲慢遊傲虐,雖至愚,亦當知之,豈禹而不知乎?蓋處崇高之位,儆戒之道,不得不如是也。且人心豈有常哉?以唐太宗之英睿,躬歷艱難,力平禍亂,年亦長矣。始惡隋煬侈麗,毁其層觀、廣殿,不六七年,復欲治乾陽殿〔一二〕,是人心果可常乎?所以聖賢雖明盛之際,不廢規戒,爲慮豈不深遠也哉?況幼沖之君,閑邪拂違之道,可少懈乎?伏自四月末間,暑熱罷講,比至中秋,蓋踰三月。古人欲朝夕承弼,出入起居,而今乃三月不一見儒臣,何其與古人之意異也?初秋漸涼,臣欲乞於内殿或後苑清涼處,召見當日講官,俾陳説道義。縱然未有深益,亦使天下知太皇太后用意如此。"

又曰:"太皇太后每遇政事稀簡,聖體康和,時至簾下,觀講官進説,不惟省察主上進業,於陛下聖聰,未必無補。兼講官輔導之間,事意不少,有當奏稟,便得上聞。亦不可煩勞聖躬,限以日數,但旬月之間,意適則往可也。"

又曰:"告於人者,非積其誠意,不能感而入也。故聖人以蒲盧喻教[一三],謂以誠化之也。今夫鐘,怒而擊之則武,悲而擊之則哀,誠意之感而入也。告於人亦如是,古人所以齋戒而告君也。臣前後兩得進講,未嘗敢不宿齋豫戒,潛思存誠,覬感動於上心。若使營營於職事,紛紛其思慮,待至上前然後善其辭説,徒以頰舌感人,不亦淺乎?此理非知學者,不能曉也。今講官皆兼他職,請皆罷之,使得專心積誠,以感上心。"

臣按程頤之論,皆輔導幼主切要之言,使當時卿相,用其言以盡輔養之道,則必能致君堯舜之聖,而躋世道於熙雍[一四]矣。不幸以頤之賢,而不免爲群邪媢嫉[一五]。入侍經席,纔閲一歲,遽爾罷去,使天下不復蒙至治之澤,可勝惜哉?臣竊以爲,聖賢雖遠,其言尚存,有可以啓發聰明者,有可以涵養德性者,殿下誠能深信而力行之,則其有補於聖功,豈云小哉?

臣又念輔養之道,要須内外交修,無時間斷,然後乃可以全其天德,而不流於人欲矣。今者講劘箴規之職,固在於經筵,而至於在宫中保護教諭之益,則專在於慈殿。恭惟大王大妃[一六]殿下明睿冠古,事中宗幾三十年,爲治之道,何所不達?理亂之幾,何所不察?宜於主上三朝之際,常諄諄勉諭以勤學問,敬大臣,納諫争,近正人,遠邪佞,畏天命,恤民隱等事,而又必以修身進德爲本,視聽言動,一循乎禮,期以古之聖帝明王爲法,則聖德日就,卒爲宗社生靈無疆之福矣。臣不勝惓惓。

臣以暗劣,遭遇聖明,濫荷寵渥,庶效糜粉之志,而不堪衰病之迫。恐一朝死亡,抱恨泉壤,敢陳古訓,以效獻芹之誠。干冒天威,無任激切惶懼之至。取進止。

【注釋】

〔一〕丙午春劄子:本文是1546年,明宗元年,李彥迪56歲時所作。
〔二〕沖年嗣服:幼年繼位。明宗大王(1534—1567),名李峘,字對陽,是中宗大王的二兒子,仁宗大王的弟弟。1545年7月即位不足一年的仁宗大王因病去世,年僅12歲的慶源大君即位爲王,即明宗大王,朝鮮王朝的第13代王。
〔三〕先賢之論:見《二程文集》卷七《論經筵第三劄子》:"天下重任,唯宰相與經筵。天下治亂系宰相,君德成就責經筵。"
〔四〕哲宗:即宋哲宗(1077—1100),名趙煦,宋神宗子,元豐八年神宗死,年僅10歲的哲宗登基,改元元祐。
〔五〕太皇太后:指高皇后,英宗皇后,哲宗祖母,因哲宗年幼,高后以太皇太后身份臨朝稱制,啓用司馬光等,廢王安石新法,恢復舊法。
〔六〕故曰句:見《漢書·賈誼傳》:"孔子曰:少年若天性,習慣如自然。"
〔七〕按:此處見《二程文集》卷七《論經筵第一劄子》。
〔八〕剪桐之戲:即周成王桐葉封弟之故事,典出《吕氏春秋·覽部》卷十八《審應覽·重言》,原文如下:成王與唐叔虞燕居,援梧葉以爲圭,而授唐叔虞曰:"餘以此封女。"叔虞喜,以告周公。周公以請曰:"天子其封虞邪?"成王曰:"餘一人與虞戲也。"周公對曰:"臣聞之,天子無戲言。天子言,則史書之,工誦之,士稱之。"於是遂封叔虞於晉。周公旦可謂善說矣,一稱而令成王益重言,明愛弟之義,有輔王室之固。
〔九〕按：見《二程文集》卷七《論經筵第二劄子》。
〔一〇〕按：見《二程文集》卷七《論經筵第三劄子》。
〔一一〕按：以下四大段引文俱見《二程文集》卷七《上太皇太后書》。
〔一二〕乾陽殿：隋煬帝大業年間始建的洛陽宮正殿乾陽殿。杜寶《大業雜記》："乾陽門東西亦有軒廊，周市門內一百二十步，有乾陽殿，基高九尺，從地至鴟尾高二百七十尺。"唐武德四年（621），秦王李世民克洛陽，因見其宫殿過於奢侈，而曾"焚東都紫微宫乾陽殿"。唐太宗貞觀四年（630），李世民又想在原址上重建乾陽殿，遭到大臣張玄素極力反對，遂又罷止。孔平仲《續世說·直諫》："貞觀四年，詔發卒修洛陽宫乾陽殿，以備巡幸。張元素上書極諫云：'阿房成，秦人散；章華就，楚衆離；乾陽畢功，隋人解體。'"
〔一三〕蒲盧：即果蠃，一種細腰的蜂。《禮記·中庸》："夫政也者，蒲盧也。"鄭玄注："蒲盧，蜾蠃，謂土蜂也。《詩》曰：'螟蛉有子，蜾蠃負之。'螟蛉，桑蟲也，蒲盧取桑蟲之子去而變化之，以成爲己子，政之於百姓，若蒲盧之於桑蟲然。"後因以"蒲盧"比喻對百姓的教化。貫休《上杜使君》詩："政術似蒲盧，詩情出沖漠。"
〔一四〕熙雍：即雍熙，和樂升平之意。《文選·張衡〈東京賦〉》："百姓同於饒衍，上下共其雍熙。"薛綜注："言富饒是同，上下咸悦，故能雍和而廣也。"
〔一五〕媢嫉：嫉妒。
〔一六〕大王大妃：朝鮮時代一般稱現王的曾祖母爲大王大妃，爲了表示尊敬，有時也稱現王的母親爲大王大妃，這裏的大王大妃指中宗的王妃、明宗的生母文定王后。她在明宗即位後垂簾聽政 8 年，王權落入其兄尹元衡之手。

# 三月呈辭上劄子

伏以殿下方在沖年，專心問學，養正聖功，兹維其時。臣以庸陋，職忝經筵〔一〕，日夜思所以展竭愚衷，以輔聖德，未嘗頃刻而忘于心。第以老母遠在南涯，年迫八十，素患風瘵〔二〕，近日漸劇，迫切之情，不獲已呈辭。今當遠離闕下，不勝區區犬馬之誠，敢效芹曝之獻。

臣聞王者，正心以正朝廷，正朝廷以正百官，正百官以正萬民。蓋人主一心，萬化之源，本源不正，又何以正朝廷以正百官萬民乎？是以古之聖王，必以正心爲急，正心之要，在於講學明理，親賢遠邪而已。沈潛聖賢之訓，窮格義理之源，則方寸之間〔三〕，天理日明而人欲日消，親賢臣，遠邪佞，則有薰陶箴規之益，而無一曝十寒之患〔四〕，聖學由是而高明，聖德由是而日就。宗社生民之福，實繫於此，伏惟殿下留神焉。取進止。

【注釋】

〔一〕職忝經筵：李彦迪時任議政府左贊成之職，兼任經筵官。
〔二〕風瘵：中醫指由致病因素"風"所引發的各種疾病。
〔三〕方寸：本指一寸見方的心部。又作寸心。心煩意亂，沒有主見謂之方寸已亂。語出《淮南子·説山訓》："視方寸於牛，不知其大於羊；總視其體，乃知其大相去之遠。"
〔四〕一曝十寒：原意是即使是最容易生長的植物，曬一天，凍十天,也不能生長。比喻學習或工作一時勤奮,一時又懶散,沒有恒心。出自《孟子·告子上》:"雖有天下易生之物也,一日暴之,十日寒之,未有能生者也。"

## 四月辭職狀

臣以庸陋,遭遇聖朝,寵渥濫分,常懷兢惕。今又因臣受假省母,特命本道監司,題給養老食味,非常恩數,忽及於桑梓〔一〕,感激隕涕,驚惶罔措。伏念臣本疏愚,別無才德,蒙聖世作養任使之澤,以至於此。未報兩朝之舊恩,又誤昭代之新寵,永增哀慕於在天,庶效糜隕於今日〔二〕,惓惓犬馬之誠〔三〕,豈敢頃刻而忘君?

第以老母時年七十有八歲,素多疾病,常在牀褥,風眩、霍亂〔四〕,發作無時。往在中宗朝,累陳情悃,懇乞歸養,特荷隆私,許令補外便養,尋除本道監司,俾遂烏鳥之情〔五〕。聖恩極弘,天地莫量,追思至此,不覺號慟。今則母之衰病益深,日迫西山,近因遭國恤之變〔六〕,曠省彌歲。今始來見,精神昏憒,言語錯誤,不識人事,羸瘵已極,僅存形息,諸證沈綿,長臥少起,轉側須人。奄奄殘喘,朝不保暮,痛念報親之日短,不忍暫離於湯藥。伏望聖慈俯察微衷,曲垂矜憫〔七〕,特解臣職,使畢終養之願,則鶴髮餘齡,庶酬罔極之懷〔八〕,事君日長,寧無盡節之期?

竊獨惟念今遭嘉會，聖質明睿，方專問學，正是羣下協心勵翼之時[九]。如臣薄劣，雖不足爲有無，然於帝王體用之學，粗嘗講究，惟思忝侍經幄，冀效涓埃之補。臣之平生志願，實在於此。不幸母疾至此，情事迫切，冒昧陳達。臣無任感恩戀闕震悚隕越之至。

【校記】
〔曲垂矜憫〕甲子本作"曲垂矜憫"。

【注釋】
〔一〕桑梓：指故鄉。李彦迪時在故鄉慶州。
〔二〕糜隕：隕身糜骨的簡稱，猶言粉身碎骨。宋司馬光《乞罷條例司常平使疏》："德澤汪洋，天隆地厚，非臣隕身糜骨所能報稱。"
〔三〕犬馬之誠：像犬馬一樣的忠誠。謙稱自己的誠意。
〔四〕風眩：即癲癇。霍亂：病名。中醫泛指具有劇烈吐瀉、腹痛等症狀的腸胃疾病。《素問·六元正紀大論》："太陰所至，爲中滿，霍亂吐下。"
〔五〕烏鳥之情：古稱烏鳥反哺，因以喻孝親之情。傅咸《申懷賦》："盡烏鳥之至情，竭歡敬於膝下。"
〔六〕國恤之變：指中宗和仁宗接連薨逝。
〔七〕矜憫：哀憐，憐憫。
〔八〕罔極之懷：《詩·小雅·蓼莪》："父兮生我，母兮鞠我……欲報之德，昊天罔極。"朱熹集傳："言父母之恩，如天無窮，不知所以爲報也。"後因以"罔極"指父母恩德無窮。
〔九〕勵翼：勉力輔佐。《書·皋陶謨》："慎厥身，修思永，惇叙九族，庶明勵翼。"

446

状劄

# 五月十一日再度辭狀

　　臣以母病沈綿，陳情懇辭，伏蒙聖慈特頒温旨，慰諭丁寧，申之以調護有差愈之期，勉之以臣子全忠孝之義，感激惶悚，罔知攸措。伏念臣以駑劣，濫荷累朝恩遇，寵渥有重於丘山，報效訖微於塵露。白首再哭於攀髯〔一〕，丹心彌切於糜軀。況當闕庭賜衣帶之日，有不忘中宗之教，不勝嗚咽隕涕，奉以銘膺，曷嘗斯須敢忘？臣之事君，猶子之事父，本於天性而不能自已。有力不敢不竭，有知不敢不盡，夙夜匪躬，夷險一節，死生以之，乃臣之分也，亦臣之志也。
　　今當新政之初，國事多虞，輔養尤急，固非舊臣言退之時。臣雖無狀，粗識大義，豈不思所以全忠孝之道，仰副睿獎於萬一？但以母病危迫，餘日無多，精神氣力，日益昏瘁，時發上氣喘急，不能運動，長卧少起，未識人事。近日又患脾泄，危困益甚，多方救藥，略無見效，差復無期。臣本庸昧，忝冒重地，伴食碌碌，無絲毫有裨聖政，今又以母病，去朝數月，瘝曠已多，難逃尸禄之罪〔二〕，豈無妨賢之譏？義禁府任又非輕〔三〕，曠職亦久，尤極未安。古人云："事君之日長，報親之日短。"〔四〕
　　伏望聖鑑，憫臣情事懇迫，憐臣進退狼狽，曲垂生成，特解臣職。俾遂終養，則聖恩如天，雖無階報答，愛君憂國之誠，豈以進退而有間？隕首結草之願〔五〕，

447

尚期少展於異日。臣無任激切悲感祈恩竢命之至。

【注釋】

〔一〕攀髯：典出《史記》卷二八《封禪書》。傳說黃帝鑄鼎於荊山下，鼎成，有龍下迎，黃帝乘之升天，群臣後宮從上者七十餘人。餘小臣不得上龍身，乃持龍髯，而龍髯拔落，並墮黃帝之弓。百姓遂抱其弓與龍髯而號哭。後用"攀髯"等爲追隨皇帝或哀悼皇帝去世的典故。

〔二〕尸禄：又稱尸禄素餐，謂空食俸禄而不盡其職，無所事事。劉向《說苑·至公》："久踐高位，妨群賢路，尸禄素飡，貪欲無猒。"

〔三〕義禁府：朝鮮時代特別司法機構，又稱詔獄、禁府、王府、金吾，掌管捕盗、巡綽和禁亂等事務。據《年譜》："八月，兼判義禁府事，入與忠順堂引見。"

〔四〕古人句：李密《陳情表》："是臣盡節於陛下之日長，報養劉之日短也，烏鳥私情，願乞終養。"

〔五〕隕首：猶言肝腦塗地。李密《陳情表》："猥以微賤，當侍東宮，非臣隕首所能上報。"結草：《左傳·宣公十五年》："魏武子有嬖妾，無子。武子疾，命顆曰：'必嫁是。'疾病，則曰：'必以爲殉。'及卒，顆嫁之，曰：'疾病則亂，吾從其治也。'及輔氏之役，顆見老人結草以亢杜回，杜回躓而顛，故獲之。夜夢之曰：'余，爾所嫁婦人之父也。爾用先人之治命，余是以報。'"後因以"結草"爲受厚恩而雖死猶報之典。

# 六月十九日三度辭狀

臣以老母病深，情事迫切，再陳情懇，干瀆宸嚴。

伏蒙聖慈累厪温旨，慰諭不允，祇許待差上來。仰荷隆私，采增惶悚，不知所措。伏聞近者災變屢見，盛夏戾雹，京師地震之異，近世所稀。九重之上，上畏天怒，下恤民隱，迎訪群臣，思所以修德弭災。主憂如是，臣子何以寧居？身在江湖，心馳魏闕〔一〕，區區犬馬之誠，自不能已，未嘗一夕安眠。

第以母之沈痾未瘳，神氣昏困，加以傷暑脾泄，羸瘁轉甚，奄奄危迫，常在牀褥，人子之情，不忍遠離。幸得賴天之靈，秋至氣清，宿疢稍蘇，則臣亦安得一向求退，以負聖明？但念衰病沈綿，差復難期，而弘化重地〔二〕，忝冒經歲，才劣識闇，未有絲髮裨補，常懷伴食之耻，恐速冒禄之譏，日夜兢惕。適以主上新即位，朝廷多事，黽勉供職，不敢強辭。今以省母在外，久未趨朝，瘝曠已極，慚懼益深。

伏望聖慈俯察情悃，曲賜保全，解臣本職，别求賢德，置諸廊廟，於新政必有裨贊之效，在微臣亦免尸素之罪〔三〕，非獨臣之私幸，亦作新聖治之一端也。臣情實懇迫，敢瀝危悰，至于再三，無任激切震慄之至。

【注釋】

〔一〕魏闕：古代宫門外兩邊高聳的樓觀。樓觀下常爲懸布法令之所。亦借指朝廷。《莊子·讓王》："身在江海之上，心居乎魏闕之下。"

〔二〕弘化重地：指經筵是弘揚德化的重地。

〔三〕尸素：尸位素餐的簡稱，謂居位食禄而不盡職。常用作自謙之詞。鍾繇《上漢獻帝自劾書》："尸素重禄，曠職廢任。"

## 不宜垂簾劄子

　　判中樞府事臣李彥迪，伏以人君體元居正，一擧一動，宜稽古酌今，務合禮義，如或有非禮之禮，非義之義，而非先王之制，則雖有古例，不必泥也。
　　臣竊聞禮官議定垂簾儀制，而請并於當寧垂簾〔一〕，同於慈殿〔二〕，是雖有古事可倣，不可效也。人君南面而聽治，取其嚮明也。臨朝之際，當如大明麗天，萬物畢照，不宜少有幽隱，豈可使擁蔽其明而有礙於視瞻乎？況在臨政之初，群臣瞻仰，思得一望清光〔三〕，今乃御殿而障蔽天顏，豈不致群情之疑阻乎？設使人主方在襁褓，聽政之時，不得離太后之側，位不可別設，則雖並垂簾，猶或可也。今殿下聖質明睿，春秋寖長，已近於漢昭辨忠詐之歲〔四〕，宜導以光明之德，無或虧蔽其日月之照，使魑魅魍魎〔五〕，影滅迹絶，以爲宗社生靈之福，此朝野之所顒望〔六〕也。
　　夫垂簾，非三代聖王之制，乃後世權宜之設。臣竊究宋朝之儀，蓋以皇帝聽政之際，侍臣皆坐，而史官在帝左右，察視容色，記其言動。至於經筵，則講官立講，皇帝雖與太后東西相對，而相距密近，故帝位亦在於簾內。我朝之禮，與中朝不同，侍臣與講官皆俯伏，而雖史官莫敢仰視，何必於殿下之位，並設簾障乎？今若循襲前代謬擧，而不知揆度時宜以合於禮義，則非特取譏於後世之有識，又將有虧於聖上光明之德，是豈合於輔養之道？且夫垂簾之制，宜定於即位之初，殿下面接羣臣日月已久，今遽隔簾而聽政，有乖於明四目、達四聰之義〔七〕，所繫甚重，臣不敢不言。

伏願殿下恭己正南面，必體明出地上之象，赫然臨下，去其翳蔽。至於慈殿同御殿之時，則只得如忠順堂〔八〕面對之儀，無倍於禮，有合於義，行之今日而無惑，垂之後世而可法。伏惟聖鑒裁擇焉。取進止。

【注釋】

〔一〕當寧：處在門屏之間。後以"當寧"指帝王臨朝聽政。這裏指在年幼的明宗和大臣間也垂簾。寧，古代宮室門內屏外之地。君主在此接受諸侯的朝見。《禮記·曲禮下》："天子當寧而立，諸公東面，諸侯西面，曰朝。"孔穎達疏："天子當寧而立者，此爲春夏受朝時也。寧者，《爾雅》云：'門屏之間謂之寧。'郭注云：'人君視朝所寧立處。'"

〔二〕慈殿：指明宗母中宗妃文定王后。

〔三〕清光：清美的風彩。多指帝王的容顏。《漢書·晁錯傳》："今執事之臣皆天下之選已，然莫能望陛下清光，譬之猶五帝之佐也。"

〔四〕漢昭辨忠詐之歲：洪邁《容齋隨筆·漢昭順二帝》："漢昭帝年十四，能察霍光之忠，知燕王上書之詐，誅桑弘羊、上官桀，後世稱其明。"漢昭，指漢昭帝。

〔五〕魑魅魍魎：害人的鬼怪的統稱。代指各種各樣的壞人。《文選·張衡〈西京賦〉》："魑魅魍魎，莫能逢旃。"李善注："《說文》曰：'螭，山神，獸形。''魅，怪物。'魍魎，水神。"

〔六〕顒望：期望，盼望。

〔七〕明四目、達四聰之義：指當權者多方觀察民情，廣泛聽取意見。語本《書·舜典》："明四目，達四聰。"孔傳："廣視聽於四方，使天下無壅塞。"

〔八〕忠順堂：位於朝鮮王宮景福宮北苑的建築。

晦齋先生集

卷之十一

# 拾遺
## 序、傳、祭文、碑銘、墓碣

## 《大學章句補遺》序〔一〕

古昔聖人教人之法,有綱有目,孔子講而明之,以授其徒,曾子述之,以傳于世,其淵源所自,亦可考矣。《虞書》曰:"克明俊德,以親九族。九族既睦,平章百姓。百姓昭明,協和萬邦,黎民於變時雍。"又曰:"人心惟危,道心惟微,惟精惟一,允執厥中。"《大學》一篇之旨,蓋本於此。其曰"明俊德以至於黎民於變"者,明德新民之至也;其曰"惟精惟一"者,明明德之事也;其曰"允執厥中"者,明明德之止於至善,而新民之止於至善,亦由於此也。以八條目言之,明俊德者,脩身以上之事也;親九族者,齊家之事也;平章百姓,以至於協和萬邦者,治國平天下之事也。八條目中"正心"二字,實自《虞書》中來,其曰"格致誠正",精一之謂也。前後聖人盡性立教之規,合如符節,炳如日星,無可疑者。可見孔子祖述堯、舜之道,而曾子之所傳實源於此也。

秦火之餘〔二〕,聖遠言湮,千有餘載。幸而天未喪斯文,程、朱數君子出,而乃始表章此篇,更定錯誤,發揮微蘊,一篇之中,綱條粲然,於是爲學者知所務,而爲治者知所本,其有功於斯道也大矣。獨恨聖經賢傳之文,不能無斷缺,辭義未完,學者不得見全書,此真千古遺憾。朱子得其結語一句,知其爲釋格物致知之義,而未得其文,遂取程子之意以補之,其所以發明始學窮理之要,亦甚明備[三]。然愚嘗讀至於此,每嘆本文之未得見,近歲聞中朝有大儒得其闕文於篇中,更著章句,欲得見之而不可得。乃敢以臆見,取經文中二節,以爲格物致知章之文[四]。既而反覆參玩,辭足義明,無欠於經文,而有補於傳義,又與上下文義,脈絡貫通,雖晦庵復起,亦或有取於斯矣。

又按"聽訟"一節,今在傳三章之後,文義不屬,有可疑者。乃依程子所定[五],置於經文之下[六],詳味其義,與《中庸》卒章"予懷明德,不大聲以色。子曰:'聲色之於以化民末也。'奏假無言,時靡有争,不賞而民勸,不怒而民威於鈇鉞"之意合。此蓋聖人端本化民之要道也。故曾子於經文章末,引孔子之言以明之,程子於此,豈無所見乎?然愚陋管窺,何敢執以爲是,而有得於先儒所未到之意?聊記淺見,以求正於後之君子云爾。嘉靖己酉冬十月甲子,驪江李彦迪謹書[七]。

【校記】
[明俊德]甲子本和正祖本皆作"明峻德"。　　[聖遠言湮]甲子本和正祖本皆作"聖遠言堙"。

## 【注釋】

〔一〕大學章句補遺：此爲李彥迪1549年59歲時在流配地江界所作之書。

〔二〕秦火：指秦始皇焚書。

〔三〕遂取程子之意以補之：指朱子增補傳文"致知在格物"一章："所謂致知在格物者，言欲致吾之知，在即物而窮其理也。蓋人心之靈莫不有知，而天下之物，莫不有理。惟于理有未窮，故其知有未盡也。是以《大學》始教，必使學者即凡天下之物，莫不因其已知之理而益窮之，以求至乎其極。至于用力之久，而一旦豁然貫通焉，則衆物之表裏精粗無不到，而吾心之全體大用無不明矣。此謂格物，此謂知之至也。"

〔四〕乃敢以二句：李彥迪把《大學》經文第一章的"知止而後有定，定而後能静，静而後能安，安而後能慮，慮而後能得"和"物有本末，事有終始，知所先後則近道矣"移到後面作爲格物致知傳第四章，用"此謂知之至也"把兩節聯繫了起來。

〔五〕程子所定：程顥和程頤都曾改正《大學》篇次，這裏是指程顥的説法，見《程氏經説》卷六。

〔六〕置於經文之下：李彥迪把《大學章句》傳文第四章的"子曰，聽訟吾猶人也，必也使無訟乎！無情者不得盡其辭，大畏民志，此謂知本"一節移到經文第一章的最後。

〔七〕嘉靖己酉：即1549年。驪江李彥迪：李彥迪的本貫是驪江李氏，故稱驪江李彥迪。

# 《中庸九經衍義》序〔一〕

臣謹按《中庸》孔子告魯哀公以爲政之道，而遂及於爲天下國家之目,所謂九經是也〔二〕。其序首之以脩身,而次之以尊賢親親,又次之以敬大臣,體群臣,子庶民,來百工,以至於柔遠人,懷諸侯,由本而及於末,由近而及於遠,蓋與《大學》之八條目相爲表裏,帝王爲治之規模備矣。

竊謂《大學》之書,教學者以脩己治人之道,故詳於進修之功,而略於爲治之目,《中庸》之九經,告人君以爲政之道,故詳於經世之目,而略於脩己之功,二書之義,蓋互相發也。由《大學》之道而欲收治平之功,不可不取《中庸》之九經,以爲設施之條目,由《中庸》之九經而欲盡脩身之道,不可不取《大學》之格致誠正,以爲進修之階級,其序有不可亂,而功不可闕也。

然竊詳孔子之意,上文言好學、力行、知恥,而繼之以"知斯三者則知所以脩身",下文又言明善、誠身,而繼之以"學問思辨"之説,其意亦可知矣。蓋必學以明善,然後可以誠身,而脩身之道盡矣。上文所謂好學者,乃所以明善也;力行者,乃所以誠身也;明善者,格物致知之謂也;誠身者,包誠意正心脩身,而總目之也。然則格致誠正之目,雖不列於九經之中,而其意已具於一章之内也。

臣又按孔子既叙九經之目,而繼之曰:"所以行之者一。"蓋一者,誠也;誠者,天道也。九經之道皆本於人主之心,人主之心,一有未誠而不純乎天道,則九者皆爲虚文矣。然則帝王爲治之範,雖在於九經,而九經之所由行,則又在於體天道也。《詩》所謂"殷之克配上帝"〔三〕"文王之德之純"〔四〕,皆所以體天道也。人君體天之道,則必能嚴恭寅畏,無時豫怠,此所謂畏天命也。《大學》平天下章,始言"克配上帝",又言"惟命不于常"者,亦此意也。爲治之道,雖曰多端,求其所以繼天立極之要,蓋在於此。人主之心,頃刻不在於配天,則念慮之發、刑政之施,人欲雜之,而有違於天道矣;有一念不在於敬天,則怠荒之萌、驕泰之滋,有不能制,而獲譴於上帝矣。古之聖君賢臣都俞陳戒之際,莫不以是爲先者,蓋爲此也。

先儒真德秀衍《大學》之義,闡明治道之要,而尚遺治、平之二條〔五〕,近世丘濬補《衍義》之闕略〔六〕,以備經世之務,而又未及於配天敬天之說,是乃智者之千慮一欠,蓋亦有待於後人也。臣之孤陋管窺,有見於此,乃敢不揆愚淺,竊倣二書之例,推本先聖之訓,參以諸賢之論及諸史百氏之說,微臣一得之愚,亦竊附焉,隨其條目而推廣其義,名之曰《九經衍義》。其以講學、明理、誠意、正心爲脩身之目者,所以本《中庸》之旨,而取《大學》進修之目,以明脩身之道必由此而進也;其以體天道,畏天命繼之於九經之後者,所以本《中庸》"行之者一"之意,而明帝王修天職、保天位之道在於此也;其以戒滿盈終之者,是亦畏天命之事,而治定功成之後,尤不可不以此爲戒也。

蓋《中庸》之九經,見於事爲,而本於人主之心者也。體天道以下三條,本於人主之心,而見於治化者也。曾子言:"君子所貴乎道者三,籩豆之事則有司存焉。"〔七〕帝王爲治之道,亦猶是也。國家憲章法度,無非道體之所該、爲治之切務,人主所當講究而留意。然此皆有司之事,而且有前代之常規、先王之舊制,但當遵而勿失,又得賢才而任之職,則事無不舉矣。至於隨時損益,使合於中,亦在於人也。若夫曰修、曰尊、曰親、曰敬、曰體、曰子,則皆人君心上事也,不可不自盡也。而至於體天道,畏天命,則尤有關於奉天、勑天之事,人主所當日夕兢惕,服膺而不可斯須忘者也。

先聖之叙九經,所以立經世之規模,以爲萬世法也。臣之所衍,非有所增加於聖訓,所以本先聖之意,而要以盡九經之道,固非臣之私意杜撰也。《大學》之八目,真氏、丘氏之衍備矣,治天下之律令、格例,於斯具矣。然不參考《中庸》九經之義,以盡設施之條目,以立治化之大本謂行之者一,則其於帝王經世之道,亦有所未盡矣。

臣學不足以適用,文不足以達意,偶因所見,妄有所陳,非敢犯不韙之罪〔八〕,而要以並駕於前賢,蓋欲推明先聖垂訓之奧旨,兼採二書之精要,以備經世之法,而爲聖明之獻也。極知僭踰難逃妄作之誅,然於帝王存心出治之道、常德配天之要,未必無少補。儻於宮庭燕閑之地,既取二子之書,參玩而講明之,兼取微臣之所衍,潛心而深味之。本之心,以施于政化,法乎天,而無所間斷,則帝王繼天立極〔九〕之道,盡善全美,而堯、舜、三王之盛,可以復見於今日矣。臣之惓惓,實在於此,惟明主恕察焉。臣彦迪謹序。

拾遺　序、傳、祭文、碑銘、墓碣

【注釋】

〔一〕《中庸九經衍義》：李彥迪晚年在江界流配地模仿《大學衍義》和《大學衍義補》的體例編纂之著作，惜未成而卒。探究《中庸章句》20章中出現的九經中的内藴，9個條目中僅完成了修身、尊賢、親親等三個條目，每個條目都廣泛搜集羅列了朱熹等許多學者的學説和看法，最後以"臣按"的形式提出並附上自己的意見。1583年（宣祖六年）李彥迪孫子李浚將修身、尊賢、親親三個條目相關的文字作爲本集第十七卷，將體天道、畏天命、戒滿盈作爲別集第十二卷刊行於世。

〔二〕九經：見《中庸章句》第二十章："凡爲天下國家有九經，曰：修身也，尊賢也，親親也，敬大臣也，體群臣也，子庶民也，來百工也，柔遠人也，懷諸侯也。"

〔三〕詩所謂句：見《詩·大雅·文王》："殷之未喪師，克配上帝，儀監于殷，峻命不易。"

〔四〕文王句：見《詩·周頌·維天之命》："維天之命，於穆不已。于乎不顯，文王之德之純。假以溢我，我其收之。駿惠我文王，曾孫篤之。"

〔五〕真德秀衍《大學》之義：指南宋真德修撰《大學衍義》，以格物、致知、誠意、正心、修身、齊家等條目爲綱，没有討論治國和平天下兩條目。

〔六〕丘濬：1421年至1495年在世。字仲深，號深庵、玉峰、瓊山，別號海山老人，明代著名學者。丘濬撰寫《大學衍義補》一六四卷，補完了真德修漏掉的兩條目。

〔七〕曾子句：見《論語·泰伯》。

〔八〕不韙之罪：指李彥迪自己甘冒犯錯的罪過，撰寫《中庸九經衍義》。不韙，不是，過錯。《左傳·隱公十一年》："不度德，不量力，不親親，不徵辭，不察有罪：犯五不韙以伐人，其喪師也，不亦宜乎？"

〔九〕繼天立極：朱熹《中庸章句》和《大學章句》中出現的話，指聖人繼承上天的意志，設立法規制度。

# 《求仁録》序〔一〕

　　天之道有四德,而元爲之長;人之性具五常,而仁爲之首,斯所謂心德之全,而萬善之本也。聖門之教千言萬語,無非在於求仁,而其所以求端用力之方,見於《語》《孟》諸經者,明且備矣。但其言散出於諸篇,而或因門人問答而發者,有大小深淺之不同,有難以領會者,蓋必類聚觀之,體認出來,自可得程氏誨人之要法〔二〕,而張南軒又著《洙泗言仁録》〔三〕,蓋亦爲是也。而其書不傳,今不可得見。余竊有慕於斯,輒不自揆,乃取先聖之訓及諸弟子、子思、孟氏之説,類聚爲編,諸儒注解要切之言,亦略附録。又採先儒之論,發明仁體及用功之要者,别爲一篇,以備參究,名曰《求仁録》。欲其便於考索,暮年閑中潛玩,深體力行,庶無大過云爾。

　　夫仁者,天下之公,非有我之得私也。有志之士,於此或有取焉,則非徒足以成己,亦可以及物矣。君子一念之惻隱,有足以澤及百世,況乎有位者而志於仁,其德施又將何所不至哉?

　　嘉靖庚戌十月丙子,晦齋驪江李彦迪書。

【注釋】

〔一〕《求仁録》:李彦迪1550年(明宗五年)60歲時在江界流配地編纂的書。主要收録《論語》《孟子》《中庸》《禮記》

《周易》等經典中和仁有關的內容，以及朱熹等宋代學者和仁相關的學説，匯集在一起編纂而成。
〔二〕程氏誨人之要法：根據《二程遺書》卷十八記載，弟子向程頤問仁，程頤答道："此在諸公自思之，將聖賢所言仁處，類聚觀之，體認出來。"
〔三〕張南軒：即南宋著名理學家張栻。《洙泗言仁録》書今不傳，内容當是收録張栻有關仁學的看法和思想，朱熹針對本書，和張栻有過爭論。

# 《奉先雜儀》序〔一〕

《奉先雜儀》，本於朱文公《家禮》，而參以司馬公、程氏祭禮及時俗之宜〔二〕，稍加損益，務從簡易，以爲一家之禮，庶幾宜於今而遵守勿替云爾。

夫祭祀之義有本有文，無本不立，無文不行。存乎心者，本也；著於物者，文也。蓋必文與本兼盡，始可謂之盡祭之義。存乎心者，有所未盡焉，則節文雖備，是亦虛而已矣。故又採《禮經》之文〔三〕及先聖賢之言〔四〕有明報本追遠之義者，别爲一篇，以附于後。仁人孝子，於此潛心而深體之，則愛敬之根於心者，油然以發，而自有不能已者矣。

嘉靖庚戌八月甲子，驪江李彦迪謹書。

【校記】
〔驪江李彦迪謹書〕甲子本和正祖本作"驪江李彦迪書"。

【注釋】

〔一〕《奉先雜儀》：李彥迪1550年60歲時在江界流配地所作，是一本禮書。

〔二〕司馬公：指司馬光。《奉先雜儀》中《書儀》部分，引用了很多收録在《影堂雜儀》中的司馬光的學説。程氏：指程顥、程頤兄弟，《奉先雜儀》中收集了很多《二程文集》中祭禮相關的言論。

〔三〕禮經：指《禮記》。《奉先雜儀》選取了《祭義》和《祭統》中關於祭祀意義的内容14條，收録在下卷。

〔四〕先聖賢：指孔子和曾子。《奉先雜儀》選取了《論語》中和祭祀意義相關的説法三條，收録在下卷末尾。

# 沙伐國傳〔一〕

今聞朝列皆爲好議，欲以寬仁大度輔導聖明，蕩滌無辜，以爲太平之治，而獨有數三員爲悖論，主其議者乃沙伐古國居崇品宰相也。右公之欲害士類，蓋有以也。嘗聞右公父溺愛其妾及妾子等，多給田民，嫡子息則薄待，少給田民，故常時蓄憤於庶母。去壬寅年間，厥父死，右公爲大司諫居父喪，厥兄又病死，乃使兄之妻呈訴於官曰："庶母孽弟等爲妖術，以致厥夫之死，請囚禁治罪。"牧使宋希奎〔二〕疑其無證據，不受理，右公乃折簡潛通於牧使，請速囚禁，報使刑推。宋公不得已囚禁庶母及孽弟數人，報使刑至三四次。

拾遺　序、傳、祭文、碑銘、墓碣

　　是時某以四宰〔三〕受由覲親往來，宋公見某言其事，某答曰："父之愛妾愛子，何忍以黮黮〔四〕難明之事，父喪内至於囚禁？極爲未安，君何爲此乎？"宋乃披囊，出其手簡以示曰："如此故不得已報使也。"某默然不言。到咸昌，寄書於右公，極言刑庶母庶弟未安之意而止之，且言："吾愛公之深，故如是言之。"其答書略無自責之意，多有憤恨之辭。到聞慶，縣監安景祐〔五〕以推官深知其事，亦言其殘忍未便之意。安公，口滑嫉惡人也〔六〕，逢人即説。厥後景遇〔七〕見某，亦言其殘忍未便之言。

　　右公喪畢後復職，恐其事發於公論，深懷疑畏，及爲大司諫辭免時，乃舉刑庶母之事，發明啟之。近來乘除逆之勢，致位崇品，將升相位，欲盡除知己薄行者以滅口，使一世之人無復知之。乃列錄本道居朝官、宰相及沙伐隣境居人知其事者，陰授權臣，使盡除去，伊人一從其言。丁未之禍〔八〕，宋希奎亦預之，安景祐以南行外官，無預於朝論，而亦被禍遠竄，其情狀昭然，甚可痛心。書名陰授權臣之事，有權臣切親分明言之者，此事若使朝廷知，豈不有補於累政乎？按：沙伐，尚州舊號。宰相，金光準也。景遇，權應昌字也。

【註釋】
〔一〕按：本文主要記録了本家在尚州的宰相金光準（？—1553）的不當行事。年譜中具體創作時間未詳，但據文中語及良才驛壁書事件來看，應作於1547年以後。沙伐國，是尚州的舊號。金光準，本貫尚州，字叔藝，1519年別試文科及第後歷任三司的清宦職，1543年特命出任江原道觀察使。明宗即位後成爲尹元衡小尹一派的成員之一,挑起乙巳士禍,以推誠衛社弘濟保翼功臣二等册封爲上洛君,曾升爲大司憲。1546 年任吏曹判書、右參贊、右贊成等職,1553 年任判敦寧府事。李彦迪認爲金光準爲了隱藏自己非人類的薄行,想要把知道自己底細的人都以謀逆的罪名除去。

〔二〕宋希奎:朝鮮中期的文臣,字天章(1494—1558),號倻溪散翁,謚號忠肅。1519 年別試文科丙科及第,1534 年任興海郡守時和身在玉山的李彦迪交遊往來,結下深厚情誼。1543 年以後,歷任司憲府掌令、司憲府執義等職,和柳希春一起,擁護尹任,後遭罷職。1547 年以掌令彈劾尹元衡的專横,遭流配。後隱居高山,自號倻溪散翁。

〔三〕四宰:即右參贊。朝鮮時代,宰相行列中,宰相之下一相和二相,即左贊成和右贊成,其下又有三宰,即左參贊,其下四宰即右參贊。

〔四〕黯黮:昏暗不明。《楚辭·九辯》:"彼日月之照明兮,尚黯黮而有瑕。"

〔五〕安景祐:本貫廣州,生卒年不詳。此時以蔭職任聞慶縣監。因被金光準厭惡,良才驛壁書事件時,流配三水郡。

〔六〕口滑:説話隨便。

〔七〕景遇:即權應昌(1505—1568)。本貫安東,字景遇,號知足堂。1528 年式年文科丙科及第。歷任弘文館副提學、承旨等職,1546 年任吏曹判書,本年遭良才驛壁書事件連累流配順天,旋移配平安道孟山。1553 年放還,1561 年任南陽府使、同知中樞府事等職務。

〔八〕丁未之禍:即良才驛壁書事件。明宗即位後,尹元衡一派爲了清除尹任一派的殘餘勢力所組織發動的打擊排除異己的士禍,李彦迪等許多大臣遭到流配。

拾遺　序、傳、祭文、碑銘、墓碣

# 祭孫四宰文[一]

外姪守成均館司成某,謹以清酌庶羞之奠,敬祭于卒議政府右參贊月城君孫公之靈。

惟靈弘大剛毅,得之天資。德成行尊,不假修爲。蚤承庭訓[二],發憤篤學。卓然樹立,增光先烈。出入歷敭[三],蔚有聲績。所施所履,惟忠惟直。歷事三朝,始終一節。累被薦擢,乃金乃玉。位列廊廟,職贊調燮[四]。朝野倚重,宸眷彌隆。白首康疆[五],夙夜匪躬[六]。方期耆耋[七],爲國蓍龜[八]。天胡遽奪,而不憗遺[九]？道路咨嗟,百僚隕淚。親戚悲慟,如失怙恃[一〇]。生榮死哀,惟德之崇。矧余鈍頑,夙遭愍凶。幼孤無歸,年未成童。煢煢悶悶[一一],惟舅是托。特加矜念,誘掖諄切[一二]。誨我養我,不異己子。粗識義方,皆舅之賜。觀光筮仕,旅食京師。薄宦羈窮,是資是依。親老乞養,分符外補[一三]。製錦迷方[一四],一言求教。曰惟莅民,只在慎怒。語約理盡,我病深規。奉以周旋,幸不失墜。還朝省侍,鬚髮改舊。仰視儀刑,心竊喜懼。忘身憂國,勤勞不遑。尚冀壽考,志氣充剛。豈知微恙,奄忽至此？撫膺長號,肝膈摧毀。嗚呼哀哉！去春南行,丁寧留止。余竊覲省,不能順志。視我猶子,我不如父。不肖無狀,恩義永負。遠在嶺表,凶訃遽傳。斂不憑棺,吞恨窮天。返葬故丘,道路阻邈。護礬臨窆[一五],是實吾責。奠以叙哀,痛曷窮已? 不忘者存,鑒此哀意。嗚呼哀哉! 尚饗。

## 【校記】

〔成均館司成某〕甲子本和正祖本作"成均館司成李彦迪"。
〔余竊覲省〕甲子本和正祖本作"余切覲省"。　　〔不忘者存〕甲子本和正祖本作"不亡者存"。

## 【注釋】

〔一〕祭孫四宰文:李彦迪爲舅氏孫仲暾(1463—1529)所作的祭文,作於1529年39歲時,因其曾任右參贊,故稱孫四宰。孫仲暾,本貫慶州,字大發,父親是鷄川君孫昭。1489年式年文科及第後,歷任清宦職,中宗時期擔任各種內外官職,以右參贊卒於漢陽。孫仲暾是金宗直的門人,李彦迪幼從其問學。

〔二〕夙承庭訓:很早就受到了父親的教導。夙,通"早"。庭訓,《論語·季氏》記孔子在庭,其子伯魚趨而過之,孔子教以學《詩》《禮》。後因稱父教爲庭訓。

〔三〕歷敭:即敭歷。指仕宦所經歷。敭,同"揚",《三國志·管寧傳》:"優賢揚歷,垂聲千載"。裴松之注:"《今文尚書》曰'優賢揚歷',謂揚其所歷試。"

〔四〕調燮:猶言調和陰陽。古謂宰相能調和陰陽,治理國事,故以稱宰相。顏舒《刻漏賦》:"罷衣裳之顛倒,配皇極而調燮。"

〔五〕康疆:亦作"康彊""康强"。安樂强健,康健。《書·洪範》:"身其康疆,子孫其逢,吉。"

〔六〕夙夜:朝夕,日夜。匪躬:謂忠心耿耿,不顧自身。《易·蹇》:"王臣蹇蹇,匪躬之故。"孔穎達疏:"盡忠於君,匪以私身之故而不往濟君,故曰'匪躬之故'。"

〔七〕耆耋:老年。《禮記·射義》:"幼壯孝母,耆耋好禮。"鄭注:"耆、耋皆老也。"

〔八〕蓍龜：古人以蓍草與龜甲占卜凶吉，因以指占卜。
〔九〕憖遺：留下，遺留。亦作"憗遺"。《詩·小雅·十月之交》："不憖遺一老，俾守我王。"《左傳·哀公十六年》："孔丘卒，公誄之曰：'旻天不弔，不憖遺一老，俾屏余一人以在位。'"後以"憖遺"或"天不憖遺"作爲哀悼老臣之辭。
〔一〇〕怙恃：父母的合稱。語本《詩·小雅·蓼莪》："無父何怙，無母何恃！"
〔一一〕煢煢：指孤獨。悶悶：愚昧，渾噩貌。
〔一二〕誘掖諄切：誘掖、引導和扶持。《詩·陳風·衡門序》："誘僖公也。願而無立志，故作是詩以誘掖其君也。"鄭玄箋："誘，進也。掖，扶持也。"諄切，真誠，懇切。
〔一三〕分符：猶剖符。謂帝王封官授爵，分與符節的一半作爲信物。孟浩然《送韓使君除洪州都曹》詩："述職撫荊衡，分符襲寵榮。"
〔一四〕製錦：《左傳·襄公三十一年》："子皮欲使尹何爲邑。子產曰：'少，未知可否。'子皮曰：'愿，吾愛之，不吾叛也。使夫往而學焉，夫亦愈知治矣。'子產曰：'不可……子有美錦，不使人學製焉。大官、大邑，身之所庇也，而使學者製焉，其爲美錦不亦多乎？'"後因以"製錦"爲賢者出任縣令之典。
〔一五〕轝：古同"輿"，這裏指運載棺柩的車。窆：下葬。

# 祭金慕齋安國文〔一〕

孕粹奎壁〔二〕，稟精山岳。學窮道源，神游理窟。彌邑中積，彪炳外發〔三〕。志慕軒虞〔四〕，身許稷契〔五〕。際遇昌期,歷敭華秩〔六〕。雍容經幄,激昂臺閣。一誠貫天,萬事盡職。時有亨泰〔七〕,道無伸屈。廊廟山澤,其心則一。甘載優游,造養純熟。精義入神,窮深極微。舉世欽風,多士摳衣〔八〕。否極泰來,又被寵擢。皓髮朝端,赤心徇國。咫尺天顔,畎畝懷抱。得喪歸天,唯思盡道。德協弘化,功贊調燮。官長春夏〔九〕,祀秩戎詰〔一〇〕。畢精匪躬,纖微必親。蓍龜朝宗,領袖搢紳。庶展經綸,翼我聖神。理昧難常,天不可必。一疾不瘳,冥奪何速?當宁震悼,朝野慘怛。斯民無禄,吾道誰托?吾儕無似,幸忝下僚。屢承謦咳〔一一〕,景仰高標。寧知今日,永隔儀刑?慟兼公私,情激幽明。聊奠洞酌,冀歆微誠。

【校記】

[奎壁]底本作"奎璧",形近而誤。奎壁是二十八宿中奎宿與壁宿的並稱。　　[屢承謦咳]屢承,甲子本和正祖本作"累承"。謦咳,底本作"警咳",形近而訛。謦咳,指咳嗽,亦借指談笑,談吐。

【注釋】

〔一〕慕齋:金安國(1478—1543)的號。金安國,本貫義城,與趙光祖、奇遵等同屬士林派人物。1503年(燕山君九年),別試文科及第。1507年(中宗二年),文科重試再及第。1517年,慶尚道觀察使任上遭罷職,遂致力於施行鄉約,教化民衆。1519年任參贊,同年己卯士禍起,罷職,在京畿道利川教育後學,悠閒度日。1532年,再登用任禮曹和兵曹判書、大提學、左參贊,世子侍講院貳師等職務。身爲士大夫出身的官僚,致力於以性理學理念來治理國家。著述有《慕齋集》等。

〔二〕奎壁:二十八宿中奎宿與壁宿的並稱。舊謂二宿主文運,故常用以比喻文苑。《平山冷燕》第十六回:"二兄青年高才,煥奎壁之光,潤文明之色。"

〔三〕彌鬯二句:謂才德充實於內者,則文采必自然發揚於外。揚雄《法言·君子》:"或問:'君子言則成文,動則成德,何以也?'曰:'以其彌中而彪外也。'"李軌注:"彌,滿也;彪,文也。積行內滿,文辭外發。"鬯,通"暢",旺盛之意。

〔四〕軒虞:傳說中上古帝王軒轅和虞舜的並稱。陸雲《答兄平原》詩:"昔在上代,軒虞篤生。"

〔五〕稷契:稷和契的并稱。唐虞時代的賢臣。

〔六〕華秩:顯位,高階。

〔七〕亨泰:亨通安泰。

〔八〕摳衣:提起衣服前襟。古人迎趨時的動作,表示恭敬。

〔九〕官長春夏:此指金安國曾任禮曹和兵曹判書。唐光宅年間曾改禮部爲春官,後"春官"遂爲禮部的別稱。武則天時,曾改兵部尚書爲夏官,後用爲兵部的別稱。見《文獻通考·職官六》。

〔一○〕祀秩:即秩祀,依禮分等級舉行之祭。《孔叢子·論書》:"孔子曰:'高山五嶽定其差,秩祀所視焉。'"詰戎:詰戎,詰戎治兵的簡稱,謂整治軍事。戎,戎服;兵,兵器。語本《書·立政》:"其克詰爾戎兵。"

〔一一〕謦欬:亦作"謦欬"。指咳嗽。亦借指談笑,談吐。《莊子·徐無鬼》:"夫逃空虛者,藜藋柱乎鼪鼬之逕,踉位其空,聞人足音跫然而喜矣,又況乎昆弟親戚之謦欬其側者乎?"成玄英疏:"況乎兄弟親眷謦欬言笑者乎?"

# 孫夫人諱日祝文〔一〕

風樹悲纏〔二〕,霜露痛迫〔三〕。歲星四周〔四〕,尚未奔哭。慘怛邊城,諱日又復。追遠感時,昊天罔極。敢以清酌庶羞,祗薦歲事。尚饗!

【注釋】

〔一〕孫夫人:指李彥迪的母親慶州孫氏。李彥迪1548年在江界流配地時逢母喪,本文是1551年所作。
〔二〕風樹:《韓詩外傳》卷九:"皋魚曰:'……樹欲静而風不止,子欲養而親不待也。'"後因以"風樹"爲父母死亡,不得奉養之典。
〔三〕霜露:指思念去世父母的悲傷心情。《禮記祭義》:"霜露既降,君子履之,必有悽愴之心,非其寒之謂也。春雨露既濡,君子履之,必有怵惕之心,如將見之。"
〔四〕歲星:即木星。古人認識到木星約十二年運行一周天,其軌道與黄道相近,因將周天分爲十二分,稱十二次。木星每年行經一次,即以其所在星次來紀年,故稱歲星。

## 告 家 廟 文

不慎遺體,疾病多纏。勿藥難期〔一〕,灸艾自燃〔二〕。不惜肌膚,罪重毁傷。乃今月朔,身在山房。未克躬省,采增〔三〕感慕。兹因菲奠,遥陳事故。

【注釋】

〔一〕勿藥:指病愈。《舊唐書·裴度傳》:"果聞勿藥之喜,更俟調鼎之功,而體力未和,音容兩阻。"
〔二〕灸艾:即艾灸,中醫針灸療法中的灸法。點燃用艾葉製成

拾遺　序、傳、祭文、碑銘、墓碣

的艾炷、艾條爲主,熏烤人體的穴位以達到保健治病的一種自然療法。
〔三〕采增：更增。

# 夫人洪氏墓碑銘[一]

夫人姓洪氏,南陽人。曾祖諱仁老,朝散大夫、禮賓寺少尹。祖諱吉從,修義副尉、忠武侍衛司右領副司直。考諱欽孫,修義副尉、龍驤衛右領副司猛。司猛娶谷山韓氏,諱叔老之女,以天順八年甲申月日生夫人。

自少資性異常,既笄[二],適議政府右參贊月城君孫公諱仲暾。貞順端莊,婦道純備,事姑以敬,宜家以和,月城敬之如賓。庚申八月二十三日,卒于月城任所梁山郡,享年三十七。以是年月日,葬興海郡治南達田里禱陰山之原。

夫人生一男三女：子暾,忠義衛顯信校尉,女長適參奉金末孫,次適參奉曹國良,季適參奉鄭灝。暾生三子：曰光曙,曰光晹,曰光晛,俱爲忠義衛。

銘曰：性禀貞淑,德全端一。率禮蹈和,宜家宜族。處世雖短,綿慶猶長。銘以刻石,爲示無疆。

【校記】
［墓碑銘］甲子本和正祖本作"墓碣銘"。

【注釋】
〔一〕洪氏:李彦迪舅氏孫仲暾的夫人,南陽洪氏。
〔二〕笄:古代特指女子十五歲可以盤發插笄的年齡,即成年。

# 夫人崔氏墓碑銘[一]

夫人姓崔氏,和順人。曾祖諱自江,彰信校尉。祖諱善門,資憲大夫、工曹判書。考諱漢男,成均進士。進士娶啓功郎李栴之女,以成化癸卯十一月日生夫人。

自少資性端莊,既笄,適議政府右參贊月城君孫公諱仲暾。内治整肅[二],婦德純備,月城相敬如賓客。立朝居宦,多賴其内助,宗族亦皆欽慕焉。月城卒于嘉靖己丑四月,葬興海郡治南達田里禱陰山之原。後十七年乙巳十一月二十一日,夫人亦卒,享年六十三。以丙午三月初三日,窆于月城君幽堂之後[三]。

生二子二女,俱夭。嗚呼!夫人早逑名賢,修善積德,無所欠缺,而子女皆不留膝下,天獨嗇於此何哉?月城君有先室子曰暾,生子光曙,爲夫人執喪廬墓,亦足慰幽魂。

銘曰:生禀貞粹,夙配賢哲。率禮蹈和[四],儀範閨闈[五]。慶衍德門,蘭茁不育。惟天福善,冥報難必。未亡十載,壽纔逾六。窆同夫原,夙願乃終。刻詩玄石,爲示無窮。

【校記】
［墓碑銘］甲子本和正祖本作"墓碣銘"。　　［考諱漢男］庚子本作"考諱漢南"。　　［生二子二女］正祖本作"生子二男二女"。［刻詩玄石］庚子本作"刻示玄石"。

【注釋】
〔一〕崔氏：李彥迪舅氏孫仲暾的第二任妻子,和順崔氏。
〔二〕整肅：整齊嚴肅。
〔三〕幽堂：謂墳墓。
〔四〕蹈和：遵循謙和之道。
〔五〕闈閫：即闈門之意。闑,古代樹立在大門中央的短木。

# 忠義衛孫君墓碣文〔一〕

君諱暾,字如晦,鷄林孫氏。曾祖諱士晟,贈兵曹參判鷄城君。祖諱昭,贈吏曹判書、鷄川君。考諱仲暾,議政府右參贊月城君。妣曰貞夫人洪氏,有明弘治壬子(1492)十一月初三日生君。

少而英秀,人皆謂可繼門業,弱冠嬰疾,絕意遊宦。所居有江山之勝,雉于山,魚于水〔二〕,優游卒歲。嘉靖八年(1529)四月,月城君卒于京,君聞訃號慟,絕而復甦,宿疾轉劇,不能奔喪,依禮文設位成服。是月二十六日辛卯終,聞喪之十日也,年三十八。是年十一月丙申,葬興海郡達田里禱陰山之原。

君娶信川康氏,進士士淵之女。生三男一女:長曰光曙,忠義衛,次曰光暚,曰光晛,與女皆幼云。

【校記】
〔絶而復甦〕甲子本和正祖本作"絶而復穌"。

【注釋】
〔一〕孫君:李彦迪表弟孫暾(1492—1529),李彦迪舅氏仲暾之子。
〔二〕雉于山二句:指如同雉雞在山林,游魚在河水中一般自由自在。

# 訓導金君墓碑銘[一]

君諱嗣,字紹元,號楊豁、懦隱,水原金氏,實新羅敬順王之後。五世祖諱曰桂,仕高麗,官至版圖判書,乃敬順王十九世孫也。高祖諱漢真,仕門下贊成事、推忠秉節翊衛功臣,封隋城君,賜鄉水原。曾王父諱尚旅,嘉善大夫、忠清道兵馬使。王父諱禮仲,振義副尉。考諱叔南,忠順衛、迪順副尉。妣雞林孫氏,生員士寧之女。

君生而敦厚英達,博學多聞,爲文冠絶倫輩。九舉發解而爲魁者二[二],其中司馬試者至於十三[三],而竟不成名,嗚呼!命之舛耶?時不遇耶?奕世餘

拾遺　序、傳、祭文、碑銘、墓碣

慶,叢而未稔。積德流祉,其後宜大。秀而不實,爲善者惑。君既不得志,奮然棄舉業,結廬種竹,安貧守道,逍遙自適。接人無貴賤,一以忠款,鄉邑敬慕之,後生之問業考德者皆歸焉。初授仁同訓導,晚又授永川訓導。居官處鄉,教誨不怠,名賢碩士,有出其門者。

嘉靖癸巳二月丁丑,以疾終,享年八十五。是年十一月丙辰,窆于安康縣北巖山之原。君娶慶州崔氏,龍驤衛井洌之女,生一子,參奉壽亨。追慕先德,思有以圖不朽,請銘于前司諫李彦迪。彦迪於公爲親屬,自幼陪杖屢受訓誨多矣,義不可辭。

銘曰:匪爵而尊,匪禄而富。得之於天,有文有壽。落落名場,囂囂畎畝〔四〕。太古襟懷,閑中棋酒。錦繡心腸,冰雪操守。才不時施,德足垂後。銘以刻石,用諗悠久。

【校記】
〔墓碑銘〕甲子本和正祖本作"墓碣銘"。

【注釋】
〔一〕訓導金君:金嗣(1449—1533),本貫水原,從其母爲慶州孫氏這事實來看,和李彦迪應該是母族一系的親戚。除了墓碑銘,李彦迪還爲其撰有輓詞,見《晦齋集》卷二《挽戚丈金訓導》。
〔二〕發解:即鄉試,朝鮮時代科舉考試的最低一級。
〔三〕司馬試:朝鮮時代選拔生員和進士的科舉考試,又稱進士試。
〔四〕囂囂:自得無欲貌。《孟子·盡心上》:"人知之,亦囂囂;人不知,亦囂囂。"趙岐注:"囂囂,自得無欲之貌。"畎畝:

草野,民間。

## 參奉崔君墓碣銘

君諱永鱗,字仰止,慶州人,鄉貢進士宗抵之後。高麗末,君之五世祖濕龍,才稱白眉之良〔一〕,而屢舉不中,朝啓于上,特設恩賜科,得以出身,登仕郎秘書正字。濕龍生洪,進士。洪生興茂,參奉。興茂生九精,定略將軍。九精生山海,生員,是君之考也。妣曰桂城徐氏,宣務郎中部令思理之女,成化八年壬辰九月壬子生君。

君天性醇真,事親盡孝,晨昏定省,不廢風雨。居母憂,哀毀過禮,廬墓〔二〕啜粥,五日一來省親。嚴親生員,年踰七十,宿疾沉綿,日夜侍藥,不離衣,不解帶者數年,屢至嘗糞〔三〕。及其捐館〔四〕,號痛仆地,幾絕,復蘇。喪禮一依《朱文公家禮》,亦廬墓三年,啜粥,不食鹽醬,喪畢不輟。朔望奠,孝行純篤,鄉里敬慕。正德十三年戊寅,監司金安國上其孝行於朝,錄《輿地勝覽》〔五〕。嘉靖十七年戊戌三月二十三日,以疾終,享年六十七。越明年,正月壬申,窆于萬佛山艮坐坤向〔六〕之原。

君娶慶州金氏宣略將軍處義之女,生二男二女。女,長適司直李叔仝,次適忠贊衛李世發。男,長曰德崇,義陵參奉,次曰德潤。長女生二女四男,長希

拾遺　序、傳、祭文、碑銘、墓碣

顏,次希曾,次希程,次希閔。女婿崔三樂。長男生一男三女,女婿忠義衛孫光睍。男,乙台。內外子孫並十五人。德崇欲顯親之丹悃〔七〕,昭焯于後世,請銘于左贊成李彥迪,彥迪義不敢辭,銘曰:性秉醇真,行全孝悌。生事盡職,死葬盡禮。哀過於喪,誠篤於祭。名登《輿地》〔八〕,德垂後裔。銘以刻石,永論來世。

【校記】
本文底本失收,據甲子本和正祖本補。

【注釋】
〔一〕白眉之良:原指三國時馬良,其眉中有白毛,故稱爲"白眉"。《三國志·馬良傳》記載,馬良字季常,襄陽宜城人也。兄弟五人,並有才名,鄉里爲之諺曰:"馬氏五常,白眉最良。"後用白眉之良稱眾人中較優秀傑出的人才。
〔二〕廬墓:古人於父母或師長死後,服喪期間在墓旁搭蓋小屋居住,守護墳墓,謂之廬墓。
〔三〕嘗糞:嘗糞以觀察父親的病情,古時一種極端的孝親行爲。二十四孝故事之一即爲庾黔婁嘗糞憂心。
〔四〕捐館:拋棄館舍。死亡的婉辭。
〔五〕《輿地勝覽》:又稱《東國輿地勝覽》,朝鮮時代的地理書,盧守慎奉成宗之命編纂而成,記載了朝鮮各道的地理、風俗、名勝、人物等情況,共五十五卷。後世繼續修訂增補,又有《新增東國輿地勝覽》。
〔六〕艮坐坤向:艮是東北方向,坤是西南方向。意思是頭朝東北,腳朝西南。
〔七〕丹悃:赤誠之心。
〔八〕名登《輿地》:因孝行卓絕,被收入《輿地勝覽》中的孝子孝女條目中。

# 孺人〔一〕金氏墓碣銘

　　孺人姓金氏,慶州人,生員讓之後。曾祖諱敬存,生員。祖諱恂進,義校尉。考諱處義,宣略將軍,娶永川崔氏,内寺別監弘淑之女。成化元年乙酉九月己巳生孺人,適將仕郎、箕子殿參奉崔永嶙。孺人天性温和,内治有度,奉養舅姑,盡心竭力,親執祭物,終始不怠。州以高年聞于朝,乃授孺人之職。嘉靖二十五年丙午正月初七日,以疾終,享年八十二。是年三月壬申,窆于萬佛山之原,參奉幽堂〔二〕之後。
　　生二男二女。男,長曰德崇,義陵參奉,次曰德潤。女,長適司直李叔全,次適忠贊衛李世發。内外子孫並十五人。銘曰:
　　温恭柔淑,婦道純備。儆戒〔三〕承順,無違夫子。祗奉〔四〕舅姑,敬謹祭祀。有德有壽,年八旬二。刻詩墓碣,爲示後嗣。

【校記】
本文底本失收,據甲子本和正祖本補。

【注釋】
〔一〕孺人:朝鮮時代封給九品文武官妻子的外命婦的官名。
〔二〕幽堂:指墳墓。
〔三〕儆戒:告誡人使其改正缺點錯誤。
〔四〕祗奉:敬奉。《北齊書・祖珽傳》:"遂深自結納,曲相祗奉。"

# 晦齋先生集

卷之十二

# 拾遺疏

## 弘文館上疏[一] 辛丑(1541)四月，除弘文副提學。〇中宗朝

臣等伏以天人之際，一理貫通，上下無間，天有愛君之心，而人有應天之實。故積誠以動天，修德以勝災，則天雖難感，於是而可感矣，災雖難弭，於是而可弭矣。雖然，人君以藐然中處之身，而感高高在上之天，以恐懼修省之力，而回赫然震動之警，非可以尋常舉措，期月而得其效也。

伏惟主上殿下，以仁聖之資，守盈成之業，厲精圖治，宵衣旰食[二]，凡所謂敬天之事、憂民之政，無不盡心於其間，而治效猶邈，闕政滋多，民怨於下而惠澤愈鬱，天怒於上而災異疊見。歷觀前古之史，災異之多且大，未有甚於此時，而亦未有甚於近年。冬雷地震，無雪無冰，冬暖如春，春寒如冬，陰陽反序，天氣乖舛[三]。蘊隆爲旱[四]，水澤枯渴，薰蒸爲疫，人畜殆盡。赤子枕藉[五]，牛羊斃踣[六]，國醫不能用技術，王祭無以供犧牲，迫切之災，將剝於膚。嗚呼！此天所以大警動於殿下，而欲保護之，全安之，則殿

下所以積誠動天、修德勝災之實,宜如何用其力耶?

臣等伏見殿下遇災以來,孜孜汲汲〔七〕,思革弊政,延訪大臣,發罪己之教,懲既往之愆,臣等伏讀教書,感激揮涕,奮不自已。以殿下有堯、舜之心,而群臣不能導殿下爲堯、舜之理,使斯民不得被堯、舜之澤,此固今日群臣之罪也。然以殿下恐懼修省之道,引咎責躬之實推之,袞職之闕〔八〕,亦豈無可言者耶?臣等敢以殿下今日之所當務者十事爲獻,惟殿下留心焉。夫所謂十事者,其綱一,其目九,今誠能從事於一綱而盡其道,則所謂九目者,特其舉措之具、施爲之方耳,何患於難行哉?

【注釋】

〔一〕弘文館上疏:本文是副提學李彦迪和弘文館許多同僚一起所上的疏文。《中宗實錄》中宗36年4月2日條原文收錄。弘文館:朝鮮時代三司之一,掌管宫中所藏經史典籍的整理和出版,處理各種文翰事物,並負責應對朝鮮王的諮問。

〔二〕宵衣旰食:天不亮就穿衣起身,天黑了才吃飯。形容非常勤勞,多用以稱頌帝王勤於政事。陸贄《論兩河及淮西利害狀》:"今師興三年,可謂久矣;税及百物,可謂繁矣;陛下爲之宵衣旰食,可謂憂勤矣。"

〔三〕乖舛:反常。

〔四〕蘊隆:暑氣鬱結而隆盛。《詩·大雅·雲漢》:"旱既大甚,蘊隆蟲蟲。"朱熹集傳:"蘊,蓄;隆,盛也。"

〔五〕赤子枕藉:指百姓大量死亡。枕藉,亦作"枕籍"。物體縱橫相枕而卧。言其多而雜亂。

〔六〕斃踣:猶倒斃。韓愈《論天旱人饑狀》:"寒餒道塗,斃踣溝壑。"

〔七〕孜孜汲汲：心情急切、勤勉不懈的樣子。
〔八〕袞職：古代指帝王的職事。亦借指帝王。《詩·大雅·烝民》："袞職有闕，維仲山甫補之。"鄭玄箋："袞職者，不敢斥王之言也。王之職有闕輒能補之者，仲山甫也。"孔穎達疏："袞職，實王職也。"

何謂一綱？曰"致中和"也。子思曰："喜怒哀樂之未發，謂之中；發而皆中節，謂之和。中也者，天下之大本也；和也者，天下之達道也。致中和，天地位焉，萬物育焉。"〔九〕夫道之大原，出於天而具於心，散於萬事，通天地而一理，盡萬物而一體。未發之前，至静至正而無所偏倚者，中之體也；已發之際，品節不差而無所乖戾者，和之用也。致之云者，推之以極其至也。存天理於不覩不聞之頃，遏人欲於莫見莫顯之際，大本立而達道行，體用合而物我一。由是薰蒸透徹，洋溢流通，由身而家而國而天下，而天地之所以爲天地，萬物之所以爲萬物，無不安其所而遂其生。此堯、舜、禹、湯、文、武之君所以參天地，贊化育，俯仰無愧，麒麟遊其藪，鳳凰鳴于岡，而無妖孽災變之作也。

夫以殿下之明，而猶有今日之憂者無他，聖學之功有未盡，而中和之致有未極也。進言者有曰："聖學既已高明矣。"若無復屑意於問學而可者。噫！爲是言者，惟知以經史間涉獵之功贊殿下之學，而不以堯、舜、三王之道望於殿下也。惟古之聖帝明王，知道之無時不然，故無一時而非學，知道之無物不有，故無一事而非學〔一〇〕，以至盤盂有銘〔一一〕，几杖有戒〔一二〕，瞽御之箴〔一三〕、瞽史之諷〔一四〕。凡所以操存此心,培養德性者,無所不用其至矣。

今也無此數事,惟賢士大夫之得近清光,講論規戒者,自經筵數刻之外無聞,而進講之書,又非二帝三王授受心法之旨,孔、孟、程、朱傳道講學之要,則聖學之得於經筵者,恐未足以日進乎高明之域矣。自此之外,深居九重之内,左右燕閑之侍,惟宦官宫妾之輩,無芝蘭俱化之益〔一五〕,有一曝十寒〔一六〕之懼,則當此之時,聖學之所以用功者,臣等未得而知之也。

竊恐淵蜎蠖濩之中〔一七〕,虚明應物之地,存養省察之功,有所未至,而大本之立,未能堅確,故達道之行,多所壅閼。由是宫禁不得有所閑而嚴,紀綱不得有所賴而立。人材之辨,或至於混,祭祀之謹,或至於瀆。民隱欲恤而不恤,教化欲明而不明。名爲慎刑,而冤獄尚多;名爲禁奢,而弊習自若;名爲納諫,而直言者不用。自末而求本,沿流而溯源,殿下寧不於此而瞿然惕然〔一八〕,回心而嚮道乎?

伏願殿下知聖學之未至,加精一之真功,不責於人而責於己,不求諸外而求諸内,常從事於戒慎恐懼,毋自欺,謹其獨之實,則凡日用動静語默之間,萬事萬物之紛綸酬酢〔一九〕,無所往而非聖學用功之地,而中和之極功,可以馴致矣。其綱既舉,其目自張,尚安有民怨天怒而災變之爲憂哉?臣等請陳其九目,惟聖明留意焉。

【校記】
[淵蜎蠖濩] 甲子本和正祖本作"淵涓蠖濩"。

【注釋】

〔九〕子思句：見《中庸》首章。

〔一〇〕知道四句：見《中庸章句》首章朱熹的注釋："道者，日用事物當行之理，皆性之德而具於心，無物不有，無時不然，所以不可須臾離也。"

〔一一〕盤盂有銘：亦作"盤杅"。圓盤與方盂的並稱。用於盛物。古代亦於其上刻文紀功或自勵。《後漢書·崔駰傳》："遠察近覽，俯仰有則，銘諸幾杖，刻諸盤杅。"李賢注："杅亦盂也。"

〔一二〕几杖有戒：王昶《戒子文》："古者盤盂有銘，几杖有戒，俯仰察焉，用無過行；況在己名，可不戒之哉！"几杖，坐几和手杖。

〔一三〕褻御之箴：《國語》曰："居寢有褻御之箴，臨事有瞽史之道，宴居有師工之誦。"褻御，侍御，近侍。

〔一四〕瞽史之諷：《周禮·秋官·大行人》："九歲屬瞽史，諭書名，聽聲音。"《國語·周語上》："瞽史教誨，耆艾修之。"瞽史，樂師與史官的並稱。

〔一五〕芝蘭俱化：《孔子家語·六本》："故曰與善人居，如入芝蘭之室，久而不聞其香，即與之化矣。"

〔一六〕一曝十寒：曬一天，冷十天。比喻懈怠時多，努力時少，沒有恒心。

〔一七〕淵蜎蠖濩：亦作"蟺蜎蠖濩"，謂宮殿中刻鏤之狀。《文選·揚雄〈甘泉賦〉》："蓋天子穆然，珍臺閒館，琁題玉英，蟺蜎蠖濩之中。"李善本作"蜵蜎蠖濩"，注引張晏曰："蜵蜎蠖濩，刻鏤之形也。"一説宮殿深邃貌。張銑注："蟺蜎蠖濩，宮觀深邃之貌。"

〔一八〕瞿然惕然：驚懼的樣子。

〔一九〕紛綸：雜亂衆多的樣子。酬酢：對付，應對。

蓋宮禁不可不嚴也。傳曰："家齊而國治。"〔二〇〕其家不可齊而能治其國者無之。故王化之本，在於宫禁。宫禁不肃,則邪徑通於内外,正路塞於朝廷,公論阻礙而不行,邪僻眩惑而售奸,亂亡於斯莫救矣。蓋君臣上下之際,親戚内外之間,其情意之往來流通,猶血氣之升降流行於一身上下之内,此理之自然,有不得壅閼於其間也。然氣血之行,順其道而行,則和暢安順,四體康寧,失其道而行,則乖舛瘀滯,百病層出。上下内外情意之通,由正路而行,則光明正大,朝廷和泰,由邪徑而行,則暗昧回譎,矯僞作孼。國家之安危,於斯判矣。理勢之必然者,既可易知;往事之已然者,亦多明驗。而時君世主,率皆以外廷之相與者,疏而外之,循例相接而已,以宫闈之攀緣者,親而信之,倚任聽從,是何心哉？

外廷之臣,不能以誠信感君,以致阻礙,固其罪也。攀緣之徒,亦豈誠心愛君者乎？是欲憑藉恩寵,求濟其私耳。且其初心,只欲求濟其私耳,非必預畜亂國之謀也。利害之際,事勢迫蹙,則何事不可忍爲？自己卯來,士林間禍敗之巨者,無不由是而翻覆,故事關宫闈,莫不寒心。殿下無意懲艾[二一],反或崇長[二二],不肯掃革前弊,禍亂何時而止乎？除官拜職,自有公論,責在銓衡[二三],而特命或出於物情之外;聽訟理冤,自有情實,任在有司,而判斷或及於細瑣之事。群聽疑怪,莫知端倪。涓涓不絕,則將至滔天,炎炎不滅,則終至燎原,可不戒哉？

朝廷之上,有腹心之臣,有耳目之官,有喉舌之地。腹心,可以謀議;耳目,可以聞見;喉舌,可以出納。由是而謀議,由是而聞見,由是而出納,則朝廷之是非,人物之賢否,庶政之利害,其真僞莫得以眩亂。至於號令之際,事正言順,人心咸服,無所惶惑,而中和可致,災變可消矣。

【注釋】

〔二〇〕傳曰句:見《大學》。
〔二一〕懲艾:懲治。
〔二二〕崇長:助長。
〔二三〕銓衡:指主管選拔官吏的職位。亦指主管選拔官吏的部門之長。《晉書・良吏傳・吳隱之》:"汝若居銓衡,當舉如此輩人。"

紀綱不可不正也。古之爲政者,必先正其體要,紀綱是也。《書》曰:"若網在綱,有條而不紊。"〔二四〕夫以四海之廣,兆民之衆,莫不有嗜慾,莫不有智力,苟無總攝而歸之於一,則相攘相奪,泯泯棼棼〔二五〕而禍亂作矣。故自農工、商賈、府史、胥徒之賤,其上爲士,又其上爲大夫,又其上爲卿爲公,而後一人加焉。使之上下相維,貴賤相屬,而又爲之禮,以次其先後,爲之政,以率其怠倦,爲之法,以守其制度,皆所以夾輔紀綱之具也。雖然,紀綱不能以自立,必待賢者而後立;紀綱不能以自行,必待公道而後行。夫賢者之所存,隱然有虎豹在山之勢;公道之所揭,赫然如日月中天之明。狐狸褫魄而遁藏〔二六〕,陰翳望景而披釋。嗚呼! 此宰相、臺諫之責,其機則在於人主之一心。

《詩》曰:"之綱之紀,燕及朋友。百辟卿士,媚于天子。不懈于位,民之攸墍。"〔二七〕此言紀綱之責在於大臣也。又曰:"勉勉我王,綱紀四方。"〔二八〕此言紀綱之責在於君也。夫如是,然後國家安如盤石,熾如炎火,而無土崩瓦解之勢矣。今也庶獄庶慎[二九]之煩瑣,皆勤於聖慮,簿書期會之猥細[三〇],或出於宸斷,是人主而侵有司之職矣。以因循爲輔相之得體,以含糊爲享福之大智,不事其所當爲之事,是大臣曠經濟之任矣。是以紀綱之不振,公道之不行,其責不得不歸於臺諫,臺諫之任亦重矣。然而止於補闕拾遺耳,激濁揚清耳,其於本源,無如之何也,則私情勝而公道滅,法令壞而百司慢,苞苴[三一]以解之,請託以紊之,貨賂以撓之,奸猾以亂之。

　　由是一國之紀綱幾於蕩悉,殿下雖欲改紀,其政漠然不相應,而駸駸乎淪胥[三二]之域。此天所以愛之,惜之,大警動而不已者也。孟子曰:"行有不得,反求諸己。"[三三]伏願殿下鑑《盤庚》有條之言,法文王勉勉之道,反求而致中和之功,紀綱不期正而自正,股肱同德,公道大行,則民怨可熄而和氣可召矣。

【注釋】

〔二四〕書曰句:見《尚書·盤庚上》。
〔二五〕泯泯棼棼:亦作"泯泯芬芬",紛亂貌。《書·呂刑》:"民興胥漸,泯泯棼棼。"孔穎達疏:"棼棼,擾攘之狀。"
〔二六〕褫魄:奪取魂魄。
〔二七〕詩曰句:見《詩經·假樂》。
〔二八〕又曰句:見《詩經·棫樸》。
〔二九〕庶獄庶慎:《書·立政》:"文王罔攸兼於庶言庶獄庶慎,惟有司之牧夫。"孫星衍疏:"庶獄庶慎,言諸獄事,衆當慎之,惟責成於有司及牧民之人。"
〔三〇〕簿書:官署中的文書簿册。期會:謂在規定的期限內實施政令,多指有關朝廷或官府的財物出入。《新唐書·狄仁傑傳》:"人君惟生殺柄不以假人,至簿書期會,宜責有司。"猥細:繁雜瑣碎。
〔三一〕苞苴:賄賂。《荀子·大略》:"湯旱而禱曰:'……苞苴行與?讒夫興與?何以不雨至斯極也!'"楊倞注:"貨賄必以物苞裹,故總謂之苞苴。"苞,通"包"。
〔三二〕駸駸乎:逐漸地。淪胥:淪喪。
〔三三〕孟子句:見《孟子·離婁上》。

  人材不可不辨也。《書》曰:"惟治亂在庶官,官不及私昵,惟其賢;爵罔及惡德,惟其能。"〔三四〕是故人材之辨,有國之先務也。然君子固自以爲君子,而以小人爲小人;小人亦自以爲君子,而以君子爲小人。各自爲是,互相排擯,則爲人君者,莫得分其邪正矣。

  昔京房問於元帝曰:"幽、厲之君,何以危?"曰:"所任者巧佞。"曰:"知其巧佞而用之耶?"曰:"賢之。"曰:"然則今何以知其不賢乎?"曰:"以其時亂而君危,知之。"曰:"任賢必治,任不肖必亂,必然之理也。幽、厲何不覺悟而更求賢?曷爲卒任不肖,以至於是?"曰:"臨亂之君,各賢其臣也。"〔三五〕又聞李德裕言于文宗曰:"致理之要,在於辨群臣之邪正,邪正二者,勢不相容。正人指邪人爲邪,邪人指正人爲邪,人主之辨甚難也。"〔三六〕是故成敗之迹,在古已驗,則雖愚夫,皆知其善惡,而心術之用,在今未彰,則雖智者,莫能辨其邪正矣。況權之所在,勢之所歸,則人雖知之,而莫敢言之也。

  雖然,人心難誣,公論難杜,矯僞之迹,容或蔽於一人之心鑑，而肺肝之露，自難遁於十目之所視。故孟子曰："左右皆曰賢，未可也；諸大夫皆曰賢，未可也；國人皆曰賢，然後用之。左右皆曰不可，勿聽；諸大夫皆曰不可，勿聽；國人皆曰不可，然後去之。"〔三七〕昔齊威王謂阿大夫曰："自子之守阿也，譽言日至，是善事吾左右也。"謂即墨大夫曰："自子之居即墨也，毀言日至，是不事我左右也。"〔三八〕宋仁宗問可爲相者於王素，素曰："宦官宮妾不知姓名者，可充其選。"〔三九〕然則左右近臣之言，固未可信，必諸大夫之言，然後始可信也。

然不必遠徵前代，姑以耳目所經之事言之。二十年來，朝廷士林，每分朋黨，隨權因勢，互相勝敗。勝者爲君子，敗者爲小人。附己者是之，異己者非之。既以爲君子，則諸大夫同然是之；既以爲小人，則諸大夫同然非之。是豈盡昏愚而莫辨者哉？率皆畏禍而附勢也。有所論執，則大臣率六曹，言官合兩司〔四〇〕，當此之時，殿下豈不以爲物情如此哉？諸大夫之言，容有不可信者如此，故至於國人皆以爲然，然後其論公矣。

古人云："謀從衆，則合天心。"爲人君，固當大開言路，使國人無大小貴賤，皆得進其言，雖有所犯觸，亦不加罪，則公論始可聞也，物情始可知也。雖然，孟子必曰："國人皆曰賢，察之見賢焉，然後用之；國人皆曰不可，察之見不可焉，然後去之。"〔四一〕必察之於己，親見其賢否之實，然後始決其用捨之分，則於賢者知之深而任之重，不才者不得以幸進矣。

故《書》曰:"庶言同則繹。"〔四二〕孔子曰:"衆好之,必察焉;衆惡之,必察焉。"〔四三〕然則必學問高明,心德昭朗,如鑑之空,如水之澄,然後人心之邪正曲直,莫得以遁其毫髮矣。若在我者不能昭明澄澈,而遽欲察之於庶言之外,則或不免偏見之失當,反不如衆論之多中矣。故或精鑑於己,或博采於人,内外交證,權衡得宜,然後庶幾不失其實矣。近者賢邪稍分,朝廷稍安,但可因是而善持,豈容更鼓其異説?然人心之操舍〔四四〕不常,世道之翻覆無窮,於此而尤加省念,絶偏黨之私,而守進退之公,則可以致中和,而天人胥悦,災不爲災矣。

【注釋】

〔三四〕書曰句:見《尚書·説命中》:"惟治亂在庶官,官不及私昵,惟其賢;爵罔及惡德,惟其能。"

〔三五〕京房:前77年至前37年在世。西漢學者,本姓李,字君明,開創了《易》學"京氏學",有《京氏易傳》。元帝:指漢元帝。所引内容見《漢書·京房傳》。

〔三六〕李德裕:787年至850年在世。字文饒,唐武宗時拜相,是牛李黨争中李黨領袖。文宗,指唐文宗。所引内容見《資治通鑑》卷二四六。

〔三七〕故孟子句:見《孟子·梁惠王下》。

〔三八〕按:此處見《史記·田敬仲完世家》。齊威王(前378—前320),嬀姓,田氏,名因齊,田齊桓公(與春秋五霸之首的姜齊桓公非同一人)田午之子,戰國時期齊國(田齊)第四代國君。阿,地名,今山東阿縣。即墨,今山東即墨市。

〔三九〕王素:北宋大臣。字仲儀,王旦之子。莘縣人,以敢諫聞名。所引見邵博《聞見後録》卷二十。

〔四○〕六曹:朝鮮時代,掌管政務的六個部門,分别是吏曹、户曹、禮曹、兵曹、刑曹和工曹。兩司：朝鮮時代，司憲府和司諫院合稱兩司，掌言路。

〔四一〕孟子句：見《孟子·梁惠王下》。

〔四二〕故書句：見《尚書·軍陶》。

〔四三〕孔子句：見《論語·衛靈公》。

〔四四〕操舍：指理學家所視爲的修心養性的關鍵。語本《孟子·告子上》：“孔子曰：'操則存，舍則亡，出入無時，莫知其鄉。惟心之謂與。'”朱熹集注：“孟子引之，以明心之神明不測，得失之易而保守之難，不可頃刻失其養。”

祭祀不可不謹也。《易》之《萃》曰：“王假有廟。”〔四五〕祭祀之報，本於人心，聖人制禮，以成其德。群生至衆也，而可一其歸仰；人心莫知其鄉也，而能致其誠敬；鬼神之不可度也，而能致其來格。萃合人心，總攝衆志之道非一，而其至大莫過於宗廟，故事死如事生，事亡如事存，孝之至也。至於社稷，以萬物居於土，食乎穀也；釋奠釋采，以先聖先師爲民立教也；山川群神，以禦災捍患，有功於民也；城隍厲壇，所以致發告而秩無文也。故國之大事在祀，而祀神之道，又在於誠敬也。

我國祀典，非不備矣，殿下孝誠，非不至矣，而齋廬之弊陋，祭服之不淨，莫甚於此時，無以潔躬而清神，揭虔而起敬。京師且然，況在僻縣窮邑乎？其爲慢神極矣。然此則有司者之罪也。孔子曰：“吾不與祭，如不祭。”〔四六〕蓋有其誠，則有其神，無其誠，則無其神，此古之聖人所以祭必與祭，而致其如在之誠也。近來宗廟大享，例爲攝行，其攝也，亦不以大臣，奉先敬神之道，恐有所未盡也。殿下宵旰憂勤三十有餘年，豈無聖躬之愆衛乎[四七]？祈寒暑雨，固難躬行，自餘節候和適、氣體康寧之時，若無大故，親享之禮，不宜有闕也。

　　昔鼷鼠食郊牛之角，《春秋》示戒[四八]。況今三牲告災[四九]，日以就盡，神之譴怒，可謂峻且切矣。伏願殿下明"王假"之義，致"如在"之誠，躬率而先之，肅雍以將之，則百官執事之在駿奔之列者，皆將不動而敬，不言而信，不怒而威於鈇鉞[五〇]，而向之所謂齋廬祭服之類，自不容於不謹也。《記》曰："明乎郊社之禮，禘嘗之義，治國其如視諸掌乎！"[五一]此乃仁孝誠敬之至，體信達順之極，天人交孚，鬼神降福，而災不爲災矣。

【注釋】

〔四五〕易之句：見《周易·萃卦》："萃：亨，王假有廟，利見大人。"

〔四六〕孔子句：見《論語·八佾》。

〔四七〕愆衛：損傷。

〔四八〕《春秋》示戒：見《左傳·成公七年》："春王正月，鼷鼠食郊牛角，改卜牛，鼷鼠又食其角，乃免牛。"

〔四九〕三牲告災：根據《中宗實錄》中宗36年3月20日條的記載，時瘟疫爆發，不僅人，家畜都大量死亡，朝堂上特別討論了祭祀用黑牛大量死亡的問題："災變若是，而癘疫方熾，非但人物疫死，犧牲多斃，近日，黑牛亦染病而死。祭享之物，至於如此，甚可慮也。"

〔五〇〕鈇鉞：斫刀和大斧。腰斬、砍頭的刑具。指帝王賜予的專徵專殺之權。

〔五一〕記曰句：見《禮記·中庸》。

民隱不可不恤也。《書》曰："民惟邦本，本固邦寧。"〔五二〕傳曰："民依於國，國依於民。"〔五三〕不愛其民而能保其國者，未之有也。是故先王愛之如己，保之如子，痒痾疾痛，舉切於吾身，鰥寡孤獨，必先於撫養。制其田里，教之樹畜，使之仰足以事父母，俯足以畜妻子，樂歲終身飽，凶年免於死亡，此王政之本也。

伏見殿下愛民之誠，非不至矣，重民之政，非不備矣，而近來水旱爲災，饑饉荐臻〔五四〕，力本之民，終歲勤動，而不能救一朝溝壑之命〔五五〕，中人之家，十室九空，轉徙之氓，何以聊生？則賙恤賑貸之方，當如救焚、拯溺之不暇。今之字牧之官，鮮有慈祥悃愊〔五六〕之儔，率多貪暴無厭之流。催科辦急，思眩幹能〔五七〕，妻妾服食，思極侈豐。所事權貴悅於貨賂，則思充其欲；所識窮乏德於周給，則思得其心。巧作名色，吞噬朘削〔五八〕，粒米狼戾於公廩，杼柚空竭於閭里〔五九〕。其他邊將之割剝、諸司之侵漁〔六〇〕，若此之類，所在皆然。使殿下之赤子，一困於天災，再困於苛政，厥聲嗷嗷，無所控告。

非特此也。步兵水軍大疲於土木〔六一〕，選上皁隸之困於重斂，傾財破産，鬻盡田土以應其役。及其還家，無以爲業，則相率流亡，害及九族隣比，怨氣極天。如此而欲望和氣之感，雨暘之調〔六二〕，豈不遠哉？昔漢宣帝曰："民所以安其田里而無嘆息愁恨之聲者，政平訟理也，與我共此者，其惟良二千石乎！"〔六三〕夫親民之官，莫重於守令，其選不可不謹。人君以父母斯民之心，舉赤子之命，不付之慈祥之吏,而付之虎狼之口,豈所忍哉?

祖宗薦舉之法,其慮甚遠。朝廷舉而行之,其意甚美。而卿大夫不體聖心,徇私害公,冒薦庸鄙,首毁良法。夫薦者之薦此人,非爲此人也,將以自利也。然則割剥軍民者,非守令、邊將之割剥也,乃朝廷之割剥也。朝廷者,四方之本,未有不正其本而能治其末者也。朝廷有廉耻而除徵剥之弊,良法無所礙而得選任之公,則庶幾實惠下究,而生民蘇息,和氣可召矣。

【校記】
〔思眩幹能〕甲子本和正祖本作"思衒幹能"。　〔德於周給〕甲子本和正祖本作"德於周急"。　〔未有不正其本〕未,底本作"末",庚子本作"未",據改。

【注釋】
〔五二〕書曰句:見《尚書·五子之歌》。
〔五三〕民依於國,國依於民:此處李彦迪所言有誤。見《資治通鑑》卷一九二,原文爲"君依於國,國依於民。"
〔五四〕饑饉荐臻:指饑饉接連發生。
〔五五〕溝壑之命:指死亡的命運。填溝壑爲死的自謙説法。人死埋於地下,故稱"填溝壑"。
〔五六〕悃愊:至誠。《漢書·劉向傳》:"論議正直,秉心有常,發憤悃愊,信有憂國之心。"顔師古注:"悃愊,至誠也。"
〔五七〕催科二句:催收租税執行得很緊急,是想要炫耀自己的才幹。催科,催收租税。租税有科條法規,故稱。
〔五八〕朘削:剥削。語出《漢書·董仲舒傳》:"民日削月朘。"
〔五九〕粒米二句:是説官府搜刮來的糧食堆滿倉庫,導致農村生產凋敝,農民生活陷入困頓。狼戾,謂散亂堆積。《孟子·滕文公上》:"樂歲粒米狼戾。"趙岐注:"樂歲,豐年;狼戾,猶狼藉也……饒多狼藉,棄捐於地。"杼柚空竭,形容生産廢弛,貧無所有。典出《詩·小雅·大東》:"小東大東,杼柚其空。"鄭玄箋:"言其政偏,失砥矢之道也。譚無他貨,維絲麻爾,今盡杼柚不作也。"

〔六〇〕割剥:侵奪,殘害。侵漁:侵奪,從中侵吞牟利。
〔六一〕大疲於土木:《中宗實録》中宗36年4月2日條收録本文的本句下有小注:"王子女第宅,營造極其宏傑,務勝於前,上京步兵,畿内水軍,常供其役,困弊極矣。"
〔六二〕雨暘:謂雨天和晴天。語本《書·洪範》:"曰雨,曰暘。"
〔六三〕昔漢宣帝句:見《漢書·循吏傳》。

　　教化不可不明也。治國之道有二焉,刑政與教化而已也。刑政,所以制之於外也;教化,所以感之於心也。刑政以制之,則民免而無恥;教化以感之,則有恥而且格。夫教化之爲道也,非以其人心之所無者,强而行之,秉彝之德,各自具足,故因其人之所固有者而導之也。然不能躬行以率之,則無以使人有所觀感而興起也。

　　近年以來,教化不明,士習不正,節義廉恥掃地盡矣。人心日趨於偷薄〔六四〕,不知名節行檢之可貴,唯阿諛軟熟、奔競附會之爲務〔六五〕。權之所在,望風而靡然;勢之所歸,見幾而先趨。罔上附下之風興〔六六〕,背公謀利之弊作,頃者之事,蓋已驗矣。士習既失,風俗隨毀,三綱墜地,人倫之變,相繼而起。子弑父,奴戕主,妻殺夫,其變有甚於天之災變,至此而天理滅人道盡,將何以爲國乎?

　　蓋人心之不正,由於教化之不明;教化之不明,由於導率之失其道耳。三代之學,皆所以明人倫也。人倫明於上,小民親於下,是皆本之人君躬行心得之餘,非假於外也。今者學校之政,不本於人倫,勸勵之方,只在於記誦詞章之末。記誦詞章,雖不可廢,化民成俗之本,實不在是。伏願殿下反諸己,窮其源,盡人倫之道,立教化之本,則感化之速,有同於風草,而士習自正,民德自厚,致和弭災之道,孰加於此乎?

【注釋】
〔六四〕偷薄:淺薄,不敦厚。《新唐書·韓琬傳》:"貞觀、永徽之間,農不勸而耕者衆,法施而犯者寡,俗不偷薄,器不行窳。"
〔六五〕阿諛軟熟:阿諛奉承,世故圓滑。奔競附會:爲了名利,互相攀附勾結。
〔六六〕罔上附下:臣下勾結,欺騙君王。劉向《説苑·臣術》:"泰誓曰:'附下而罔上者死,附上而罔下者刑。'"

刑獄不可不慎也。天之於萬物,雨露以生之,霜雪以殺之,無非仁也;聖人之於萬民,德禮以養之,刑罰以威之,無非教也。蚩蚩之氓[六七],或動於利欲,或陷於過誤,或入於誣罔,或涉於連逮,事狀千變,情僞萬端。非至明,無以得其情;非至公,無以服其心。死者不可復生,斷者不可復續,其不可輕也如此。殿下體天地之仁,推生物之心,惻念無辜,親覽獄辭,三覆死囚,欽恤之意至矣。而聽斷之吏,或情私而不公,或才暗而不明,殘民之肌膚,決民之性命。理直者,未暴其情,情輕者,多入於重,含冤抱痛,詎忍言哉?

至如詔獄之設〔六八〕,無異親問,所以審克冤枉,而今也入于詔獄者,無計自直,則例爲首服,以僥倖聖仁之特原,誠可哀憫。數十年來,士林之禍反覆屢起,士大夫殞越於刑戮者,曾不知其幾人也〔六九〕。若其罪負關重,情狀著白,王法所不可貸者則已矣。其間豈無非其罪而被重典,抱深冤於冥冥之中者乎?冤氣結而不散者多,則傷和召災,未必不由於此。帝王仁恤之典,固宜無間於死生,平反犴獄〔七〇〕,伸雪幽冤,是亦弭災之一道也。

【注釋】

〔六七〕蚩蚩之氓:無知之民。《詩·衛風·氓》:"氓之蚩蚩,抱布貿絲。"朱熹集傳:"蚩蚩,無知之貌。"

〔六八〕詔獄:朝鮮時代禁義府中設立的監獄,直接聽於王命,主要關押犯罪的官員和兩班階層的犯罪之人。

〔六九〕殞越:死亡。曾不知其幾人也:《中宗實錄》36年4月2日條引本文本句下小注:"如己卯年趙光祖、金净、奇遵及儒生洪順福等,皆死於構陷,衮、貞、沆之所爲也。壬辰年生員李宗翼,以上疏雜陳,乙未年進士陳宇,以巷議被斬,金安老之所陷也。"

〔七〇〕犴獄:冤獄。

奢侈不可不禁也。甚矣,奢侈之爲害也!天生百物,人取而用之,人者,百物之主也。人有耳目口鼻之欲,而其欲無窮;物有山林川澤之生,而其生有限。欲之無窮也,以天下奉一人而未周;生之有限也,以一人竭天下而不足。殄天物而天怒,剝民膏而民怨。積怨積怒而不知已,則爭奪起而亂亡隨之矣。

近來王子女第宅,務極宏大,爭尚華侈,毁撤民家,横亘閭閻[七一],高棟層樑,侔擬宫闕,以至婚姻之禮,車服什器之具,莫不極其華靡。士大夫之家又從而慕效,室屋之大,婚禮之侈,傷財僭分,罔有紀極,弊將難救。言官每以土木之弊,論列不已,而殿下聞之藐藐者[七二],必以爲:"士大夫始以布衣起於草萊,無高曾積累之業,猶且大起室屋,極備婚禮,況以堂堂一國之君,有子女,顧不能崇室居而備婚禮乎?"是則其罪固在於士大夫矣。若以人君自修之道言之,則固宜澄源於上,而式刑於下也[七三]。

又有一説焉,以奢侈奉其子女者,所以愛其子女也,然其所以愛之者,適所以害之也。大抵儉約而獲福,奢泰而招損,天之理也。以今所見而言之,巨室纔成,拘忌輒生[七四],避居委巷[七五],朱門空鎖,纔易一世則便成廢宅,子孫之保有者無幾,是費有盡之財,營無益之宇也[七六]。往者有宗室孝寧大君[七七],性頗謙素,厭處華室,嘗構草屋,恒處其中,終能壽延九袠[七八],子孫蕃衍,此近事之明驗也。今之奢習,固百弊之源,而其源在於宫禁,邦本之凋瘵,府庫之虛竭,皆由於此,亦足以起怨而致災。伏惟殿下深省焉。

**【注釋】**

〔七一〕閭閻:里巷,民間。《史記·甘茂傳》:"甘茂起下蔡閭閻,顯名諸侯,重强齊楚。"

〔七二〕藐藐:輕視冷漠貌。《詩·大雅·抑》:"誨爾諄諄,聽我藐藐。"

〔七三〕則固二句:是説王應該爲臣民做出表率和榜樣。澄源,澄清本原。式刑,刑,通"型"。效法,取法。
〔七四〕拘忌:禁忌。
〔七五〕委巷:僻陋曲折的小巷,代指民間。
〔七六〕營無益之宇也:《中宗實録》36年4月2日所引本文本句下小注:"王子女出閣時,年甫十數歲,屋大而人少,房闊而年幼,易生恐怖,故無不避寓而屋則空矣。"
〔七七〕孝寧大君:朝鮮太宗的第二個兒子(1396—1486),名李補,初名祜,字善叔,號蓮江,謚號靖孝。篤信佛教,參與了許多佛事,翻譯刊行了《圓覺經》。極爲長壽,經歷了世宗、文宗、端宗、世祖、睿宗、成宗等六朝。
〔七八〕九袠:九十歲。

諫諍不可不納也。人主不能自聰,必合衆聽而爲聰;不能自明,必合衆視而爲明。古之聖王,其聰明思慮,固非庸衆人所能助其一端,而猶且樂受人之諫者,嗜善無窮也。殿下躬上聖之資,有好問之德,凡有論列闕失,受以爲過而自責,成湯之弗咈〔七九〕,無以加矣。頃年以來,從諫之美,寖不如初,訑訑〔八〇〕之色,或形於外。進言之際,但示優容而無採用之實,遇災責躬,專事虛文而無求言之旨,無乃有厭聞直言,吝於改過之意乎?

非特此也。臺諫如有論執稍堅,違忤上旨者,則輒出特命,遽遷他職,雖無形迹可以指論,物情或不能無疑也。頃者求言之後,上書者偶觸忌諱〔八一〕,輒欲加罪,至命三省而推鞫〔八二〕,或有系賤而言事者〔八三〕,以爲欲亂朝廷者教之,是以求言爲穽於國中也。各陳所懷,容有不當之論,人君但當擇其善而用之而已,豈宜加怒於妄言之人乎?諫者,非人臣之利,乃國家之福也。苟以言被罪,則誰肯犯雷霆之威,進無益之言乎?

頃者國柄落於奸手,危亡在於朝夕,人莫敢進一言以觸之者,以此也。當此之時,有能斥言其情狀者,則非徒觸奸凶之鋒,亦且遭逆鱗之怒[八四],其爲粉身糜骨,斷無疑矣。此在聖鑑宜少悔悟,而病源猶存,物情之鬱,災異之來,恐由是也。大抵凡以闕失進諫者,非欲彰君父之過,將以責備於聖德也。伏惟殿下更加省念焉。

臣等伏見殿下有願治之心,而治道不成,有憂民之心,而民瘼弗除[八五],有敬天之心,而天譴日至。宥密之居,每警乎側身,德音之發,多形於憂慄,而不能有所補。其視一世,雖曰"治平無事",而其實有不測之憂、難救之患,不伏於冥冥,而著於昭昭,大臣置之尋常而無建明,小臣相視怠緩而不修舉,牽補過時,架漏度日。以臣等私憂過計,晝度夜思,庶有以少補涓埃之萬一,不敢遠言,不敢激言,而以所謂十事者,歷指而言之,此皆今日之急務,蕭扆[八六]之切戒也。小臣之罪不暇引,大臣之失不暇舉,而必欲責望於聖躬者,誠以大本之所在,達道之所由,捨此而求治,無是理也。

伏願殿下盡心於一綱,盡道於九目,日進聖學,以救時弊,以應天譴,宗社幸甚。臣等無任激切屏營之至,謹昧死以聞。

【注釋】

〔七九〕成湯之弗咈:《尚書·伊訓》:"嗚呼!先王肇修人紀,從諫弗咈,先民時若。居上克明,爲下克忠,與人不求備,檢身若不及,以至於有萬邦,兹惟艱哉!"弗咈,不違。

〔八〇〕訑訑:洋洋自得,沾沾自喜貌。

〔八一〕上書句:《中宗實録》三十六年引本文本句下小注:"指己亥年韓山郡守李若冰上疏。"李若冰(1489—1547),字熹初,號樽巖,他在1539年的上疏中,建言立燕山君和魯山君後嗣,以承祭祀,遭罷職。

〔八二〕三省:朝鮮時代司憲府、司諫院、刑曹的合稱。有犯綱常重罪之人時,三個部門的官員合坐共審,稱爲三省推鞫。

〔八三〕或有句:《中宗實録》36年4月2日所引本文本句下小注:"指庚子年老人韓碩上疏。"韓碩,身爲族親衛,是韓明澮的庶子,1540年上疏中指出了兵政的解弛和文昭殿的弊端。

〔八四〕逆鱗:古人以龍比喻君主,因以觸"逆鱗"、批"逆鱗"等喻犯人主或强權之怒。

〔八五〕民瘼:民生疾苦。

〔八六〕黼扆:古代帝王座後的屏風,上畫斧形花紋。代指帝王。

# 晦齋先生集

卷之十三

# 拾遺
## 狀、劄、啓

### 辛丑(1541)季夏十六日呈辭
#### 時爲副提學在洛〔一〕

　　右謹啓：臣老母遠在南涯〔二〕七百里外，素多疾病，作痛無時，臣不忍遠離游宦〔三〕。前者，屢乞外補〔四〕，庶酬終養之願〔五〕，未閱數歲，旋即被召，特授京職。臣實庸陋，別無才識，濫荷寵眷之隆，顧乏涓埃之補〔六〕。去年秋，陳乞歸養，未蒙允許，惶恐不敢更辭，悶默在列，荏苒周歲〔七〕。今則母年七十有三，羸病轉深，氣力日耗，行動須人扶，飲食不識味。近日受由歸省，尚未解職，不可久留，母子涕泣相別。痛念餘齡之無多，猶幸逮養之有日〔八〕。臣有弟一人〔九〕，今爲集慶殿參奉，兄弟俱在官，衰病之親，傍無奉養之人，乞依常典歸養。

【校記】
[遠離游宦] 庚子本作"遠離游官"。　　[兄弟俱在官] 庚子本作"兄弟具在官"。

【注釋】

〔一〕辛丑季夏十六日呈辭:李彥迪1541年4月任弘文館副提學時所作。洛:指漢陽。
〔二〕南涯:李母在老家慶州,位於漢城之南,近海,故稱南涯。
〔三〕遊宦:離家外出做官。
〔四〕外補:指在首都漢陽以外的地方任職,特別是在李彥迪故鄉慶州附近任職。
〔五〕終養:奉養父母,以終其天年。多指辭官歸家以終養年老親人。
〔六〕涓埃:細流與微塵。比喻微小。杜甫《野望》詩:"惟將遲暮供多病,未有涓埃答聖朝。"
〔七〕逮養:謂雙親在世而得以孝養。
〔八〕荏苒:時間漸漸過去。常形容時光易逝。
〔九〕有弟一人:指李彥迪弟弟李彥适。

# 壬寅(1542)九月呈辭

時以大司憲受暇在鄉〔一〕

右謹啓:臣猥以駑劣,遭遇聖明,數年以來,濫荷寵擢,叨冒非分。又令率母來京,寵命非常,曠世稀聞,隕首刳心,豈足上報?今又謬蒙睿眷,特授風憲之職〔二〕,聖諭丁寧〔三〕,責任非輕,臣感激恩遇,思竭微忠,庶效涓埃之補。而第緣老母遠在南涯,受暇來省,今年春夏之間,腰痛病得發,累旬沈綿〔四〕,飲食全減,氣力頓耗。近日又發風眩之疾〔五〕,精神昏憒〔六〕,日就羸困,奄奄氣息,未保朝暮,人子之情,不忍遠離。竊自惟念,國恩未報,親病已深,進退狼狽,日夜憂憫,雖切補袞之誠[七],已多曠職之日,無任惶懼懇迫之至。

【注釋】

〔一〕壬寅九月呈辭:李彥迪 1542 年 8 月任司憲府大司憲時所作。
〔二〕風憲:古代御史掌糾彈百官,正吏治之職,故以"風憲"稱御史。時李彥迪被授司憲府大司憲,掌糾察百官之職,故稱。
〔三〕丁寧:言語懇切貌。高其倬《薊州新城》詩:"陛辭涕汍瀾,密詔言丁寧。"
〔四〕沈綿:疾病糾纏,久治不愈。
〔五〕風眩之疾:指癲癇。
〔六〕昏憒:頭腦混亂,神志不清。
〔七〕補袞:補救規諫君王的過失。

# 甲辰(1544)秋七月呈辭[一]

右謹啓:本月初八日祗受同副承旨書狀内,以臣爲漢城府判尹[二],"本府辭訟煩劇,斯速乘馹上來"事有旨[三]。臣奉承隆旨,震惶罔措。伏念臣以駑劣,濫荷寵私,天恩罔極,不知所喻,義當即日奔趨上道,詣闕謝恩。而臣自今年四月,上氣與勞熱諸證兼發,心膈痞悶[四],食飲不下,元氣虛耗,日就羸瘁。

又自六月之初，手背及髀裏，瘡腫大發，經朔治療，餘毒未殄，差復難期。又以老母年迫八十，宿病轉劇，常在牀褥，風眩喘急，胸滿氣促，精神昏憒，言語錯誤，奄奄危迫，朝不保暮，人子迫切之情，不忍一日遠離。

臣竊自傷猥以庸陋，遭遇聖明，寵渥濫分，常懷糜粉之志，未效涓埃之報。矧今恩命及門，睿眷彌隆，非不思趨赴謝恩，一望清光[五]，庶復陳乞歸養，以遂私願，於臣之情義兩全。不幸疾疢纏身，親病又篤，末由承命奔趨，伏俟違慢之誅。瞻望北闕[六]，神魂飛馳，無任惶懼隕越之至。

【校記】
[末由承命奔趨] 庚子本作"未由承命奔趨"。

【注釋】
〔一〕甲辰秋七月呈辭：1544年4月李彥迪以患病爲由辭謝了慶尚道觀察使之職，但7月又授予他漢城府判尹，他在慶州作此文辭謝。
〔二〕漢城府判尹：朝鮮時代漢城府的一把手，正二品官。
〔三〕本府辭訟煩劇，斯速乘馹上來：當時授職文書的一般寫法，大意是説：本府政務繁忙，請你迅速來京接受這份王旨，入職工作。
〔四〕痞悶：即痞滿，是由於脾胃功能失調，升降失司，胃氣壅塞，出現以脘腹滿悶不舒爲主症的病症。
〔五〕清光：清美的風采。多指帝王的容顏。
〔六〕北闕：帝王所居之宫闕，這裏指漢城。

拾遺　狀、劄、啓

# 甲辰（1544）秋九月呈辭

　　右謹啓：本月十六日祗受右承旨書狀内，以臣爲世子左賓客〔一〕，"世子時方數開書筵，斯速乘馹上來"事有旨。臣承命震慄，靡所自容。伏念臣以庸劣，濫被寵眷，數月之間，至於再降召命，感激恩遇，不知報塞〔二〕。臣前者承漢城府判尹之命，臣於其時，方患瘡腫，未克趨朝，而老母又年迫八十，宿病轉劇，遠離從宦，情所不忍，披瀝情悃〔三〕，懇辭恩命。獲蒙聖慈優容，曲賜矜從，温諭丁寧，又有補外之教，使臣得遂終養之願，奉戴綸音〔四〕，感激涕泣，不能自已。

　　今忽不意又有召旨，諭以東宫講學之勤，使勿遲稽。睿眷殊隆，至於此極，省循難堪，罔知攸措。臣竊念方今世子學問高明，德業日就，仁孝之聞，洽於朝野，宗社生民之福，實繫於此。當此之時，特召臣於千里，授以勸講之職，臣雖學術鹵莽，無以報稱，豈不願一侍講席，展竭愚衷，庶幾裨補萬一於緝熙之學〔五〕？

　　第緣母病沈綿〔六〕，不忍遠離，而君命再下，固辭不就，於義亦未安，庶得一詣闕庭，復陳情懇，承命以來，日夜兢悚，奔馳上道。臣久病之餘，身氣虛弱，未得蘇復，道路勞傷，風邪乘之，軍威地來到，傷寒病得發，頭目眩痛，心胸煩悶，寒熱交作，食飲不下。累日治療,日向困瘁,在道淹滯,久稽趨詣,孤負眷遇之隆,難逃逋慢之誅[七]。伏惟殿下天地父母哀而憐之,俯察葵藿之誠[八],特垂生成之恩,許臣解官治疾,假以數月,庶得治調,保全殘軀,以效犬馬之力於異日。臣無任[九]感恩戀闕,惶懼隕越之至。

**【校記】**

[温諭丁寧]庚子本作"温喻丁寧"。　　[感激涕泣]底本脱此四字,文意不全,據《中宗實錄》中所收録本文改。　　[日向困瘁]底本作"日向因瘁",困、因,形近而訛。甲子本、正祖本俱作"日向困瘁"。困瘁,困頓勞苦之意,葛洪《抱朴子·刺驕》:"困瘁而益堅,窮否而不悔。"《明史·陳吾德傳》:"府庫久虚,民生困瘁。"據改。

**【注釋】**

〔一〕世子左賓客:朝鮮時代世子侍講院的正二品官。
〔二〕報塞:猶報答、報效。
〔三〕披瀝:指開誠相見,盡所欲言。
〔四〕綸音:猶綸言,帝王的詔令。
〔五〕緝熙之學:指帝王之學。《詩·大雅·文王》:"穆穆文王,於緝熙敬止。"
〔六〕沈綿:亦作"沉綿"。謂疾病纏綿,經久不愈。
〔七〕逋慢:不遵守法令。
〔八〕葵藿之誠:古人多用以比喻下對上的忠心趨向。葵藿,指向日葵,葵性向日。
〔九〕無任:敬詞。猶不勝。舊時多用於表狀、章奏或箋啓、書信中。

拾遺　狀、劄、啓

# 甲辰(1544)十一月呈辭

　　右謹啓：臣去八月，蒙恩授知中樞府事，兼世子左副賓客。祗奉召旨，諭以"東宮講學之勤，使勿遲稽"，承命震悚，罔知攸措。臣久病未蘇，身氣羸弱，勉强奔馳，中路寒疾暴作，證勢緊重，未克〔一〕趨朝謝恩。披瀝情悃，干冒宸嚴，惟願乞身治疾，以保危喘，未蒙允許，温諭丁寧，使臣調保上來。感激九重隆眷，自憫一身嬰疾，瞻望北闕，涕泗交頤。庶得治療病軀，竢其稍蘇，趨詣謝恩，日夜期望，而臣病彌留，久未差復，元氣虛弱，日益羸瘁，加以背寒，如冰在背，渾身痼冷〔二〕，有時心腹脹痛，胸膈痞悶。又自今年夏月，四肢瘡腫多發，連綿不絶，今又於兩手及腰髀，腫多發痛，轉側甚艱，經朔治療，尚未差復。過服冷藥，致傷脾胃，久不思食，瘦弱日甚，心氣虚困，胸滿喘急，病勢沉重，多方救療，略不見效。

　　臣竊自念，猥以無狀，濫荷寵渥，福過災生，以至於此。賓客職任緊重，不可久曠，除授又經三朔。召命累下，留滯至今，未得詣闕謝恩，下負夙心，上孤聖眷，殊失人臣之禮，伏俟違慢之誅。儻蒙聖慈優容，憫臣沈痾之久，特垂生成之恩，許臣解官治疾，假以數月，庶得治調，保全殘軀，以效犬馬之力於異日。臣無任感恩戀闕，惶懼隕越之至。

【注釋】
〔一〕未克：未能。
〔二〕痼冷：指寒氣久伏於身體某一經絡、髒腑，形成局部的寒證，經久不癒，如臍腹冷痛，嘔吐清涎，骨節拘急而痛，四肢不溫等。痼，久病之意。

# 甲辰（1544）十一月待罪狀

右謹啓：臣病伏南涯，久未趨朝，徒結九重之戀〔一〕，不意奄聞大行大王諱音〔二〕，北望驚摧，號踊無地〔三〕。伏念臣以庸陋無堪，濫荷國恩，玷冒朝列，庶竭愚忠，以效涓埃。而不幸自今年夏月以及秋冬，疾疢沈綿，瘡腫繼發，身氣羸弱，風邪又乘，諸疾交作。再奉召旨，未克趨詣謝恩，惶恐罔措，具狀乞免。惟願解職治調，幸得未死，庶獲一詣闕庭，復望天顏。豈知昊天不弔，奄忽至此？白首痼臣，未畢糜軀之志，永抱窮天之痛。大行大王臨御歲久，仁深澤厚，奉諱之日〔四〕，遐邇崩心〔五〕，含生之類，莫不奔走悲號。凡在臣子，曷勝隕裂？臣抱病嶺外〔六〕，伏枕呻吟，僅存形息。雖切攀號之痛〔七〕，莫伸奔問之誠，罪當萬死。仰天摧咽，不知所言。臣無任哀惶痛迫之至，俯伏待罪。

【注釋】
〔一〕九重之戀：指對君王的眷戀。

〔二〕奄聞：忽然聽到。大行大王：指中宗。
〔三〕驚摧：震驚，傷痛。號踊：亦作"號踴"，號哭頓足。
〔四〕奉諱：舊稱帝王死後舉喪。唐李綽《尚書故實》："嘗一日附耳語高宗曰：'吾千秋萬歲後，與吾《蘭亭》將去也。'及奉諱之日，用玉匣貯之，藏於昭陵。"
〔五〕遐邇崩心：遠近之人都悲傷心碎。
〔六〕嶺外：嶺南。嶺，指鳥嶺，慶州位於鳥嶺之南。
〔七〕攀號：攀龍髯而哭。謂哀悼帝喪。《南史·梁紀下論》："攀號之節，忍酷於踰年；定省之制，申情於木偶。"《陳書·後主紀》："上天降禍，大行皇帝奄棄萬國，攀號擗踴，無所逮及。"

# 乙巳（1545）閏正月待罪狀

右謹啓：臣病伏南涯，始聞大行大王諱音，迫於疾篤〔一〕，未能奔趨攀號〔二〕，臣子之義已缺，仰天摧咽，無地自容。猶可以慰此心者，庶得賴天之靈，調保病軀，扶曳就道，奔及梓宮在殯之時，一展號哭，以紓罔極之痛〔三〕。豈知臣病沈綿，至於此極？日月不居，奄及五月之期，瞻望北闕，不勝隕裂。惟欲勉强興疾奔趨，久病羸弱，身氣虚損，喘促心煩，若復勞動脩程，恐至殞斃於中道，萬計中阻，一無所遂。今則永遷之禮〔四〕，祗隔數日，扣地叫天，無所逮及，懷痛窮天，死不瞑目。爲人臣而遇君父之喪，不能奔哭。大節已虧，罪應萬死。臣無任哀惶隕越之至，痛哭流涕,俯伏待罪。

【注釋】
〔一〕疾篤:病勢沉重。
〔二〕攀號:攀龍髯而哭。謂哀悼帝喪。
〔三〕罔極之痛:無窮無盡的悲痛。
〔四〕永遷之禮:指帝王靈柩遷入陵墓中安葬。

# 乙巳(1545)十二月呈辭

右謹啓:臣有老母遠在南涯,年迫八十,又多疾病,常在牀褥,人子之情,不忍遠離從宦。往在中宗朝,陳乞歸養,至于再三。伏蒙聖慈憫臣情事懇迫,特許外補便養。尋又除本道監司,俾遂烏鳥之情[一],聖恩罔極[二],糜粉莫酬[三]。追念及此,未嘗不感激隕涕。今則母之衰病彌篤,日迫西山,精神昏憒,不識人事,近日寒疾又作,咳逆胸滿,奄奄氣息,朝不保夕,臣之迫切之情,自有不能已者。

今者主上幼沖,朝廷多事,詔使又至[四],正當群下協心匪躬[五]之時,臣忝居朝列,義不可辭退。第以母病危迫,不得已呈辭,心甚未安,至爲惶恐。竊自惟念,主上方今專意學問,輔養之事甚重,臣帶勸講之職,日夜思所以展竭微忠,裨補聖學,以爲宗社無疆之福,未嘗斯須忘于心。今適以日寒停經筵,臣得以此時歸省病母,幸得賴天之靈,母病稍愈。來春日和開講時,庶及還朝,入侍經幄,陳説道義,以輔聖德,此臣之志也,臣之願也。今當遠離闕下,不勝區區犬馬之誠,敢啓。

【注釋】

〔一〕烏鳥之情:奉養父母的孝心。
〔二〕罔極:無窮盡。
〔三〕莫酬糜粉:粉身碎骨難以報答。
〔四〕詔使:出使朝鮮,頒布大明皇帝詔令的明朝使臣。
〔五〕匪躬:忠心耿耿,不顧自身。

## 侍講院劄字壬午(1522)二月。時爲説書。〔一〕

伏以臣等俱以庸資,待罪東宮僚屬,長思職責所居,夙夜兢惕,罔知所爲。蓋世子,國之本,上有宗廟社稷之重,下有百官萬民之戴。前有祖宗創業之艱,後有子孫長久之計。而其安危離合之幾,存亡治亂之端,一繫於輔養之職得失如何。然則其爲責,可謂至重至大,不可一日輕且忽也甚明。今我世子,雖曰岐嶷夙成〔二〕,睿質異凡,然年尚幼少,德性未定。若於是時,輔養得其方,而又盡其道,則涵養變化,可與爲堯、舜之君,可與爲禹、湯、文、武、周公之聖,宗社生靈之福,於是而釀成矣。如或失其方,或未盡其道,則反是而其卒至於敗度悖禮之域,亦未可知矣。

此臣等所以備員僚屬，不敢一日自安者也。

頃者殿下慮其徒事講讀之間，未有優游規諷之益，使賓客僚屬從容久侍，不時接見，終日不退。至於師、傅、貳師[三]，則會講前後，又別更迭進見，以保翼之，甚盛意也，而輔養之道，可謂得其方矣。然考之古禮，亦有所未盡焉者。蓋古之輔翼太子也，太傅在前，少傅在後，入則有保，出則有師，保以保其身體，傅以傅之德義，師以導之教訓，以養成其德。今之師、傅、貳師，則古之太師、太傅、少傅之職也，而其與世子相接輔養之時，比古極疏，已乖昔人朝夕承弼[四]、左右輔導之意。至於會講，則又非徒講讀而已，所以使世子習其升降揖讓之禮，發其隆師敬傅尊德樂義之心，尤不可一月或廢也。

近者連月停會講，似甚未安，昨又以賓客皆隨駕，遂停不行。臣等竊念國家宗社生靈之計，至大至急者，莫如輔翼儲副。今間一有事故，書筵會講，輒命停之，輔養之職，似不重且專焉，臣等竊惑焉。蓋殿下之意，必以爲世子年少，學問尚蚤，雖時或廢，未至爲害。然古語云："少成若天性，習慣如自然。"[五]蓋人之幼也，知思未有所主，左右前後皆得正人，格言至論日陳於前，則其熏陶成就，必有日新又新之美。故曰："大學之道，以豫爲先。"[六]若爲之不豫，及其稍長，私意偏好生於內，眾口辯言鑠於外[七]，雖欲純完，不可得也。

是故古之王者，太子乃生，固舉以禮，有司齋肅端冕，見之南郊，過闕則下，過廟則趨，自爲赤子而教固已行矣。孩提有識，三公三少，固明孝仁禮義，以導習之,逐去邪人,不使見惡行。於是妙選端方正直之士、孝弟博聞有道術者,使與太子居處出入,以衛翊之,蓋不以其蒙幼之時而忽其教養之方也。矧今世子年在入學,學問日進,又非如赤子孩提之比,其教諭輔翼之道,不可一日慢也。停講之日,則世子在宫中,所與居處從容燕遊者,不過宫人宦侍而已,所見未必皆正事,所聞未必皆正言。夫以年寖長,學問日進,知漸達,氣習易移之時,而與宫人宦侍相處戲遊之日多,接師傅賓客雍容講劇之時少,此臣等所深慮者也。

伏願殿下常留睿念,今後會講時,非有大事,必使行之。至於賓客,勿差異事以至廢講,且得專精致志,庶幾有裨輔養。取進止。

【注釋】

〔一〕說書：朝鮮時代,世子侍講院的正七品官,位居司書之下,教授經史道義。
〔二〕岐嶷夙成：幼年時就聰慧,懂事。《詩·大雅·生民》："誕實匍匐,克岐克嶷。"朱熹集傳："岐嶷,峻茂之狀。"後多以"岐嶷"形容幼年聰慧。夙成,早成。
〔三〕師、傅、貳師：都是世子侍講院的官員。師、傅爲正一品,一般由領議政和左右議政兼任。貳師爲從一品官。
〔四〕承弼：承命輔佐。
〔五〕然古語句：見《漢書·賈誼傳》："少年若天性,習慣如自然。"
〔六〕故曰句：見《禮記·學記》："大學之法：禁於未發之謂豫,當其可之謂時,不陵節而施之謂孫,相觀而善之謂摩。此四者,教之所由興也。"豫,同"預",預防。
〔七〕衆口句：是說衆人的言論能夠熔化金屬。比喻輿論影響的强大。亦喻衆口同聲可混淆視聽。《國語·周語下》："衆口鑠金。"韋昭注:"鑠,消也,衆口所毁,雖金石猶可消也。"

## 兩司劄字 丁亥(1527)秋八月。時爲掌令。〔一〕

伏以臣等論光弼〔二〕、李沆〔三〕,伏閣累日,面啓再三。天聽邈然,公論愈鬱,臣等不勝缺望。大抵宰相、臺諫各有其職:宰相當以大公至正爲心,平庶政、理陰陽爲本,不宜少有偏黨之私;臺諫固以正君匡國爲念,繩愆糾謬爲事,面折廷争,不顧其身,折檻牽裾〔四〕,不知其過,何敢避詭激之嫌?故曰:"宰相尊行其道,臺諫卑行其言。"〔五〕其職雖殊,其所以贊襄君德,調劑治道則一也。若爲宰相者,或未免與臺諫争輕重之勢,必欲摧抑以自取重,則重者益重,而必至於壅蔽。輕者益輕,而必至於苟容,爲國計者,豈不寒心?

沆之言,在於重大臣,而先欲卑抑臺諫,使無激昂之節,俛首喪氣,苟循大臣之意,不幾於一言而喪邦者乎?殿下聖學高明,洞貫古今,於沆之言,固已深燭其邪妄,猶病大臣之交相辭,未敢明正其罪,臣等竊惑焉。臺諫彈一宰臣,秉鈞大臣,托以引嫌,朋比相援,杜沮公論,使不得伸其直,脅持君上,使不得有所進退,嗚呼!此豈盛世之事?光弼攬沆言爲己意,斥臺諫爲詭激,排擯公論,營捄一人,決非社稷之計。

自古壅蔽之禍,起於大臣陰斥異己,惟取苟合。彈駁無異鷹犬,頤指有同奴隸,雖有指鹿之奸,誰敢言者？"敢攻人主,不忤權臣",傅堯俞之言[六],誠有激而云也。公論之在朝廷,猶人身之有血氣。血氣有滯,百脈不順,心腹痞結,必發蹠盩之疾；公論一挫,士氣沮喪,庶事頹墮,國勢委靡,不可復振,是正亂亡之兆。伏願殿下洞察安危之幾,亟奮雷霆之斷,策免光弼,以杜禍漸；廢黜李沆,以正其罪,宗社幸甚。時李沆論臺諫有趙光祖餘習[七],請禁之,先生上劄極言其非。

**【校記】**

[繩愆糾謬] 甲子本和正祖本作"繩愆糾繆"。　[折檻牽裾] 底本作"折襜牽裾",誤,形近而訛。庚子本、甲子本、正祖本俱作"折檻牽裾",折檻,典出《漢書·朱雲傳》,亦作"檻",殿上欄杆之意,據改。

**【注釋】**

〔一〕兩司：指司憲府和司諫院。掌令：司憲府的正四品官。
〔二〕光弼：即鄭光弼(1462—1538)。本貫東萊,字士勛,號守夫。1492年中進士試,同年式年文科乙科及第,後歷任右議政、左議政、領議政等職。有《鄭文翼公遺稿》。
〔三〕李沆：朝鮮朝燕山君到明宗時期的文官。本貫星州,字浩叔(1474—1533),父親李世仁。1498年文科及第,1500年任弘文館正字,因父被流放而辭職還鄉,後歷任兵曹判書、左贊成等職。1533年與沈貞一起被賜死藥。發動己卯士禍,殺害衆多儒生,與沈貞、金克愊一起被稱爲"三奸"或"三凶"。

〔四〕折檻牽裾：漢成帝時槐里令朱雲，曾上書切諫，指斥朝臣屍位素餐，請斬佞臣安昌侯張禹（成帝的師傅）以屬其餘。成帝大怒，欲誅雲，雲攀折殿檻（殿堂上欄杆）。後來成帝覺悟，命保留折壞的殿檻，以旌直臣。事見《漢書·朱雲傳》。後以"朱雲折檻"爲直臣諍諫的事典。三國魏文帝曹丕要從冀州遷十萬戶到河南去，群臣上諫，不聽。辛毗再去諫，曹丕不答而入内，辛毗拉住他的衣裾。後來終於減去五萬戶。見《三國志·魏志·辛毗傳》。後以"牽裾""牽衣""牽裳"指直言極諫。

〔五〕故曰句：見歐陽修《上范司諫書》。

〔六〕傅堯俞：北宋官員。原名勝二，字欽之（1024—1091）。未及二十歲即舉進士，入仕初由縣官漸至殿中侍、御史、右司諫，因反對新法被貶，一度削職爲民，宋哲宗朝，官拜給事中御史中丞、吏部尚書兼侍講等。元祐四年至六年，官拜中書侍郎。爲官三十載，爲仁宗、英宗、神宗、哲宗四朝重臣。司馬光贊之："清、直、勇三德，人所難兼，吾於欽之見焉。"所引見《宋明臣奏議》卷五四《上哲宗論張舜民罷官職》："自古諫官御史之患，在敢攻人主之短，不敢忤權臣之意。"

〔七〕趙光祖：字孝直（1482—1519），號静庵，謚號文正，官至副提學，大司憲，己卯士禍中遇難。中宗代爲了實踐儒學的道學政治，趙光祖進行了激進的改革，遭到勳舊勢力等保守派的强烈抵抗和反撲，改革失敗，被賜死。是朝鮮儒學史上的著名人物。有《静庵集》。

# 司憲府劄字 <sub>壬寅（1542）秋。時爲大司憲。</sub>

伏以人君之德，莫大於至誠。誠之道，可以動天地,感鬼神,而況於人乎？古之聖王,垂拱臨朝,不動聲色,而群臣協恭,萬邦作孚者,誠而已矣。夫誠者,天之道也；誠之者,人之道也。以人而合天,非真積力久不可得,然求其用力之地,不過曰"不欺也,無妄也,悠久不息也"〔一〕。何謂不欺？戒慎不覩,恐懼不聞是也；何謂無妄？就於真實而不雜以虛偽是也；何謂不息？"終始惟一,時乃日新"是也。此三者,有一之未盡焉,則不可謂之誠矣。

姑舉其概言之,修飾於大庭廣衆之中,而放肆於深宮燕閑之地,矯揉於親近君子之際,而發怒於昵比小人之時,此欺也,非誠也。實奢而文之以儉,實暴而掩之以仁,所樂者諛佞,而外為納諫之名,所愛者奸邪,而謬為敬賢之貌,此妄也,非誠也。敬畏未幾而怠忽繼之,儉約未幾而侈泰隨之,勤怠之靡常而曝寒之不一,凡此者,皆非誠也。《易》曰"鶴鳴在陰,其子和之"〔二〕,言其應之速也；《詩》曰"鼓鐘于宮,聲聞于外"〔三〕,言其實之易彰也。苟意念少差,則觀感立異,豈不甚可畏哉？

臣等伏見殿下臨御以來,寅畏小心,恭儉愛民,始終無貳,可謂誠矣。然而上無以格天而災沴荐臻〔四〕,下無以感人而奸偽日滋。治效蹇泯而不著〔五〕,風教頽剝而莫救〔六〕,生民日以困窮,士節日以消沮〔七〕,風俗日以壞敗。至有逆天滅倫之變相繼而起,民彝泯絕,危亂將至,聖治之下,有可痛哭者非一,其所以致此者,豈無其由耶？臣等竊思之,無乃虛明應物之地,天理有未純,人欲有未盡,好善而不能如好好色,惡惡而不能如惡惡臭,取舍差謬於一念之微,符驗暴著於萬目之視,乃至於是耶?夫好善而不誠,故賢非不任,而終或廢斥;惡惡而不誠,故邪非不去,而旋被寵眷。數十年來,搢紳之禍輾轉相因,以至斲傷國脈,消喪元氣者,皆由於此也。

夫好惡不誠於中,故進退無常於外,奸邪之徒,投間眩惑,顛倒是非、貿亂邪正者,是皆窺聖心之不誠而然也。變故以來,士氣摧喪,人心頹墮,振之不起,令之不信,大小臣僚慣見慘禍,惟持禄容身之是務,無展懷盡節之爲念,嗚呼!是豈細故耶?近者群凶屏除,朝政一新,上之奮厲悔悟,思革前弊,改紀其政者,非不至矣。然而赤心未推於下,群情不孚於上,上有善風化之教,下不將順而空言無施,上有憂災異之念,言昔年之有應,物情疑懼而群議囂囂〔八〕。此雖罪在群下之不信聖明,亦由聖心之至誠未著而然也。

夫所謂至誠之德者,不動而敬,不言而信,實於中而形變於外者也。上有善政善教,而下不從化者,皆以誠之未至也。夫明有未照,故誠有不至,明無不盡,則誠無不至矣。明之之要,亦在於窮理盡心而已。伏願殿下加精一之功,致明誠之力,凡是非邪正之際,察之必精,辨之必審,以實其好惡之心,好賢則誠以好之而任之不貳,惡邪則誠以惡之而去之勿疑,不欺於隱暗之地,無妄於意念之微,表裏惟一,終始無間,以感群情,以格天心,宗社幸甚。

**【注釋】**

〔一〕不過句:見《西山先生真文忠公文集》卷二五《樂安縣治

記》:"先儒有言,無妄者誠,而不欺其次也。蓋無妄,天之道,不欺者,人之道,悠久不息則人而矣,侯其免乎哉!"
〔二〕易曰句:見《周易·中孚》。
〔三〕詩曰句:見《詩經·白華》。
〔四〕災沴荐臻:災害屢次發生、降臨。
〔五〕蹇泯:微弱、泯滅。
〔六〕頹剥:頹壞剥落。
〔七〕消沮:沮喪。
〔八〕嚚嚚:喧嘩貌。

# 乙巳(1545)秋劄子〔一〕

伏以今者遭國家否運,二聖相繼賓天,朝野摧痛,遑遑罔措,猶可以慰人心、安宗社者,獨有賴於慈殿之明斷,輔臣之盡忠,臺諫侍從之盡職而已。當此之時,治亂安危之幾,繫於慈殿之一念,凡政令刑賞之施,一循公議而不置私意於其間,則朝廷正而紀綱立,人心悅服而治化可期矣。萬一九重之内隱微之際,有纖毫偏私之累,則符驗之著於外者,自有不可掩,而群臣解體,國事日非,終至於不可救,可不戒哉?

自古幼主在位,母后聽政,或不能全德而致禍亂者多矣。其所以至此者,蓋有二焉,曰"信讒邪也"、"私戚屬也"。讒邪,陰肆眩惑而顛倒是非,戚里,恃寵縱恣而干政亂紀,未有不至於喪亡者,甚可懼也。

若欲保宗社而全骨肉之恩,莫如杜其邪徑,不借以權勢也。如或不然,其所以寵之者,乃所以禍之也。方今慈殿睿聖,聽斷光明,前古所無,豈有此慮?然先事之戒,不可無;禍亂之漸,不可不察。

三代以下,獨稱宣仁皇后爲女中堯、舜者〔二〕,以其信任賢相,去邪勿疑,而不施私恩也。太后從父高遵裕坐西征失律抵罪〔三〕,蔡確思求媚於太后而自固〔四〕,請復其官,太后曰:"遵裕、靈武之役,塗炭百萬,先帝中夜得報,起環榻而行,徹朝不寐,自是驚悸,馴致大故。禍由遵裕,得免刑誅幸矣,先帝肉未冷,吾何敢顧私恩而違天下之公議乎?"〔五〕確悚慄而退。其至公無私,斷以大義如此,非女中堯、舜而能如是乎?伏願慈殿以此爲法,則萬世欽仰,而與宣仁並稱矣。

當今國步艱難,天文告警,地震示異,諸路旱傷,風水繼作,赤地千里,民將流轉,事有大可憂者矣。臣伏覩慈旨,畏天恤民,減膳修省,至誠惻怛,不勝感激隕涕。若能終始此心,無時怠忽,則可以轉災爲祥,變禍爲福矣。事無大小,議諸輔臣,如有難處,廣採廷議,固得爲政之體矣。但近日待倭一事,有所未盡,議者謂:"既絕遽和,有損國體。"斯言亦有理。然王道如天,天之道,陰慘陽舒,各適其時而不差,一歲之中,氣候不同。王者之於異類,有犯則絕之,來服則與之,正所以體天道而示恩威也,何損於國體?

大抵人主,以謙虛待物,以仁義柔遠,廟堂之上,揆時度勢,燭微慮遠,防患於未萌,消禍於未形,使朝野寧静,邊境無虞,生民安業者,此真國體也。自恃強盛,屏絶隣好,以塞向慕之心,恐非久安之道。今之武士有志功利者,不以靖邊安民爲急,多以致寇攻討爲快,臣深以爲不可。借使立功閫外,擒斬萬級,有何利益於國家？祇以傷和召災,而結怨於蠻夷也。一將功成,吾民之命殘矣,邊將成功,不如無事之爲愈也。況功未可必乎？

孔子曰:"人而不仁,疾之已甚,亂。"〔六〕又曰:"與其潔也,不保其往也,唯何甚？"〔七〕聖人待物之洪如此。苗民三旬逆命,而及其來格,舜不拒〔八〕；頡利可汗舉兵深入〔九〕,至於渭水便橋,而遣其乞和,太宗許之。矧此蕞爾島夷,狗鼠偷竊,何足深校？今以嗣王方在亮陰,不能修答爲辭,是亦可矣。但於其辭,明示不終絶隣好之意,以慰遠人之望,有何所妨？

臣以庸疏,忝冒重地,目覩幾事,有關休戚,不敢愛身緘嘿,冒昧陳達。伏惟聖慈深留睿念,更與輔臣商量審處,以期萬全,不勝幸甚。取進止。

【注釋】

〔一〕乙巳秋劄字：1545年7月所上之文。1544年發生了蛇梁鎮倭變,取消了和日本的貿易往來。明宗即位後,日本送來了請求再開貿易的書契,朝中爲此展開了討論。1547年兩國締結了《丁未條約》,解決了爭端。
〔二〕宣仁皇后：指宋英宗皇后,宋哲宗祖母,俗稱高太后。
〔三〕高遵裕：字公綽(1027—1086),高太后伯父。
〔四〕蔡確：字持正(1037—1093),泉州郡城人,北宋大臣,哲宗朝宰相,王安石變法的主要支持者之一,曾製造了著名的"烏臺詩案"。在《宋史》中被列爲奸臣。
〔五〕太后曰句：見《宋史》卷二四三《后妃上》。

〔六〕孔子曰句：見《論語·泰伯》。
〔七〕又曰句：見《論語·雍也》："與其進也，不與其退也，唯何甚？人潔己以進，與其潔也，不保其往也。"
〔八〕舜不拒：見《尚書·大禹謨》記載。
〔九〕頡利可汗：突厥族，姓阿史那氏，名咄苾（579—634），啓民可汗之子，東突厥可汗。於626年入侵唐境，唐太宗親臨渭水，與頡利隔水而語，結渭水便橋之盟，東突厥軍隊方始退還。

## 乙巳秋劄子〔一〕

伏以臣聞孟子曰："聖人，人倫之至。"〔二〕又曰："堯、舜之道，孝弟而已。"〔三〕蓋聖人之道雖若高遠，而求其所以爲聖者，不過盡人倫之道而已。欲盡人倫之道，必先於孝弟，人君能盡孝弟之道，推之以極其至，則通於神明，光于四海，堯、舜之道，豈復有加於此者乎？

臣昔在中宗朝，入侍經筵，嘗引《洪範》皇極之説解之曰："人君盡人倫之道，爲四方之表準。語父子則極其親，而天下之爲父子者，於此取則焉；語兄弟則極其愛，而天下之爲兄弟者，於此取則焉；語夫婦則極其别，而天下之爲夫婦者，於此取則焉。夫如是，則皇極建，而四方之民觀瞻感化，自有不能已者矣。"中宗深感於臣言。追思前事，傷嘆再三，言猶在耳，未嘗敢忘。臣今亦以此獻于殿下者，蓋聖人之道無過於此者,而人君齊家治國之本,亦莫先於此者矣。

臣伏見近日上教,悲痛於洪嬪之出外,不忍於鳳城之防禁[四],朝野聞之,莫不感泣,非仁聖友愛之至,何以及此?臣竊念仁宗傳位於主上,有父道焉,殿下當盡子之道,此天地之常經,古今之通義也。頃者伏聞内間有變故,事涉王大妃[五],不敢明言,臣不勝驚惑。萬一因此事,殿下所以事王大妃者有絲毫欠闕,則恐於聖德有虧,而後世亦不能無疑矣。臣前日面對時,亦嘗略陳是意而未盡焉。今乃干冒再瀆于聖聰者,惟願殿下全孝弟之德,極人倫之道,由是而造堯、舜之域,由是而興堯、舜之治,宗社生靈之福,實源於此。伏惟聖慈垂察焉。取進止。

【校記】

[此天地之常經]庚子本作"比天地之常經",形近而訛。

【注釋】

〔一〕乙巳秋劄字:1945年9月乙巳士禍時所作。内容是請求善待受謀逆事件連累而遭懷疑的鳳城君李岏及其母熙嬪洪氏,禮遇仁宗妃恭懿大妃。但據年譜記載,這篇劄字並沒有上呈給明宗。

〔二〕伏以句:見《孟子·離婁上》。

〔三〕又曰句:見《孟子·告子下》。

〔四〕洪嬪:中宗嬪熙嬪洪氏。鳳城:熙嬪子鳳城君李岏。明宗即位後,尹元衡等為了除掉尹任一派,以尹任一派慾迎立鳳城君李岏爲王爲由,發動乙巳士禍。起初,尹元衡一派請求將鳳城君外放歸養,明宗堅決不允。其後,又動員兩司,請求將鳳城君軟禁,把熙嬪送至王宮外。明宗仍拒絶。

後熙嬪以母病爲由返回娘家,但鳳城君仍不斷遭到尹元衡一派攻擊,兩年之後之1547年,受良才驛壁書事件牽連遭賜死。
〔五〕王大妃:指仁宗王后仁聖王后朴氏,明宗即位後稱恭懿大妃。明宗即位後,尹元衡等爲了除去尹任一派,僞造了尹任寫給恭懿大妃的諺文書信,並故意將其散佈宮中,信的內容是圖謀除去尹元衡和迎立鳳城君李岏爲王。因此事,文定王后更加懷疑尹任和王大妃,甚至在所下的教旨中都提及此事。參考《燃藜室記述》卷十《明宗朝故事本末·乙巳士禍》的記載。

## 政府書啓十條 乙巳(1545)
七月十八日。明宗朝。〔一〕

伏以今主上幼年嗣位,輔養爲急,輔養之本,在於慈殿。古之聖賢,雖其生質之美,亦必有教導之方以爲本也。文母胎教〔二〕,孟母無誑〔三〕,行迹昭昭,著在前訓。今古慈夭,未嘗不欲子賢聖,孰無是心?豫教於未生之前,養正於三遷之勤,尚可爲也。況今主上天質高明,氣度夙成,國人知之以高明夙成之資,加之以教導之正,其於作聖之功,有何難哉?

伏願慈殿體文母、孟母之慈愛,其以豫養先示者,必出於正,非禮勿視,非禮勿聽,非禮勿言,非禮勿動,而先明夫義利公私之分,以立其本,則生於心害於事,作於事害於政者,自爾而少矣。《書》曰:

"若生子，罔不在厥初生，自貽哲命。今天其命哲？命吉凶？命歷年？知今我初服。"〔四〕可不慎哉？

一、宋范祖禹嘗言於哲宗曰："陛下今日之學與不學，係他日治亂。"〔五〕今殿下雖在幼年，正是養正端習之時，學問之功，不可少廢。宜精選在朝賢德之士，以補勸講之官，經筵之外，不拘常例，於便殿不時召對，或從容宴語，或講論經史，或問民間疾苦，使情意相孚。進講之官，亦不但泛讀數遍而已，必伴讀從容，以至詳盡，則非徒學問益進，其於接士大夫之時亦多，自然涵養德性，成就聖學。又令經筵官博考前例及先儒格論，參酌以啓，列諸左右，以備觀省。

一、人君之德，誠孝爲大，而慎終尤大於養生。殿下於大行大王，有子道焉，有臣道焉。雖以幼年，不能盡遵禮制，然喪次不可以久不臨，祀事不可以久不與。當度氣量力，無愆大禮，以盡誠孝。

一、自古禍亂，多由於宮禁不嚴。女謁盛行，戚里及小人，攀緣請托，以紊朝政，陰肆讒説，以眩主聽。況今幼主在上，尤所當戒，請申勅内外，嚴其防禁，雖戚里問安，亦令有限，使内言不出，外言不入，以杜禍亂之萌。

一、宮中人，必擇温良恭儉慎而寡言者，常在左右，浮靡之習，淺俗之言，毋使接於耳目，亦輔養之一端。祖宗朝選入宮人，賤隸商賈之女，例不得備選。在今正始之初，宜遵祖宗故事，諸因緣族屬托養宮中者，一切刷出，以嚴内外。

一、人君之職，用人爲大，賢愚進退，治亂繫焉。今主上年幼，未察群臣賢否，除授之間，不可用特旨。

今後二品以上有闕,銓曹難慎注擬〔六〕,如或乏人,啓禀陞擬,不必備三望〔七〕。

一、凡干陳訴及訟事,當付諸有司,如有難處者,議于朝廷,切勿判付,以昭公道。大抵閨中之事,無隱而不彰,如有私意,人皆知之。除授判付之際,或因貨賂,或由親屬,以致不明不公,人心怨怒,厥口詛呪,終成土崩之禍者,正由於兹,可不危哉?

一、承政院之職,在於出納惟允,近來專務承順,未聞封還內旨者,殊失惟允之義。請令政院,內旨有不合奉行者,切宜論啓,勿輕施行,以盡其職。

一、後世人主,能以宮中府中爲一體者蓋寡。況今幼主在上,慈殿攝政,宮中府中,恐至於岐而爲二也。政有所疑難,議諸朝廷;罪有所可論,付諸有司,以昭平明之理。如或議及左右近習,問及戚里婚媾,私門一開,大柄潛移。喪國亡家之患,未嘗不由於此,可不戒哉?

一、大行大王自在東宮,沈潛學問,以成修身齊家,爰及嗣位,發號施令,絶無私意,公道之行,如日昭布,人心顒若,思見至治。曾未幾時,奄至斯極,遠近號痛,若將胥溺〔八〕。今主上嗣緒,一國臣民,方以望於大行大王者,望於殿下,其機甚重。所以服衆人之心,繫一國之望,悉在今日,伏願兩宮留神焉。

【校記】

〔厥口詛呪〕甲子本和正祖本作"厥口詛祝"。

## 【注釋】

〔一〕政府書啓十條：1545年明宗即位後，任職議政府的李彦迪所上書啓。《明宗實録》中收録在本年7月25日條中。另有一封以諺文本呈送文定皇后。

〔二〕文母胎教：文母指文王母親太任，見《古今列女傳》卷一："太任之性，端一誠莊，惟德之行。及其有娠，目不視惡色，耳不聽淫聲，口不出敖言，生文王而明聖，太任教之，以一而識百。君子謂太任爲能胎教。"

〔三〕孟母無誑：據《韓詩外傳》記載，孟子少時，見鄰家殺豚。孟子問其母曰："鄰家殺豚何爲？"母曰："欲啖汝。"既而母悔失言，自言曰："吾懷妊是子，席不正不坐；割不正不食，胎教之也。今子適有知而欺之，是教子不信也。"乃買鄰家之豕肉而烹之，明不欺也。

〔四〕書曰句：見《尚書·召誥》。

〔五〕宋范祖禹句：見《宋史·范祖禹傳》。

〔六〕注擬：朝鮮時代，吏曹和兵曹在選擧官員時，先審查是否具備相應的能力，考詢後再按其才能擬定官職，稱爲"注擬"。

〔七〕三望：朝鮮時代，任命官吏時，先推薦三個候補者，稱爲三望。李瀷《星湖僿説·人事門·抽筆》："庶官注擬，先以三筆，識其首、副、末三望，任抽一枝，從其所識而落點焉。"

〔八〕胥溺：相繼沉没。指中宗和仁宗相繼去世。

# 乙巳秋議啓

凡事大交鄰之際〔一〕，當一以誠信，不可少有欺謾。前者使臣朝京時,華人或問讓老王存歿[二],譯官不敢直辭。以亡爲存,非徒於義未安,後將難處。今遣相臣謝恩,萬一禮部因嗣王承襲事,言及讓老王存歿,以一國大臣,豈可復爲謾語,以欺上國乎?臣意宜以實答之,但正德皇帝時天使之來[三],有賜物讓老王,不得已,以嘉靖某年薨逝爲對可也。彼若又問曰:"其時何不告訃請謚乎?"則對之甚難。然事有難處,必須循理善辭。臣謹按《高麗史》,獻宗有疾[四],讓位於叔父鷄林公熙,臨薨遺命曰:"我既乞解機務,退養殘骸,我死,飾終諸事,宜從儉約,不須告奏,煩瀆天朝。"[五]故高麗君臣,遵其遺命,不敢告奏上國。厥後麗王讓位於兄弟者非一,而及其薨也,皆不告奏,蓋循襲獻宗之例也,今可以此援例爲對矣。

但聞頃者禮部郎中因請謚事,問讓老王存歿於譯官,譯官答以生存。今若又問曰:"汝國譯官,去冬來言讓老王今尚生存,何其言之有異耶?"則宜答之曰:"其時譯官無知,倉卒妄對,極爲駭愕,當治其罪。"如是爲答,則辭順理直,亦無異日難處之虞矣。此雖權辭,猶勝於以亡爲存,欺誣上國之爲未安也。臣之謬見如是,請以此更議大臣何如?

【注釋】

〔一〕事大交隣:是朝鮮王朝時期,朝鮮處理與鄰國關係的基本指導方針。事大,指侍奉中原王朝。交鄰,指與日本等鄰國的往來。

〔二〕讓老王:指朝鮮第10代王燕山君(1476—1506)。燕山君,名李㦕,朝鮮歷史上著名的無道之君,1506年成希顔等發動政變,廢除燕山君,擁立成宗的二兒子晉城大君登上王位,是爲中宗,史稱中宗反正。因被廢除,故連廟號都没有。中宗即位後,向明朝請求誥命時,告訴明朝是因爲燕山君有宿疾不能處理政務,才把王位禪讓給中宗,因此明朝稱燕山君爲讓老王。

〔三〕正德:明武宗的年號,1506—1521年,正德三年戊辰年即1508年,明朝使臣向中宗賜頒誥命時,還帶有送給燕山君的禮物。《明宗實録》17年6月27日條記載,禮曹啓曰:"去戊辰年正德皇帝賜中宗大王誥命時,勅書内,亦有賜讓老王物件。所謂讓老王,指燕山也。"

〔四〕獻宗:高麗王朝第14代王(1084—1097),名王昱,1094—1095年在位,在位僅1年,後將王位禪讓與叔父。

〔五〕臨薨句:見《高麗史》卷十一,世家第十一,肅宗一:"前王遺命云:昨乞解機務,幸蒙詔允,退養殘骸,近來疾劇,決無生理,飾終諸事,宜從儉約,不須告奏,煩瀆大朝。肆遵前王遺命,不敢遣使告哀。"

## 晦齋集跋

　　故贈領議政晦齋先生道德學問,退溪說之詳矣〔一〕,奚待後生之贅言?第先生之詩文,謹嚴精確,一字不苟,儒林志學之士,願見全集者久矣。今鷄林尹李侯齊閔〔二〕,請於方伯盧公禛〔三〕,鳩材募工開板訖,求跋文於希春〔四〕,且索書院中樓齋等名〔五〕,希春何敢當?然千里厚望不可孤,謹復之曰:

　　先生德美,知之者,以爲泰山北斗;不知者,以爲一時第一流。竊觀先生一生,用力《小學》,以進乎大,蓋篤學力行,而主靜之意爲多,齋樓之名,恐不能不出於斯義。抑濟濟章甫〔六〕,景仰高山,居斯齋而登斯樓者,誠能培明倫敬身之根,達修己治人之技,以無負先生之教,則先生之立言垂範,成就來學也爲無窮,而諸生亦無負於先生,此今日刊行文集之盛意也。侯盍以是勉諸生?

　　萬曆甲戌二月初吉,嘉善大夫、行弘文館副提學、知製教兼經筵參贊官、春秋館修撰官、同知成均館事柳希春謹跋。

【注釋】

〔一〕退溪:即李滉(1501—1570)。本貫眞寶,字景浩,號退溪、退陶、陶叟,諡號文純。歷任成均館大司成、弘文館大提學等職。李退溪是朝鮮儒學史上最具代表性的學者之一,在性理學上有極深造詣,被稱爲海東朱子,與李栗谷齊名。著作有《退溪集》等。
〔 二 〕李侯齊閔:即李齊閔(1528—1608),朝鮮中期文人。本貫全州,字景闇,號西澗,孝寧大君李補的玄孫,宜城君李宷的曾孫。1558年式年文科丙科及第,歷任兵曹正郎、吏曹正郎、大司諫、大司憲等職。時任慶州府尹,慶州古稱雞林,故稱雞林尹。
〔 三 〕盧公禛:即盧禛(1518—1578),朝鮮中期文人。本貫豐川,字子膺,號玉溪、則庵,諡號文孝。1546年增廣文科丙科及第,歷任大司憲、禮曹判書等職。時任慶尚道觀察使,故稱方伯。
〔 四 〕希春:即柳希春(1513—1577),朝鮮中期文人,本貫善山,字仁仲,號眉巖,1538年別試文科丙科及第,歷任禮曹參判、工曹參判、吏曹參判等職。著述有《眉巖集》《朱子語類箋解》等。
〔 五 〕書院:玉山書院。1573年慶州儒生在獨樂堂下建立的書院。
〔 六 〕章甫:儒者之冠,代指儒生。

# 晦齋集跋

萬曆癸酉（1573）季冬，慶州李晦齋先生之孫浚來見，仍出府尹李侯齊閔書與先生遺稿集。曾聞是集也，退溪先生手自讎校，終年乃畢，必極其精而無一字之未安也。曄謹受而讀之[一]，曰疏、曰劄、曰雜文、曰近體，率皆典重溫雅，深潛縝密，粹然一出於正，真有德者之言也。先生文集藏諸先生之鄉，真所謂當務之急，而府尹公能之，其盛意爲如何哉？府尹公又要曄爲之序跋，曄雖不文，有不可辭者存焉。

昔者竊有志於學，而未知其方。嘉靖辛丑（1541）先生侍講東宮[二]，請讀《心經附註》[三]，然後曄始知有此書，即求于友人許忠吉處[四]，敬讀終卷，潛玩體驗，則方寸之間，似有所主，讀閱經史，稍知路脈，至今不下陷於惡，無非先生之賜也。常竊以爲先生，曄之聞而學之之師也，景仰之懷，無時或弛。甲子（1564）秋，出尹東京[五]，將拜謁于墓下，陳情致祭，庶幾少償平生之願，而病作旋遞，至今以爲恨。今覩文集，寧不重爲之戚戚哉？

嘗聞之，先生入直玉堂[六]，晨興揖同僚，終日默然，惟閱經史，時聞謦咳數聲而已[七]，及至就寢，俟同僚熟寐，起坐達曙，詢問其家居亦然。吁！當其默然，必有心得，及其夜坐，必有精思，平生心得，其可限量？平生精思，其可涯際？道日益通，德日益高，道德充積於中,而英華自發於外,是集之作,烏可已乎?後之讀是編者,誠能得先生用功谿徑,夙夜孜孜,愈久而不廢,則其典重、溫雅、深潛、縝密之作,亦將在我而有裕矣。嗚呼,其勉之哉!若夫《九經衍義》《求仁錄》諸編,待玉堂校畢,國本印出後,當亦付刊於此矣。求見之士,其亦知此意哉!

萬曆二年孟春,通政大夫、成均館大司成、知製教陽川許曄謹跋。

**【校記】**

〔仍出府尹〕甲子本作"因出府尹"。　〔時聞謦咳〕甲子本和正祖本作"時聞謦欬"。

**【注釋】**

〔一〕曄:指許曄(1517—1580),朝鮮中期文人。本貫陽川,字太輝,號草堂,是許篈、許筠和許蘭雪軒姐弟的父親,徐敬德門人,著有《草堂集》等。

〔二〕侍講東宮:李彥迪1539年12月任世子侍講院太子右副賓客,1541年3月任左副賓客。

〔三〕《心經附註》:明代程敏政編纂的書。在真德秀的《心經》中添加了很多周敦頤、程顥、程頤、朱熹等人有關修養的學說。

〔四〕許忠吉:本貫金海,字國善,1540年生員試二等及第,金安國的門人。

〔五〕東京:慶州別稱。

〔六〕玉堂:朝鮮時代弘文館的別稱,掌管經書史籍的整理和刊印,並負責王在學問上的資訊問對。

〔七〕謦咳:咳嗽。

## 世　系　圖

十世祖諱世貞驪州人,鄕貢進士。

宗衍娶平章事李仁植女。

稇

培

尹芳

春彦

權修義校尉、龍陽衛中領副司直。娶進士李良佐女。

崇禮振義副尉、贈嘉善大夫、兵曹參判、兼同知義禁府事。夫人楊氏,縣監培女。

壽會生于迎日,登武科。進勇校尉、權知訓練院參軍、贈資憲大夫吏曹判書、兼知義禁府事。葬慶州治東阿倍耶洞明活山。夫人李氏,生員點女。

蕃字叔翰,居慶州良佐村。生員,贈崇政大夫、議政府左贊成、兼判義禁府事。葬興海郡治南達田里禱陰山。夫人孫氏,谿川君襄敏公昭女。

彦迪字復古,謚文元公。葬贊成公兆次。夫人朴氏,崇阜女。

　　\*\*應仁從弟經歷通子爲後。判官。

　　\*\*宜潤通善郎

　　　\*\*\*䄺參奉

　　　　\*\*\*\*墩

　　　　\*\*\*\*垛

**** 墺
** 宜澄 承仕郎
*** 皦
**** 垌
**** 埰
**** 塤
** 宜活 郡守
*** 晥 參奉
** 宜潛 縣監
*** 礏
*** 岭
**** 墀
**** 壇
*** 㼿
*** 疇
** 宜澤 庶子
*** 旰
* 全仁 庶子。禮賓寺正。
** 浚 郡守
*** 宏
**** 弘煦
**** 弘熙
*** 容
** 淳 奉事。以容爲後。
**** 弘㸒

# 晦齋先生年譜

弘治四年(1491)成宗二十二年辛亥

○十一月二十五日戊戌子時,先生生于慶州府良佐村之第〔一〕。在州北四十里。先生之先,驪州人也〔二〕。贊成公始卜居于此〔三〕。

**【注釋】**

〔一〕良佐村：今韓國慶州市江東面良佐洞。
〔二〕驪州：今韓國京畿道東南部驪州市。
〔三〕贊成公：李彥迪父親李蕃(1463—1500),死後贈議政府左贊成。

五年壬子(1492)先生二歲

六年癸丑(1493)先生三歲

**【校記】**

[先生三歲]底本作"先生一歲",誤。甲子本和正祖本作"先生三歲",據改。

七年甲寅(1494)先生四歲

八年乙卯(1495)燕山元年〔四〕。先生五歲

【注釋】
〔四〕燕山：指朝鮮朝第十代王燕山君，1494—1506年在位。

　　九年丙辰（1496）先生六歲

　　十年丁巳（1497）先生七歲

　　十一年戊午（1498）先生八歲

　　十二年己未（1499）先生九歲

　　十三年庚申（1500）先生十歲

　　〇二月十四日，丁贊成公憂。辭狀〔五〕，"九歲而孤"，然孫氏碣序言庚申〔六〕，當從。

　　〇十一月壬寅，葬興海郡治南達田里檮陰山之原。

【注釋】
〔五〕辭狀：指卷九收録的《陳情乞養狀》和《再陳乞養狀》。
〔六〕孫氏碣：指卷六收録的李彦迪母親孫氏的墓碣銘《先妣貞敬夫人孫氏墓碣銘》。

　　十四年辛酉（1501）先生十一歲

　　十五年壬戌（1502）先生十二歲
　　〇二月服除，從學于舅四宰孫公仲暾〔七〕。先生安重端詳，雅有高趣。兒時群居肄業，或有嬉戲喧笑於側，若無聞焉。一日,請學鄉師,不肯,閉户號泣,大夫人怪問之,對曰:"先君早逝,孤慟終天。"相與對泣。遂割愛,令從舅公于梁山〔八〕、金海任所學焉〔九〕。其執喪,無異成人。喪畢,又欲從尚州。大夫人重備衣服,請曰:"惡衣何耻?"遂服麤布以行。**自此力學能文,旁通舉業**。贊成公弱歲以儒聞,嘗魁本道夏課〔一〇〕,成廟嘉其詩賦〔一一〕,召見賜衣物,俾留國學。後歸鄉里,日以訓後進爲事。先生雖不逮趨庭之訓,其家業固有所自。大夫人又賢有識慮〔一二〕,不以慈愛而弛教督之方。

**【注釋】**

〔七〕四宰:是議政府右參贊的別稱。孫公仲暾:即孫仲暾(1463—1529),字大發,號愚齋,慶州人,是著名學者金宗直的弟子。

〔八〕梁山:朝鮮時代的梁山郡,今慶尚南道東部部所在的梁山市。

〔九〕金海:朝鮮時代的金海郡,今慶尚南道東南部落東江下游的金海市。

〔一〇〕夏課:民間學堂夏季的學習,一般在五六月份,不習儒家經典,只學習詩詞歌賦。

〔一一〕成廟:朝鮮第10代王成宗的廟號,1469—1494年在位。

〔一二〕識慮:見解與謀略。

十六年癸亥(1503)先生十三歲

十七年甲子(1504)先生十四歲
○厲志聖賢之學。恒棲山寺,讀書做功。

十八年乙丑(1505)先生十五歲

正德元年（1506）中宗元年丙寅 先生十六歲

二年丁卯（1507）先生十七歲

三年戊辰（1508）先生十八歲
○聘夫人朴氏崇阜女

四年己巳（1509）先生十九歲

五年庚午（1510）先生二十歲

六年辛未（1511）先生二十一歲。有《問津賦》[一三]。

**【注釋】**

[一三]《問津賦》：《晦齋集》卷五收錄。

七年壬申（1512）先生二十二歲

八年癸酉（1513）先生二十三歲
○舉生員試。有《鞭賈》、《利口覆邦家》等賦[一四]。

**【注釋】**

[一四]《鞭賈》《利口覆邦家》：《晦齋集》卷五收錄。

九年甲戌（1514）先生二十四歲
○及第出身別試朴世熹榜[一五]。時金慕齋爲考官[一六]，見其策，嘆曰："王佐才也。"，權知校書館副正字[一七]。有《西征詩》一百三十五韻[一八]。

## 【注釋】

〔一五〕別試：是朝鮮時期正規科舉考試外，爲了選拔人才，不定期舉行的科舉考試中的一種。本年別試，朴世熹中狀元。朴世熹：生於1491年，卒年不詳。朝鮮中期文臣，尚州人，字而晦，號道源齋。1514年別試文科狀元及第。歷任吏曹佐郎、弘文館應教等職。己卯士禍起，趙光祖一派失勢，先流配尚州，後又改配江界，卒於江界。少時從趙光祖學，與金湜、金净、金絿等交遊。死後贈吏曹判書，謚號文剛。

〔一六〕金慕齋：即金安國（1478—1543），字國卿，號慕齋，本貫義城，金正國之兄。與趙光祖同爲金宏弼門人。1507年文科及第。著有《慕齋集》《慕齋家訓》等。

〔一七〕校書館副正字：校書館中掌管文字校正等職務的從九品小官。

〔一八〕《西征詩》：記録參加別試上京途中所見所聞所感，見卷一第一首詩。

　　十年乙亥（1515）先生二十五歲
　　○差慶州州學教官。

　　十一年丙子（1516）先生二十六歲
　　有《次朱文公五曲》《櫂歌》《覽言行録朱傳》《勸學者》三絶〔一九〕。

## 【注釋】

〔一九〕按：這些詩都收録在卷一。《次朱文公五曲》原題是《次朱文公武夷五曲韻》，《櫂歌》原題是《甘浦舟中贈韓子沽》，《覽言行録朱傳》原題是《病中覽言行録朱文公傳》，但《勸學者》絶句只收録1首。

　　十二年丁丑（1517）先生二十七歲

○元日，作《五箴》以自警〔二〇〕。一畏天，二養心，三敬身，四改過，五篤志。

○《書忘齋忘機堂無極太極説後》〔二一〕。忘齋，進士孫叔暾；忘機，進士曹漢輔，皆慶州人。○書略曰：原此理之所自來，雖極微妙，萬物萬化皆自此中流出，而實無形象之可指。若論工夫，則只中正仁義，便是理會此事處，非是別有一段根原工夫，又在講學應事之外也。今忘機堂之説，則都遺卻此等工夫，遽欲以無極太虛之體，作得吾心之主，使天地萬物，朝宗於我而運用無滯，是乃欲登天，而不慮其無階；欲涉海，而不量其無橋，其卒墜於虛遠之域，而無所得也必矣。又曰"上天之載，無聲無臭"，謂之寂可矣。然其至寂之中，有所謂"於穆不已"者存焉。而化育流行，上下昭著，安得更着"滅"字於"寂"字之下？試以心言之，喜怒哀樂未發，渾然在中者，此心本然之體而謂之寂可也。及其感而遂通，則喜怒哀樂發皆中節，而本然之妙於是而流行也。先儒所謂"此之寂，寂而感"者此也。若寂而又滅，則枯木死灰而已，其得不至於滅天性乎？

四月，有《向定慧寺吟得即景》詩四十韻、《次曹容叟》二絶〔二二〕。

○七月，入爲副正字。

○十月，陞正字。

【校記】

〔忘齋，進士孫叔暾〕庚子本作"忘齋，未詳"。

【注釋】

〔二〇〕《五箴》：《晦齋集》卷六收録。

〔二一〕《書忘齋忘機堂無極太極説後》：《晦齋集》卷五收録。忘齋，即孫叔暾，號忘齋，李彦迪三舅。忘機堂，即曹漢輔，號忘機堂，昌寧人。

〔二二〕按：此二詩皆爲《晦齋集》卷一收録。《向定慧寺吟得即景》原文作《向定慧寺吟録即景》。

## 十三年戊寅(1518)先生二十八歲

○《答忘機堂書》〔二三〕。書凡四篇。其一略曰：人物有形有質。此理無形無質，有形有質者，不能無生死始終，而其所以生死始終者，實此無形無質者之所爲也，而無形無質者，曷嘗有時而息滅哉？人受天地之中以生，則其心猶天地之有陰陽也，而太極之真，於是乎在也。其未感物也，湛然虛靜，若無一物，是則所謂"無聲無臭"之妙也，而來教所云"寂"者也。然其至虛至寂之中，此理渾然，無所不備，故感而遂通天下之故。若寂而又滅，則是寂然木石而已，其所以爲天下之大本者何在？又曰：天生烝民，有物有則，物者，人事也；則者，天理也。人在天地之間，不能違物而獨立，安得不先於下學之實務，而馳神空蕩之地，可以爲上達乎？天理不離於人事，人事之盡而足目俱到，以臻於貫通之極，則天理之在吾心者，至此而渾至，酬酢萬變，左右逢原，無非爲我之實用矣。又曰："存養"之云，只是敬以直内，存之於未發之前，以全其本然之天而已。若曰："遊心於無極之真，使虛靈之本體，作得吾心之主。"則是使人不爲近思之學而馳心空妙，其害可勝言哉？又況虛靈，本是吾心之體也；無極之真，本是虛靈之中所具之物也。但加存之之功，不以人欲之私蔽之，以致其廣大高明之體可也。今曰"遊心於無極"，曰"作得吾心之主"，則是以無極太極爲心外之物，而別以心遊之於其間，然後得以爲之主也。其二略曰：來教舉虛靈無極之真，乃曰："虛無即寂滅，寂滅即虛無。"是未免於借儒言而文異端之説。先儒嘗析之曰："此之虛，虛而有；彼之虛，虛而無。此之寂，寂而感；彼之寂，寂而滅。"然則彼此之虛寂同，而其歸絕異，固不容不辨，而至於"無極"之云，只是形容"此理之妙，無影響聲臭"云耳，非如彼之所謂無也。又曰"主敬存心而上達天理"，此語固善。然於"上達天理"上，卻欠"下學人事"四字，與聖門之教有異。天理不離於人事，下學人事，自然上達天理。若不存下學工夫，直欲上達，則是釋氏"覺之"之説,烏可諱哉?其三略曰:來教有曰:"敬以直内,顧諟天之明命,吾之心堅定不易。"則固存養之謂矣,而於静時工夫則有矣;若夫頓除下學之務,略無體驗省察之爲,則於動時工夫,蓋未之及焉。是以其於求道之功,疏蕩不實,而未免流爲異端空虛之説。伏覩日用酬酢之際,不能無人欲之累,而或失於喜怒之際,未能全其太虛靈之本體者有矣,豈非雖粗有"敬以直内"工夫,而無此"義以方外"一段工夫,故其體道不能精密而或至於此乎?又曰:"爲破世人執幻形爲堅實,故曰'寂滅'"此語又甚害理。蓋人之有此形體,莫非天之所賦而至理寓焉。是以聖門之教,每於容貌形色上加工夫,以盡夫天之所以賦我之則,而保守其虛靈明德之本體,豈流於人心惟危之地哉?孟子曰:"形色,天性也,惟聖人然後可以踐形。"豈可以此爲幻妄,必使人斷除外相,獨守虛靈之體,而乃可以爲道乎?又曰:"下學上達,乃指示童蒙初學之士,豪傑之士不如是。"夫以孔子生知之聖,年又非童蒙,而猶不能無下學之事,況不及孔子而遽爾頓除下學不用力,而可以上達天理乎?是分明釋氏頓悟之教也。其四略曰:來教有曰"主敬存心",則於直内功夫有矣,而未見義以方外省察功夫,豈非但得衣之領而斷其百裔,但得網之綱而絶其萬目者哉?人之形體,固當先有骨髓而後肌膚賴以充肥。然若但得骨髓,一切削去皮膚,則安得爲人之體?而其骨髓,亦必至於枯槁而無所用矣。況既去皮膚,而於骨髓亦未深得者哉?愚前所謂常加存養,以立大本,爲酬酢萬變之主者,固尊伯"主敬存心,先立其體"之説,初非毁而棄之也。又曰"先立其體,然後下學人事",此語亦似未當。下學人事時,固當常常主敬存心,安有斷除人事,獨守其心,必立其體,然後始可事於下學乎?所謂"體既立,則運用萬變,純乎一理之正而縱橫自得"者,固無背於聖經賢傳之旨。然其所謂"純乎一理,縱橫自得"者,乃聖人從容中道之極致,體既立後,有多少工夫,恐未易遽至於此。且如萬物生於一理,仁者純乎天理之公,而無一毫人欲之私,故能以天地萬物爲一體。然其一體之中,親疏、遠近、是非、好惡之分,自不可亂。故孔子曰:"仁者,人也。"孟子曰:"無是非之心,非人也。"

《家語》又曰:"惟仁人,能好人,能惡人。"以此言之,仁者雖一體萬物,而其是非好惡之公,亦行乎其中而不能無也。〇有《次忘機堂韻》五首〔二四〕。

〇五月或作正月,陞著作。秋有《上洛路上即事》四韻〔二五〕

〇十二月丁丑,丁判書公憂〔二六〕。

【校記】

[則其心猶天地]庚子本作"則其形猶天地"。　[至此而渾至]庚子本和甲子本作"至此而渾全"。　[靜時工夫則有矣]庚子本作"靜時工夫則異矣"。　[則於直内功夫有矣,而未見義以方外省察功夫]此處二"功夫",庚子本作"工夫"。

【注釋】

〔二三〕《答忘機堂書》:此書四篇書信都收録在卷五。
〔二四〕《次忘機堂韻》五首:此五首詩都收録在卷四《拾遺》中。
〔二五〕《上洛路上即事》:此詩收録在卷一。
〔二六〕判書公:李彦迪祖父李壽會(1431—1518),死後贈吏曹判書。

十四年己卯(1519)先生二十九歲

〇三月四日丁酉,葬判書公于慶州治東阿倍耶洞明活山祖妣塋之右。

十五年庚辰(1520)先生三十歲

〇十二月,服除。除夕作《立箴》〔二七〕。

【注釋】

〔二七〕《立箴》:《晦齋集》卷六收録。

十六年辛巳（1521）先生三十一歲

○二月十九日壬寅，改葬贊成公。先生自以幼年營葬，不能誠信，地又潤濕，夙夜不寧。去春起役，今乃奉以移安。○有祭文[二八]。

○四月，在三聖庵。有《山窗即事》《夢覺有感》《喜晴》《感興》等詩[二九]。

○八月，陞博士，有《西征吟》二十絕[三〇]。尋選入爲弘文館博士、兼經筵司經春秋館記事官。或有言金慕齋薦。按慕齋公於己卯冬已罷歸，疑公曾擬選，或已錄，故有是言。上命加先生名"彦"[三一]。時丹城人與先生同姓名者[三二]，登癸酉第，故當避，抑犯先正諱[三三]，未安而然也。○有《伊尹五就湯論》[三四]。其略曰：聖人未嘗忘天下，亦未嘗有意於任天下。湯得賢不自有而使之事桀，是聖人愛君憂民至誠惻怛之意也。孔子處乎此，亦安得不以就乎？就而事之，其淫虐昏暴終不可回也，則去而歸於湯，但不肯苟循湯之意，至於累就，如是之瀆也。其於接淅而行，不脫冕而行，明日遂行，亦可見矣。

**【校記】**

〔但不肯苟循湯之意〕循，庚子本作"徇"。

**【注釋】**

〔二八〕祭文：指《晦齋集》卷六收錄的《改葬先府君祭文》。

〔二九〕按：此几首詩皆卷一收錄。《山窗即事》原題作《山窗即景》。

〔三〇〕《西征吟》二十絕：皆卷一收錄。上京履職途中，8月6日到23日之間，每日皆有作。

〔三一〕上命加先生名"彦"：李彦迪改名具體日期不詳，以"李彦迪"的記錄情況來看，當在弘治十九年（1524）4月28日以後。

〔三二〕同姓名者：李迪（1480—1544）。字允之，號清湖，陝川人。

　　　　　　李彦迪1514年別試文科及第,李迪1513年式年文科及第。
〔三三〕先正:北宋大臣李迪(971—1047),字復古,以太子太傅
　　　　致仕。
〔三四〕《伊尹五就湯論》:卷五收録。

**嘉靖元年(1522)**中宗十七年壬午先生三十二歲
　○二月,除世子仁廟侍講院説書。上劄論輔養儲貳之道〔三五〕。劄略曰:今之師、傅、貳師則古之太師、太傅、少傅之職也,而其與世子相接輔養之時,比古極疏,已乖昔人朝夕承弼、左右輔導之意。至於會講,則又非徒講讀而已,所以使世子習其升降揖讓之禮,發其隆師敬傅尊德樂義之心,尤不可一月或廢也。近者連月停會講,似甚未安。昨又以賓客皆隨駕,遂停不行。臣等竊念國家、宗社、生靈之計至大至急,莫如輔翼儲副,今間一有事故,書筵會講,輒命停之,輔養之職,似不重且專焉,臣等竊惑焉。伏願殿下今後會講時,非有大事,必使行之。至於賓客,勿差異事以至廢講,且得專精致志,庶幾有裨輔養。

**【注釋】**
〔三五〕上劄:指卷十三收録的《侍講院劄子》。

**二年癸未(1523)**先生三十三歲
　○遞爲成均館典籍。三月,有《到鳥嶺吟寄舍弟》詩四韻〔三六〕。
　○四月,薦除兵曹佐郎。
　○十二月,薦除吏曹佐郎。

**【注釋】**
〔三六〕《到鳥嶺吟寄舍弟》:卷一收録。

**三年甲申(1524)**先生三十四歲

○六月,爲養乞外[三七],爲仁同縣監,兼春秋館記事官。嘗有驛報御史且至,先生詬曰:"此欲摘不法者,汝先報知,何也?"御史無所摘,嘆伏而去。

**【注釋】**
〔三七〕乞外:祈求到京城以外的地方上任職。

四年乙酉(1525)先生三十五歲

五年丙戌(1526)先生三十六歲
○七月,以司憲府持平召還。
○八月,以兵曹正郎,爲慶尚道御史。
○十月,除吏曹正郎。

六年丁亥(1527)先生三十七歲
○七月,除侍講院文學。
○八月,除司憲府掌令、兼承文院校勘。時李沆論:"臺諫有趙光祖餘習,請禁之。"先生上劄,極言其非。又有《兩司劄子》[三八],略曰:李沆之言[三九],在於重大臣,而先欲卑抑臺諫,使無激昂之節,俛首喪氣,苟徇大臣之意,不幾於一言而喪邦者乎?臺諫彈一宰臣秉鈞,大臣託以引嫌,朋比相援,杜沮公論[四○],使不得伸其直;脅持君上,使不得有所進退,嗚呼!此豈盛世之事?光弼攬沆言爲己意[四一],斥臺諫爲詭激,排擯公論,營救一人,決非社稷之計。伏願殿下洞察安危之幾,亟奮雷霆之斷,策免光弼,以杜禍漸;廢黜李沆,以正朝綱。

**【校記】**
[先生三十七歲]底本作"先生三十六歲",誤,改正。　[苟徇大臣之意]甲子本和正祖本作"苟循大臣之意"。

**【注釋】**

〔三八〕劄字:指卷十三收録的《兩司劄字》。

〔三九〕李沆:朝鮮朝燕山君到明宗時期的文官。本貫星州,字浩叔(1474—1533),父親是李世仁。1498年文科及第,1500年以弘文館正字入仕,因父親被流放而辭職還鄉。1533年與沈貞一起被賜死藥。發動己卯士禍,殺害衆多儒生,與沈貞、金克愊一起被稱爲"三奸"或"三凶"。

〔四〇〕杜沮:阻擋,壓制。

〔四一〕光弼:即鄭光弼(1462—1538),本貫東萊,字士勛,號守夫。1492年中進士試,同年式年文科乙科及第,後歷任右議政,左議政,領議政等職。有《鄭文翼公遺稿》。

七年戊子(1528)先生三十八歲

○二月,以奉常寺僉正,陞內資寺副正。

○六月,除成均館司成。有《送元典翰繼蔡序》〔四二〕,略曰:太宗、世宗、成宗亦嘗有征虜之舉。當時野人,屢肆跳梁,侵掠邊境,害及鎮將,罪惡貫盈,故三聖不宥,爲孤兒寡婦,赫然一怒,興問罪之師,是雖義之得而時之可,其視周、漢禦戎之度,亦有所不侔者矣。況今日之事,與此不類,虜人實無侵邊犯境之罪,而邊將不備,輕躪虜境,卒然相遇於溪谷之間,爲其所肉,比如投兒於餓虎之穴,雖欲不搏食,得乎?今乃忘己護兒之失道,反歸咎於彼,欲探其穴而快其忿,豈理之直乎?甲申驅逐之舉,略無攘除之效,而多喪士馬。近來癘疫之禍,兩界尤甚,而水旱饑饉之災,近世所無。軍旅之後,必有凶荒,豈非愁苦怨毒之氣有以感傷而然也?矧今災變屢見,物怪尤多,正當上下恐懼修省,應天恤民之不暇,而興師動衆,以事報復於戎虜,恐非今日之所宜。然虜既殺我鎮將,我將默默而示怯,則或生輕侮之心,是亦不可不慮。無已則有一焉,今當使邊將宣諭於虜中曰"爾既殺我將,我提兵問罪,蕩覆爾巢穴,俾無遺類。然不分玉石,同就殲滅,我主上天涵地育之仁,有所不忍,故惟欲得其有罪者而止爾。

爾等若能盡括殺我將者,縛致轅門,則當重報以爵賞,又罷兵討,利害甚明,爾其審處"云爾,則彼將畏威懷利,不數年而必效其功矣。罪人既得,數其罪而斬之境上,梟首傳示,則雖不能盡滅其類,不亡一矢,不頓一戟,而國恥已雪,威德並行,朝廷隱然有泰山之尊,不動聲氣而天誅已加於殊俗矣。此所謂不戰而勝,處靜制動之一奇也。

○八月,差慶尚道御史。

○十一月,乞養除密陽府使。臨民御吏,細大皆有條理,吏戢民懷,稱爲神明不忍欺。

【校記】

[矧今災變屢見]甲子本和正祖本作"矧今災變累見"。

【注釋】

〔四二〕《送元典翰繼蔡序》:卷五收錄。

八年己丑(1529)先生三十九歲
○哭舅四宰孫公。公四月卒于京○有祭文〔四三〕。

【注釋】

〔四三〕祭文:指卷十一收錄的《祭孫四宰文》。

九年庚寅(1530)先生四十歲
○十一月,召入爲司諫院司諫。

十年辛卯(1531)先生四十一歲
○正月,有《直薇垣》一絕、《寄舍弟子容》四韻〔四四〕。左遷爲成均館司藝,尋被劾,罷歸田里。時朝廷憂東宮孤危〔四五〕,正言蔡無擇〔四六〕,倡言"須起金安老〔四七〕,爲之羽翼",

蓋安老子禧尚公主[四八]，而無擇其妻黨也。大司憲沈彦光等隨聲和附[四九]，舉朝靡然，先生獨力言其不可，與無擇不合。無擇補正言，而外議旋皆先生立異，左遷爲司藝。彦光問曰："司藝何以知某爲小人？"先生曰："安老尹東京時，觀其處心行事，真小人也。此人得志，必誤國家。"或曰："安老雖入，豈授以柄？第欲爲東宫地耳。"先生曰："不然。彼若入來，必秉國鈞，專擅用事，誰敢遏之？且東宫，一國臣民所共屬意，何待安老而後安？"彦光怒而去，遂劾罷，歸田里。後慶人有以賄求官於安老，安老謂曰："慎勿令李某知之。"〇有《澄心臺即景》《次魚子游韻》等詩[五〇]。

【注釋】

〔四四〕按：此二詩皆卷一收録。

〔四五〕東宫：即後來的仁宗，時爲世子。

〔四六〕蔡無擇：朝鮮中期文臣，本貫仁川，初名無斁，字彦誠（？—1537）。1524年別試文科丙科及第，歷任掌令、應教等職，1535年任大司諫，同年再授副提學。任中依附權臣金安老，爲其黨羽，誣告陷害異己，離間朝綱，時人將其與金安老、許沆一起稱爲"三凶"。1537年與金安老等謀廢文定王后位，遭流配賜死。

〔四七〕金安老：字頤叔（1481—1537），號希樂堂、龍泉、退齋，延安人。他于中宗年間掌權期間，掀起己卯士禍等多場獄事，迫害異己，後因謀劃中宗第二繼妃文定王后廢位，事發，于1537年11月被賜死。《燃藜室記述》："金安老位極權隆，生人殺人不出於君父，而由於安老，苟有議己者，輒嗾朴洪麟、蔡無擇等加以誹訕朝廷之罪。聽其指嗾爲一時鷹犬者，許沆其尤也。引進其黨布滿朝著者，黄士佑也。"著述有《龍泉談寂記》、《希樂堂集》。

〔四八〕公主：中宗長女孝惠公主。

〔四九〕沈彦光：本貫三陟，字士炯（1487—1540），號漁村。1513年文科及第。1530年任大司憲時，與兄彦慶一起積極主張任用金安老。後金安老大興冤獄，迫害士林，沈彦光心生悔意。詩、書、畫皆通，謚號文恭。

〔五〇〕按：此二詩皆收入《晦齋集》卷二。

### 十一年壬辰（1532）先生四十二歲

○築獨樂堂于紫玉山。即良佐洞西二十里，蓋先生之考亭也。先生自少，愛其巖壑瑰奇，溪潭潔清，至是始構堂溪上數十間，窮不能辦，久而後成，名曰獨樂堂。有五臺，曰濯纓、澄心、觀魚、詠歸、洗心。又立小亭于觀魚上，第一間曰靜觀齋，第二間曰溪亭。亭之前後，益樹以松竹花卉，日嘯詠遊釣於其間，謝絕世紛，端坐一室，左右圖書，靜中下工夫，比之前時，尤深且專。○有《早春遊山》《偶吟》等詩〔五一〕。

**【注釋】**

〔五一〕按：此二詩皆收入《晦齋集》卷二。

### 十二年癸巳（1533）先生四十三歲

春有《壽母生辰》《山堂聞琴》《次王學士哭文丞相》等詩〔五二〕。

**【注釋】**

〔五二〕春有句：《壽母生辰》的原題是《壽母生辰次友人韻》，《次王學士哭文丞相》的原題是《次翰林學士王先生哭文丞相韻》。此三首詩及十六年丁酉所作《足聯句》詩都收入卷二。

### 十三年甲午（1534）先生四十四歲

春有《山亭即景》《川上和朱先生韻》等詩〔五三〕。

**【注釋】**

〔五三〕《川上和朱先生韻》：原題作《川上敬次朱先生韻示同遊諸子》。

**十四年乙未（1535）**先生四十五歲

有《林居十五詠》《病中書懷寄容叟》《記夢》等詩。

**十五年丙申（1536）**先生四十六歲

有《知非吟》詩。

**十六年丁酉（1537）**先生四十七歲

有《足聯句》詩。

〇十一月，金安老敗死，中廟思先生忠直，首命叙復，除掌樂院僉正。歷宗簿寺僉正，除弘文館副校理、知製教、兼經筵侍讀官、春秋館記注官，轉校理。有《上洛贈鄉友》詩〔五四〕。

〇十二月，遷弘文館應教、知製教、兼經筵侍講官、春秋館編修官。金安老每逢南人，問先生安否，益未能忘于懷也。適安老速辜，故先生免於禍焉。

【注釋】

〔五四〕《上洛贈鄉友》：原題作《丁酉冬上洛贈鄉友》，卷三收録。

**十七年戊戌（1538）**先生四十八歲

〇二月，薦除議政府檢詳。

〇三月，以清白吏加資〔五五〕，擢爲左舍人，尋除軍器寺正。

〇五月，遷弘文館直提學、知製教、兼經筵侍講官、春秋館編修官，有《玉堂入直次宋眉叟韻》詩〔五六〕。陞秩爲兵曹參知。

〇十月，乞養出尹全州。

【注釋】
〔五五〕清白吏：朝鮮時代正二品和從二品以上的高官，以及司憲法府、司諫院首領推薦選拔的清廉官吏。
〔五六〕《玉堂入直次宋眉叟韻》：收入《晦齋集》卷三。

十八年己亥（1539）先生四十九歲
○府境大治，民立石頌德。遇節日張俗戲，監司金公正國，正人也，往往猶不免顧笑，先生超然如無見也。○有《寄舍弟子容》詩〔五七〕。

○十月，先生應旨上疏數千言〔五八〕，上嘉獎，賜表裏一襲，仍命特陞嘉善，降聖旨褒諭。

○十一月，上箋懇辭〔五九〕，不允。先生雖爲養乞外，憂國之心，未嘗一日而忘。會因災異求言，乃上疏，凡一綱十目。綱曰人主心術；目一曰嚴家政，二曰養國本，三曰正朝廷，四曰慎用舍，五曰順天道，六曰正人心，七曰廣言路，八曰戒侈欲，九曰修軍政，十曰審幾微，所言無非格君心，措時務，啓沃謀謨，極其忠讜。中宗深加獎嘆曰："古之真德秀，無以過也。"即命傳示東宮，以及外朝，仍賜表裏，特陞嘉善。下書褒諭曰："今觀卿疏一綱十目，至切且讜，皆是格言，置諸左右，燕閑披覽，必有所益。卿身雖在外，其愛君憂國之誠，於此可見。茲命特加一資，用示予嘉獎之意，卿其知悉。"先生謂"如蒙採言則幸矣，遂有僣賞，非所敢當"，上箋懇辭恩命。上答曰："今見卿辭謝箋文，辭意懇至。但求言之後，上疏陳弊，乃臣子職分之所當然。今此褒典，非獨爲卿，是欲示求言之旨而廣進言之路耳，卿其勿辭。"

○十二月九日，除兵曹參判、兼世子右副賓客。有旨促召，先生即赴闕。

【注釋】
〔五七〕《寄舍弟子容》：《晦齋集》卷三收錄。
〔五八〕應旨上疏：指《晦齋集》卷七收錄的《一綱十目疏》。

〔五九〕上笺：指《晦齋集》卷九收録的《辭謝笺》。

### 十九年庚子(1540)先生五十歲

二月。有《驪州路寄舍弟》詩〔六〇〕。

〇四月，除禮曹參判。有《五月十九日夜半露立即事》詩〔六一〕。

〇六月，除成均館大司成。

〇十一月，除司憲府大司憲。

**【注釋】**

〔六〇〕《驪州路寄舍弟》：《晦齋集》卷三收録。

〔六一〕《五月十九日夜半露立即事》：本詩《晦齋集》失收。

### 二十年辛丑(1541)先生五十一歲

〇三月，陞左副賓客，改除弘文館副提學、知製教、兼經筵參贊官、春秋館修撰官。入直與同僚相對，終日無言，惟聞磬欬聲，蓋時自警惺故也。上疏極陳聖學本末、時政得失〔六二〕。疏凡一綱九目，一綱曰致中和；九目：其一，宮禁不可不嚴；其二，紀綱不可不正；其三，人材不可不辨；其四，祭祀不可不謹；其五，民隱不可不恤；其六，教化不可不明；其七，刑獄不可不慎；其八，奢侈不可不禁；其九，諫諍不可不納。

〇六月，中暍狀辭〔六三〕，下旨諭。諭曰："侍從長官，不可久外，斯速調理上來。"

〇七月，乞歸養不允。

〇八月，陳情不允〔六四〕。答曰："觀卿懇辭，其情至切。然朝廷可用者幾人？進退有關，故前既不許歸養，令往來覲省矣。"復乞外，除金海府使，臺諫留之。

〇九月，陞爲漢城府判尹，三辭不允。尋加正憲，除議政府右參贊、兼同知成均館事，再辭不允，命昇毋來京。有《先君諱日在洛寄舍弟》《夢見亡姪元慶》《次寄舍弟》《別舍弟》等詩，《秋送李季雅按嶺南》詩二首〔六五〕。

**【注釋】**
〔六二〕上疏：指卷十二《拾遺》中收錄的《弘文館上疏》。
〔六三〕中暍：中暑。
〔六四〕陳情：見卷九中收錄的《陳請祈養狀》。
〔六五〕《秋送李季雅按嶺南》：收錄在卷四。其他收錄在卷三。

二十一年壬寅（1542）先生五十二歲
○正月，除吏曹判書。有王子，居最近先生。除日先來謁，復來，辭以疾，即日移傲〔六六〕，王子深銜之。
○四月，遞爲知中樞府事，再陳乞外養〔六七〕，不許。
○五月，除議政府右參贊，辭。
○八月，特除司憲府大司憲，上劄陳至誠格天之道〔六八〕。
○九月，除刑曹判書，力辭。
○十月，除禮曹判書，又辭。
○十一月，除議政府左參贊。
○十二月，詣闕，再陳情懇乞退，朝廷不得已除安東府使。且行，獻規東宮〔六九〕，東宮手書謝曰："今受外任，於公之孝則得矣，余恐久未聞嘉言格論之際，特贈至切之辭，感激于懷，銘心服膺。"已而諫官留之。有《在洛寄舍弟》二首、《贈別舍弟》三首、《洛中得舍弟書》三首〔七〇〕。

**【校記】**
［余恐久未聞］庚子本作"予恐久未聞"。

【注釋】

〔六六〕移儌：搬家，搬走。
〔六七〕再陳乞外養：見卷九收錄的《再陳祈養狀》。
〔六八〕上劄：指卷十三《拾遺》中收錄的《司憲府劄子》。
〔六九〕獻規東宮：獻規東宮之文今《晦齋集》中失收。
〔七〇〕按：此八首詩皆收入《晦齋集》卷三。

## 二十二年癸卯(1543)先生五十三歲

○正月，兼弘文館提學、同知成均館事。

○三月，以親病辭。有《海月樓記》〔七一〕。

○四月，下旨諭，諭曰："今因狀啓，知卿親病辭職。但觀病勢，久當自底蘇復，茲故不允，佇卿還朝。仍給食物以資致養，卿其姑留診治，待差上來。"仍令監司敦諭，并致饋老親。先生遂赴命，病留聞慶狀辭。又下旨給假，復教忠清、慶尚兩監司救藥。病間，詣闕上箋謝恩〔七二〕，請外愈力。

○七月，除本道觀察使，下旨諭。諭曰："惟卿德涵內外，學造精微，敦大而高明，方嚴而簡默。處論思之地，嘉猷累陳；作親民之官，善政素著，允釐庶績〔七三〕，方參廟謨〔七四〕。今授卿以本道觀察使，其體予倚任之專，推卿孝友之政。"○有《次舍弟》《贈舍弟》《別舍弟》《次聞慶小軒國卿韻》《中原訪長吉不遇》等詩〔七五〕。

【注釋】

〔七一〕《海月樓記》：見《晦齋集》卷六。
〔七二〕上箋謝恩：見卷九收錄的《謝恩箋》。
〔七三〕允釐：謂治理得當。庶績：謂各種事業。《書·堯典》："允釐百工，庶績咸熙。"孔傳："允，信；釐，治。""績，功也；言衆功皆廣。"

〔七四〕廟謨：猶廟謀，又稱廟算，亦作"廟筭"。朝廷或帝王對戰事進行的謀劃。《孫子·計》："夫未戰而廟算勝者，得算多也；未戰而廟算不勝者，得算少也。"
〔七五〕按：這些作品都收錄在卷三。《次舍弟》原題作《設壽酌次舍弟韻》，《贈舍弟》原題作《贈別舍弟》。

二十三年甲辰（1544）先生五十四歲

○春，與宋圭庵諱麟壽，字眉叟，時爲全羅監司。會白場寺。有唱酬詩八首〔七六〕。

○四月，以病辭。

○五月，固辭。

○七月，除漢城府判尹，再下召旨，力辭〔七七〕。

○八月，除知中樞府事、兼世子左副賓客，召，又辭。有《山中次子容韻》三首〔七八〕。病少愈，將行復劇，狀辭。

○九月，召，辭〔七九〕。

○十一月，又辭〔八〇〕。中宗昇遐，仁廟即位，未克赴臨，憂慟病益甚，具狀待罪。下書慰諭，命監司別加救療。有《歲暮吟》一絕〔八一〕。

【注釋】

〔七六〕唱酬詩八首：都收錄在卷三。宋眉叟的三首詩也一同收錄。
〔七七〕力辭：辭文見卷十三收錄的《甲辰秋七月呈辭》。
〔七八〕《山中次子容韻》三首：卷三收錄。
〔七九〕辭：見卷十三收錄的《甲辰秋九月呈辭》。
〔八〇〕又辭：見卷十三收錄的《甲辰十一月呈辭》。
〔八一〕《歲暮吟》：卷三收錄。

二十四年（1545）仁宗元年乙巳先生五十五歲

〇正月，具狀待罪[八二]。降旨召，病辭。尋特與改秩，以議政府右贊成召，再辭。特下旨敦諭，若曰："往年先王賜觀卿疏，固已嘆服，且於書筵聞講説，予爲卿留意久矣，豈不合貳公乎？"賜以藥餌，繼遣醫齎藥救療。

〇閏正月，轉議政府左贊成，上劄[八三]陳上詣山陵事宜。劄略曰："臣聞下玄宮時，上欲躬詣陵所，而是日夜半動駕，非但上體虛弱，復事多匆匆。宜於前一日，徐詣陵所，奉審山陵諸事；翌日，率百官禮奠，以卒大事，情禮俱盡。"

〇二月，輿疾赴山陵，至永川，疾重不行，在永川客舍。有四韻詩，又有《次舍弟》韻[八四]。

〇三月，連辭。

〇夏初，病稍間，始克趨朝。兼知經筵春秋館事。先生感兩朝知遇之隆，自力一行，蓋將以有爲也。仁廟不豫日久，曠不視事，先生憂之，囑首相尹仁鏡言"早建白，封大君爲世弟"云。

〇七月，仁廟昇遐，明廟即位，先生定垂簾之議[八五]。百官會議，仁鏡曰："何殿當聽政？"左右默然，先生曰："昔宋哲宗時，太皇太后同聽政，自有古例，不須疑問。且安有嫂叔同御殿之理？今但定垂簾儀制耳。"由是朝無他議。共議書啓十條[八六]。一，慈殿善導養聖質；二，博選經筵官，恒與之講論遊處，以進聖學；三，殿下於大行大王，有子道，有臣道，喪禮不可不盡；四，請嚴宮禁，防戚里；五，請慎擇宮人；六，請勿用特旨；七，請勿用判付；八，政院職，出納惟允，内旨有不合，許令封還；九，宮中府中，當爲一體，請勿開私門，以昭平明之理；十，言："大行大王學問之效，公道大行，人顒至治，奄至斯極。今上嗣緒，國人方以望於大行大王者，望於殿下，其機至重，願兩殿留神[八七]。"皆先生筆定也。

○八月，兼判義禁府事，入與忠順堂引見。初，尹元衡與尹任怨仇已深，而林百齡、李芑爲其心腹，謀欲傾覆士林，以濟其奸。元衡託密旨誘臺諫，使擊尹任，臺諫不從，芑等詣閤門，欲有所啓。兩殿即同御忠順堂，引入宰樞，將加尹任等罪。時天威震赫，人莫敢少忤，先生從容言曰："人臣之義，當專於所事。當彼時專心於大行大王者，豈宜深罪？且擧事當顯明，不然，恐士林多罹禍。"聞者縮頸，而先生色不懾。既而錄功，號曰衛社，併錄其日入侍宰樞。先生加崇祿，封驪城君，以無功濫受力辭，不聽。其懇辭勳爵箋文，有"非但取譏於當世，直恐貽笑於萬年"等語，而全篇遺失。上劄論信讒邪、私戚屬之禍。有論洪嬪、鳳城、王大妃劄子〔八八〕，不進。有讓老王以其遺命不告訃啓辭〔八九〕，撰《仁宗大王行狀》〔九〇〕，有挽章四韻〔九一〕。

○十二月，辭狀省親〔九二〕。

【校記】

〔率百官禮奠〕底本作"率百官禮葬"，根據卷十三所收原文改。

【注釋】

〔八二〕具狀：指卷九所收《乙巳正月十八日辭狀》。
〔八三〕上劄：見卷九所收《閏正月二十三日劄子》。
〔八四〕按：兩首詩皆收在卷三。四韻詩的題目是《乙巳春二月，興疾將赴中宗山陵之會》。
〔八五〕垂簾之議：明宗12歲即位，是由他的母親文定王后垂簾聽政，還是由仁宗的王后仁聖王后來垂簾聽政的爭論。因爲明宗是繼承仁宗的王位，故有此爭議。
〔八六〕書啓十條：指卷十三收錄的《政府書啓十條》。
〔八七〕兩殿：指明宗及其母文定王后。
〔八八〕有論句：議論洪嬪、鳳城、王大妃的內容見卷十三收錄的《乙巳秋劄字》中第二條。洪嬪，指鳳城君之生母。鳳城，即鳳城君,名岯,字子瞻,諡號懿愍,中宗子。王大妃,指仁宗王妃仁聖王后。
〔八九〕讓老王:即燕山君。啓辭:見卷十三收録的《乙巳秋議啓》。
〔九〇〕《仁宗大王行狀》:卷六收録。
〔九一〕挽章:指卷三收録的《仁宗挽章》。
〔九二〕辭狀:指卷十三收録的《乙巳十二月呈辭》。

## 二十五年(1546)明宗元年丙午先生五十六歲

○春,入劄子〔九三〕,言君德成就責經筵之義。劄略曰:先賢有言"君德成就責經筵"。臣忝叨是職,日夜懼無以稱塞,謹以先儒程頤格言至論有裨於聖德而可施於今日者,條録以獻。此皆輔導幼主切要之言,殿下誠能深信而力行之,其有補於聖功,豈云小哉?臣又念輔養之道,其講劘規箴,固在於經筵,至於在宫中保護教諭之益,則專在於慈殿。宜於主上三朝之際,常諄諄勉諭以勤學問、敬大臣、納諫諍、近正人、遠邪佞、畏天命、恤民隱等事,而又必以修身進德爲本,視聽言動,一循乎禮,期以古之聖帝明王爲法,則聖德日就,爲宗社無疆之福矣。

○三月,呈辭省親。命本道監司,題給老親食物。將行,進劄乞講學、明理、親賢、遠邪。劄略曰:王者正心以正朝廷,正朝廷以正百官,正百官以正萬民。正心之要,在於講學、明理、親賢、遠邪而已。沈潛聖賢之訓,窮格義理之源,則方寸之間,天理日明,人欲日消;親賢臣,遠邪佞,則有薰陶匡救之益,無一曝十寒之患。既歸,三上章辭〔九四〕。

○七月,遞爲判中樞府事,上劄論當寧垂簾之非〔九五〕。時禮官請當寧并垂簾,先生聞之,上劄,略曰:人君南面而聽治,如大明麗天,萬物畢照。況在臨政之初,群臣思得一望清光,今乃御殿而障蔽天顔,豈不致群情之疑阻乎?宋朝之儀,蓋以皇帝聽政,侍臣皆坐,經筵講官立講,皇帝與太后東西相對,相距密邇,故帝坐亦在於簾内。我朝之禮,侍臣講官皆俯伏,史官亦莫敢仰視,何必於殿下並設簾障乎?至於慈殿同御殿之時,則只得如忠順堂面對之儀,行於今而無惑,垂諸後而可法矣。

　　○九月,李芑、尹元衡啓奪勳爵。初先生爲慶尚監司曰,都事李天啓以持平召赴闕,請曰:"今當卜相,時論皆歸李芑,何如?"曰:"其人陰險,不可以置相位。"已而,李果相而兩司劾罷之。李聞其故,深銜之。至是,芑以元勳當國用事,先生與之同朝,動與爲矛盾。一日,先生以院相入直,召注書書啓曰:"凡罪人,當取服定罪。近日三省訊鞫,過用刑杖,徑殞者多,恐有橫冤,欲望用校正杖得情,然後定罪。"翌日,芑入見啓草,忿然曰:"渠恐杖落渠膝故耶?"加以仁鏡用前釁,反有嗛於先生〔九六〕;元衡以先生嘗有救己之言,屢欲納交,先生絶不往,由是深恨焉。是時朝論洶洶,謾讕遂及於先生。九月,芑啓曰:"某惑於邪論,諂附世子,背叛中宗,書上十條,縶人主手足,與柳仁淑交結,多有營救逆賊之言。臣往以贓吏女婿,不得爲顯職,某爲大憲時始解之,於臣有恩,今臣爲國不計私,敢啓。"大憲元衡、持平陳復昌繼之,乃奪勳爵。

【校記】
〔徑殞者多〕底本作"經殞者多",據乙亥本改。　　〔欲望用校正杖〕底本作"欲望用較正杖",據《退溪集》改。

【注釋】
〔九三〕劄子:指卷十收錄的《丙午春劄子》。
〔九四〕三上章辭:指卷十收錄的《四月辭職狀》、《五月十一日再度辭狀》和《六月十九日三度辭狀》。
〔九五〕上劄:指卷十收錄的《不宜垂簾劄子》。
〔九六〕嗛:怨恨。

二十六年丁未(1547)先生五十七歲
　　○閏九月,江界府安置。有無賴子匿名謗國良才驛壁,副提學鄭彦愨見之,取糊紙以啓。或曰"彦愨送女子,仍經宿自爲之"云。因以大加罪乙巳諸人〔九七〕,先生亦在其中,江界府安置。聞謫命,舉家號泣,先生怡然,飲食言笑如平日,屬家人曰:"善奉養大夫人。皇天在上,吾不久當還矣。"○七月,有《記夢》〔九八〕。閏九月,有向關西詩〔九九〕。

**【注釋】**

〔九七〕乙巳諸人:指 1545 年乙巳士禍中幸存的尹任一派的官員。

〔九八〕《記夢》:今《晦齋集》中失收。

〔九九〕向關西詩:前往流配地江界途中所作詩,見卷四《西遷録》的前面部分。

## 二十七年戊申(1548)先生五十八歲

○六月十八日辛酉,大夫人下世。七月訃至,用遺衣設位,朝夕攀號。十月,爲文〔一〇〇〕具饌,遣姪李純仁致祭。有《沙伐國傳》〔一〇一〕,其略曰:有崇品宰相,以父溺愛其妾,偏與財産而薄於嫡,常蓄憤於庶母。去壬寅年間父死,右公以大諫,居喪于沙伐國。兄又病死,乃嗾兄妻訴於官曰:"庶母孽弟等,爲妖術死吾夫,請繫治。"牧使宋希奎疑其無證據,不授理,右公潛簡于宋,請急逮治,遂報刑四次。某過宋,宋言其事,某曰:"公何爲此?"宋披囊出其手簡曰:"不得已也。"某到咸昌,寄書右公,極言未安意,其答書,略無自責意,多有憤恨言。到聞慶,宰安景祐以推官故,備言其殘忍,安嫉惡口滑,逢人即説。右公深懷疑畏,復爲大諫辭免時,舉以發明。近乘勢欲滅口,乃列本道朝官宰相沙伐隣境居人,陰授權臣,令盡除去,從之。丁未之禍,宋、安皆不免。有權臣切親,明言陰授之事。若使朝廷知此事,豈不有補於累政乎?按沙伐,尚州舊號;宰相,金光準也。但未知傳作於何年,姑附于此。

568

**【校記】**
〔不授理〕甲子本和正祖本作"不受理"。

**【注釋】**
〔一〇〇〕爲文：指卷六收錄的《祭先妣孫夫人文》。
〔一〇一〕《沙伐國傳》：卷十一收錄。相關注釋見本篇。

### 二十八年己酉（1549）先生五十九歲

○二月庚申，大夫人祔葬贊成公墓後穴。先生撰碣〔一〇二〕

○十月，《大學章句補遺》成。序略曰〔一〇三〕：朱子以其結語一句，知其爲釋格物致知之義，而未得其文，遂取程子之意以補之，發明甚備。然愚嘗讀至於此，每嘆本文之不得見。近歲聞中朝有大儒得其闕文於篇中，更著章句，欲見之而不可得。乃敢以臆見取經文中二節，以爲格物致知章之文。既而反覆參玩，辭足義明，無欠於經文，而有補於傳義，又與上下文義，脈絡貫通，晦庵復起，亦或有取。又按"聽訟"一節，今在傳三章之後，文義不屬，有可疑者。乃依程子所定，置於經文之下，詳味其意，與《中庸》卒章"予懷"以下、"奏假"以下之意合，此蓋端本化民之要道也。故曾子於經文章末，引孔子之言以明之，程子於此，豈無所見乎？

**【注釋】**
〔一〇二〕碣：指卷六收錄的《先妣貞敬夫人孫氏墓碣銘》。
〔一〇三〕序：指卷十一收錄的《大學章句補遺序》。

### 二十九年庚戌（1550）先生六十歲

○六月，服除。

○八月，《奉先雜儀》成。序略曰〔一〇四〕：本朱文公《家禮》而參以馬、程氏祭禮及時俗之宜，稍加損益，務從簡易，以爲一家之禮，庶幾宜於今而遵守勿替云爾。存乎心者，有所未盡，則節文雖備，是亦虛而已。故又採《禮經》之文及先聖賢之言，有明報本追遠之義者，別爲一篇，以附于後。

○十月，《求仁録》成，序略曰[一〇五]：聖人千言萬語，無非在於求仁，而其所以求端用力之方，見於《語》《孟》諸經者，明且備矣。但其言散出於諸篇，而或因門人問答而發者，有大小淺深之不同，有難以領會者。乃取先聖之訓及諸弟子、思、孟之説，類聚爲篇，諸儒注解要切之言，亦略附録。又採先儒之論發明仁體及用功之要者，別爲一篇，以備參究。《進修八規》[一〇六]成。取《易經》進德修業之義，衍爲八條，以爲聖學之助。一曰明道理，二曰立大本，三曰體天德，四曰法往聖，五曰廣聰明，六曰施仁政，七曰順天心，八曰致中和，又爲教養儲宮一條云。

【注釋】

〔一〇四〕序：指卷十一收録的《奉先雜儀序》。
〔一〇五〕序：指卷十一收録的《求仁録序》。
〔一〇六〕《進修八規》：卷八收録。李彥迪去世後，1566 年由李彥迪庶子李全仁呈遞給明宗。

三十年辛亥（1551）先生六十一歲

三十一年壬子（1552）先生六十二歲

三十二年癸丑（1553）先生六十三歲

○四月，爲文具饌[一〇七]，使嗣子應仁從弟經歷通之子祭亡弟彥适。察訪，字子容。

○《中庸九經衍義》修未及成書[一〇八]，十一月二十三日乙丑，以疾終。先生素有寒疾，人益危之，毁戚三年，猶無恙,人皆以爲必有所扶護而然。其處困行患,有以自安,進學著書,不輟其功,未明而起,乾乾夕惕。其几案上,書自戒之辭曰:"吾日三省吾身,事天有未盡歟?爲君親有未誠歟?持心有未正歟?"一日,御史李無疆疾驅入城,一府驚怖,謂有不善意,先生不爲動,正坐看書。北地素無大風,是曉雲霧四塞,風振拔木,移時乃定。先生鄉人慶州居鎮海宰金世良夢見〔一〇九〕,見贈云:"投履牀下去,精氣與天通。淡然一草裏,獨遊神仙峰。"驚覺號泣,召語其子曰:"先生逝矣。"後聞之,果易簀日也〔一一〇〕。

○十二月十二日,孤全仁輿櫬發行。全仁露伏柩前,觀者灑泣。冰雪盈山,輀不得進。時有樵夫負土鋪路,使之安行。

**【校記】**
[持心有未正歟]甲子本作"持心有未静歟"。　　[先生鄉人慶州]庚子本、甲子本、正祖本俱作"先生故人慶州"。

**【注釋】**
〔一〇七〕文:指卷六收録的《祭亡弟子容文》。
〔一〇八〕《中庸九經衍義》:雖未及成書,《中庸九經衍義序》收録在卷十一。
〔一〇九〕金世良:字彦叔(1502—1571),號昊亭,慶州人,1535年文科及第,曾任金山郡守、鎮海縣監等職,著述有《昊亭先生實紀》。
〔一一〇〕易簀:即換席子,後用來作病危將死的典故,源於《禮記·檀弓上》:"曾子寢疾,病。樂正子春坐於牀下,曾元、曾申坐於足,童子隅坐而執燭。童子曰:'華而睆,大夫之簀與?'子春曰:'止!'曾子聞之,瞿然曰:'呼!'曰:'華而睆,大夫之簀與?'曾子曰:'然,斯季孫之賜也,我未之能易也。元!起,易簀!'曾元曰:'夫子之病革矣,不可以變。幸而至於旦,請敬易之。'曾子曰:'爾之愛我也,不如彼。君子之愛人也以德,細人之愛人也以姑息。吾何求哉？吾得正而斃焉，斯已矣！'舉扶而易之。反席，未安而没。"按古時禮制，簀只用於大夫，曾參未曾爲大夫，不當用，所以臨終時要曾元爲之更換。後因以稱人病重將死爲"易簀"。簀，華美的席子。

三十三年甲寅（1554）
〇二月，大轝至鄉〔一一一〕。
〇十一月甲辰，窆于贊成公塋之次〔一一二〕。

【注釋】
〔一一一〕轝：古同"輿"。
〔一一二〕贊成公塋之次：葬於興海郡達田里禱陰山，今韓國浦項市南區迎日邑達田里。

三十四年乙卯（1555）

三十五年丙辰（1556）

三十六年丁巳（1557）

三十七年戊午（1558）

三十八年己未（1559）

三十九年庚申（1560）

四十年辛酉（1561）

四十一年壬戌（1562）

四十二年癸亥（1563）

四十三年甲子（1564）

四十四年乙丑（1565）

四十五年丙寅（1566）
〇秋八月，李全仁具疏進《進修八規》，上悟，遂命復爵。疏略曰：臣父白首窮涯，丹心彌切，每見求言之旨，自嘆展抱陳悃，不得一徹於君父，乃草九條，繕寫已具，上達無由，齎志隕殁。臨殁，言不及家事，但曰："予受三朝厚恩，稱效無聞，投棄絶徼，理固宜然。特賴聖慈寬仁明恕，七載天年，粉骨難酬。予昔所撰《八規》，庶幾有助聖學，儻蒙採取，吾死無憾。古人有遺表，即此吾意也。"下諭監司曰："今觀道内慶州地居李全仁疏辭及所進其父某進修之規，身在草野，不忘其父進修之誠，良用嘉焉。卿其傳諭此意。"

隆慶元年丁卯（1567）
〇六月，明宗昇遐，今上即位。十一月，下旨搜訪遺書。下旨曰：李某非特無罪，實優學行，近代獨有著述。所學本程、朱，故所言皆道理，足以示諸天使。且其書乃少時所著，若晚年所得則至矣。遺書在其家者，搜訪得出，使後學矜式。

二年今上元年戊辰（1568）
〇二月，贈大匡輔國崇禄大夫、議政府領議政、兼領經筵、弘文館、藝文館、春秋館觀象監事，仍命歲賜廩于夫人。

　　○三月,遣官禮曹正郎李景明〔一一三〕致祭。其文曰:"嗚呼! 天不可恃,賢邪相勝。理不可誣,是非乃正。緬惟孤忠,予切追隱。學爲希顏,志則惟尹〔一一四〕。早挺東南,歷敭臺閣。中罹擯絶,晦養益篤。中廟宣召,契合昭融。便養在外,疏奏九重。一綱十目,大人之謨。優荷聖獎,許以真儒。迨遇孝陵〔一一五〕,處之貳公。如魚有水,遽遭鞫凶。逮先王初,砥柱危疑。條上嘉猷,正中時宜。許國忠赤,炳如星日。慍于群小,誣入罪籍。遠拘西裔,極其困辱。人所難堪,素患不移。國是久迷,賜環少遲。齎志没地,世所共惜。日月攸邁,重泉猶鬱。天道喜還,權奸一掃。積歲幽冤,睿鑑旁照。賜覽八規,嘉乃忠告。不幸已亡,未見收召。悶予在疚,思繼先志。仰稟慈誨,群枉畢理。生加簪紱〔一一六〕,死賁褒異。惟靈之賢,拔乎其萃。匡君之道,經世之策。備在遺書,足爲後法。恨不同時,獲其輔益。眷言舊爵,罔符厥德。贈以崇秩,昇之上台。匪以榮之,用慰予懷。邈矣東都,故里荒涼。伻造寢東,酹以一觴。"

【校記】
[是非乃正]庚子本、甲子本、正祖本俱作"是非乃定"。　　[學爲希顏]庚子本作"學爲晞顏"。　　[悶予在疚]庚子本、甲子本、正祖本俱作"閔予在疚"。

【注釋】
〔一一三〕李景明:字如晦(1517—?),號慕軒,本貫固城。1562年文科及第。
〔一一四〕學爲兩句:這兩句是説學問修養希望能達到顏回的境地,而事功則能像伊尹那樣輔佐君王中興。顏,指孔子弟子顏回。尹,指伊尹。
〔一一五〕孝陵:朝鮮仁宗的陵號爲孝陵,代指仁宗。
〔一一六〕簪紱:冠簪和纓帶。古代官員服飾。亦用以喻顯貴、仕宦。

## 三年己巳（1569）

○八月，贈謚文元，道德博聞曰文，主義行德曰元。配享明宗廟庭。王若曰：三年喪既畢，方修升祔之儀；一介臣惟賢，宜膺與享之寵。茲惟崇德之典，實協敦宗之文。惟卿安重端詳，英悟超邁，以天民之先覺，作聖朝之藎臣。學遡淵源，契周誠程敬之奧旨〔一一七〕；忠竭啓沃，符《伊訓》、《説命》之嘉謨。國有賴於蓍龜，士咸仰乎山斗。荷知遇於中廟，許以真儒；承隆眷於孝陵，擢在弘化。逮先王之初服，有明勗之裕猷〔一一八〕。衍成八規，備在進修之道；條上十事，式罄棐迪之誠〔一一九〕。何群小之孔艱〔一二〇〕，致先正之遐棄？忠以受禍，痛青蠅之止樊；天不可知，慘野鵩之入室〔一二一〕。德濟世之已矣，言垂後之炳如。我皇考旁燭離明，思理誣枉；予小子克繼先志，首命追襃。道德文章無以加，允矣考翼；大夫國人皆曰可，實符僉同。肆當吉祭之辰，聿躋從祀之列。於戲！同心同德，既無間於幽明；作福作災，永有賴於啓迪。

【注釋】

〔一一七〕周誠程敬：修養論上，周敦頤主張"誠"，程頤則主張"持敬"。

〔一一八〕裕猷：即猷裕，道，治國之術。

〔一一九〕棐迪：教導。《尚書·洛誥》："公功棐迪，篤罔不若時。"

〔一二〇〕孔艱：很難知，很艱難。《詩·小雅·何人斯》："彼何人斯，其心孔艱。"鄭玄箋："孔，甚；艱，難。"

〔一二一〕鵩：貓頭鷹，被認爲是不祥之鳥。鵩鳥入室是不祥之兆。

## 四年庚午（1570）

## 五年辛未（1571）

## 六年壬申（1572）

〇鄉人建書院于獨樂堂下。欲觀周道，捨魯何適？經始上年，斷手今秋。〇此山別業，全仁守之。

## 萬曆元年癸酉（1573）

〇二月丁卯，出鄉賢祠在西岳〔一二二〕位版，安于書院。十二月三日，錫額玉山書院。

**【注釋】**

〔一二二〕西岳：指慶州西岳洞。

## 三十八年庚戌（1574）

〇八月，遣官禮曹正郎南以俊〔一二三〕賜祭家廟，王若曰：大賢之生不偶，蔚爲師儒之宗；公論之定有時，盍舉崇報之典？庸示異數，載告端由。惟卿間世挺生，元精毓秀。天資暗合于道，勇往不待師承；聖人可學而能，力踐必由序進。觀其終始獨得之妙，最在明誠兩進之功。繼濂、洛、考亭之遺傳〔一二四〕，遇中、仁、明廟之盛際〔一二五〕，庶幾乎禮樂期致萬歲大平。堯、舜我君民，恥見一夫不獲，何圖設施之未幾，遽見讒構之橫罹？履險蹈危，身雖厄於顛沛；動心忍性，功不輟於斯須。惟《進修八規》之書及推衍九經之義，反覆數千百語，悉出愛君憂國之誠；首尾二十餘篇，皆爲妙道精義之發。至如《雜儀》、《補遺》〔一二六〕諸說，無非牖世立教之謨。論道德則無愧於古人，語事功則可質於往聖，已有先朝之嘉獎，秖欠文廟之縟儀。議廊廟而未遑，蓋以舉措爲重；勤韋布之屢請，愈見詢謀僉同。肆予特許褒崇，使人有所矜式。良辰吉日，命攸司舉儀於國庠；潔牲薰爐，遣禮官致告于家廟，扶植道脈，鼓舞儒風。於戲！自東自西自北自南，四方無思不服;有德有言有功有烈,千載得與斯文。故兹教示,想宜知悉。**九月,從祀文廟。**

**【校記】**
[王若曰]甲子本和正祖本作"其文曰"。　　[勇往不待師承]底本作"勇往不待帥承",不通,據甲子本和正祖本改。

**【注釋】**
〔一二三〕南以俊:字士秀(1566—1721),本貫宜寧。1609年文科及第。
〔一二四〕濂、洛、考亭:指周敦頤、程顥、程頤和朱熹。
〔一二五〕中、仁、明廟:指朝鮮中宗、仁宗和明宗。
〔一二六〕《雜儀》《補遺》:指《奉先雜儀》《大學章句補遺》。

## 文元公晦齋先生年譜後叙

余既重浚請,僭序先生集矣,浚起拜謝,且願次輯爲譜,使一披在目,盡得平生。噫！惟朱夫子能譜程先生,若朱譜,未免後儒惜其任意增損,今余何人,敢當斯托？顧雖不得考亭心,亦嘗見伊川面耳。迺爲之就本集《行狀》、家藏、拾遺,詳其爵里、世系、出處進退與夫學問、德業、言論、風旨在人耳目者,前後次第,一二粗備。噫！其尚有所考也夫！如其冗複疏脱,俟後君子得因以删補之。

閼逢閹茂姑洗上旬〔一〕,後學暗室盧守慎書〔二〕。

【校記】

[文元公晦齋先生年譜後叙]庚子本無此題,甲子本和正祖本缺"文元公"三字。

【注釋】

〔一〕閼逢閹茂姑洗：指甲戌年三月。宣祖甲戌年是1573年。閼逢,亦作"閼蓬"。天干中"甲"的别稱,用以紀年。《爾雅·釋天》："太歲在甲曰閼逢。"地支中戌的别稱,用以紀年。《淮南子·天文訓》："太陰在戌,歲名曰閹茂。"姑洗,指農曆三月。班固《白虎通·五行》："三月謂之姑洗何？姑者故也,洗者鮮也,言萬物皆去故就其新,莫不鮮明也。"

〔二〕暗室：盧守慎的號之一。盧守慎：字寡悔（1515—1590）,號穌齋、伊齋、暗室、茹峰老人。

# 晦齋先生集

## 附錄

## 晦齋李先生行狀

先生姓李氏,諱迪,後中廟命加彦字[一]。字復古,自號晦齋,又號紫溪翁。其先驪州人,鄉貢進士世貞之後。中移于迎日,復遷于慶州良佐村[二]。高祖諱權,副司直。曾祖諱崇禮,贈兵曹參判。祖諱壽會,訓鍊院參軍、贈吏曹判書。考諱蕃,成均生員、贈議政府左贊成。妣貞敬夫人孫氏,精忠出氣敵愾功臣雞川君昭之女。

先生生于弘治辛亥[三],生有異質。九歲而孤,稍長,力學能文,旁通舉業。正德癸酉[四],中生員試。甲戌別舉,朴世熹榜登第[五],年二十四矣,權知校書館副正字,差本府教官,尋入爲正字。戊寅,爲著作。參軍公歿[六],先生承重,居憂制甚謹。服闋,陞博士。辛巳,選授弘文館博士、侍講院說書,用薦爲吏曹佐郎。甲申,乞外爲仁同縣監。丙戌,以司憲府持平召還,轉吏曹正郎,除掌令。己丑,由成均館司成,出爲密陽府使。臨民御吏,細大皆有條法,吏戢民懷。

庚寅,召入爲司諫院司諫。時金安老久在屛黜,朝廷方議復引用,以爲"東宮孤單,須此人爲之羽翼",蓋安老子延城尉尚公主,於東宮爲有力也。倡此說者正言蔡無擇[七]。無擇,安老妻黨,以此爲安老得路之地。大司憲沈彦光等隨聲和附[八],舉朝靡然,先生獨力言其不可,與無擇不合。無擇襯正言,而物論旋訾先生立異,左遷爲司藝。

先生一日過沈彦慶兄弟[九],彦光曰:"司藝何以知安老之爲小人乎?"先生曰:"安老尹東京時,熟觀其處心行事,真小人情狀也。此人得志,誤國必矣。"彦慶曰:"雖入,豈授以權柄乎?但欲爲東宫地耳。"先生曰:"不然,彼若入,非久必秉國鈞,專擅用事,誰敢有禦之者?且東宫,一國臣民所共屬意,何待安老而後安耶?"彦光怒起去,乃宣言于朝曰:"李某在朝,安老不得入矣。"遂劾罷歸田里。安老既至,聞先生攻己語,亦不甚怒。慶人有以賄求官者,安老謂其人曰:"慎勿令李某知之也。"

丁酉冬,安老敗死,中廟思先生忠直,首命敍復,爲掌樂僉正。遷宗簿,入玉堂爲校、應教,轉中書,由檢詳至舍人,除軍器寺正。俄以直提學,陞秩爲兵曹參知。已而出尹全州,歲中府境大治,其民立碑以頌德。先生雖以親老乞郡,其愛君憂國之念,未嘗一日而忘于懷。會因災異求言,乃上疏數千言[一〇],其疏爲綱者一,曰人主心術;爲目者十,曰嚴家政,曰養國本,曰正朝廷,曰慎用舍,曰順天道,曰正人心,曰廣言路,曰戒侈欲,曰修軍政,曰審幾微。所言無非格君心,措時務,啓沃謀謨,極其忠讜。中宗大王深加獎歎曰:"古之真德秀[一一],無以過也。"即命傳示東宫以及外朝,特旨陞嘉善。俄拜兵曹參判,兼世子右副賓客。先生以謂"如蒙採言則幸矣,遂有儹賞,非所敢當",上箋懇辭,上不許。

於是歷禮曹參判、成均館大司成、司憲府大司憲、兼世子左副賓客、弘文館副提學。在館又上疏[一二]，極陳聖學本末、時政得失。辛丑秋，陞資憲，判漢城府，尋加正憲，議政府右參贊，轉吏曹判書，再爲參贊、大憲、刑禮曹判書、右參贊。癸卯，求出爲安東府使，諫院啓留之。先生以母夫人老病在鄉，不可以睽離遠宦，累陳情悃乞歸養，上慰諭之曰："卿辭至切，進退有關，故不允。"命本道題給母食物，又諭令將母來京。先生益爲之惶恐感激，請外愈力，朝廷不得已除爲本道監司，俾以少遂其情。

甲辰，判漢城府、兼左副賓客，會病乞辭。十一月中宗昇遐，亦未赴臨，日夜憂慟，病益重。仁宗即阼，首降召命，乙巳正月，擢爲議政府右贊成。先生再上狀辭病，上下旨敦諭，若曰："往年先王賜觀卿疏，固已歎服，且於書筵聞講説，予爲卿留意久矣，豈不合貳公乎？"仍賜藥物，令調以來。閏月及三月，連辭猶不允。至夏初，病稍間，始克造朝。時先生感兩朝知遇之隆，自力一行，蓋將以有爲也，而仁廟不豫日久，曠不視事，國之隱憂，有不可勝言者矣。先生嘗私謂領議政尹仁鏡曰[一三]："當今主上無嗣，大君年幼，何不早建白封爲世弟，以定國本乎？"仁鏡曰："公言當矣。但今山陵纔畢，詔使臨迫，何暇及此？"

七月，仁廟昇遐[一四]，今上嗣服，當舉垂簾之儀，百官會議賓廳。仁鏡曰："今有大王大妃、王大妃[一五]，何殿當聽政乎？"左右默然。先生曰："昔宋哲宗時，太皇太后同聽政，自有古例，不須疑問。且安有嫂叔同御殿之理乎？今但定垂簾儀制耳。"由是朝無他議。始開經筵,先生入參,伏聞玉音琅然,不覺喜淚下。退詣春秋館,柳仁淑問主上讀書何如〔一六〕?先生曰:"聖質英明,讀書無一字差誤,宗社臣民之福也。"

八月,政府書啓十條:一,請慈殿善導養聖質;二,請博選經筵官,恒與之講論游處,以進聖學;三,殿下於大行大王,有子道,有臣道,喪禮不可不盡誠孝;四,請嚴宮禁,防戚里;五,請慎擇宮人;六,請勿用特旨;七,請勿用判付;八,政院職,出納惟允,内旨有不合,許令封還;九,宮中府中,當爲一體,請勿開私門,以昭平明之理;十言:"大行大王學問之效,公道大行,人顒至治,奄至斯極。今上嗣緒,國人方以望於大行大王者,望於殿下,其機甚重,願兩殿留神焉。"大率皆先生筆定也。

已而將治尹任等罪〔一七〕,兩殿同御忠順堂,密旨引見宰臣。時天威震赫,人莫敢少拂,先生進曰:"人臣之義,當專於所事,當彼時專心於大行王者,豈宜深罪?且舉事當顯明,不然,恐士林多有橫罹禍者。"聞者縮頸,而先生無懼色。尹仁鏡啓曰:"當初議垂簾時,李彦迪問臣何殿當聽政乎?臣答以慈殿當聽政。"先生位稍遠,但聞其舉己名,心疑之,出取注書日記,檢得其誣啓之實。然又不欲尹得重罪,乃書啓云云,"仁鏡之言必不如是,恐注書記録之誤也"。上下其單賓廳,仁鏡失色,無以對,但囑左相洪彦弼〔一八〕。彦弼啓曰:"忠順堂狹隘,不便於記注官進退,此必注書誤聞之故也。"先生亦不復辨明焉。是月,録入侍忠順堂宰樞賜定難衛社功臣之號,先生力辭,以爲:"豈可無功而濫受,以紊王典乎?"不聽。

丙午春,入劄云〔一九〕:"先賢之言曰'君德成就責經筵'。臣忝是職,日夜懼無以稱塞,謹取先儒程頤格言至論有裨於聖德而可施於今日者,條錄以獻。此皆輔導幼主切要之言,殿下誠能深信而力行之,則其有補於聖功,豈云小哉?臣又念輔養之道,其講劘規箴,固在於經筵,至於在宮中保護教諭之益,則專在於慈殿。宜於主上三朝之際,常諄諄勉諭以勤學問,敬大臣,納諫諍,近正人,遠邪佞,畏天命,恤民隱等事,而又必以修身進德爲本,視聽言動,一循乎禮,期以古之聖帝明王爲法,則聖德日就,爲宗社無疆之福矣。"

三月,呈辭省親,將行進劄云"王者正心以正朝廷,正朝廷以正百官,正百官以正萬民。正心之要,在於講學明理,親賢遠邪而已。沈潛聖賢之訓,窮格義理之源,則方寸之間,天理日明,人欲日消;親賢臣,遠邪佞,則有薰陶匡捄之益而無一曝十寒之患"云〔二〇〕。其所望於君父者,益深切矣,然而當時冰炭之勢,實亦有難相容者。既歸,三上章乞辭職,乃命遞爲判中樞府事。于時,禮官請於當寧幷垂簾,先生聞之上劄云:"人君南面而聽治,當如大明麗天,萬物畢照。況在臨政之初,群臣思得一望清光。今乃御殿而障蔽天顏,豈不致群情之疑阻乎?宋朝之儀,蓋以皇帝聽政,侍臣皆坐,經筵講官立,而皇帝與太后東西相對,相距密近,故帝座亦在於簾內。我朝之禮,侍臣與講官皆俯伏,雖史官亦莫敢仰視,何必於

殿下並設簾障乎？至於慈殿同御殿之時，則只得如忠順堂面對之儀，行於今而無惑，垂諸後而可法矣。"〔二一〕

是時朝論洶洶，謾讕遂及於先生〔二二〕。秋九月，李芑啓曰〔二三〕："彦迪惑於邪論，諂附世子，背叛中宗，書上十條，繫人主手足，與柳仁淑交結，多有營捄逆賊之言。臣往以贓吏女婿，不得爲顯職，彦迪爲大憲時始解之，於臣有恩，今臣爲國不計私。敢啓。"大憲尹元衡〔二四〕、持平陳復昌等繼之〔二五〕，乃削奪勳爵。丁未九月，有無賴子匿名謗國之變〔二六〕，因以大加罪乙巳諸人，先生亦在其中，江界府安置〔二七〕。

夫以先生委質三朝，進退心迹，昭如日星，而言論疏劄，務引君當道，忠誠懇惻，終始一致，無一毫可疵，而終至不免者，無他焉。初先生在慶尚日，都事李天啓以持平召赴闕〔二八〕，請於先生曰："聞今當卜相，物論皆歸於李芑，何如？"先生曰："其人陰險，不可以置相位。"已而，李果相，而兩司劾罷之。李聞其故，深銜之。至是李以元勳，當國用事，先生與之同朝，動與爲矛盾。一日先生以院相入直〔二九〕，召注書書啓曰："凡罪人當取服定罪，近日三省訊鞫，過用刑杖，徑殞者多，恐有橫冤。欲望用校正杖得情〔三〇〕，然後定罪。"翌日，芑入見啓草，忿然曰："渠恐杖落渠膝故耶？"加以仁鏡用前釁，反有嗛於先生，元衡以先生嘗有救己之言，屢欲納交。先生絶不往，由是深恨焉。三憾合勢，其謀欲中害，固不遺餘力矣。矧乎一時姦憸之徒，誣善類，阿時相，以饕己利者相環也。按金光準〔三一〕挾私憾，中傷之力居多。凡先生所守,皆彼之所畏,彼輩今日之得志,寔先生平昔爲君上深憂而力防之者,則先生之以忠獲罪,何足怪哉? 而於先生,又何恨焉?

【校記】
［按金光準挾私憾,中傷之力居多］此小注,庚子本無。

【注釋】
〔一〕 中廟:朝鮮第十一代王中宗(1506—1544 年在位)的廟號。
〔二〕 慶州良佐村:現在的慶尚北道慶州市江東面良洞里。
〔三〕 弘治辛亥:是 1491 年,朝鮮成宗二十二年。弘治,是中國明孝宗(1488—1505 年在位)的年號。
〔四〕 正德癸酉:是 1513 年,朝鮮中宗八年。正德,是中國明武宗朱厚照(1505—1521 年在位)的年號。
〔五〕 甲戌別舉:即 1514 年的別試,別試是朝鮮時期正規科舉考試外,爲了選拔人才,不定期舉行的科舉考試中的一種。本年別試,朴世熹中狀元。朴世熹(1491—1530):朝鮮中期文臣。本貫尚州,字而晦,號道源齋。1514 年別試文科狀元及第,1515 年賜暇讀書,同年任弘文館修撰。1517 年授正言,此後歷任吏曹佐郎、弘文館應教等職,1519 年任司諫,同年任左副承旨,己卯士禍起,趙光祖一派失勢,先流配尚州,後又改配江界,卒於江界。少時從趙光祖學,與金湜、金浄、金絿等交遊。死後贈吏曹判書,謚號文剛。
〔六〕 参軍公:指李彦迪的祖父李壽會,曾任訓鍊院參軍,故稱。
〔七〕 蔡無擇:朝鮮中期文臣。本貫仁川,初名無斁,字彦誠(? —1537)。1524 年別試文科丙科及第,歷任掌令、應教等職,1535 年任大司諫,同年再授副提學。任中依附權臣金安老,爲其黨羽,誣告陷害異己,離間朝綱,時人將其與金安老、許沆一起稱爲三凶。1537年與金安老等謀廢文定王后位,遭流配賜死。

〔八〕沈彥光:本貫三陟,字士烔(1487—1540),號漁村。1513年文科及第。1530年任大司憲時,與兄彥慶一起積極主張任用金安老。後金安老大興冤獄,迫害士林,沈彥光心生悔意。詩、書、畫皆通,諡號文恭。

〔九〕沈彥慶:字士吉(1479—1556),號東海浪翁,沈彥光之兄。

〔一〇〕上疏數千言:即卷七所收録的《一綱十目疏》。

〔一一〕真德秀:南宋寧宗時官員、理學家,任官十餘年間上皇帝書達數十萬字,皆合於事理和時務。

〔一二〕在館又上疏:即卷十二所收録的《弘文館上疏》。

〔一三〕尹仁鏡:本貫坡平,字鏡之(1476—1548),諡號孝成。1506年文科及第。官至領議政。1532年以禮曹參判任冬至使出使明朝。明宗即位後依附尹元衡一派,授推誠衛社弘濟保翼功臣一等,封坡城府院君。

〔一四〕仁廟:朝鮮第12代王仁宗(1544—1545年在位)的廟號。

〔一五〕大王大妃、王大妃:大王大妃指明宗母親、中宗王后文定王后,王大妃指明宗兄仁宗王后仁聖王后。明宗屬於兄終弟及,兩位王后都在朝,故造成混亂。

〔一六〕柳仁淑:本貫晉州,字原明(1485—1545),號静叟,諡號文貞。1510年文科及第,官至右贊成。性方剛,嫉惡如仇,1545年乙巳士禍時與尹任、柳灌一起遇難,世稱乙巳三大臣。

〔一七〕尹任:本貫坡平,字任之(1487—1545)。父親是中宗的丈人坡原府院君尹汝弼,妹妹爲中宗之章敬王后。武科及第,歷任多職。仁宗爲世子時,與金安老一起主張保護世子,與慶源大君母文定王后結怨。1543年起大尹和小尹的黨爭起,爲大尹的首領。1544年仁宗即位,但八個月後就去世,1545年明宗即位,文定王后垂簾聽政,小尹尹元衡一派掌權,挑起乙巳士禍,尹任被賜死。死後,評價不一,李珥認爲於社稷無罪,李滉認爲於社稷有罪。1577年平反復爵,謚號忠義。

〔一八〕洪彦弼:本貫南陽,字子美(1476—1549),號默齋。1504年文科及第,官至領議政。1545年明宗即位後,支持尹元衡一派,參與發動乙巳士禍,封益城府院君。有《默齋集》。

〔一九〕入劄:即卷十收録之《丙午春劄子》。

〔二〇〕進劄:即卷十收録之《三月呈辭劄子》。

〔二一〕聞之上劄:即卷十收録之《不宜垂簾劄子》。

〔二二〕謾讕:欺騙抵賴。《新唐書·儒學傳中·郎餘慶》:"又哀貨無藝,民詣闕訴之,使者十輩臨按,餘慶謾讕,不能得其情。"

〔二三〕李芑:字文仲(1476—1552),號敬齋,本貫德水。1501年文科及第。1528年爲嶺南觀察使。1545年與尹元衡、鄭順朋等挑起乙巳士禍,清洗士林,掌握實權。以後官至領議政,死後追官奪爵。

〔二四〕尹元衡:字彦平(?—1565),本貫坡平。朝鮮中宗繼妃文定王后之弟。小尹派領袖。中宗在位時,尹元衡的小尹派支持文定王后之子慶源大君,與支持章敬王后所生世子的尹任大尹一派對立。中宗去世,世子即位爲仁宗,但不到一年即去世,明宗即位,文定王后垂簾聽政,大尹得勢,挑起乙巳士禍,封瑞原府院君。文定王后1565年去世後,明宗受朝臣逼迫,清算舅父尹元衡,尹元衡遭罷職奪爵,被流放。

〔二五〕陳復昌:字遂初(?—1563),本貫驪陽。1535年別試文科狀元及第。官至工曹參判。爲尹元衡心腹,乙巳士禍時,陷害大尹一派,積極活躍,被使官記録爲"毒蛇"。1563年死於謫所。

〔二六〕無賴子匿名謗國之變:指1547年的良才驛壁書事件。良才驛在今首爾江南區良才洞,朝鮮時代良才道的中心驛站。1547年2月良才驛上有人匿名張貼告示,内容爲文定王后和李芑弄權,國家將亡。以此爲契機,尹元衡一派肅清了尹任一派的殘存勢力,又稱丁未士禍,鄭彥愨、李若水、李彦迪、盧守慎等被流放。參考《燃藜事記述》卷十《明宗朝故事本末·丁未壁書之獄》。
〔二七〕江界:今平安北道江界郡地區,與中國東北接壤,苦寒之地。
〔二八〕李天啓:生卒年未詳,朝鮮中期文臣。字亨伯,號槐堂,本貫新平。1537年文科及第,官至司憲府掌令。1547年因良才驛壁書事件牽連,流放寧海。
〔二九〕院相:國王升遐後,代行26天政務的承政院臨時官職,多任命元老大臣擔任。仁宗下世後,李彦迪和權橃暫任院相之職。
〔三〇〕校正杖:刑杖的模型。據《退溪集考證》卷七"校正杖"條:"按刑式杖有長短厚薄之度,故杖之典樣。以銅爲之,空其中使容杖,各杖皆校正於此。如今各府皆有之。"
〔三一〕金光準:字叔藝(?—1553),本貫尚州。1519年文科及第,官至右贊成。明宗即位後,支持小尹一派,參與挑起乙巳士禍,封上洛君。李彦迪有《沙伐國傳》,記載金光準生平之不當行事甚詳。

聞謫命,舉家號泣,先生飲食言笑如平時,乃屬之曰:"好侍養大夫人。皇天在上,吾不久當還矣。"先生至謫所之明年戊申,大夫人下世,是則爲先生終天之痛,而先生素有寒疾,至是人益危之。乃以遺衣服設位,朝夕攀號毁感,以盡三年猶無恙,豈非有所扶護而然者歟?其處困行患,有以自安。進學著書,不輟其功。未明而起,乾乾夕惕。其几案上書自戒之辭曰:"吾日三省吾身,事天有未盡歟?爲君親有未誠歟?持心有未正歟?"一日,御史李無疆不意疾馳而入〔三二〕,一府驚怖,以爲有不善意。先生不爲動,正衣冠坐而看書。其一視夷險,不以死生窮厄易素操如此。癸丑十一月,以疾終于彼,享年六十三。甲寅,返櫬于慶州。十一月甲辰,葬于興海郡南達田里之檮陰山,從先壟也。

初,先生先考府君蚤歲以儒聞,嘗魁本道夏課。成宗嘉其詩賦,召見賜衣物,俾留國學學焉。後歸鄉里,日以訓後生爲事。先生雖不逮趨庭之訓,其家業固有所自來矣。孫夫人賢有識慮,不以慈愛弛教督之方,既令就學於舅氏孫吏判仲暾,又撥貧寠,資給遠邇。先生英悟出人,天資近道,不唯通經史,習時文不勞而早成。乃於俗學之外,知有所謂爲己之學而欲求之,雖未見有名門之師,從游而受業,然謂"道備於吾性,而其說具在方冊,苟能篤志,無不得之理",於是講明體履[三三],用力於致知誠意之地。

爲人安重端詳,雅有高趣。自少群居肄業,或有嬉戲喧呶於其側[三四],若無聞焉。年二十七而作《五箴》:畏天也,養心也,敬身也,改過也,篤志也。三十而又作《立箴》,其言皆古聖賢躬行心得切要之旨。其操存省察於日用動靜之間,懲窒遷改於遵養時晦之際,固已實有所事而非空言也。其罷歸也,卜地於州西北紫玉山中,愛其巖壑瓌奇,溪潭潔清,築室而居之,名其堂曰獨樂,益樹以松竹花卉,日嘯詠釣游於其間。謝絶世故,端坐一室,左右圖書,研精覃思,静中下功夫,比之前時,尤深且專一。然後向來有聞而未甚契者,始若心融而神會,親切而有驗焉。養以沖恬之趣,積以歲月之久,潛神性理,遵聖賢進修之方，玩心高明，樂鳶魚流行之妙。

夷考其可見之行，其事親也，篤於愛敬而承順悦豫〔三五〕，温清瀡瀡〔三六〕，靡不曲盡。一弟彦适〔三七〕，與之友于〔三八〕，如手如足。治家有法，門庭肅然，奴僕謹恭，宗戚鄉黨，撫待各得其宜。祭先之禮，務盡誠敬，特爲之編輯一書，名曰《奉先雜儀》。既參酌古今，以定禮文，又裒録《禮記》等書所載孝子慈孫竭誠齋祭之文，以觀省而奉行焉。大有定力，雖遇倉卒，未嘗有疾言遽色，静正自持。其在全州，遇節日張俗戲，監司金公正國〔三九〕，正人也，往往猶不免顧笑，先生超然如無見也。其直玉堂，或與同僚終日相對無言，蓋持敬功深，非矯而爲之。

本之於身心性情，而行之於家鄉邦國，所謂有體有用之學，述古而推今，移孝以爲忠者也。故其立乎本朝也，進退建白，如彼其光明正大。言若不出口，體若不勝衣，至其斥姦邪，定危疑，直前無畏，雖賁育〔四〇〕，莫之奪也。要之其言論風旨，尤足以備勸講而補衮職。其心懇懇焉，常以堯、舜君民之責自任，故其在遷謫，猶不勝其拳拳之忠。嘗取《易經》進德修業之義，衍而爲八規，志欲獻忠，雖以時義之不可而莫之進，其素所蓄積，益可見矣。然而先生在當時，既深自韜晦，故人未有知其爲有道者。滉之不肖〔四一〕，固嘗獲登龍門而望芝宇矣，亦懵然莫覺，不能以是深叩而有發焉。十數年來，病廢林居，若有窺覘於塵蠹間，顧無所依歸而考問，然後未嘗不慨然想慕乎先生之爲人。

## 【校記】

〔衍而爲八規,志欲獻忠〕庚子本作"衍而爲八規",無"志欲獻忠"四字。

## 【注釋】

〔三二〕李無疆:生卒年未詳,朝鮮中期文臣。字景休,陽城人。屬小尹一派,乙巳士禍陷害士人甚多。其時爲平安道御史。

〔三三〕體履:親身實行,實踐。

〔三四〕喧呶:喧鬧,吵鬧。

〔三五〕悦豫:喜悦,愉快。

〔三六〕温清滫瀡:指侍奉父母極爲體貼。温清,冬温夏清的省稱。冬天温被使暖,夏天扇席使涼,侍奉父母之禮。滫瀡,古時調和食物的一種方法。用植物澱粉拌和食物,使柔軟滑爽。

〔三七〕彥适:即李彥适(1494—1553)。李彥迪胞弟,字子容,號聾齋。曾任慶基殿參奉和松蘿道察訪。

〔三八〕友于:兄弟友愛。《書·君陳》:"惟孝友于兄弟。"後即以"友于"爲兄弟友愛之義。

〔三九〕金公正國:金正國(1485—1541),字國弼,號思齋、恩休,本貫義城。金宏弼門人。1509 年別試文科狀元及第。歷任慶尚道觀察使、刑曹參判等職。精通性理學,著述有《思齋集》《思齋摭言》等。

〔四〇〕賁育:戰國時勇士孟賁和夏育的並稱。《漢書·司馬相如傳下》:"臣聞物有同類而殊能者,故力稱烏獲,捷言慶忌,勇期賁育。"顏師古注:"孟賁,古之勇士也,水行不避蛟龍,陸行不避豺狼,發怒吐氣,聲響動天。夏育,亦猛士也。"

〔四一〕滉:李滉(1501—1570)。字景浩,號退溪,本貫真寶,謚號文純。朝鮮朱子學主要代表人物。1534 年文科及第。歷任大提學、判中樞府事等職。晚年定居故鄉,從事教育,門人多有成就。逝世後陪祀文廟。著述有《退溪集》《理學通録》《聖學十圖》等。

頃年,先生庶子全仁來示先生所纂修諸書〔四二〕,近全仁又遣其子浚,以其所裒集先生詩文、誌銘及歷官首末、言行、事實重來示。滉謹受而伏讀之,反覆參究,質之以古聖賢之言,於是始知先生之於道學,其求之如此其切也,其行之如此其力也,其得之如此其正也,而凡先生之出處大節,忠孝一致,皆有所本也。先生在謫所,作《大學章句補遺》《續或問》《求仁録》,又修《中庸九經衍義》,《衍義》未及成書而用力尤深。此三書者,可以見先生之學,而其精詣之見,獨得之妙,最在於《與曹忘機漢輔論無極太極書》四五篇也。其書之言,闡吾道之本源,闢異端之邪説,貫精微,徹上下,粹然一出於正,深玩其義,莫非有宋諸儒之緒餘,而其得於考亭者爲尤多也〔四三〕。

嗚呼!我東國古被仁賢之化,而其學無傳焉。麗氏之末以及本朝,非無豪傑之士有志此道而世亦以此名歸之者。然考之當時,則率未盡明誠之實;稱之後世,則又罔有淵源之徵,使後之學者,無所尋逐,以至于今泯泯也。若吾先生無授受之處而自奮於斯學,闇然日章而德符於行,炳然筆出而言垂于後者,求之東方,殆鮮有其倫矣。青蠅止樊〔四四〕,僅能誣芳躅於電往〔四五〕;中原采菽〔四六〕,舉將仰高山而雲興。則先生之德業行蹟,胡可無紀述以傳于世乎?而滉極知昧陋無聞,不足以任是責矣。徒以景仰尊慕之心有不能自已者,敢因全仁之請而僭爲之掇拾序次,以俟他日知德能言之君子有所據而裁,幸焉爾。

先生内子,封貞敬夫人朴氏,宣務郎崇皐之女。不幸無嗣,以從弟經歷通之子應仁爲後。有庶子一人,即全仁。一女未行。全仁生二子,曰浚,曰淳。全仁習詩書知義方,玉山別業。全仁奉守云。

嘉靖四十五年歲在丙寅冬十月乙亥,嘉善大夫前工曹參判真城李滉謹狀。

【校記】
〔嘉善大夫前工曹〕甲子本和正祖本作"後學嘉善大夫前工曹"。

【注釋】
〔四二〕全仁:李全仁(1516—1568)。李彦迪庶子,字敬夫,號潛溪,著有和李彦迪問答的《關西問答録》。
〔四三〕考亭:指朱熹。建陽考亭爲朱熹父朱松生前選定的居住地。熹承父志,自紹熙三年至慶元六年定居於此並建考亭書院講學。故以考亭指朱熹。
〔四四〕青蠅止樊:比喻讒人的誹謗。《詩經·青蠅》:"營營青蠅,止於樊,豈弟君子,無信讒言。"
〔四五〕芳躅:前賢的踪迹。電往:如電之飛馳。
〔四六〕中原采菽:《詩·小雅·小宛》:"中原有菽,庶民采之。"比喻政權更迭。這兩句是說小人只能誣陷李彦迪一時,政權更迭後,後人會更加敬仰李彦迪。

# 有明朝鮮國故行崇政大夫、議政府左贊成、贈大匡輔國崇禄大夫、議政府領議政、兼領經筵弘文館藝文館春秋館觀象監事、文元公晦齋李先生神道碑銘并序

【校記】

[有明……神道碑銘并序]此長題目,庚子本作"贈領議政文元李公神道碑銘并序"。

明宗之二十年,放黜權奸,大更政化,延登耆俊,宥釋罪過。自乙巳以後在擯竄之籍者,或叙或移而已死者命復官。故議政府左贊成晦齋先生李公,用直道被斥以歿,蓋十有三年,而始與復官之列。道際隆平,聖治日新。數年之間,其所以滌蕩甄別者,固將無所不用其極。而天之降割〔一〕,禮陟斯遽,臣民之慟,曷有窮乎? 今上嗣位之初,克述先志,丕恢至道,山陵訖,首霈鴻恩,盡釋其未盡釋者,以備官使,勤御經筵,戀講聖學,益咨當世之務。于時士之鬱屈有懷者,咸得以印首吐露,無幽隱之不達。由是,公之道德文章之懿,亦得徹聞於黈纊之下〔二〕,遂有搜求遺書之命。俄用廷議,贈公領議政,諡曰文元,又命配享明宗廟廷。嗚呼! 公之道亦庶乎少白於一世也。

公諱彥迪,字復古,自號晦齋。初名迪,中廟命

加彦字。系出驪州,後遷慶州良佐村。曾祖諱崇禮,贈兵曹參判。祖諱壽會,訓鍊院參軍、贈吏曹判書。考諱蕃,成均生員、贈左贊成。妣貞敬夫人孫氏,鷄川君昭之女。

公生有異質,九歲而孤。稍長,力學能文。正德癸酉,中生員。明年甲戌,登第,權知校書館副正字,尋入爲眞,轉至著作。參軍公卒,公持重終喪,陞博士,遷弘文館博士、侍講院說書、成均館典籍、兵吏兩曹佐郎。請外授仁同縣監,僅二期,召爲司憲府持平,歷兵吏正郎,改文學,遷掌令、輔德。嘉靖己丑,出爲密陽府使,臨民御吏,皆有條法,吏戢而民懷之。歲餘,以司諫院司諫召還。

時朝論欲引金安老,用以羽翼東宮,蓋安老子尚公主,於東宮親暱故也。倡其說者正言蔡無擇,而大司憲沈彦光等隨聲和附,舉朝靡然,公獨力言其不可,與無擇議不合,無擇褫正言,而外議旋訾公立異,遞爲司藝。彦光問公曰:"李君何以知金某爲小人乎?"公曰:"安老尹東京時,觀其處心行事,眞小人也。此人得志,必誤國家。"或曰:"安老雖入,豈授以柄?第欲爲東宮地耳。"公曰:"不然。彼若入來,必秉國鈞,專擅用事,誰敢遏之?且東宮,一國臣民所共屬意,何待安老而後安乎?"彦光怒而去,遂劾公,罷歸田里。

後七年,安老敗死,上思公忠直,召爲弘文館副校理。轉校理、應教,除議政府檢詳,遷舍人,拜直提學,陞兵曹參知。戊戌冬,出尹全州,歲中一境大治。公雖爲養乞外,憂國之心未嘗一日而忘。會因災異求言,乃上疏數千言,所陳無非格君心,措時務,啓沃謀謨[三],極其忠讜。上深加獎歎,命傳示東宮及外朝,就增其秩,俄拜兵曹參判,兼世子右副賓客。公以爲"如蒙採言則幸矣,而遂有儹賞,非所敢當",上箋懇辭。不許。

歷禮曹參判、成均館大司成、司憲府大司憲,除弘文館副提學。又上疏極陳聖學本末,時政得失。辛丑秋,陞資憲、判漢城府,尋加正憲,爲議政府右參贊、兼同知成均,轉吏、刑、禮曹判書,再爲大司憲、右參贊。求出爲安東府使,諫院請留,仍爲參贊,兼弘文提學。公以母夫人老病,不可遠離,累乞歸養,上慰諭不允。又令將母來京,公益惶恐,請外愈力,遂出爲本道監司。甲辰八月,授漢城判尹,兼左副賓客,會病乞辭。

仁宗即位,召拜右贊成,轉左贊成,兼知經筵事。公再以病辭,下旨敦諭,仍賜藥物。公復固辭,猶不允。病間,始克造朝。公感兩朝知遇之隆,自力一行,蓋欲以有爲,而仁宗弗豫日久,國家隱憂有不可言者。公私謂領議政尹仁鏡曰:"當今主上無嗣,大君年幼,何不早建白,封爲世弟,以定國本乎?"仁鏡然公言,而不能用。

乙巳七月,仁宗昇遐,明宗承序,當舉垂簾儀,百官會議。仁鏡曰:"今有大王大妃、王大妃,何殿當聽政乎?"左右默然。公曰:"昔宋哲宗時,太皇太后同聽政,自有古例,不須疑問,今但定垂簾儀制耳。"議遂定。八月,政府書啓十條:一,請慈殿善導養聖質;二,請博選經筵官,恒與之講論咨問,成就聖學;

三,殿下於大行王,有子道,有臣道,喪禮不可不盡誠孝;四,請嚴宮禁,防戚里;五,請慎擇宮人;六,請勿用特旨;七,勿用判付;八,政院職,出納惟允,内旨有不合,許令封還;九,宮中府中當爲一體,請勿開私門,以昭平明之理;十言:"大行王學問之效,公道大行,人顒至治,奄至斯極。今上嗣緒,國人方以望於大行王者,望於殿下,其機甚重,願兩殿留神焉。"大率公所筆定也。

初,尹元衡與尹任怨仇已深,而林百齡〔四〕、李芑爲其心腹,謀欲傾覆士林,以濟其奸。元衡託密旨,誘臺諫使擊尹任,臺諫不從,芑等詣閣門,欲有所啓。兩殿即同御忠順堂,引入宰樞,將加尹任等罪。時天威震赫,人莫敢少忤,公從容言曰:"人臣之義,當專於所事。當彼時,專心於大行王者,豈宜深罪?且舉事當顯明,不然,恐士林多罹禍。"聞者縮頸,而公色不懾。既而芑等錄功,號曰衛社,併錄其日入侍宰樞,公亦與焉。公力辭以爲:"豈可無功而濫受,以紊王典?"不聽。

丙午春,入劄曰:"先賢有言'君德成就責經筵'。臣忝是職,懼無以稱塞,謹取先賢格言至論有裨於聖德而可施於今日者,條錄以獻,殿下誠能深信而力行之,則其爲聖功之助豈小哉?"已而將省親,又入劄,乞講學明理,親賢遠邪,其所望於君父者益深切矣。然而冰炭之勢〔五〕,實有難相容者。既歸,上章乞辭,遞爲判中樞。

居數月,李芑啓曰:"彦迪諂附世子,背叛中宗,書啓十條,縶人主手足,與柳仁淑交結,多有營捄逆賊之言。彥迪於臣有恩，臣今爲國不計私，敢以聞。"兩司繼論之〔六〕，乃削奪勳爵。丁未九月，因良才驛誹書〔七〕，加罪乙巳諸人，公亦江界府安置。家人聞謫命，相與號泣，公怡然如平日，屬家人曰："善奉養大夫人。皇天在上，吾不久當還矣。"明年，大夫人下世，公用遺衣服設位，朝夕攀號毀戚〔八〕，以盡三年。

公在窮厄，有以自安，講學著書，不輟其功，未明而起，乾乾夕惕。几案間嘗書自戒之辭曰："吾日三省吾身，事天有未盡歟？爲君親有未誠歟？持心有未正歟？"忽有銜命官疾驅入城〔九〕，一府驚怖，謂有不善意，公不爲動，正坐看書，其一視死生，不易素操如此。癸丑十一月乙丑，以疾終，享年六十三。甲寅春，返櫬于慶州〔一〇〕，十一月甲辰，窆于興海郡南達田里禱陰山先塋之次。

始公之先府君，蚤歲以儒聞。嘗魁本道夏課〔一一〕，成廟嘉其詞賦〔一二〕，召見賜衣物，俾留國學學焉。後歸鄉里，日以訓後生爲事。公雖不逮趨庭之訓〔一三〕，而其家業固有所自。孫夫人又賢有識慮，不以慈愛而弛教督，既令就學于舅氏孫四宰仲暾，又撥貧窶〔一四〕，資給遠邁。公天資近道，英悟出人，乃於俗學之外，知有所謂爲己之學而欲求之，講明體履，用力於致知誠意之地。年二十七而作《五箴》，三十而又作《立箴》，其言皆古聖賢切要之旨，蓋於操存省察，懲窒遷改〔一五〕，實有所事，非空言也。

【校記】
〔英悟出人〕乙亥本和庚子本作"英晤出人"。

## 【注釋】

〔一〕降割：降災。《書・大誥》："弗弔天降割於我家，不少延。"陸德明釋文："割，馬本作'害'。"蔡沉集傳："降害於我周家。"

〔二〕鈗纊：黃綿所制的小球。懸於冠冕之上，垂兩耳旁，以示不欲妄聽是非。

〔三〕啓沃謀謨：竭誠輔導郡王，出謀劃策。啓沃，《書・説命上》："啓乃心，沃朕心。"孔穎達疏："當開汝心所有，以灌沃我心，欲令以彼所見，教己未知故也。"後因以"啓沃"謂竭誠開導、輔佐君王。謀謨，制定謀略。

〔四〕林百齡：字仁順（？—1546），號槐馬，謚號昭夷、文忠，本貫善山。1591年文科及第，歷任吏曹判書、大司憲、户曹判書等職。屬尹元衡一黨，共同發動乙巳士禍，册封爲定難衛社功臣一等，封崇善君。

〔五〕冰炭之勢：互不相容的形勢。冰炭，冰塊和炭火。比喻性質相反，不能相容。或以喻矛盾沖突。

〔六〕兩司：司憲府和司諫院合稱兩司，兩司官員稱台諫。

〔七〕良才驛誹書：即良才驛壁書，1547年9月，有人匿名在良才驛壁上張貼文定王后和李芑勾結誤國的告示。

〔八〕攀號毀戚：指李彦迪哀傷慟哭，以致損傷了身體。攀號，本指哀悼帝王。

〔九〕銜命官：指李無疆，生卒年未詳，朝鮮中期文臣，字景休，陽城人。屬小尹一派，乙巳士禍陷害士人甚多。其時爲平安道御吏。

〔一〇〕櫬：棺材，靈柩。

〔一一〕夏課：民間書堂夏季的學習。在陰曆五六月間，中斷一切經典的學習，只誦讀古詩和古文，學習詩賦的創作。《高麗史・選舉志・學校》："鄉願之托儒名避軍役者，至五六月間，集童子，讀唐宋絶句，至五十日乃罷，謂之夏課。"

〔一二〕成廟：朝鮮第九代王成宗（1469—1494年在位）的廟號。

〔一三〕趨庭之訓：指子承父教。李彦迪父親早逝，未曾親承父教。
〔一四〕貧寠：貧窮之人。
〔一五〕懲窒遷改：朱熹《白鹿洞書院揭示》："言忠信，行篤敬；懲忿窒欲，遷善改過；行有不得，反求諸己。"

其罷歸也，築室於紫玉山中，静坐一室，左右圖書，研精覃思〔一六〕，既專且久，而所見始益親切焉。事親之際，愛敬兼至，温凊瀡濉，亦無不盡，而祭先之禮，務極其誠。與弟彦适，友悌尤篤。治家有法，接人以禮，撫宗族，馭僮僕，咸得其宜。爲人安重端詳，雅有高趣，默然終日，人莫能窺其際。其在朝廷，論建施爲，正大光明，其言論風旨，固足以備勸講而補袞職。至於斥姦邪，定危疑，直前無畏，雖賁育〔一七〕，莫之奪也。然公既深自韜晦〔一八〕，故人未有知其爲有道者也。

所著有《奉先雜儀》《求仁録》《進修八規》《大學章句補遺》《續或問》。又修《中庸九經衍義》，而未及成書，文集若干卷。

公配貞敬夫人朴氏，宣務郎崇阜之女。無子，以從弟經歷通之子應仁爲後，今爲松羅道察訪。庶子一人，全仁，女一人。全仁生二子，曰浚，曰淳。全仁習詩書，知義方，教誨其子，亦皆有立云。

公之葬也，不及表于墓道，而德業之光，自不可掩。一時襃大之典，實出於人心之不容已。公之道愈久而彌彰者，蓋可知也。退溪李先生嘗狀公之行而曰："我東國古被仁賢之化，而其學無傳。麗氏之末以及本朝，非無豪傑之士有志此道而世亦以此名歸之者。然考之當時，率未盡明誠之實，稱之後世，

附　録

又罔有淵源之徵,使後之學者,無所尋逐,以至于今泯泯也。若吾先生無授受之處而自奮於斯學,闇然日章而德符於言,炳然筆出而言垂于後者,求之東方,殆鮮有其倫矣。"此其於公之道,可謂深知而善言之也。

　　庶子全仁又欲求篆碑之辭于退溪先生,先生以稱述盛德,不當專出一人,遂以命大升〔一九〕。大升辭不獲命,而心竊重之。其間亦有往復詳訂而後定者,是以久不克就。今先生既没,而察訪伻來〔二〇〕,告以碑具,乃不敢更辭。謹據行狀,併考歷官序次,剟其大者著之而系以銘。銘曰:帝有顯命,畀人以性。性之四德,實維人秉。蔽氣與質,性由以失。學以反之,其性則一。嗟惟我公,生此一方。氣寬而莊,德渾而剛。爰初知學,慎修戀履。亹亹充養〔二一〕,善有諸己。入則盡孝,出而移忠。亦遠亦近,道該汙隆。一時之誥,萬世之光。搜書褒贈,配廷洋洋。維先王志,維我后承。刻示無窮,吾道侯興。通政大夫、前成均館大司成、知製教奇大升撰。

【校記】

［闇然日章而德符於行］底本作"闇然日章而德符於言",甲子本和正祖本作"闇然日章而德符於行",乙亥本和庚子本與底本同。且李滉所作《晦齋年譜》及李恒福所作《晦齋李先生墓誌》中皆作"闇然日章而德符於行",據改。　　［併考歷官序次］庚子本作"併考歷官遷次"。

【注釋】

〔一六〕覃思:深思。孔穎達《尚書序》:"於是遂研精覃思,博考經

〔一七〕賁育：戰國時勇士孟賁和夏育的並稱。
〔一八〕韜晦：韜光晦迹的略語。把鋒芒收斂起來，把蹤迹隱蔽起來。指深藏不露。
〔一九〕大升：奇大升（1527—1572），字明彦，號高峰，本貫幸州，謚號文憲。李滉門人。與李滉反復辯難四端七情。1558年文科及第，歷任大司成、大司諫等職。有《高峰集》。
〔二〇〕察訪伻來：察訪使來。伻，使臣，令使。
〔二一〕亹亹：勤勉不倦的樣子。

# 晦齋李先生墓誌

嗚呼遠哉！在昔肅皇帝二十四年之乙巳〔一〕，天毒降割于我邦〔二〕，仁廟禮陟〔三〕，明廟亮陰，母后垂簾，人情洶洶。維時有臣曰芑，矯誣神人，反易天明，乃與二三元凶，謂君沖人不及知〔四〕，叩闕上變〔五〕。是日，兩殿同御忠順堂〔六〕，將尹任、柳灌〔七〕、柳仁淑等誣以大逆，群臣在庭者，咸惴惴轅駒〔八〕，無敢出一氣以言。時則有若左贊成臣晦齋李先生彦迪、右贊成臣權公撥〔九〕，有大臣之言，竟坐是竄江界。七年李先生疾卒，明年，返葬于慶州。於是大夫相與目於朝，睽睽而不敢語，士相與嗟於庠，無所資而考業，民相與怨於野曰："哲人萎矣，其何能淑？"人心之鬱湮痛抑〔一〇〕，若壅大川焉，有不可得而已者。

## 【校記】

［在昔肅皇帝］底本作"在昔穆皇帝",據《明史》和《白沙集·晦齋先生墓誌》改。肅皇帝是嘉靖帝的諡號,明朝没有諡號爲穆的皇帝。　［群臣在庭者］甲子本和正祖本作"群臣在廷者"。　［無敢出一氣以言］甲子本和正祖本作"無敢出氣以言"。　［晦齋李先生彦迪］甲子本作"晦齋先生彦迪"。

## 【注釋】

〔一〕肅皇帝：即明嘉靖皇帝,廟號世宗,諡號欽天履道英毅神聖宣文廣武洪仁大孝肅皇帝。嘉靖二十四年即1545年。

〔二〕天毒：指天災。1545年仁宗去世,明宗即位卻遭母后垂簾聽政。

〔三〕禮陟：君王升遐。君王去世的婉稱。

〔四〕沖人：年幼,小孩。

〔五〕上變：向朝廷告發謀反等非常事變。《史記·張耳陳餘列傳》："漢九年,貫高怨家知其謀,乃上變告之。"《資治通鑑·漢高帝九年》引此文,胡三省注云："變,非常也。謂上告非常之事。"

〔六〕兩殿：指明宗及其母文定王后。其時,文定王后稱大王大妃。忠順堂：位於王宫景福宫北苑的大殿。

〔七〕柳灌：字灌之(1484—1545),號松庵,諡號忠肅。1507年文科及第,歷任吏曹判書、左議政等職。乙巳士禍中,與尹任、柳仁淑一起,被尹元衡等人以謀危宗社的罪名處死。1577年復爵。

〔八〕惴惴轅駒：惴惴不安的樣子。轅駒,即轅下駒,指車轅下不慣駕車之幼馬。亦比喻少見世面器局不大之人。《史記·魏其武安侯列傳》："今日廷論,局趣效轅下駒。"

〔九〕權公撥：權撥(1478—1548),字仲虚,號萱亭,本貫安東。1507年增廣文科及第,歷任兵曹判書、禮曹判書等職務。1533年任宗係辨誣奏請使,出使明朝。1545年仁宗去世後任院相,後遭尹元衡一派排斥,1547年良才驛壁書事件發生後被流放尚州,遂卒。
〔一〇〕鬱湮:煩惱的樣子。

　　　後十三年而天日重明,政化更新,放逐姦凶,登崇俊良,命復先生官秩如舊[一一]。暨我宣宗即位[一二],克述先志,收召黄髮,曜列於朝,先生之道由是大明,天官贈爵,宗伯致祭,太常議謚,用配廟庭,立德食報。向之睽睽而不敢語者,乃發口而長言曰:"惟天不可欺。"士有所恃而民有所仰,咸一口言曰:"先生之道,已日揭而星曜之無餘矣。今述作未刊,家狀未輯,墓道無顯刻,斯豈惟士之羞也?"

【校記】
[放逐姦凶]甲子本和正祖本作"放黜姦凶"。　　[曜列於朝]甲子本和正祖本作"耀列於朝"。

【注釋】
〔一一〕政化更新:指1565年文定王后去世後,明宗將尹元衡等奪爵流放,爲乙巳士禍中遭到陷害的人員平反昭雪。
〔一二〕宣宗:朝鮮第14代王,1567年至1608年在位,後改謚宣祖。

　　　於是退溪李先生叙其狀,穌齋盧先生序其文,高峰奇先生題其墓曰"贈領議政文元公晦齋先生之墓",猗歟備矣[一三]!隱卒崇終,蔑以加焉,載德垂永,人貌榮名,而芑等四五元凶鴟張一世[一四],務雍民口,計非不密,敗不旋踵[一五],率皆根鋤苗耨,僇辱不齒[一六]。至後子孫,雖靦然而人面哉,視猶禽犢也,無不喙唾而恐浼我也。善惡之報,是非之公,在當時與後世爲何如也？而後之事君不忠，賊賢敗國者，亦可以少戒哉！

【校記】
［穌齋盧先生］底本作"蘇齋盧先生"，穌是蘇的異體字，但作爲盧守愼的號使用時，一般只寫作"穌齋"，據改。　［根鋤苗耨］甲子本和正祖本作"根鉏苗耨"。

【注釋】
〔一三〕退溪李先生：指李滉。穌齋盧先生：指盧守愼。高峰奇先生：指奇大升。猗歟：亦作"猗與"。歎詞。表示贊美。《詩·周頌·潛》："猗與漆沮，潛有多魚。"鄭玄箋："猗與，歎美之言也。"
〔一四〕鴟張：像鴟鳥張翼一樣。比喻囂張，凶暴。
〔一五〕不旋踵：來不及轉身，比喻時間極短。
〔一六〕根鋤苗耨，僇辱不齒：指子孫後代遭到極大的侮辱。

今去先生歿六十年，其孫宜活、宜潛及浚屬余曰："先大夫稱述之典，係斯文顯晦，非後子孫所得以私者。惟是幽堂闕埋辭，敢以是托諸子，子其勉之！"余瞿然辭以匪人，則曰："人豈不自知？子視之當今，玆事之託，非子其誰宜爲？"凡三往返而終不得辭焉，則余曰："以高峰之文之富，於退溪之狀，不敢有加辭，今自出新語而弁髦其狀，余何敢焉？"

【校記】
［其孫宜活、宜潛及浚屬余曰］甲子本和正祖本作"其孫浚屬余曰"。　［則曰］甲子本和正祖本作"浚作而曰"。　［凡三往返而終不得辭焉］三，甲子本和正祖本作"七"。

謹按狀略曰："先生英悟出人，天資近道，乃於俗學之外，知有所謂爲己之學而欲求之，於是講明體履，用力於致知誠意之地。爲人安重端詳，雅有高趣。群居隸業，或有嬉戲喧呶於其側，若無聞焉。晚年卜地於州西北紫玉山中，名其堂曰獨樂。謝絶世故，端坐一室，左右圖書，研精覃思，静中下功夫，比之前時，尤深且專一。然後向來有聞而未深契者，始若心融而神會，親切而有驗焉。養以冲恬之趣，積以歲月之久，潛神性理，遵聖賢進修之方，玩心高明，樂鳶魚流行之妙，本之於身心性情，而行之於家鄉邦國，所謂有體、有用之學。言若不出口，體若不勝衣。至於斥姦邪，定危疑，直前無畏，雖賁育莫之奪也。其精詣之見，獨得之妙，最在於《與曹忘機漢輔論無極太極書》四五篇也。其書之言，闡吾道之本源，闢異端之邪説，貫精微徹上下，粹然一出於正。嗚呼！我東國古被仁賢之化，而其學無傳焉。麗氏之末以及本朝，非無豪傑之士有志此道而世亦以此名歸之者，然考之當時，則率未盡明誠之實，稱之後世，則又罔有淵源之徵，使後之學者，無所尋逐，以至于今泯泯也。若吾先生無授受之處而自奮於斯學，闇然日章而德符於行，炳然筆出而言垂於後者，求之東方，鮮有其倫矣。"

【校記】
［闡吾道之本源］甲子本和正祖本作"闡吾道之本原"。

余伏讀再三曰："多矣哉！盡之矣，寔善形容有

道者矣。後之知言者,曷敢有加焉?高峰真善述矣。"今余謹因先師之説,附以世系履歷而叙之曰:

若稽往古,驪州有進士李世貞者,子孫移居迎日,復遷慶州。有諱權,副司直。生諱崇禮,贈兵曹參判。生諱壽會,訓鍊院參軍、贈吏曹判書。生諱蕃,成均生員、贈左贊成。娶鷄川君孫昭女,以弘治辛亥年生先生。有異質,九歲而孤。癸酉,陞上庠。甲戌,登第。時年二十四,入芸閣[一七]。辛巳,爲弘文館博士、講院説書、吏曹佐郎,俄乞外爲仁同縣監。丙戌,入爲司憲府持平,遷吏曹正郎、司憲府掌令。己丑,由司成出爲密陽府使,吏戢民懷。庚寅,爲司諫院司諫,坐罷。丁酉,入爲掌樂、宗簿等僉正,入玉堂爲校理、應教,入政府爲檢詳、舍人,由軍器正遷直提學,陞兵曹參知。出尹全州,忱裕于民,有逸無罷,民建碑紀德。在全上《一綱十條疏》萬餘言,中廟獎歎曰:"古之真德秀,無以過也。"即命傳示東宫,特陞嘉善,爲兵曹參判、兼世子右副賓客。先生以爲:"言而有用,幸矣,以是媒爵,所大耻也。"力辭不許。歷禮曹參判、成均館大司成、司憲府大司憲、弘文館副提學。辛丑,陞秩爲資憲、判京兆,尋加正憲,爲議政府右參贊。出爲安東府使,諫院請留。先生懇乞便養,上令地主致餽于母,先生請外益力,朝廷不得已拜本道觀察使。甲辰,復判京兆,兼左副賓客,會病辭遞。是年,仁廟即祚[一八],首召爲議政府右贊成。

【校記】
[驪州有進士]甲子本和正祖本作"驪州有鄉貢進士"。　　[以

弘治辛亥年生先生。有異質]甲子本和正祖本作"以弘治辛亥年生先生。先生有異質"。　　[宗簿等僉正]甲子本和正祖本作"宗簿僉正"。　　[先生懇乞便養]甲子本和正祖本作"先生又懇乞便養"。

**【注釋】**

〔一七〕芸閣：朝鮮時代校書館的別稱。

〔一八〕即祚：帝王即位登基。

其配曰貞敬夫人朴氏，宣務郎崇阜之女。無嗣，以從弟郡守通之子應仁後，卒官司饔院判官。側室子曰全仁。判官，歷官三邑，皆有清德，邑人立碑頌其德。娶洗馬張應機女，生四男二女，曰宜潤，隱德不仕，曰宜澄，業儒早卒，曰宜活，佐郎，曰宜潛，進士。庶子曰宜澤。女，進士趙端、參奉曹以咸。宜潤之子䂮，宜澄之子㬉，宜活之子皖，宜潛之子五人，長䚩，餘幼。全仁有二子，曰浚，曰淳。浚，武科，官爲縣令，有二子，曰宏，曰容。容爲淳後，亦武科。

**【校記】**

[以從弟郡守通]甲子本和正祖本作"以從弟通"。　　[司饔院判官。側室子曰全仁。判官，歷官三邑，皆有清德，邑人立碑頌其德。娶洗馬張應機女，生四男二女]甲子本和正祖本作"縣監有四子"。　　[曰宜潤,隱德不仕,曰宜澄,業儒早卒,曰宜活,佐郎,曰宜潛,進士]甲子本和正祖本作"曰宜潤,曰宜澄,曰宜活,曰宜潛"。　　[宜澤。女,進士趙端、參奉曹以咸。宜潤之子䂮;宜澄之子㬉;宜活之子皖;宜潛之子五人,長䚩,餘幼]甲子本和正祖本作"全仁,庶女一人,夭"。　　[浚,武科,官爲縣令,有二子]甲子本和正祖本作"浚之子"。　　[曰宏曰容。容爲淳後,亦武科]

甲子本和正祖本作"曰宏曰容"。

　　先生誠於奉先,篤於事親,友於待弟,嚴於治家,睦於宗戚,宜於鄉黨。其在諫院,力沮金安老起廢之議,齦其姦狀,安老入而先生罷。及安老得志,嘗有慶州人行賂求官,安老私語曰:"絕勿使李某知也。"其在全州,嘗遇節日,府人張儺戲[一九],觀察使金思齋正國猶時顧而色笑之,先生超然若無見也。造次倉卒,靜正自持,無疾言遽色。其在玉堂,或與同僚,清坐終日,嗒然無語[二〇],對者無不肅然起敬,蓋其持敬功深,非矯而爲之者。其爲贊成也,仁廟違豫,私謂尹領相仁鏡曰:"主上無嗣,朝多隱慮,公何不建白,早以大君爲世弟,以定國本?"

【校記】
[齦其姦狀]底本作"狠其姦狀",據庚子本和《白沙集·晦齋先生墓誌》改。

【注釋】
[一九]儺戲:一種戴面具進行的歌舞表演。
[二〇]嗒然:形容身心俱遣、物我兩忘的神態。

　　及明廟嗣服,百官會議垂簾儀,仁鏡曰:"今大王大妃、王大妃在,國政於何所聽?"左右默然,先生言:"自有宋哲宗時故事,何疑問耶?世豈有嫂叔同御殿者乎?"衆議遂定。是年八月,大王大妃密諭尹元衡,謀去尹任,芑與鄭順朋[二一]、林百齡、許磁等承望旨意[二二],致有忠順之對。四凶傍猜[二三],一座盡懼,先生乃出而抗言曰:"事須明正,不然,恐士禍作矣。今一國一心,罔敢邪念,罪一尹任,特孤雛耳。内旨之下,不于政院而于他,其無乃謂事機黯昧而致人心不靖乎?將焉用是也?且人臣當專於所事,異時專於大行者,到今豈宜深罪?今上於王大妃,親則嫂叔,義則母子,事有未安,其若王大妃何?亦臣等與有罪焉,懼爲後世戒。"因涕泣橫流,聞者縮頸,而先生無懼色。芑等在傍喑嘻〔二四〕,視先生固已耽耽矣〔二五〕。及玉堂與獻納白仁傑等〔二六〕,交章論密旨之非,内殿召芑等曰:"禍迫宗社,密旨之下,庸得已乎?今反以循國者爲不正,論之不已,異議不塞,其何以爲國?其以仁傑詔獄,削諸臺諫職。"時順朋病未赴召,命遣史官密議以聞。教下,左右默然,先生與權撥、申光漢等解説於諸大臣〔二七〕,左右屬先生草議,辭語剴切,事得少弛。芑等既激上怒,順朋乃出之言曰:"李某退自經筵,言主上英明,則仁淑默然不答,不悦之色見於面目。"内殿因是教曰:"仁淑不悦之色,李某言之。"將以先生爲證而傳教之。先生即辨曰:"其日臣退見仁淑于實錄廳,只言聖質高明,學問亦達矣,實未見仁淑辭色如何。今咫尺之地,臣不敢隱也。"事得少沮。及灌等賜死,群凶在庭,或有得色者,一座喧笑,無異平時。獨先生與二三宰臣,慘然不語,見者已知其爲不終矣。九月,策勳行賞,先生又上章力辭,遂忤凶徒,日見齮齕〔二八〕。

【校記】
〔懼爲後世戒〕底本作"懼爲後世載",據乙亥本和《白沙集·晦齋先生墓誌》改。　　〔今反以循國者爲不正〕甲子本和正祖本作"今反以徇國者爲不正"。　　〔順朋乃出之言曰〕出,底本作"生",據乙亥本和《白沙集·晦齋先生墓誌》改。

**【注釋】**

〔二一〕鄭順朋:字耳齡(1484—1548),號省齋,本貫温陽。1504年文科及第,和趙光祖等新進士類交遊,但並未被清流接受,1539年己卯士禍時得免於禍。歷任工曹參判、漢城府右尹、大司憲等職。明宗即位後與尹元衡、李芑等聯手,除去了尹任、柳灌等大尹一派,是乙巳士禍的元凶之一。封保翼功臣一等,升任右贊成兼知經筵事,並册封温陽府院君。

〔二二〕許磁:字南仲(1496—1551),號東崖,本貫陽川。1523年謁聖文科及第。歷任應教、司諫、吏曹正郎等職。屬於尹元衡大尹一派,乙巳士禍時除尹任一派,出力甚勤,立下大功,封衛社功臣,並封陽川君。有《東崖遺稿》。

〔二三〕狺:狗叫聲。借指攻擊性的言論。

〔二四〕喑嘻:暗笑。喑,沉默。嘻,喜笑的樣子或聲音。

〔二五〕耽耽:眈眈。威嚴注視貌。亦形容貪婪地注視。《易·頤》:"虎視耽耽,其欲逐逐。"

〔二六〕白仁傑:字士偉(1497—1579),號休庵,本貫水原。趙光祖的門人,亦從學金安國,與李珥、成渾、宋麟壽等皆有交遊。1537年文科及第,歷任工曹參議、兵曹參判等職。1545年乙巳士禍時入獄,後獲釋,1547年受良才驛壁書事件牽連,流放安逸,後致力研究《太極圖説》和程朱學。朝鮮朱子學的重要學者。

〔二七〕申光漢:字漢之、時晦(1484—1555),號駱峰、企齋、石仙齋、青城洞主,本貫高靈,祖父乃鮮初著名學者申叔舟。1510年文科及第,歷任工曹佐郎、大司成、京畿道觀察使等職。屬於尹元衡小尹一派,乙巳士禍時立功。有《企齋集》。

〔二八〕齮齕:毁傷,陷害,傾軋。

明年三月，因覲歸鄉，遂卧不起。九月，芑白上曰："李某謟附世子，背叛中宗，書上十條，繫人主手足，且與仁淑結友，營護逆臣。"大司憲尹元衡、持平陳復昌從而和附，削其勳爵。無何，副提學鄭彦愨上良才驛壁書[二九]，芑等因而網打之，一時正人如宋麟壽[三〇]、李若冰[三一]、盧守慎、丁熿[三二]、柳希春[三三]、金鸞祥[三四]、權撥等三十餘人皆及於難，先生亦不免。先是，本道都事以諫官入朝，道過先生言："聞芑將入相，如何？"先生曰："以吾觀於芑，爲人陰險，遠於得政矣。"及芑相，兩司果劾之，芑之不忘射影於其心也，已嘗韜鋒斂翼，以伺吾間矣。元衡請交，先生知其姦，絶不與，元衡之銜先生亦又甚焉。及忠順之對，仁鏡嘗有誣啓，先生退而辨之。至是執前釁，隨而甚撓之，三憾集矣[三五]。天或未定歟？抑人以衆勝耶？

初聞責命，舉家號泣，先生飲食言笑如平時。其處栫棘[三六]，嘗於案上書自戒之辭，有曰："事天有未盡歟？爲君親有未誠歟？持心有未正歟？"其遇屯處困，不弛夕惕之功類此。先生嘗著《奉先雜儀》，以爲一家日用之禮。在謫，又著《大學章句補遺》《續或問》《求仁録》《中庸九經衍義》等書行于世。後之君子欲窺斑而興焉者，有徵於斯，亦可以概之矣。

宣廟初年，敦尚儒術，文教蔚興，大學生等請以寒暄金先生宏弼[三七]、一蠹鄭先生汝昌[三八]、静庵趙先生光祖，暨我先生，與退溪李先生滉從祀文廟，世謂之五賢。先王難慎未敢許也，今上即祚，諸生請之益力，至二年庚戌乃許之。嗚呼！古道不可聞，暗者求於明;古人不可知,先輩詔後生。今之先輩可尊信而無疑者,宜莫如退溪,而退溪既尊其道,又信其學,以詔來學,吾是以云,是爲銘。

鼇城府院君李恒福謹誌〔二九〕

## 【校記】

〔丁熿〕底本作"丁璜",誤。據《朝鮮王朝實錄》相關記載改。

〔宣廟初年……至二年庚戌乃許之〕此段文字,甲子本和正祖本無。

## 【注釋】

〔二九〕鄭彥愨:字謹夫(1498—1556),本貫海州。1533年文科及第,歷任都承旨、京畿道觀察使等職。1547年任副提學時,發現了匿名貼在良才驛上的壁書,告知了鄭順朋等人,導致良才驛壁書事件爆發,因此事,鳳城大君、宋麟壽、李若冰遇害,李彥迪等20多人被流放。

〔三〇〕宋麟壽:字眉叟、台叟(1499—1547),號圭庵,本貫恩津,1521年文科及第,任弘文館正字,後官至大司憲。1545年乙巳士禍後遭罷職隱居清州,1547年良才驛壁書事件發生後被賜死。著述有《圭庵集》。

〔三一〕李若冰:字熹初(1489—1547),號樽崖,本貫廣州。1513年文科及第,歷任吏曹佐郎等職。1547年良才驛壁書事件發生後被賜死。

〔三二〕丁熿:字季晦(1512—1560),號遊軒,謚號忠簡,本貫昌原,趙光祖門人。1536年文科及第,歷任兵曹佐郎等職。1547年良才驛壁書事件後遭流配,後死於配所。著述有《遊軒集》《負暄錄》。

〔三三〕柳希春:朝鮮中期文人。本貫善山,字仁仲(1513—1577),號眉巖,1538年別試文科丙科及第,歷任禮曹參判、工曹參判、吏曹參判等職務。著述有《眉巖集》《朱子語類箋解》等。

〔三四〕金鸞祥：字季應（1507—1570），號缾山，本貫清道。1537年文科及第，歷任大司成等職。1545年乙巳士禍時遭罷職，良才驛壁書事件後流放南海。

〔三五〕衋：即"艴"。惎：憎恨。三憾：指得罪尹元衡、尹仁鏡、李芑三人。

〔三六〕栫棘：朝鮮時代的刑法之一，處罰因王的特旨而流放的罪人，將罪人囚禁在屋内，出入的門口塞滿荆棘。

〔三七〕金宏弼：字大猷（1454—1504），號蓑翁、寒暄堂，謚號文敬。金宗直門人。1504年甲子士禍時遭處死。朝鮮朱子學的代表學者之一。著述有《寒暄堂集》《景賢録》等。

〔三八〕鄭先生汝昌：鄭汝昌（1450—1504），字伯勗，號一蠹、睡翁，謚號文獻。金宗直門人。1504年死後，甲子士禍起，遭剖棺戮屍。朝鮮朱子學的代表學者之一。著述有《一蠹集》。

〔三九〕李恒福：字子常（1556—1618），號弼雲、白沙，謚號文忠，本貫慶州。1580年文科及第，歷任吏曹參判、兵曹判書、領議政等職。著述有《四禮訓蒙》《四書啓議》等。

# 玉山書院記

陝川郡守權公德麟[一]，晦齋李先生之學徒也。隆慶六年季秋[二]，以書來曰："爲先生起書院，其記始末，且名齋舍哉！"曄受而藏之，疾病遷延，未即起草。萬曆癸酉冬[三]，先生之孫浚來傳權君已下世，爲之驚悼。少年志學之士，遽至於是。噫，是何司命也？感念亡友之囑，謹寫拙詞，以付李君之還。

竊惟先生之德容，幸及瞻覿於遊泮之日，先生之德行，又得備聞於退溪所撰行狀，景慕而仰嘆者久矣。嘗見《大明一統志》，程朱所過一憩馬、一嘯詠之地，無不起書院，好賢之無已有如是者，況先生之所棲遲做業者乎？府尹李侯齊閔，採鄉十三之願，躬卜定其基，告于監司，請建書院，出其庫餘，以主其費，鄉老儒士亦盡其力。壬申二月始事，八月訖功，則祠宇與講堂暨東西兩齋及乎前樓總四十餘間。吁，盛矣哉！

慶州安康縣之良佐洞，則先生之居也。洞之西十五里，有紫玉山，先生建別墅，以爲游息藏修之所。有濯纓、澄心、觀魚、洗心等臺，皆先生所題目，而嘗逍遙自樂者也。今之書院，正當洗心臺之上。上下龍湫，澄泓可愛〔四〕。予雖未得踐斯境，而據權公之示，已竦然興起矣。予雖未及摳衣於先生之門，而聞先生之語，得見《心經附註》，竊自尊之，以爲吾之師矣。遂名其東齋曰敏求，取孔子所訓"好古，敏以求之"之意也〔五〕。其西齋曰闇修，取朱子自贊中"闇然而日修"之意也〔六〕。樓曰納清，清者，氣也，氣者，陽也。登斯樓者，納清而養陽，養陽以凝道，斯其具也。

萬曆癸酉，賜額玉山書院，依然朱子講義之地，名號之美，斯文之光，可謂至矣。嗟夫！予衰且病，無由一入院中，瞻拜祠宇，得與鄉士子講明先生之正學，以致提撕警覺之事，徒爲束望悵悵而已。惟願士子之居是院者，感府尹營建之意，思先生棲息之所，不但慕其道德之高厚，而且學其深潛縝密之功，不但學其深潛縝密之功,而且勵其篤實堅確之志,則先生之鄉,永爲鄒魯之多士,而我國家取材而經世者,益悠遠而無窮矣,豈不于先生有光哉?嗚呼!可不勉哉?

萬曆甲戌孟春〔七〕,通政大夫、成均館大司成、知製教陽川許曄謹記。

【注釋】

〔一〕 權德麟:字君瑞(1529—1573),號龜峰,本貫安東,李彥迪門人。1553年文科及第,官至合川郡守。1553年李彥迪在流配地江界去世後,於中路迎其靈柩而回。首先倡議設立玉山書院祭祀李彥迪。著述有《龜峰遺集》。
〔二〕 隆慶六年:即1572年,朝鮮宣祖五年。隆慶,明穆宗朱載垕的年號,1567—1572年。
〔三〕 萬曆癸酉:即萬曆元年,1573年,朝鮮宣祖六年。萬曆,明神宗朱翊鈞的年號,1573—1620年。
〔四〕 龍湫:瀑布。澄泓:水清而深。
〔五〕 好古,敏以求之:《論語·述而》:"我非生而知之者,好古,敏以求之者也。"
〔六〕 闇然而日修:《朱子大全》卷八五《書畫像自警》:"佩先師之格言,奉前烈之餘矩,惟闇然而日脩,或庶幾乎斯語。"
〔七〕 萬曆甲戌:1574年,朝鮮宣祖七年。

# 江界府祠廟記　　朴承任〔一〕

江界府晦齋先生祠者,爲祀李文元公而作也,府乃先生謫居之地。先生之謫,在嘉靖丁未〔二〕,謫七年,竟不得出坎,既没世而塞垣[三]人心,服之不忘。越若萬曆丙子[四],熙川學子金生鉉[五],乃翕一方傾嚮之懇,以廟祠爲請。按使金公繼輝[六]聞之恨晚,肯構斯亟,渠渠棟宇,一朝翼然,立于鄉庠之左。嗚呼!苟非先生道德之尊,孰得以稱斯舉,而人心之所同然者,亦可驗矣。

蓋宗祀先賢,禮莫重焉。風聲氣運,所係不淺,必群心蓋合,聽聞恰然,而後克舉。故雖其平生棲息之地,出入游宦之方,亦不敢輕議營建。矧伊窮荒絶漠,犬羊之與隣,身罹密網[七],投竄於層冰飛雪之聚,溘然就木[八],則得其戚嗟沱若[九],斯亦足矣。能知所尊慕追敬而情願設香火之奉,以爲久遠之計,兹豈非有以感之者深,而不能自已於興起而然歟?

先生挺生東南,禀精純之質,不待師資而超然獨詣,深究而力踐,灼見聖域之正路,未嘗一息之或間,以至於體用兼備,推之成物裕如也。應期仁廟之聖,庶幾民蒙至治之澤,而烏號遽墜不一年[一〇],先生已作鬼門之羈魂矣。嗟乎!人事世變之靡常,而吾道之不可行有如是夫。西關一路廟祀先賢者,惟是府與熙[一一],熙之祠乃祀金寒暄、趙静庵兩先生,先生道同心一,私淑而克自追配焉。兹三先生者,屹然如泰山喬嶽,鼎立國朝。比者別撰《儒先録》,特命印頒,而俎豆聖廟之議,輿情共鬱,抗疏叫天者非一再,下至兒童走卒,亦皆飫於耳,熟於口,其道尊德盛爲如何哉?而生前一身之困踣流離,則吁亦甚矣。

夫疊生鉅賢於百年之内,謂天無意於斯,不可也。天既生之,隨之以否運,俾不克展其所藴,而蘭摧玉焚之餘,徒崇虚宇於寂寞之濱,其諸謂之何哉?昔伊川程夫子造道已至,而《易傳》之成,猶待涪州一行之力〔一二〕。先生在邊徼,其所著述者,《求仁》有録,《進修》有規,《大學》則補章句之遺,《中庸》則衍九經之義,精力所寓,無非菽粟其味,布帛其文,所以繼往開來者於是焉在。然則先生,固海東之程氏〔一三〕,而洋洋乎鴨水,實先生之一涪江也〔一四〕。夷狄患難,誠若哲人之蹇厄,而見在所居,自有亨道,反得以助發其事功之懿,微言至訓,下詔百世,前賢後賢,若合符節,天意不可知,其或有在於是者非耶?獨伊川生還,而先生續定客土〔一五〕。古人云:"其所不能者,人也。"此何足爲先生之道之累?而書院聿興於西蠻,新祠繼起於東朔,則其所同然之心,時無古今,地無彼此,果孰使之然哉?

先生之孫浚來自東京,適遇金生於都下,聞是祠之構,戚戚然不自禁。生曰:"郡廟已記而府獨未,盍圖之使來者有考焉?"浚也知余於先生,忝聯瓜葛,踵門相告,仍以記文爲屬。余不覺驚歎而起,邀生而詢其詳,顧余非知先生者,曷敢贊一辭?第於所謂天意之難測,人心之不可諼者,竊嘗有所感,兹不以文下爲嫌而罄其説。金生時典江學,貌樸而質厚,發言諄諄,斯乃西塞之秀,及先生之存,陪杖屨一耆云〔一六〕。其倡立兩祠,爲績孔嘉,而已序於郡記,此不悉書焉。

【校記】
〔而先生續定客土〕土,底本作"上",據乙亥本及朴承任《嘯臯集》改。

**【注釋】**

〔一〕朴承任：字重甫（1517—1586），號嘯皋，本貫羅州。李滉門人。1540年文科及第。1573年到1576年任慶州府尹。朝鮮重要性理學家，造詣精深，著述有《性理類選》《孔門心法類聚》《綱目心法》《嘯皋集》等。

〔二〕嘉靖丁未：1547年，朝鮮明宗二年。

〔三〕塞垣：指北方邊境之地。

〔四〕萬曆丙子：1576年，朝鮮宣祖九年。

〔五〕金生鉉：金鉉，生平不詳，其時任職江界鄉校學官。

〔六〕金公繼輝：金繼輝（1526—1582）。字重晦，號黃崗，本貫光山，1549年文科及第，歷任司諫、禮曹參判等職。1576年時任平安道觀察使，故稱按使。

〔七〕密網：漢桓寬《鹽鐵論·刑德》："昔秦法繁於秋荼，而網密於凝脂。"後因以"密網"比喻繁苛的法令。

〔八〕溘然就木：指突然去世。溘然，突然。木，指棺材。

〔九〕戚嗟沱若：憂傷嗟歎，涕淚紛落如雨。《易·離》："出涕沱若，戚嗟若，吉。"孔穎達疏："憂戚而嗟嘆也。"

〔一〇〕烏號：《史記·封禪書》："黃帝采首山銅，鑄鼎於荊山下。鼎既成，有龍垂胡髯下迎黃帝。黃帝上騎，群臣後宮從上者七十餘人，龍乃上去。餘小臣不得上，乃悉持龍髯，龍髯拔，墮，墮黃帝之弓。百姓仰望黃帝既上天，乃抱其弓與胡髯號，故後世因名其處曰鼎湖，其弓曰烏號。"後以"烏號"指良弓。以烏號墮地指人死亡。

〔一一〕西關：黃海道和平安道合稱西關。熙：指熙川，平安北道東南部所在的郡，郡中的衆賢書院供奉金宏弼和趙光祖。

〔一二〕涪州：北宋紹聖三年（1096），因新黨再度執政，程頤仍被定爲反對新黨的"奸黨"成員，貶到四川涪州，今四川綿陽市。

〔一三〕海東之程氏：是説李彦迪爲朝鮮的程頤。海東，指朝鮮半島。
〔一四〕涪江：流經涪州的大河，因流域内綿陽在漢高祖時稱涪縣而得名。
〔一五〕纊定：即纊息定，指人死亡。《禮記·喪大記》："疾病，……屬纊以俟絶氣。"鄭玄注："纊，今之新綿，易動摇，置口鼻之上，以爲候。"後以纊息定指人死亡。柳宗元《掩役夫張進骸》："一朝纊息定，枯巧無妍媸。"
〔一六〕杖屨：手杖與鞋子。古禮，五十歲老人可扶杖；又古人入室鞋必脱於户外，爲尊敬長輩，長者可先入室，後脱鞋。後爲對老者、尊者的敬稱。這裏是説金生陪伴過李彦迪一段時間。

# 恭書御札答館學諸生疏後〔一〕

柳成龍〔二〕

伏見聖諭詞嚴義正，足爲萬世人臣之程式繩準，聖人謨訓，出於常情萬萬，固難仰議。若夫晦齋先生處乙巳一節，先賢語默行止，應有微意，尤非後學所敢窺測。但以古人尚論人物之道言之，則孟子曰："誦其詩，讀其書，不知其人可乎？是以論其世也。"〔三〕夫既誦其詩，又讀其書，則其人可知，然後又就其一世行事之迹而參互停當，益求其心之所在，以致欣慕愛悦之誠，君子之尚德好善也如此。若但取其疑似之端，繩之以一切之論，求其外而不求其内，舉其一而盡廢其百，則賢人君子之心，往往無以自白，而自古聖賢，亦難免譏議也。

如孟子遠見齊王,時人已疑其干澤〔四〕;孔子之行乎季孫〔五〕,後世必疑其合污。嗚呼其然?豈其然乎?且以已然之迹觀之,則周公遭流言之變,避位居東。當時王業新造,國勢杌陧,內則成王之心未明,外則三監之禍孔熾〔六〕,事之可言,孰有急於此乎?破斧缺斨之士,猶且憤惋不平,形於詠歎,二公顧以大臣之重,在成王左右,熟視三年而不爲一語,何耶?又必待遭風雷之變,啓金縢之書,成王自悟,然後東轍始西,亦何耶?以迹言之,則二公之所以處此者,豈非可疑之甚者乎?然周公不以不言疑於二公,二公亦不自以含默慚於周公,蓋二公之心,終非畏禍保位之人,其不言,蓋必有待而然,或出於納約自牖之義。且非但不可言而遂已,其維持調護,必有其道,皆未可以臆斷也。

晦齋以道學名世,爲百代儒宗,其所樹立卓然奇偉,姑置不論,今但就其立朝終始而言之。平生直道而行,無所回互,雖處風波蕩激之中,而不震不悚,本末一致,無纖毫可疑。其爲司諫也,力捍姦臣,身遭中傷,斥退田野,至於八年之久。其終也,又困於權奸,白首西遷,賦鵬窮徼〔七〕,萬死而不回囘,一本作悔,此其立身之節也。世亂則一瓢林泉,隱居求志,歌詠先王之道,若將終身;及其遇時,一起受知二聖,忠言嘉謨,朝啓夕沃,莫非三代名臣訓誥中語。

中廟之末,先生炳幾引退。及仁廟即位,以隆禮累召,當時四方拭目,以觀新化。先生感兩朝知遇之恩,力疾一起,不幸仁廟昇遐,時事一變,斯固人事之不可預測者也。先生既在危邦,無可去之義,雖欲不竦終日,其可得乎?既不可去,則所以因事周旋,竭其心力,以盡夫忠愛之誠,道既不行然後去,是其行止久速,與時屈伸,可謂合於聖人之道,與悻悻一節之士異矣。世人徒見其時權忠定論救被罪之人而晦齋不言〔八〕,以爲似欠直截,然忠定自忠定,晦齋自晦齋,何必相同?若然則比干以諫死爲仁,箕子之狂,微子之去,不得爲仁乎?聖人既取史魚之如矢,則伯玉之君子可廢乎〔九〕?賢人君子所同者心,所不同者迹,故曰:"君子仁而已矣,何必同?"〔一〇〕

且當時晦齋非不言耳,以今觀之,忠定之所言者小,晦齋之所言者大。孟子曰:"人不足與適也,政不足與間也,惟大人,爲能格君心之非。"〔一一〕晦齋有焉。明廟即位之初,十條啓辭〔一二〕,先生所草也。大哉言乎!雖伊、傅告君之辭〔一三〕,無以過此。既勸慈殿以善道導養明廟,又勸明廟盡子道於仁宗,其他嚴宮禁也,杜戚里也,請慎擇宮人也,勿用特旨也,勿用判付也,封還内旨也,宮府一體也,勿開私門也,無非所以濬治平之大源而立正始之要道,杜宮掖之徑竇而褫奸邪之心膽。其精誠昭著,力量甚大,包括該盡,使其言得用,則士禍何自而作?區區一二人事,言亦可,不言亦可也。

其後李苣譜先生,正指此爲説,乃曰:"彦迪書啓十條,繫人主手足。"先生竟以此蒙禍。使先生少有觀望時世,有所遷就撓屈,則其時何時而不顧群奸切齒之怨,敢陳先事之戒耶?及入對忠順堂也,滿廷縮頭,面無人色,而先生獨從容啓曰:"事必光明正大,不然,恐有士林之禍。"所謂光明正大者,指元衡等交通締結,倚附幽陰,欲復舊讎而起此獄,其言之痛切,又忠定之疏之所不及也。特言簡而且婉,故人不能知耳。

鳳城請罪時,晦齋隨參與否,不可考。然今於集中,有《乙巳秋劄子》二篇。其一,極論讒邪戚里之禍,有曰:"今者國家運否,治亂安危之機,係於慈殿之一念〔一四〕,萬一九重之內,隱微之際,有纖毫偏私之累,則符驗之著於外,自有不可掩,而群臣解體,國事日非。自古幼主在位,母后聽政,或不能全德而致禍亂者多矣。其所以至此者,蓋有二焉,曰信讒邪也,私戚里也〔一五〕。讒邪,陰肆眩惑而顛倒是非;戚里,恃寵縱恣而干政亂紀。未有不至於喪亡者,甚可懼也。若欲保宗社而全骨肉之恩,莫如杜其邪徑,不借以權勢也。"又曰:"三代以下,獨稱宣仁皇后爲女中堯、舜者,以其信任賢相,去邪不疑,而不施私恩也。大后從父高遵裕抵罪,大后曰:'吾何敢顧私恩而違天下之公義乎?'伏願慈殿以此爲法,則萬世欽仰,而與宣仁并稱。"此皆直指元老、元衡等狐鼠鬼蜮之狀,以曉慈殿之聽,無所忌諱,其言可謂烈日秋霜矣。非天下之大勇,能如是乎?

其一,勸上盡孝悌之道而因及洪嬪、鳳城之事。略曰:"聖人,人倫之至。人君能盡孝悌之道,推之以極其至,則通於神明,光于四海。臣竊念仁宗於主上,有父道焉。殿下事王大妃者,有絲毫欠闕,則於聖德有虧,而後世不能無疑。"又言:"近日上教,悲慟於洪嬪之出外,不忍於鳳城之防禁,朝野聞之,莫不感泣,非仁孝友愛之至,何以及此。"又曰:"願殿下全孝悌之德,極人倫之道,由是而造堯、舜之域,由是而興堯、舜之治。"其言懇惻悲痛,至今讀之,令人隕涕。

但其劄既成而終不得上,意其時鳳城但請防禁,尚無他語,晦齋或慮言之無益而反速大禍,益累明廟盛德,故不果上。蓋是時姦臣林立,因事起禍,益肆胸臆,一節深於一節,其勢難以口舌爭。如尹任其初止遠竄,柳灌遞相,仁淑罷。既而因白仁傑啓辭,任加絶島,灌與仁淑付處。及權忠定上疏論救,而三人皆以逆誅,大禍蔓延,不可救撲。故晦齋於忠定疏中,刊去危言而曰:"勢已至此,徒惹起不測,奚益?"其意可見。夫賢人君子諫説於君,非但自爲己事而已。所愛者君,所憂者國,言之而有補於君,有益於國,則固君子之所願,何憚而不言?若言之而無益,非徒無益,反愈甚焉。則事雖可言,而有時不敢盡,以存隨時之義。此雖非事君之常道,而亦理勢之所不得已也,斯義也,在《易》尤詳言之。故曰:"知時識勢,學易之大法。"晦齋於此,必有所見矣。

【校記】
［如尹任其初止遠竄］止,甲子本和正祖本作"只"。

【注釋】
〔一〕按:1604年館學儒生上書請求將金宏弼、鄭汝昌、趙光祖、李彦迪、李滉等人配享文廟,宣祖不可。本疏是針對宣祖的回答所作的回應。
〔二〕柳成龍:字而見(1542—1607),號西厓,本貫豐山。李滉的門人。1566年文科及第,官至領議政。壬辰倭亂時以都體察使掌管軍務,任用李舜臣、權慄等名將。在道學、文章、德行、書法等領域皆有造詣。

〔三〕則孟子句:見《孟子·萬章下》。

〔四〕時人句:《孟子·公孫丑下》:"不識王之不可以爲湯武,則是不明也;識其不可,然且至,則是干澤也。"干澤,猶干禄。

〔五〕季孫:指當時掌握魯國實權的季康子。孔子晚年受其邀請,返回魯國。見《史記·孔子世家》。

〔六〕三監之禍:周武王滅商後,以商舊都封給紂子武庚,並以殷都以東爲衛,由武王弟管叔監之;殷都以西爲鄘,由武王弟蔡叔監之;殷都以北爲邶,由武王弟霍叔監之;總稱三監。後三監與武庚一起叛亂。

〔七〕賦鵬:賈誼《鵬鳥賦序》:"誼爲長沙王傅。三年,有鵬鳥飛入誼舍,止於坐隅。鵬似鴞,不祥鳥也。誼既以謫居長沙,長沙卑濕,誼自傷悼,以爲壽不得長,廼爲賦以自廣。"後遂用"賦鵬"指仕途失意。窮徼:指邊疆苦寒之地。

〔八〕權忠定:即權撥,謚號忠定。

〔九〕史魚、伯玉:《論語·衛靈公》:子曰:"直哉史魚!邦有道,如矢;邦無道,如矢。君子哉,蘧伯玉!邦有道,則仕;邦無道,則可卷而懷之。"

〔一〇〕故曰句:見《孟子·告子下》。

〔一一〕孟子句:見《孟子·離婁上》。

〔一二〕十條啓辭:見卷十《政府書啓十條》。

〔一三〕伊、傅:指伊尹和傅説,殷商時期的名臣。

〔一四〕慈殿:指明宗母文定王后。

〔一五〕戚里:本指帝王外戚聚集的地方,代指外戚。

昔程明道不非新法,其爲神宗言,但曰:"興利之臣日進,尚德之風寖衰。"其後每曰:"新法之害,吾黨激成之。"君子之用意宛轉而慮事深遠也如此。此事惟明道知之,如吕晦〔一六〕、張戩諸人〔一七〕,舉不及此。蓋小人之性,其毒如蛇蝎,其暴如狼虎。彼方肆其狼愎,力戰天下之公議,以求必勝。君子於此,若一舉而絕其根本,使無後患,則豈不善哉? 不然,撩虺蠆之頭,踐虎狼之尾,求以止亂,適以長亂。乙巳小人,聲言"鳳城賢明,衆心歸附",以此爲機穽,當時一言救解,大禍立至。晦齋雖不明言鳳城之冤,而以讒邪戚里之禍,孝弟堯舜之道,披肝瀝血,詳論而極言之,無非爲鳳城地也。

【校記】
[吕晦]甲子本和正祖本作"吕誨"。吕晦、吕誨,《宋史》兩見,實爲一人。

【注釋】
〔一六〕吕晦:《宋史》本傳作吕誨,字獻可,開封人。在王安石初任參知政事時,羅列王安石十大罪狀,時任御史中丞,後以此被貶知鄧州,熙寧四年卒。
〔一七〕張戩,字天祺(1030—1076),張載胞弟,戩剛正不阿,盡職盡責,王安石變法時任御史,多次上書與王辯論。

嗚呼! 莫難於知人,莫甚難於知聖賢之心。柳下惠三黜不去而孟子以爲介〔一八〕,蓋既三黜,則知其以直道事君,不以不去之故而傷其介。今晦齋先生有下惠之三黜,而無下惠之不去。使當日少貶其道,以從時議,則三公之貴,萬鍾之富,可以安享,何故而離親去國,投竄流離,殞身於魑魅之域哉? 如遇孟子,其以爲介乎? 不介乎? 斯固未可知也。而千載之下,有志之士必有扼腕而太息者也。

慶會南門推鞫時,先生同參與否〔一九〕,亦未可知。其時三人已死,見鞫之人,乃李德應、成蕃及婢子毛麟等輩耳〔二○〕。聖諭鞫諸賢於南門外,此必有所指,而未知爲何人也。先生既爲獄官,而國有大獄,無論虛實,參與不參,固不足論也。獨其幷錄勳籍,誠爲不幸。當時入對忠順堂諸公,舉皆不免,權忠定亦與焉。晦齋力辭,至曰:"非但有譏於一時,亦且傳笑於萬世。"如此而猶不得免,則斯又事勢之無可如何者也。惟有不享其利,爲自處之道,未數月而先生去位矣。

**【校記】**
〔非但有譏於一時〕時,甲子本和正祖本俱作"世"。

**【注釋】**
〔一八〕柳下惠句:《論語·微子》:"直道而事人,焉往而不三黜?枉道而事人,何必去父母之邦。"《孟子·盡心上》:"柳下惠不以三公易其介。"柳下惠,即蘧伯玉。
〔一九〕慶會南門:即慶會樓的南門。慶會樓,位於朝鮮王宮景福宮西苑方池中矗立的樓台,國有喜事或使臣來訪時於此舉行宴會。1412年建,壬辰倭亂時毀,1867年重建。
〔二○〕李德應:字季潤(?—1545),本貫星州,1544年文科及第,任承政院著書。明宗即位後,尹元衡、林百齡一派掌權,挑起乙巳士禍,李德應因安世遇的誣告下獄,受林百齡等脅迫,供稱多名官員謀劃擁立鳳城君,李輝、羅淑等十多名無辜之人遭處死,自己也被梟首。成蕃:爲掌苑署的奴隸。毛麟:尹任的家婢。金時讓《紫海筆談》:"世遇欲取士籍,乃教誘尹任童婢毛麟,使爲證左。"

嗚呼！滔滔者天下皆是，群群而生，逐逐而死者何限？其中有以一善一行名世者，不可易得；若賢人君子者，千萬人一人耳；進此而明道、講學之賢，則間數世而一有。我朝二百年來，由此其選者，落落如晨星。只有此數公，而既不免身禍於當時，又未免論議於後世，此雖非加損於諸賢，而人情事理有不當然者。昔楊龜山晚年〔二一〕，因蔡京之薦而起〔二二〕，在朝無甚建白，人多疑之。胡康侯獨以爲〔二三〕："使彼時用其言，猶可救得一半。"朱子亟稱之，以爲"公論"，又謂："龜山勿攻居安之言，出於某人而不之信。"〔二四〕古之君子尊尚先輩，不敢輕加論議也如此。

【校記】
[龜山勿攻居安之言]居安，底本作"居中"，據《朱子語類·程門楊中立》改，居安，是蔡京長子蔡攸的字。

【注釋】
〔二一〕楊龜山：楊時（1053—1135）。北宋著名理學家，字中立，號龜山，祖籍弘農華陰。熙寧九年進士，歷官荆州教授、工部侍郎等職，以以龍圖閣直學士專事著述講學。晚年隱居龜山，學者稱龜山先生。先後學於程顥、程頤，同遊酢、吕大臨、謝良佐並稱程門四大弟子。
〔二二〕蔡京：字元長（1047—1126），北宋權相之一、書法家，《宋史》列入《奸臣傳》。
〔二三〕胡康侯：即胡安國（1074—1138），又名胡迪，字康侯，號青山，謚號文定，學者稱武夷先生，後世稱胡文定公。
〔二四〕又謂句：《朱子語類》卷一〇一："龜山之出，人多議之，惟胡文定之言曰：'當時若能聽用，決須救得一半。'此語最公。蓋龜山當此時，雖負重名，亦無殺活手段，若謂其懷蔡氏汲引之恩，力庇其子，至有謹勿擊居安之語，則誣矣。幸而此言出於孫覿，人自不信。"居安，是蔡京長子蔡攸的字。

往時聞李叔獻嘗議晦齋〔二五〕，有不滿之意，私自歎息，以爲："今人從平地上點檢昔人得失甚易，至於事到手裏，何嘗能及古人一二腳跟？"程子嘗見門人好議前人過失，必曰："汝輩且學他長處。"又曰："人當於有過中求無過，不當於無過中求有過。"〔二六〕《春秋》，聖人之書，其於曲直邪正之辨，至嚴至密，一毫不放過。猶曰："爲尊者諱，爲親者諱，爲賢者諱。"〔二七〕臣子而諱君親，固也，至於賢者而猶諱之，何也？蓋賢者，其所全者大，假使一二細德微有小出入，不可以小而傷大也。況如晦齋先生，身心内外，表裏洞然，潔白輝光，行止語默，非道不行，如此而猶不免於洗垢而索瘢，則天下豈復有賢人君子可尊可尚者乎？此風若成，後生末學，相率效慕，習爲虛談，詆訾先賢，無復顧忌，世道寧非可憂耶？

昔高皇帝不取孟子"仇讎土芥"之論〔二八〕，欲去配享，令敢諫者射之。禮部尚書錢唐抗疏入諫〔二九〕，袒胸受箭曰："臣爲孟軻死亦榮。"高皇帝見其誠懇，取疏以入，孟子遂不廢配享。高皇帝非不知孟子，要亦聖人一時抑揚之微權，不可爲萬世之定論，故其事終於不行。今者末俗刓弊，士多惜身便私，直氣漸衰，寧知聖上欲因事立教，激昂振作，以警昏昏者乎？亦高皇帝之意也。嗚呼！明主可以理奪，第未知今日之爲錢唐者誰乎？是可慨也。

【注釋】

〔二五〕李叔獻：即李珥，字叔獻，號栗谷，朝鮮朱子學代表學者之一，與李滉齊名。李珥批評李彥迪的文字見《石潭日記》卷上：“李彥迪博學能文，事親至孝，好玩性理之書，手不釋卷。持身莊重，口無擇言。多所著述，深造精微，學者亦以道德推之，但無經濟大才及立朝大節。乙巳之難，彥迪欲周旋陰救士類，故不能直言匡救。而迫于權奸，作推官以考訊善類，至於録功。郭珣被刑訊，仰見彥迪作推官，乃嘆曰：‘安知吾輩死於復古之手乎？’復古，彥迪字也。彥迪後悔，稍與權奸立異，竟得罪削功，遠竄而卒。”

〔二六〕又曰句：《二程遺書》卷二一：“繹曰：‘鄒浩以極諫得罪，世疑其賣直也。’先生曰：‘君子之於人也，當於有過中求無過，不當於無過中求有過。’”

〔二七〕猶曰句：《春秋穀梁傳》成公九年：“爲尊者諱恥，爲賢書諱過，爲親者諱疾。”

〔二八〕高皇帝：指明太祖朱元璋。“仇讎土芥”之論：《孟子·離婁子下》：“君之視臣如手足，則臣視君如腹心；君之視臣如犬馬，則臣視君如國人；君之視臣如土芥，則臣視君如寇讎。”

〔二九〕錢唐：據《明史·錢唐傳》，錢唐，字惟明，象山人。明太祖嘗覽《孟子》，至“草芥”“寇仇”語，謂“非臣子所宜言”，議罷其配享。詔：“有諫者以大不敬論。”唐抗疏入諫曰：“臣爲孟軻死，死有餘榮。”時廷臣無不爲唐危。帝鑒其誠懇，不之罪。孟子配享亦旋復。然卒命儒臣修《孟子節文》云。